JN436885

Understanding the Next Generation Digital Library

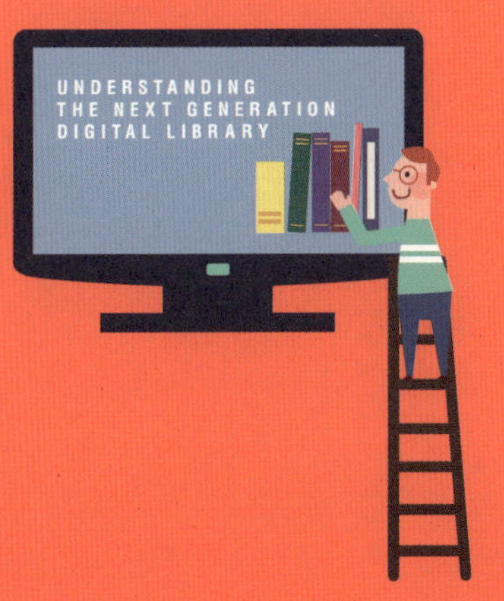

차세대 디지털 도서관의 이해

노영희

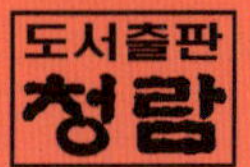

| 머리말 |

도서관은 유기적인 조직체로서 환경의 변화에 민감하게 반응하면서 발전하여 왔다. 정보매체의 변화는 도서관의 자원에 영향을 미쳤으며 정보통신기술의 발전은 도서관의 서비스 방식에 직접적인 영향을 미쳤다. 전통적인 도서관은 정보환경의 변화에 따라 자동화도서관에서 하이브리드형 도서관으로, 그리고 오늘날의 디지털도서관으로 발전되어 왔다.

디지털도서관이라는 용어가 일반화되기 전, 미래형 도서관을 지칭하는 용어는 매우 다양했다. 전자도서관(Electronic Library), 디지털도서관(Digital Library), 가상도서관(Virtual Library), 멀티미디어도서관(Multimedia Library), 웹도서관(Web Library), 인터넷도서관(Internet Library), 종이 없는 도서관(Paperless Library), 네트워크도서관(Networked Library), 경계 없는 도서관(Borderless Library), 벽 없는 도서관(Walless Library) 등과 같이 다양한 용어로 표현되고 있었다.

다양한 용어만큼이나 디지털도서관에 대한 정의도 학자의 관점 및 시대의 발전에 따라 달라질 수 있지만, 기본적으로 디지털도서관은 물리적 또는 가상의 공간에서 디지털 형태의 정보자원 및 디지털정보서비스를 디지털기술을 이용하여 시공간의 제약 없이 제공하는 도서관이라 할 수 있다.

디지털도서관은 시대의 발전에 따라 담는 내용이 달라지고, 이에 따라 도입하게 되는 기술, 이용자의 성향, 다루게 되는 이슈, 구성요소 등이 달라지게 된다. 예를 들어, 최근에는 RFID, NFC, QR Code, IoT, 상황인식기술, 구글글래스 기술, 시맨틱 웹, 링크드데이터 등의 도입이 논의되고 있으며, 또한 이용자의 리터러시 수준평가 기반 이용자서비스 개선, 디지털기술로 인해 심화된 이용자 프라이버시 침해 문제, 도서관의 디지털화 수준평가 등이 빅 이슈로 논의되고 있다. 그러나 다음 세대에는 상상하지 못했던 기술과 이슈가 논의될 것이다.

본 서에서는 차세대 디지털도서관이라는 제목 아래 디지털도서관의 현재 이슈와 기술을 다루고 있다. 즉, 디지털도서관의 구축기술과 이슈, 디지털도서관 시대의 이용자의 특성 및 정보이용행태, 도서관의 디지털화 수준평가 지표, 디지털서비스가 이용자의 프라이버시를 침해할 수 있는 상황 등을 포함하여 미래형 도서관 4.0 모형도 제시하고 있다. 디지털도서관에 대한 깊이 있는 이론보다 현재적인 문제를 다룸으로써 상대적으로 수월하게 차세대 디지털도서관에 대한 이해를 높이는 데 목적을 두고 있다.

끝으로 본 서가 나오기까지 정보자료 수집, 원고교정 등에 정성과 노고를 아끼지 않은 건국대학교 지식콘텐츠연구소 신영지, 김혜인, 곽우정, 박혜진 연구원에게 깊은 감사의 마음을 전한다.

2016년 8월

8월의 어느 여름날을 보내며

| 차례 |

디지털도서관의 개요

1.1 디지털도서관의 개념 및 명칭 ▪ 2
1.2 디지털도서관의 발전 ▪ 4
1.3 디지털도서관의 특성 ▪ 7
1.4 디지털도서관의 요건 ▪ 8
1.5 디지털도서관 운영체제 ▪ 9
1.6 디지털도서관의 정보기술 및 기술요소 ▪ 12
1.7 디지털도서관의 출현에 따른 사서의 역할변화 ▪ 16

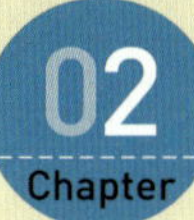

디지털도서관의 구축과 운영

2.1 디지털장서의 개발 ▪ 20
2.2 디지털장서조직과 메타데이터 ▪ 43
2.3 디지털도서관시스템 ▪ 65

디지털도서관과 이용자

3.1 디지털도서관의 이용자 특성 ▪ 94
3.2 디지털 리터러시와 정보이용행태 ▪ 105
3.3 디지털 리터러시와 정보이용행태 간의 관계 ▪ 115

차세대 디지털도서관 구축기술과 이슈

4.1 디지털도서관의 최근기술 적용과 고려사항 ▪ 121
4.2 모바일 디지털도서관 지원기술 ▪ 137
4.3 증강현실 ▪ 156
4.4 구글글래스 ▪ 157
4.5 클라우드 디지털도서관 ▪ 159
4.6 빅데이터 ▪ 163
4.7 세컨드라이프 ▪ 170
4.8 무한창조공간 ▪ 171
4.9 상황인식컴퓨팅 ▪ 194
4.10 링크드데이터 ▪ 206
4.11 시맨틱웹 ▪ 215

05 Chapter

디지털도서관과 이용자프라이버시

5.1 개인정보 및 프라이버시의 개념 ▪ 221
5.2 도서관과 지적자유 ▪ 229
5.3 도서관과 프라이버시 ▪ 230
5.4 프라이버시 관련 법 및 정책 ▪ 232
5.5 개인정보 보호와 도서관인 윤리선언 ▪ 238
5.6 도서관서비스와 프라이버시 ▪ 239

06 Chapter

도서관의 디지털화 수준

6.1 디지털화 수준의 의미 ▪ 254
6.2 디지털도서관 수준평가 관련 이론 ▪ 255
6.3 도서관 구성요소별 디지털화 수준평가 항목 ▪ 260
6.4 디지털통합 수준과 통합지표 ▪ 266

도서관 4.0

7.1 웹 4.0까지의 발전 ▪ 281
7.2 웹 4.0 모형 ▪ 285
7.3 도서관 4.0 모형 ▪ 288
7.4 도서관 4.0을 설명하는 키워드 ▪ 294

참고문헌 ▪ 299
찾아보기 ▪ 319

표차례

표 1-1 디지털도서관의 발전단계 ▪ 5
표 1-2 디지털도서관의 연도별 발전과정 ▪ 6
표 1-3 디지털도서관의 세대 구분 ▪ 7
표 1-4 디지털도서관 운영체제 구성요소별 내용 ▪ 10
표 1-5 정보처리단계별 디지털도서관 기술요소 ▪ 12
표 1-6 응용 소프트웨어의 유형 ▪ 14
표 2-1 디지털장서의 유형구분 ▪ 30
표 2-2 디지털도서관에 수집된 디지털장서의 범위 ▪ 32
표 2-3 디지털객체의 유형구분 ▪ 34
표 2-4 ALA 장서개발정책 핵심요소 ▪ 39
표 2-5 구독 대상 선정기준 ▪ 41
표 2-6 협력형 장서구축을 위한 협력방법 ▪ 42
표 2-7 메타데이터의 기능 ▪ 46
표 2-8 학자별 메타데이터 분류 유형 ▪ 50
표 2-9 더블린코어 15개 요소 ▪ 55
표 2-10 MODS 19개 상위요소 ▪ 63
표 2-11 MODS의 데이터 속성 및 설명 ▪ 64
표 2-12 언어, 날짜 연계 데이터요소 속성과 설명 ▪ 65
표 2-13 X-Internet과 Web, C/S 비교 ▪ 67
표 2-14 TULIP의 세부구성의 주요 기능 ▪ 70
표 2-15 SOLARS 7의 주요 기능 및 세부내역 ▪ 73
표 2-16 KOLAS Ⅲ의 주요 기능 및 세부내역 ▪ 76
표 2-17 DLS 운영을 통한 기대효과 ▪ 86
표 2-18 DLS 세부기능 ▪ 89
표 3-1 세대별 특징 ▪ 95
표 3-2 학자별 세대 구분에 대한 연령대 구분 차이 ▪ 97
표 3-3 성·연령별 인터넷 이용용도-만3세 이상 인터넷 이용자 ▪ 99
표 3-4 Y세대가 많이 사용하는 소셜도구 및 서비스 ▪ 100
표 3-5 디지털기기와 디지털서비스의 컨버전스 평가지표 ▪ 101
표 3-6 차세대 디지털도서관서비스 명칭 및 내용 ▪ 102
표 3-7 디지털 리터러시의 영역 및 개념 ▪ 108
표 3-8 디지털 리터러시의 영역 및 평가척도 ▪ 111

표 3-9 정보이용행태 분석요인 ▪ 115
표 3-10 디지털 리터러시 및 정보이용행태 측정지표 ▪ 116
표 4-1 RFID의 주파수 대역별 특성 ▪ 139
표 4-2 13.56MHz와 900MHz의 특징 비교 ▪ 140
표 4-3 ISO에서 표준으로 제정한 1차원 바코드 비교 ▪ 142
표 4-4 2차원 바코드의 종류 ▪ 143
표 4-5 1차원 바코드와 2차원 바코드의 비교 ▪ 144
표 4-6 바코드와 RFID의 비교 ▪ 145
표 4-7 온·오프라인 객체에 적용될 QR코드 정보 유형 ▪ 151
표 4-8 사물인터넷의 주요 기술 ▪ 155
표 4-9 클라우드 컴퓨팅의 도서관 적용 사례 ▪ 162
표 4-10 빅데이터 요소기술 ▪ 164
표 4-11 빅데이터의 특징 ▪ 165
표 4-12 빅데이터 분석기법 ▪ 167
표 4-13 도서관 빅데이터의 유형 ▪ 168
표 4-14 빅데이터의 도서관 적용사례 ▪ 169
표 4-15 정원의 개념을 통한 무한창조공간의 이해 ▪ 174
표 4-16 목포공공도서관 무한상상실 프로그램 ▪ 182
표 4-17 MakerHaus의 창업지원 프로그램 및 개요 ▪ 183
표 4-18 Johnson County Library Makerspace 보유장비 및 기구 ▪ 188
표 4-19 상황인식에 사용되는 데이터 유형 ▪ 197
표 4-20 쾌적서비스의 기능 ▪ 204
표 4-21 Library Linked Data Set ▪ 209
표 4-22 Value Vocabularies ▪ 211
표 4-23 Metadata Element Sets ▪ 212
표 5-1 개인정보의 개념 ▪ 222
표 6-1 디지털도서관 구성요소 제시 연구 ▪ 260
표 6-2 도서관 구성요소별로 도출한 디지털화 수준평가 지표 ▪ 261
표 6-3 정보격차와 디지털통합의 차이 ▪ 271
표 6-4 디지털통합 수준평가 지표 ▪ 276
표 7-1 웹 1.0, 웹 2.0, 웹 3.0의 특징 ▪ 284

그림차례

그림 1-1 DELOS 선언의 디지털도서관 운영체제 구성요소 ▪ 9
그림 1-2 디지털도서관 운영체제 ▪ 11
그림 1-3 디지털도서관 환경에서의 도서관 사서의 명칭 ▪ 17
그림 2-1 OAIS 여섯 가지 기능 영역과 세 가지 정보패키지 ▪ 58
그림 2-2 METS 기본구조 다이어그램 ▪ 59
그림 2-3 차세대 Web기반 통합형 전자도서관시스템 TULIP 소개 ▪ 66
그림 2-4 TULIP의 유무선 통합 플랫폼 ▪ 68
그림 2-5 특성화 컬렉션 생성 절차 ▪ 69
그림 2-6 KOLAS Ⅲ의 시스템 구성 ▪ 75
그림 2-7 iLips의 시스템 구성도 ▪ 78
그림 2-8 독서교육종합지원시스템 ▪ 85
그림 2-9 DLSchool의 시스템 구성도 ▪ 90
그림 3-1 소셜미디어 시대의 디지털 리터러시 확장 ▪ 110
그림 4-1 NCSU Hunt Library의 서비스공간 ▪ 120
그림 4-2 도서관 공간의 재개념화 ▪ 129
그림 4-3 MIT 연구자들에 의해 개발된 wearable book ▪ 130
그림 4-4 전통적 촬영시스템과 원버튼스튜디오의 생산프로세스 비교 ▪ 132
그림 4-5 증강현실(과거와 현재) ▪ 134
그림 4-6 오렌지카운티도서관시스템 RS/RT서비스 화면 ▪ 136
그림 4-7 RFID 구성요소와 작동원리 ▪ 141
그림 4-8 인코드 동작원리 ▪ 153
그림 4-9 사물인터넷의 진화 ▪ 154
그림 4-10 도서관의 증강현실 적용사례 ▪ 157
그림 4-11 구글글래스의 기능 ▪ 158
그림 4-12 makerspace 표현 태그셋 ▪ 175
그림 4-13 문헌분석을 통한 무한창조공간 역할 도출과정도 ▪ 176
그림 4-14 무한창조공간의 증가추이 ▪ 177
그림 4-15 사용자 접근에 따른 공간의 on · off 구성도 ▪ 200
그림 4-16 RFID 출입공간 상황인식 실행 흐름 ▪ 201
그림 4-17 상황인식을 적용한 도서관 로비공간 ▪ 202
그림 4-18 상황인식 적용 참고서비스 실행 흐름 ▪ 203
그림 4-19 상황인식을 적용한 안전서비스 ▪ 204

그림 4-20 상황인식이 구현된 차세대도서관 구현 ▪ 205
그림 6-1 미래 공공도서관 비전 ▪ 256
그림 6-2 도서관서비스 영역의 디지털통합 ▪ 269
그림 6-3 디지털통합의 발전과 순환모델 ▪ 271
그림 6-4 Information Policy and Access Center 제안 디지털통합의 개념, 정책 ▪ 273
그림 7-1 웹의 발전단계별 데이터량 및 탐색능력의 변화 ▪ 284
그림 7-2 웹 4.0 키워드 ▪ 285
그림 7-3 디스플레이 환경변화 ▪ 293
그림 7-4 도서관 4.0까지의 종합 세대발전 과정 ▪ 294

차세대
디지털도서관의
이해

Chapter

01

디지털도서관의 개요

1.1 디지털도서관의 개념 및 명칭
1.2 디지털도서관의 발전
1.3 디지털도서관의 특성
1.4 디지털도서관의 요건
1.5 디지털도서관 운영체제
1.6 디지털도서관의 정보기술 및 기술요소
1.7 디지털도서관의 출현에 따른 사서의 역할변화

1.1 디지털도서관의 개념 및 명칭

도서관은 유기적인 조직체로서 도서관 환경의 변화에 민감하게 반응하면서 발전하여 왔다. 정보매체의 변화는 도서관의 자원에 영향을 미쳤으며 정보통신기술의 발전은 도서관의 서비스 방식에 직접적인 영향을 미쳤다. 전통적인 도서관은 정보환경의 변화에 따라 자동화도서관에서 하이브리드형 도서관으로, 그리고 오늘날의 디지털도서관으로 발전되어 왔다.

디지털도서관이라는 용어가 일반화되기 전, 미래형 도서관을 지칭하는 용어는 매우 다양했다. 전자도서관(Electronic Library), 디지털도서관(Digital Library), 가상도서관(Virtual Library), 멀티미디어도서관(Multimedia Library), 웹도서관(Web Library), 인터넷도서관(Internet Library), 종이 없는 도서관(Paperless Library), 네트워크도서관(Networked Library), 경계 없는 도서관(Borderless Library), 벽 없는 도서관(Walless Library) 등과 같이 다양한 용어로 표현되고 있다.

전자도서관은 데이터나 업무가 전자적으로 처리되고 전자식으로 정보를 송수신하는 도서관을 의미하고, 멀티미디어도서관은 텍스트뿐만 아니라 이미지, 영상, 음성 등 다중매체를 다루는 도서관이다. 인터넷도서관은 인터넷에 연결되어 정보를 송수신하는 도서관이고, 웹도서관은 웹기술에 의해 인터넷상에서 정보를 제공하는 도서관이며, 가상도서관은 시간과 공간을 초월하여 접근할 수 있는 도서관으로서 가상의 공간에서 정보를 송수신하는 도서관이다. 디지털도서관은 도서관의 자료들이 디지털형태로 전환되거나 생산되어 유통되는 도서관을 의미하며, 데이터나 물리적인 것을 0과 1이라는 2진 부호의 숫자로 표현하여 정보를 송수신하는 도서관으로서 최근에 가장 널리 사용되고 있는 명칭이다.

디지털도서관에 대한 정의는 시대의 흐름에 따라, 학자의 관점에 따라, 그리고 디지털도서관을 구축하려는 다양한 유형의 기관에 따라 매우 다양하게 설정되고 해석될 수 있다.

1990년대 초 미국 연구도서관협회(Association of Research Libraries)에서는 디지털도서관에 대한 다섯 가지 정의를 다음과 같이 내리고 있으며, 이는 오늘날까지 디지털도서관을 이해하고 해석하는 데 기본이 되고 있다.

첫째, 디지털도서관은 단일의 실체(single entity)가 아니다. 즉, 디지털도서관은 인터넷을 포함하여 전 세계에 분산되어 있는 수많은 디지털형태의 정보자원을 검색 대상으로 하기 때문에 복수의 실체로 구성되어 있다.

둘째, 디지털도서관은 다양한 자원을 연결하는 기술을 필요로 한다. 디지털도서관에서 처리 대상이 되는 디지털객체는 텍스트, 이미지, 동영상 등과 같은 멀티미디어 형태 때문에 이들을 효과적으로 처리할 수 있는 기술이 필요하다.

셋째, 디지털도서관들과 정보서비스들의 연계는 이용자들에게 쉽게 공개된다. 즉, 편리하고 이용하기 쉬운 이용자 인터페이스를 통해 많은 디지털도서관에서 제공하는 다양한 정보자원들에 끊김 없이(seamlessly) 접속하여 원하는 정보를 활용할 수 있어야 한다.

넷째, 디지털도서관들과 정보서비스들에 대한 보편적 접근이 목표이다. 즉, 기존의 도서관자동화시스템은 특정 도서관이 소장하고 있는 자료에 대한 검색서비스를 목표로 하고 있는 데 비해 디지털도서관 환경에서는 전 세계에 분산되어 있는 다양한 형태의 디지털객체들을 이용자의 검색단말기에서 손쉽게 검색할 수 있게 한다.

다섯째, 디지털도서관 장서들은 문헌의 대체물에 국한되지 않으며, 인쇄형식으로 표현되거나 배포될 수 없는 인공물에까지 확대된다. 즉, 디지털도서관은 전문 DB를 기본으로 하며, 특히 모든 형태의 정보를 디지털화하여 처리함으로써 정보의 형태에 따른 이용상의 제약을 근본적으로 극복할 수 있다.

DELOS 선언(DELOS Manifesto)에서는 디지털도서관을 정보에 대한 논리적, 개념적, 물리적, 시간적, 개인적 경계나 장애가 없는 지적 활동을 수행하는 센터라고 정의하였다. 즉, 특정 장서와 콘텐츠를 조직하고 접근을 제공하는 콘텐츠 중심의 시스템에서 이용자들에게 혁신적이며 진화된 개인적인 서비스를 제공하는 개인 중심의 시스템으로 디지털도서관이 변화되고 있음을 시사하고 있다.

1995년 미국 NII의 IITA(Information Infrastructure Technology & Applications)가 주관한 디지털도서관 워크숍에서는 디지털도서관을 분산된 정보저장소(repository)들로 구성된 전 세계적인 네트워크이며, 이를 통해 색인된 컬렉션으로부터 모든 유형의 객체들을 검색할 수 있는 시스템이라고 정의하고 있다(Lynch, Garcia-Molina, 1995).

위키피디아에서는 디지털도서관을 디지털장서, 서비스, 그리고 인프라로 구성되어 있으며, 평생교육, 연구, 학술유통과 보존활동을 지원하는, 정보의 민주화와 관련된 과정이라고 하였다. 선마이크로시스템즈는 디지털도서관이 전통적인 도서관에서 이용자들이 수행하던 기능과 자원이 전자적으로 확장되었으며, 서비스의 대상이 멀티미디어를 포함하여 전자적 형태의 정보자원이 된다고 하였다(Sun Microsystem Inc., 2002).

이수상(2005)은 디지털도서관은 관리하는 장서의 규모가 크고, 관련된 각종 서비스의 속성이 다양하므로 이를 효율적으로 관리하는 장서관리시스템(Digital Collection Management System)을 근간으로 각종 유관한 시스템이나 요소기술들을 포함하고, 이용자들이 도서관 포털이라는 인터페이스로 도서관에 접근하게 하며, 내 · 외부의 모든 장서들을 대상으로 통합검색을 제공하는 도서관이라 하였다.

오경묵(2004)은 디지털도서관을 기술, 정보, 문서, 사람, 업무 등이 네트워크로 연계된 사회적 · 기술적 시스템으로서 광범위한 수준에서 업무, 정보, 문서, 기술이 모두 포함된 것이라 하였다.

위의 디지털도서관의 정의를 종합적으로 분석해 보았을 때, 디지털도서관에서 디지털(digital)은 전자(electronic), 가상(virtual), 벽이 없는(wallness), 멀티미디어(multimedia)의 의미를 포함하고 도서관(library)은 거대한 콘텐츠의 집합체라는 것을 의미한다. 또한 디지털도서관은 물리적 또는 가상의 공간에서 디지털형태의 정보자원 및 디지털정보서비스를 디지털기술을 이용하여 시공간의 제약 없이 제공하는 도서관이라 할 수 있다.

1.2 디지털도서관의 발전

디지털도서관은 정보환경의 변화, 정보수록매체의 변화, 정보관리시스템의 변화, 정보유통 방식의 변화로 등장하게 되었다고 할 수 있다. 전통적인 도서관과 디지털도서관의 차이는 시설 중심에서 서비스 중심으로, 인쇄매체 중심에서 전자매체 중심으로, 정보의 소유개념에서 공유개념으로, 정보생산과 소비의 분리에서 생산과 소비의 일원화로, 도서관의 공유화에서 도서관의 개인화로 의미가 변화한 것을 들 수 있다.

디지털도서관의 발전단계에 대해서는 학자에 따라 약간의 차이가 있지만, 일반적으로 도서관자동화시스템에서 전자도서관, 디지털도서관으로 발전한 것으로 보고 있다. 각각의 발전단계별로 정보자원, 주요 역할, 핵심시스템, 검색 방식의 변화내용은 다음과 같다.

표 1-1 디지털도서관의 발전단계

구분	1단계	2단계	3단계
시스템 구분	도서관자동화시스템 (Library Automation System)	전자도서관 (Electronic Library)	디지털도서관 (Digital Library)
정보자원	아날로그자원(장서 중심)	전자자원(자원 중심)	하이브리드자원 (장서+자원 중심)
주요 역할	소유	소유+접근	소유+접근+보존
핵심시스템	목록시스템	콘텐츠관리시스템(eCMS)	장서관리시스템(dCMS)
주요 메타데이터	서지메타데이터 (MARC21, KOMARC 등)	자원메타데이터(DC, EAD, MODS, VRA, METS 등)	장서메타데이터 (RSLP CD, DC, CD AP 등)
검색 인터페이스	OPAC(Online Public Access Catalog)	Web OPAC 도서관웹사이트	도서관포털
검색 방식	개별검색	개별검색	통합검색
기타	–	–	Global DL Open DL

출처: 이수상 (2006). 디지털도서관의 통합검색 방식에 관한 연구, p.130

전자도서관은 1990년대에 등장하여 도서관업무나 기능의 전산화가 강조되고 수서 및 목록, 대출업무 등이 자동화된 도서관이다. 1990년 후반에 등장한 디지털도서관은 디지털형태의 자료(원문)나 콘텐츠를 강조하고 기존의 전자도서관에 디지털 컬렉션이 추가된 도서관이며, 네트워크를 이용해 분산된 정보자원에 접근하는 분산형 컴퓨팅시스템을 사용하는 도서관이다.

한편, 하이브리드도서관은 전통적 도서관, 전자도서관과 디지털도서관이 공존하는 도서관으로, 전자도서관업무의 자동화(수서, 목록, 연속간행물관리, 대출, 검색, 기사색인 관련 업무 등)에 초점이 맞추어져 있고, 디지털도서관은 원문검색이나 통합검색에 초점이 맞추어져 있는 형태이다.

디지털도서관의 발전과정을 연도별 시스템 발전과정을 중심으로 제시하면 다음과 같다.

표 1-2 디지털도서관의 연도별 발전과정

연도	주요 시스템 변화
1960년대	• 오프라인 배치(batch) 방식의 컴퓨터시스템
1970년대	• 온라인 실시간 방식의 컴퓨터시스템 • 중앙집중형 도서관 네트워크 등장(OCLD, RLIN, WLN, UTLAS 등) • 도서관 패키지시스템 개발 • DBMS 도입
1980년대	• 분산형 도서관네트워크 발전 • 온라인 열람목록(OPAC) 증가 • CD-ROM의 도입
1990년대	• LAN, 인터넷 사용 • 시스템 간 상호운용성 제고(통신프로토콜, 정보검색프로토콜, 전자문서교환형식 등 도입) • 클라이언트-서버 구조시스템 • 통합 데이터베이스(서지, 원문, 이미지) 구축 • 인터넷·웹을 통한 외부 정보자원 활용 증가 • 디지털도서관 구축시작(미국의 DLI 프로젝트, 영국 eLib 프로젝트 등)
2000년대	• 상호운용성 증가: 도서관업무기능까지 확대(미국가정보표준화기구(NISO) Z39.93인 전자자원유통 프로토콜 표준화) • OPAC의 정보 포털화 • 개인화서비스(My Library 서비스) • 도서관에 무선기술 도입(RFID, 유비쿼터스도서관) • 통합검색(Z39.50, OAI 등) • 참조연계(Reference Linking, OpenURL 등) 표준

이수상(2005)은 디지털도서관의 발전과정을 전체적으로 검토한 후 도서관의 발전과정에서 나타난 특징들을 기반으로 디지털도서관 세대를 3세대로 구분하였다. 이 구분은 북미, 영국, 유럽 각국, 호주 등 디지털도서관 연구 및 구축의 사례들과 국내 사례들을 분석하여 핵심적인 특징들을 세대별로 구분하여 도출한 것이다.

▌표 1-3▌ 디지털도서관의 세대 구분

세대	특 성	사 례
1세대	• 이미지, 동영상, 웹자원, 전문 등 다양한 형식의 정보자원을 효율적으로 관리하는 시스템 • 도서관자동화시스템의 확장기능 • 디지털자원의 표준화된 정보표현을 위한 다양한 메타데이터 개발	• 광파일시스템 • VOD시스템 • 이미지처리시스템
2세대	• 조직체 내 산재하는 디지털자원의 통합관리시스템 • 포털기반의 통합서비스 및 개인화서비스 가능시스템 • 다양한 형식의 디지털자원을 통합환경에서 관리하기 위한 메타데이터 변환에 대한 요구 증가	• 연세대, 이화여대, 계명대 전자도서관 • Washington U. DL, CDL
3세대	• 분산환경의 디지털도서관 간 연동 및 통합 • 전문영역별 디지털도서관 등장 • 이용자 지향의 혁신적 각종 부가가치서비스 제공 • 메타데이터 상호운용성 향상 • XML/RDF에 의한 메타데이터 처리기술, OAIS, OAI 등의 표준화 모델 등장 • 도서관 2.0 개념 및 시맨틱웹기술을 적용하여 정보와 정보 간의 의미적 링크와 사람과 사람 간의 사회적 링크로 정보생태계 구축 • 유비쿼터스도서관 환경의 실현	• 교육 DL: NSDL, iLuminia 등 • 연구 DL: NLDTD, arTiv, e-print, eScholarship • 미디어 DL: 박물관 DL, Indiana DL • 전문 DL: NCSTRL, RDN 등 • 도서관 2.0 서비스 기술구현 • 시맨틱도서관: JeromeDL

출처: 이수상 (2005). 우리나라 디지털도서관의 전개양상에 관한 연구

1.3 디지털도서관의 특성

디지털도서관의 필요성은 접근성 향상, 탐색 및 브라우징 향상, 정보공유성 향상, 정보의 최신성 유지, 시공간의 제약 초월, 새로운 형식의 정보제공에서 찾을 수 있다.

디지털도서관과 전통적 도서관의 가장 큰 차이점은 공간개념과 장서구성에서 찾을 수 있다. 즉, 디지털도서관은 소유 및 물리적 공간개념을 초월하여 가상의 공간 및 디지털공간에 존재할 수 있으며, 장서구성이 과거의 도서와 비도서뿐만 아니라 전문정보, 멀티미디어 정보, 그리고 접근가능한 모든 정보자원으로 장서의 범위가 확대되었다.

디지털도서관의 출현으로 인한 공간개념과 장서구성의 변화, 시스템의 변화, 업무

의 변화 등을 기반으로 디지털도서관의 특성을 제시하면 다음과 같다(황금숙, 2003).

첫째, 정보를 인쇄매체에 저장하기보다는 SGML, XML 등의 표준전자문서형식의 구조화된 디지털형식으로 서버에 저장하고 관리한다.

둘째, 자원이 디지털로 표현되고 메타데이터 및 XML로 정보자원이 표현되기 때문에 정보자원 간의 연결이 매우 용이하며 텍스트, 영상, 오디오, 비디오, 인터넷 문서 등이 매우 유기적으로 연결될 수 있다.

셋째, 인쇄매체처럼 이용률에 따라 여러 개의 복사본을 유지할 필요 없이 하나의 원본을 여러 이용자가 이용할 수 있으며, 필요 시 추가적인 출판과정을 거치지 않고 복사본을 제공할 수 있다.

넷째, 논리적 문헌구조, 자연언어 처리, 그리고 전문가시스템기술을 기반으로 정보내용 중심의 검색 및 접근이 가능하다.

1.4 디지털도서관의 요건

디지털도서관의 특성을 기반으로 이용자에게 서비스를 제공하기 위해 디지털도서관이 갖추어야 할 3가지 요건을 제시하면 통합성, 개방성, 보존성이다(이수상, 2005). 통합성은 협업성, 상호운용성, 네트워크화와 유사한 개념으로 이를 기반으로 하여 디지털도서관은 협업 및 상호운용성기반의 네트워크로 연결된다.

첫째, 시스템 운용 측면에서 필요한 요건인 통합성은 다시 정보자원의 통합, 정보서비스의 통합, 시스템의 통합의 3가지 유형으로 구분된다. 디지털도서관은 정보자원의 통합을 통해 기관 내부 · 외부 자원, 인쇄 · 전자매체, 학술 · 연구 자원, 텍스트 · 웹 · 동영상 자원 등 데이터의 통합접근 환경을 제공하고, 정보서비스의 통합을 통해 식별체계, 전거 · 시소러스, 협력참고봉사 등과 같이 통합서비스 환경을 제공하며, 시스템의 통합을 통해 컴포넌트기반으로 구성된 디지털도서관이 하나의 단일시스템으로 구축되고 서비스된다.

둘째, 서비스 측면에서 필요한 요건인 개방성은 정보접근의 개방과 응용서비스의 개방으로 구분된다. 정보접근의 개방은 소장하고 있는 정보자원의 접근에 장애나 장벽이 없는 환경을 말하며, 응용서비스의 개방은 공개 소프트웨어(S/W) 또는 공개 아키텍처(architecture)를 사용하거나 자관의 응용서비스의 기능을 외부로 개방하여 다른 시스템이 활용할 수 있도록 하는 것이다.

셋째, 정보자원의 영구적 보존과 접근 측면에서 필요한 요건인 보존성은 디지털유산을 보존하여 후세의 이용자들이 이용할 수 있도록 하는 것이다.

1.5 디지털도서관 운영체제

디지털도서관 운영체제는 디지털도서관의 이론, 개발, 운영, 평가, 연구를 위한 협력의 통합체제를 말하며, 디지털도서관 운영체제의 구성은 연구자에 따라 약간의 차이가 있다.

그림 1-1 ▌DELOS 선언의 디지털도서관 운영체제 구성요소

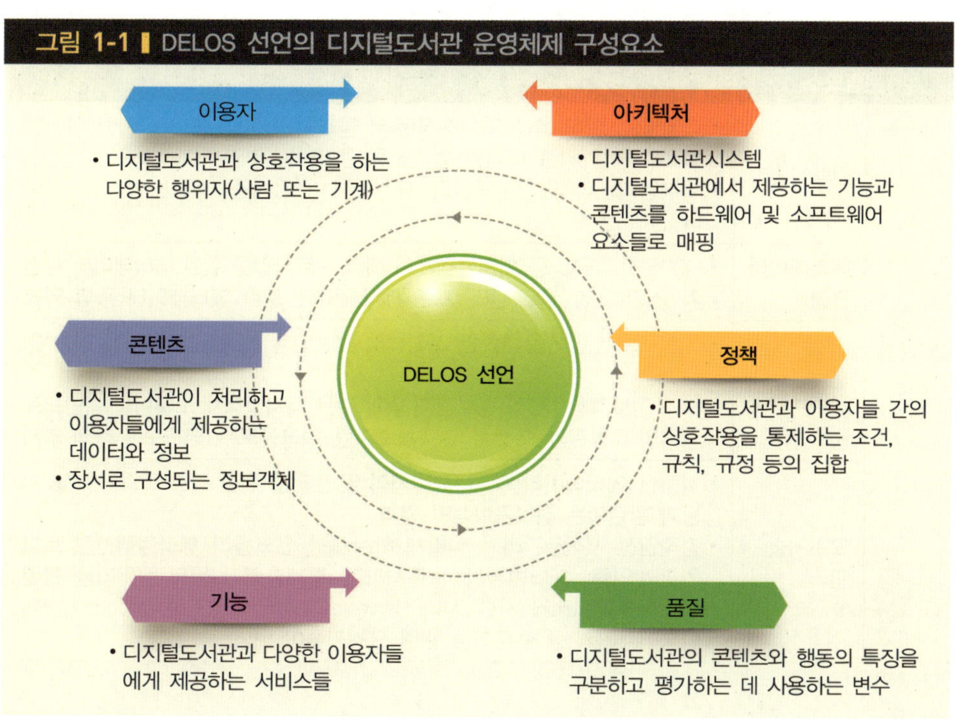

DELOS 선언(DELOS Manifesto)에서는 디지털도서관 운영체제의 구성요소로 여섯 가지를 제시하고 있는데, 디지털도서관과 상호작용을 하는 다양한 행위자(사람 또는 기계)인 이용자(user), 디지털도서관에서 제공하는 기능과 콘텐츠를 하드웨어 및 소프트웨어 요소들로 매핑하는 디지털도서관시스템인 아키텍처(architecture), 디지털도서관이 처리하고 이용자들에게 제공하는 데이터와 정보, 그리고 장서로 구성되는 정보객체인 콘텐츠(contents), 디지털도서관이 다양한 이용자들에게 제공하는 서비스들인 기능(functionality), 디지털도서관과 이용자들 간의 상호작용을 통제하는 조건, 규칙, 규정 등의 집합인 정책(policy), 디지털도서관의 콘텐츠와 행동의 특징을 구분하고 평가하는 데 사용하는 변수를 나타내는 품질(quality) 등이다.

이수상(2005)은 디지털도서관 운영체제를 기능구성에 관련된 기능적 운영체제와 실제적인 운영에 관련된 외부지원 운영체제로 구분하였다. 기능적 운영체제는 컬렉션관리, 메타데이터관리, 객체관리, 요소기술관리, 정보서비스를 포함하고, 외부지원 운영체제는 표준화, 협력기관, 이용자, 운영기반기술, 연구개발의 요소를 포함한다. 디지털도서관 운영체제는 다음과 같다(이수상, 2005).

표 1-4 디지털도서관 운영체제 구성요소별 내용

운영요소		설명
기능적 운영 체제	컬렉션관리	• 디지털도서관의 핵심요소(심장)로서 물리적 아이템 또는 디지털 아이템을 모아놓은 각종 디지털 컬렉션을 관리하는 영역 • 세부영역: 디지털 컬렉션의 개발정책, 선정기준, 접근방법, 메타데이터 관리 등
	메타데이터 관리	• MODS, DC, EAD 등 디지털객체의 메타 프로파일을 위한 메타데이터 편집기, 스키마 및 코드 관리, 표준 메타데이터, 보존 메타데이터 등의 영역
	객체관리	• 디지털도서관의 콘텐츠인 디지털객체에 관한 각종 관리활동에 관한 영역 • OAIS 정보객체, METS 정보객체 등과 같은 디지털객체 모델링을 기반으로 객체의 유형관리, 포맷관리, 객체모델링, 워크플로우, 영구보존 등의 과제
	요소기술 관리	• 컬렉션, 메타데이터, 객체 등의 처리 및 관리를 위한 각종 요소기술 및 기능과 관련되는 정보공학적인 영역 • 검색엔진, 저작권관리기, 식별체계(handler), 웹크롤러, 메타검색엔진, 로그인관리(인증), 메타변환기, 보존처리기, 통계출력기 등의 전문기능 관련 요소기술과 RefLinker, OAI서버, Harvester, Z서버, RSS도구, Unicode기반의 다국어처리기 등 표준기능 관련 요소기술이 해당

	정보서비스	• 통합접근 환경에서 자원탐색기능과 부가서비스기능으로 구성되는 포털 서비스 영역 • 기관포털, 주제포털, 미디어포털, 검색포털 등의 형식으로 디지털도서관의 정보서비스가 제공 • 이용자에게 보여지는 디지털도서관이므로 이용자 중심의 접근이 매우 중요
외부 지원 운영 체제	표준화	• MODS, DC, OAI-PMH, ZING, RSS, OpenURL 등과 같이 컬렉션관리에서 정보서비스에 이르는 디지털도서관의 상호운용성과 협업성 등을 위한 각종 표준화 내역과 표준화 기관에 대한 과제
	협력기관	• 컬렉션 및 서비스 협력, 디지털도서관 프로젝트 협력 등의 기관과 활동에 관한 과제 • 각국의 정보센터, 프로젝트 수행기관, 콘텐츠 제공자 등에 관한 논의
	이용자	• 디지털도서관을 이용하는 이용자 프로파일과 이용자서비스 평가와 관련된 영역
	운영기반 기술	• 디지털도서관의 동작모델, 운영모델, 운영체제, 개발언어, 패키지솔루션, 시스템관리자 등과 관련된 운영환경과 기반기술을 다루는 영역
	연구개발	• 디지털도서관의 모범사례 연구 및 개발, 디지털도서관 평가지표 개발 및 전문컨설팅 수행, 정보개방 운동 등 • 디지털도서관 운영체제와 관련된 각종 이론영역, 연구개발 활동, 교육영역, 관련 단체, 회의 및 세미나 활동 등에 대한 관심

출처: 이수상 (2005). 우리나라 디지털도서관의 전개양상에 관한 연구

그림 1-2 ▌디지털도서관 운영체제

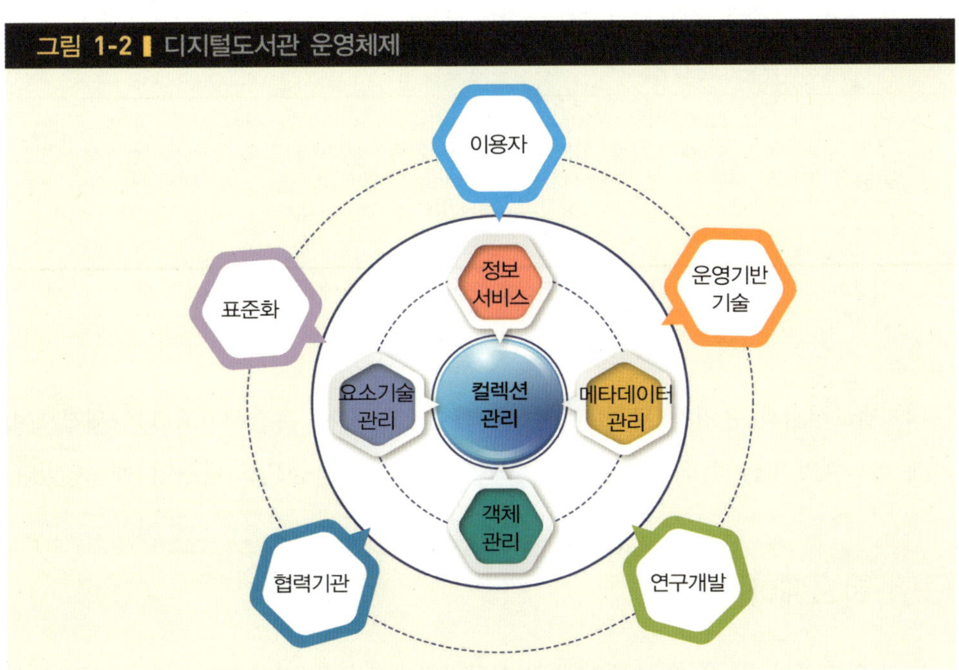

출처: 이수상 (2005). 우리나라 디지털도서관의 전개양상에 관한 연구

1.6 디지털도서관의 정보기술 및 기술요소

과학기술부(2005)는 디지털도서관의 기술요소를 정보처리단계별로 구분하여 정보의 생산, 정보의 수집 및 저장, 정보의 관리, 정보의 유통 및 서비스, 공통부문으로 제시하고 있다(김성희, 이정수, 2007).

❙표 1-5❙ 정보처리단계별 디지털도서관 기술요소

정보처리단계	기술명
정보의 생산	데이터표현기술, 콘텐츠 제작 및 구현기술, 콘텐츠 압축기술, 메타데이터 표준 및 추출기술, 디지털화, DB 변환기술, 분산객체기술, 콘텐츠관리기술・DW기술, 미디어 압축 및 변환기술, UCC・RSS기술
정보의 수집 및 저장	신디케이션(수집 및 배포)기술, 고성능 스토리지기술, 멀티미디어기반(MPEG-21) 기술, 미디어・영상내용 기반기술, 메타데이터 모델링기술, 콘텐츠 저작권관리기술, 디지털아카이빙기술
정보의 관리	분류・목록 자동화기술, 색인 및 전거통제기술, 시소러스기술, 다양한 매체의 디지털콘텐츠 통합기술, 데이터베이스 관리기술, 데이터베이스 객체색인 및 검색기술, 메타데이터 레지스트리 관리기술, 리포지터리기술, RFID 및 센싱기술
정보의 유통 및 서비스	디지털도서관 통합 유통 프레임워크기술, 메타데이터 하베스팅기술・OAI기술, 지능화기술, 오감기술, 식별체계 표준화기술, 자동분류기술, 정보보안・저작권보호기술, DRM기술
공통	ITSM 기술데이터・서비스 품질관리기술, ITA・EA기술, 사용자 인터페이스기술・Open Interface기술, 정보공유 및 연계기술・정보통합기술, 언어서비스기술, 콘텐츠 적응화기술, OpenAPI・Mashup기술, 온톨로지기술・데이터자동관계추출기술・의미정보기술, 자연어처리・검색어통계・Ranking기술, 서비스 개인화・서비스 통합기술

출처: 김성희, 이정수 (2007). 디지털도서관 상호운영성 기술요소에 기반한 기술참조모델 설계에 관한 연구

디지털도서관의 운영과 관련된 기술은 과거보다 훨씬 복잡해지고 다양해졌으며, 크게 하드웨어기술, 소프트웨어기술, 정보기술 평가제도 등으로 나누어 볼 수 있다.

1.6.1 하드웨어기술

먼저 하드웨어기술은 운영시스템, 디지털화시스템, 디지털서고시스템, 디지털전송

시스템으로 구분되고 있다.

운영시스템은 디지털도서관을 구성하는 전체시스템을 관리하고 통제하는 서버시스템이며, 이용자의 요구를 처리하는 시스템이다. 서버시스템의 구성은 이용자의 수를 기반으로 파일시스템, 프린터시스템, 웹시스템 등으로 분산하여 구축가능하다.

디지털화시스템은 디지털화하는 방식 및 미디어 형태에 따라 문헌이미지처리시스템(스캔시스템)과 오디오 및 비디오처리시스템, 전자출판시스템으로 구분할 수 있다. 문헌이미지처리시스템은 인쇄본을 디지털화는 시스템이며, 해상도(Dots Per Inch: DPI)에 대한 이해가 필요하다.

오디오 및 비디오처리시스템은 신호변환시스템과 제작시스템으로 구성되며, 아날로그의 오디오 및 비디오를 디지털신호로 변환하는 시스템이다. 전자출판시스템은 문자출판시스템, 오디오출판시스템, 정지화상출판시스템, 영상출판시스템, 멀티미디어출판시스템으로 구성된다.

디지털서고시스템의 기억장치는 그 보관 대상 정보가 갖고 있는 특성에 따라 그 기능과 용도를 달리하며, 디지털화된 정보의 형태나 용도 등에 따라 문자디지털서고, 멀티미디어서고, 전자책디지털서고, 웹디지털서고, 백업디지털서고로 구분된다.

디지털전송시스템은 LAN, WAN 등 네트워크 환경에 따라 그 시스템적 요소를 달리하며, 분배시스템, 네트워크연결시스템, 신호변환시스템, 네트워크 회선 등으로 구분된다.

그 외 하드웨어기술로 무정전 전압기(Uninterruptible Power Supply: UPS)가 있는데 이는 정전이 되었을 때 저장된 전원을 공급하여 서비스가 중단 없이 제공되도록 하며, 백업 및 정상적인 셧다운(shutdown) 시간을 보장한다. 그리고 디지털장비의 온도와 습도를 최적으로 맞추어 주는 항온항습기가 있다.

1.6.2 소프트웨어기술

소프트웨어기술은 시스템 소프트웨어와 응용 소프트웨어로 구분된다. 시스템 소프트웨어는 UNIX, LINUX, WINDOWS NT 등의 운영시스템, ORACLE, SYBASE, INFORMIX 등의 DBMS(Data Base Management System), IIS(Internet Information

Server), Apache 등의 웹서버, 그리고 TCP-IP(인터넷 표준 프로토콜), Winsock 등의 웹 프로토콜로 구성된다.

응용 소프트웨어는 도서관이 어떤 서비스를 제공하느냐에 따라 매우 다양해질 수 있으며, 기본적인 소프트웨어는 인터넷 및 웹 접근 소프트웨어(S/W), 홈페이지제작 소프트웨어, 디지털화 소프트웨어, 정보관리 소프트웨어, 색인 소프트웨어, 정보검색 소프트웨어, 정보보안 소프트웨어로 구분될 수 있다. 특히 정보보안 소프트웨어는 디지털도서관에 접근하는 이용자를 관리하고, 그 보관된 정보를 보호하여 디지털도서관의 안전을 유지하는 것을 목적으로 고안된 소프트웨어이다.

▌표 1-6▌ 응용 소프트웨어의 유형

응용 소프트웨어	설명
인터넷 및 웹 접근 소프트웨어	• URL 지정 • Hypertext 정보 송수신 • 웹을 기반으로 한 다양한 정보 송수신
홈페이지제작 소프트웨어	• HTML, SGML, XML, XHTML 등의 문서형식 • 나모, 드림위버 등 다양함
디지털화 소프트웨어	• PDF 자료 제작, XML 및 SGML 형태로 제작
정보관리 소프트웨어	• 도서관자동화시스템 등
색인 소프트웨어	• 형태소 분석기를 이용한 색인어 추출시스템 • 시소러스와 연계하여 추출된 색인어와 관계된 어휘에 대한 연계 색인을 작성하는 것이 가능함
정보검색 소프트웨어	• 웹 검색엔진: 하이퍼텍스트를 기반으로 웹상의 정보원이나 정보를 검색하기 위한 것으로 키워드 검색엔진, 주제별 검색엔진, 메타 검색엔진 등이 있음 • 전문검색엔진: 내부 데이터베이스 전용 검색엔진
정보보안 소프트웨어	1) 네트워크보안 소프트웨어 • 인터넷 등 네트워크를 통해 불법으로 디지털도서관에 접근하는 침입자에 대한 침입차단(firewall)을 위한 것 • IP 패킷 전송을 차단하는 소프트웨어, 특정 애플리케이션에 의한 패킷만을 전송하도록 하는 소프트웨어 2) 정보보안 소프트웨어 • 디지털도서관에 접근한 이용자가 그 보관된 정보를 이용함에 있어, 이를 불법적으로 이용하는 것을 차단하기 위한 것 • 불법이용을 방지하는 소프트웨어, 불법이용을 확인하는 소프트웨어 등 다양함

1.6.3 정보기술 평가제도

정보기술 평가제도는 디지털도서관이나 기타 정보관리기관에 도입 및 응용되는 기술로 소프트웨어 품질을 평가하는 제도이다. 정보기술을 평가하는 제도 중 국산신기술인정제도, 소프트웨어 품질인증제도, 침입차단시스템 평가제도, 침입탐지시스템 평가제도 등은 디지털도서관과 직접적으로 관련이 있다.

국산신기술인정제도는 「기술개발촉진법」 제2조제4호, 동법시행규칙 제2조에 근거한 제도이며 1993년부터 시행되고 있으며, 기술분야별로 각 전문분과위원회의 심사를 거쳐 기존 또는 유사제품에 비해 기술적으로 독창성, 자립도, 파급효과 등이 우수하고 제품의 품질 및 안정성에 있어서 당시의 성능을 유지할 수 있는 품질관리체계 등을 갖춘 기술에 대하여 그 기술의 우수성을 인정하는 제도이다. 대표적으로 KT마크가 있다.

소프트웨어 품질인증제도는 「소프트웨어산업진흥법」 제13조에 근거한 제도이며, 평가 대상 소프트웨어가 매뉴얼 또는 사용자 설명서에서 기술되어 있는 대로 작동이 되고 있는지의 여부와 사용자 편의성의 수준 및 결함 정도를 국제표준 ISO/IEC 9126을 기초로 작성된 품질평가 지침에 의해 사용자 입장에서 평가하는 제도이다.

침입차단시스템 평가제도는 「정보화촉진기본법」 제15조 및 동법시행령 제16조에 근거하여 침입차단시스템의 평가기준을 운영 및 적용하고 있다. 보안기능(신분확인, 접근통제, 무결성, 비밀성, 감사기록 및 추적, 보안관리 등) 6가지 항목과 보증사항 6가지 항목을 평가하여 적합성에 따라 7단계(K1, K2, K3, K4, K5, K6, K7)로 등급화하여 그 기술수준을 평가한다.

침입탐지시스템 평가제도는 「정보화촉진기본법」 제15조 및 동법시행령 제16조에 근거한 평가기준을 적용하며, 보안기능(축약감사데이터생성, 보안위반분석, 보안감사대응, 신분확인, 데이터보호, 보안감사, 보안관리, 보안기능의 보호 등)과 보증사항(개발과정, 시험과정, 형상관리, 운영환경, 설명서, 취약성 등)을 7단계로 평가하고 있다.

1.7 디지털도서관의 출현에 따른 사서의 역할변화

과거 도서관자동화의 출현은 도서관의 직무를 재구조화하고 새로운 직무를 창출하는 등 도서관의 업무가 대부분 재편성되는 현상을 불러왔다. 디지털도서관의 출현 역시 도서관을 운영하는 사서의 직무 및 역할변화에 지대한 영향을 미치고 있다. 디지털도서관의 사서는 멀티미디어를 포함한 디지털장서를 수집하고 관리할 수 있어야 하고, 디지털정보자원을 조직하는 지식도 갖추어야 하며, 또한 이용자가 요구하는 어떠한 정보자원도 검색을 통해 제공할 수 있는 검색능력을 갖추어야 한다.

디지털도서관 환경의 사서는 새로운 시스템과 봉사를 개발하는 업무로 역할변화를 추구하고 있으며, 다음과 같은 역할이 요구되고 있다(황금숙, 2003).

첫째, 이용자의 현재적 요구는 물론 잠재적 이용가능성을 조사·분석하여 적절한 자료를 적시에 제공할 수 있는 정보조사제공자로서의 역할을 해야 한다.

둘째, 디지털도서관 사서는 외부의 정보자원을 그대로 활용하는 것은 물론 자체적으로 특색있고 중요한 정보자원에 대한 DB를 구축해야 한다.

셋째, 정보자원을 이용자가 편리하고 쉽게 이용할 수 있도록 UI를 개발하고 정보검색시스템을 개발할 수 있어야 한다.

넷째, 새로운 정보기술, CD-ROM 검색시스템, 그리고 온라인 DB 검색시스템과 이용자 사이의 문제를 해결해 주는 정보중개자(Information Mediator)로서의 역할을 해야 한다.

다섯째, 이용자의 정보검색 효율을 높여주기 위한 정보자료의 이용법 및 이용자의 정보기술 활용법을 지도하고 지원하는 정보교육자(Information Educator)로서의 역할을 해야 한다.

여섯째, 도메인관리, 이미지 및 원문관리 및 지적재산권관리, 도서관에 링크할 사이트의 허가사항 관찰 및 자신의 도서관을 링크한 사이트관리를 하는 정책관리 및 정보기술전문가로서의 역할을 해야 한다.

이러한 사서의 역할변화에 따라 사서를 지칭하는 용어도 다양해진 것을 알 수 있는데, 이는 총체적 사서, 정보해석자, 정보교육자, 가상사서, 웹사서, 정보중재자, 정보관리자 등이다. 이러한 명칭은 사서의 역할과 밀접한 관련이 있음을 알 수 있다.

그림 1-3 ▌디지털도서관 환경에서의 도서관 사서의 명칭

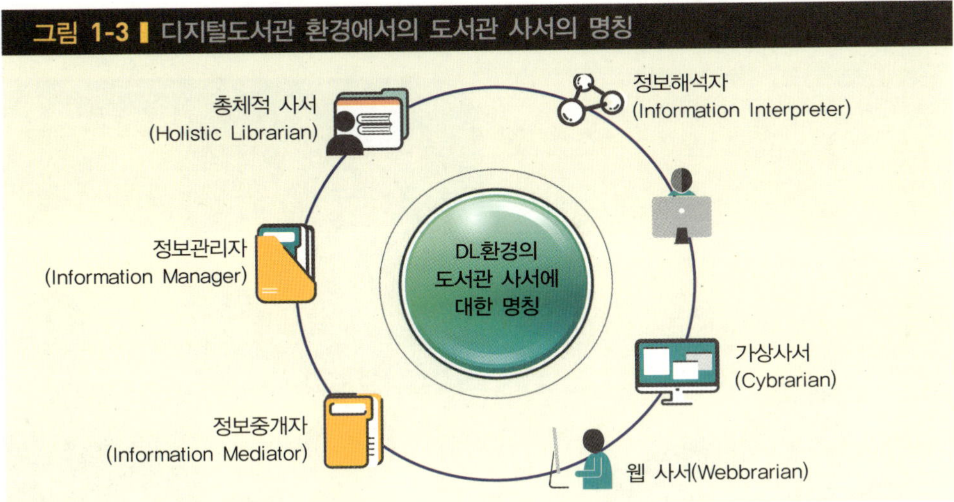

출처: 황금숙 (2003). 디지털도서관론

차세대
디지털도서관의
이해

Chapter

02

디지털도서관의 구축과 운영

2.1 디지털장서의 개발

2.2 디지털장서조직과 메타데이터

2.3 디지털도서관시스템

2.1 디지털장서의 개발

디지털도서관은 디지털장서를 기반으로 각종 정보서비스를 제공하는 도서관이라 할 수 있다. 전통적인 도서관의 장서구성이 주로 책과 같은 아날로그자원이었다면 디지털도서관의 장서구성은 아날로그자원과 디지털자원으로 확대되었으며, 소장자료뿐만 아니라 접근이 가능한 자료도 포함하고 있다. 즉, 디지털도서관의 장서는 텍스트로 된 종이자료에서 CD-ROM, 온라인데이터베이스, 인터넷의 정보자원 등으로 그 범위가 확장되고 있다. Lagoze와 Fielding(1998)은 디지털장서를 더 넓은 정보환경에서 정보자원들을 선정하기 위한 일련의 선정지침과 선정과정 및 결과를 의미한다고 하였다.

디지털장서(digital collections)는 협의와 광의로 구분하여 정의되기도 한다. 협의의 디지털장서는 도서관이나 정보센터의 호스트 컴퓨터에 축적되어 있는 다종다양한 디지털자료의 집성체인 디지털전문 DB를 말한다. 이를 광의로 규정할 때는 라이선스 계약을 통하여 온라인 접근권리를 확보한 E-book, 웹 DB, 전자잡지 등도 포함할 수 있다(윤희윤, 2007).

디지털장서를 개발하기 위해서는 디지털장서에 대한 개념 이해에서 출발하여 디지털장서 개발정책, 장서수준의 이해, 디지털장서 구축방법까지 이해하여야 한다.

2.1.1 장서개발정책

장서개발정책은 도서관의 목적과 밀접한 관련이 있으며, 도서관의 목적을 기반으로 장서개발정책의 방향과 틀과 범위가 결정된다고 할 수 있다. 즉, 장서개발정책(Collection Development Policy: CDP)은 장서개발의 특징과 범주, 우선순위 등을 규정하는 장서관리 업무의 마스터플랜이다. 장서개발정책을 통하여 도서관 및 정보센터는 현재 구성되어 있는 장서의 특성과 강점 및 약점을 파악하고, 장서구성(collection building)의 우선순위를 정하며, 예산분배(allocation)의 정통성과 효율을 기할 수 있다(장덕현, 서태설, 2009).

이에 세계의 각 국가도서관들은 장서개발정책을 수립하고 있으며, 각 관종의 도서관들은 규모에 관계없이 장서개발정책을 수립해야 하고 장서의 범위, 수집의 우선순위 및 구입수준 등에 따라 일관성 있게 장서개발을 함으로써 도서관의 본래의 목적을 성공적으로 달성해야 한다.

1) ALA 장서개발정책 가이드라인

미국도서관협회(American Library Association: ALA)는 산하 RUSA(Reference and User Services Association)의 장서개발 및 평가섹션(Collection Development and Evaluation Section: CODES)을 통하여 전자자원개발정책 수립을 위한 핵심 요소(Core Elements of Electronic Resource Collection Policies)를 제시하고 있다(ALA Core Elements of Electronic Resource Collection Policies, 2005). 즉, 용어정의, 정책 개정에 대한 일정, 전반적인 도서관정책과의 관계, 인쇄자원과 기타 전자자원과의 관계(현재 자원의 대체 또는 보강), 선정(선정의 주체), 정보의 기준(범위, 정확성 · 최신성), 하드웨어와 소프트웨어 고려사항(산업표준 준수, 설명서와 기타 기술적 지원), 비용(소프트웨어, 하드웨어, 유지보수 계약에 대한 자금 편성 및 조정) 등이다.

2) 국립중앙도서관

국립중앙도서관은 우리나라를 대표하는 국가도서관으로서 국가의 지적 문화유산을 체계적으로 수집하고 보존하여 이를 후세에 전승시키는 책무를 가지고 있다. 개관 60주년을 맞아 새로운 도약을 위해 도서관 비전 수립과 비전의 영역별 핵심내용과 과제를 제시한 바 있으며(국립중앙도서관, 2005), 여기에는 장서개발을 위한 촉진과제와 실행전략이 열거되어 있다.

도서관업무 중 자료수집 항목에는 납본, 기증, 구입, 교환, 기타 수집활동에 대한 세부사항을 제시하였다. 국외 장서의 수집과 관련된 선정기준은 ① 도서, ② 연속간행물, ③ 전자자료 등 비도서자료로 구분하여 기술하고, 외국도서의 구입절차를 제시하고 있다. 개인이나 단체가 소장하고 있는 자료의 기증을 적극 권하기 위해 개인 문고제도를 운영하고 있으며, 모든 기증자료에는 기증자의 이름을 기록하여 영구히 보존하고 있다.

장서 현황에서는 소장자료 통계와 수집내역별 · 주제별 현황, 연도별 장서추이 등

통계자료와 소장 지정문화재 현황에 관한 정보를 상세하게 제공하고 있다.

전자출판물에 대한 최근의 장서정책을 보면, 기본적으로는 인쇄자료 등 타 자료의 수집정책과 동일하나, 온라인 전자출판물의 특성으로 인하여 인쇄자료와는 다르게 전자출판물도 선정기준, 수집방법 등을 자료의 특성에 맞게 보완하고 이를 이용 · 보존시키는 데 필요한 환경을 조성하여 자료의 포맷에 관계없이 이용자에게 서비스를 제공하도록 노력하고 있다. 「도서관법」 제20조제2항에 의하여 온라인 출판물도 수집 대상에 포함되었고, 현재는 국가기관, 공공기관 등에서 온라인 형태로 발간되는 자료를 우선 수집한다는 원칙을 가지고 있다. 또한 온라인 출판물과 인쇄매체가 동시에 출판된 경우에는 인쇄매체를 우선 수집하고 예산의 범위에서 병행 · 수집한다. 기본서지, 출판정보, 색인 DB 등을 우선적으로 구입하고, 사전, 통계자료, 편람, 법령집 등에 대한 전문(full-text)자료, 해외 온라인 전자출판물은 인문, 사회, 기술과학분야의 주요 전자저널의 전문, 주제와 관계없이 이용자 요구가 많은 자료, 국내 관련 기관과 컨소시엄의 구성 혹은 참여를 통하여 웹 DB를 효율적으로 구입하는 등의 수집 원칙을 가지고 있다. 2004년부터는 온라인 디지털자원 전담팀이 구성되었고, 2007년 발표된 '국립디지털도서관 운영전략 세부계획 보고서'에서는 국립디지털도서관의 전략과제로서 장서개발정책 업무의 개요와 세부사항에 대하여 언급하였다.

3) 미국의회도서관

미국의회도서관(Library of Congress)은 1800년 4월 24일에 설립된 미국 대표도서관으로 미국에서 제일 역사가 오래된 연방 문화기관이며 세계에서 가장 큰 도서관이다. 미국의회도서관은 홈페이지에 장서개발정책을 공개하여 누구나 참고할 수 있도록 하고 있다.

또한 미국의회도서관은 장서개발정책 홈페이지를 별도로 두고 있으며 미국의회도서관 홈페이지에서 사이트맵 혹은 사서를 위한 메뉴를 통해 여러 경로로 장서개발(Collection Development) 메뉴에 접근할 수 있다.

장서개발정책 홈페이지는 장서정책과 장서개관으로 구성되어 있다. 장서정책의 하부메뉴는 장서개발정책 보기(View Collection Policy Statement), 서문 및 장서수준의 세부메뉴를 제시한다. 장서개발정책 보기를 클릭하면, 분야별 · 매체별 장서정책이 링크되는데, 각 분야에 대하여 범위, 강점, 수집정책, 수집원 등이 서술되어 있다. 도서관 장서개발활동은 규모가 상당히 넓으며 모든 학문분야와 연구분야를 포함하고, 농업과 의료분야의 기술적인 부분을 제외한 지적 출판물을 모두 포괄한다.

장서개관에서는 미국의회도서관 집서의 다양한 분야와 관련된 간략한 소개를 담고 있다. 이 개관을 통해서 직원에게 도서관의 복잡하고 거대하며 다양한 집서에 대한 오리엔테이션을 제공한다. 또한 도서관 잠재 이용자의 관심을 끌 수 있으며, 언제든지 이용자들의 의견을 수렴할 수 있는 창구 역할도 한다.

장서수집의 경우 미국의회도서관에서는 지역, 범위, 크기, 일반적인 연구범위, 별치자료 기준, 수서상의 취약점과 수집제외 기준을 제시하고 있다. 기부자에 의해 기부금 혹은 실물자료를 받기도 한다. 실물자료의 기증 시 기증 대상 장서의 상태나 질을 평가한 후 기증을 받는다. 영어로 된 장서가 50% 이상이며 독어, 불어, 러시아어 등 기타 언어별 장서를 수집하고 있다.

장서평가는 도서관 직원과 주제전문가가 담당하고 있으며, 컨스펙터스 모델방법을 사용하여 0~5까지 6단계의 수준으로 나타내고 있다. 불안정한 매체에 있거나, 높은 가치를 지녔으나 관리의 질이 염려되는 장서를 선정하고 재보전한다. 장서의 질과 효용성을 위한 재편성을 위해 예산계획을 연례적으로 수립하고 계획안의 처리를 위해 가이드와 목록을 만들고 예산을 지원받는다. 또한 다른 기관의 장서평가와 보존계획 사업안을 공시하기도 한다.

전자정보원과 관련된 장서개발정책은 1999년에 처음 발표된 후 2004년에 다시 개정되었다. 현재 미국의회도서관은 디지털자원 수정에 있어서 의회와 연구자들의 현재와 미래의 정보서비스의 유용성, 정보제공자의 평판, 제공되는 고유정보의 양, 학문적인 콘텐츠, 디지털로만 접근가능한 정보, 위기에 놓여 있는 정보, 소멸위기의 자원, 회색 문헌, 반체제 문헌 등의 요소를 고려하여 디지털자원을 수집하고 있다.

또한 디지털자원의 추천과 선정을 위해서 다음과 같은 사항들을 고려하여야 한다고 제시하고 있다.

첫째, 콘텐츠가 장서개발 목표를 충족하는지, 연구가치에 부합하며 범위가 포괄적인지 등을 고려한다. 대학에 널리 이용될 자원이면서 도서관의 텔레워킹 직원에게 접근하게 만들 수 있는 자원인지 등 부가가치 여부에 따라서 우선순위가 결정된다.

둘째, 접근성을 고려하고 세부사항으로 서버의 신뢰성, 멀티미디어의 적절한 이용, 저작권과 공공의 이용 가이드라인의 지원, 등록이 요구되는 경우 적합성과 프라이버시 사항에 부합한지 등을 고려한다.

셋째, 디자인, 이용자 인터페이스, 네비게이션의 용이성, 검색의 재현 등도 고려한다.

넷째, 표준 등을 고려하며 유료자원인 경우는 기술과 컴퓨팅기술도 판단의 기준이 된다.

다섯째, 영속적인 미국의회도서관의 장서는 이용자의 요구를 만족시키기 위해 접근이 보장되어야 하며 디지털 리포지터리에 아카이빙되고 서지정보를 제공하는 메타데이터를 유지해야 한다.

여섯째, 연구자원으로 수집하기 위한 장서의 우선순위는 도서관에 의해 생성된 더 이상 존재하지 않는 디지털자원, 도서관에 의해 재생산된 디지털자원, 부가가치 전자도구, 전자형태로만 존재하는 자원, 컴퓨터프로그램 등으로 구성해야 한다.

4) 영국국립도서관

영국국립도서관(British Library)은 오랫동안 장서를 구축해 왔으며, 지구상에 알려진 모든 언어의 자료들을 수집한다. 영국국립도서관은 1753년 기존의 거대한 세 개의 집서들인 'Cotton Collection', 'Harley Collection', 'Sloane Collection'을 함께 모은 영국박물관 도서관에 기초를 두고 있으며, 그 후 왕실 집서와 다양한 자료들이 추가되었다. 영국국립도서관은 방문자가 자료를 직접 보고 읽을 수 있는 'Reading Room'을 제공하며, 원거리에서도 네트워크를 통해 원하는 자료를 사용할 수 있도록 많은 자료들을 디지털화하고 있다.

또한 영국국립도서관의 장서개발정책은 홈페이지에 잘 제시되고 있다. 도서관 홈페이지의 'About us' 메뉴 아래의 세부메뉴로 들어가면 영국국립도서관 장서개발정책 페이지가 제시된다(About us > Strategy > Policies & Programmes > Collection Development Policy). 장서개발정책은 간략한 소개에 이어 영국국립도서관 집서의 목적을 포함한 9개의 세부항목으로 제시된다. 장서개발정책 기술서의 기능은 현재의 장서정책을 명확히 제시하여 장서구성과 관련된 활동을 돕고, 이용자가 영국국립도서관에서 사용할 수 있는 집서의 현황을 잘 이해하도록 하는 데 있다.

The British Library – Collection Development Policy(영국국립도서관 – 장서개발정책)

- Purpose of the BL Collection(영국 국립도서관 집서의 목적)
- Legal Deposit(납본)
- Purchased Material(구입자료)
- Donations and Permanent Loan(기증과 영구대여)
- Ethnical Future Acquisition Policy(수집윤리)
- Borrowing Items for Public Exhibition(전시를 위한 차용)
- Duplication(복본)
- Retention and Disposal(보존과 폐기)
- Working in Collaboration(협력)
- Specific Collection Development Policies(세부 장서개발정책)
  British & Irish(영국 & 아일랜드), Oriental and India Office(동양과 인도 사무부), Dutch(네덜란드), French(프랑스), German(독일), Greek(modern)(현대 그리스), Hispanic(히스패닉), Italian(이탈리아), Scandinavian(스칸디나비아) East European(동유럽), Overseas English(해외 영어), Manuscripts(원고), Music(음악), Patents(특허), Philatelic(우표수집), Science(과학), Technology & Business(기술 및 사업), Early Printed(초기 인쇄본), Maps(지도), Newspapers(신문), Sound Archive(음향기록물), Web Archiving(웹 아카이빙)

영국국립도서관의 장서개발정책의 목적은 연구자들이 필요로 하는 세계의 지식을 모두 제공하고 후세에게 물려주기 위해 영국에서 간행된 지적 산출물을 모두 수집하는 데 있다. 편집인 및 갱신주기 관련 사항은 제시하고 있지 않으며 장서개발정책 내용에서는 책임자의 연락처를 제시하고 있다. 이용자의 범위와 관련하여서는 영국국립도서관이 수집한 세계적이며, 특수하고, 문화적 가치가 뛰어난 장서를 이용하고자 하는 모든 사람들에게 개방하고 있다. 장서의 주제범위는 크게 세 부분으로 나뉜다. 첫째, 주제별 분류로 음악, 영화, 사진 등을 포함한 예술, 자서전, 기록물, 컴퓨터, 경영, 법학, 문학, 의학, 군사학 등으로 나뉜다. 둘째, 형식별 분류로 책, 저널, 음악, 마이크로폼 등과 같이 분류된다. 셋째, 지역적 분류로 아메리카, 아시아와 아프리카, 동유럽, 영국과 아일랜드, 서유럽으로 나뉜다. 세부장서개발정책하에 22개 분야 · 유형에 대한 정책을 각각 서술하고 있다. 그 내용은 분야 · 유형에 따라 다르며, 장서개요, 장서개발정책, 범위, 수집우선순위, 강점, 책임자 연락처 등을 기술하고 있다.

또한 납본 이외에 구입, 기증, 영구대여 등 다양한 방법으로 수집하며 납본된 자료는 절대 폐기하지 않는다.

디지털장서에 대한 정책으로는 '도서관 재정의 2005~2008(Redefining the Library: Overview of the British Library's Strategy 2005~2008)'에서 영국국립도서관의 비전으로서 공간적·독립적인 통합서비스를 통해 도서관 장서와 전문지식에 대한 원격 접근성의 향상을 내세웠다. 즉, 하이브리드도서관으로서 인쇄자원뿐만 아니라 디지털과 다른 유형의 자원들도 소장하고 있거나 서로 연관된 서비스를 통하여 정보유형의 이음새 없이 모든 정보에 접근이 가능하도록 하는 것이다. 특히, 타 기관의 장서 및 전문지식을 연계하고 이용자의 요구를 만족시키기 위해 타 기관과 파트너십을 발휘하는 것을 비전으로 하고 있다. 웹 아카이빙에 관해서는 별도의 정책으로 디지털화 대상, 범주, 콘텐츠 등을 제시하고 있다.

2008년 새롭게 정립된 '영국국립도서관 전략 2008~2011(The British Library's Strategy 2008~2011)'에서는 다음과 같은 전략을 서술하고 있다.

첫째, 영국의 디지털출판물을 확대하여 캡처하고 저장하는 것으로, 전자납본에 의거하여 웹사이트와 전자출판물을 수집하고 디지털자원 수집에 관한 다른 나라의 최고 구현사례를 추적하고자 한다.

둘째, 아직 공개되지 않은 엄청난 양의 콘텐츠를 연구자들을 위해 전자화할 예정이다.

셋째, 디지털자원의 수집, 저장, 보존, 그리고 광범위한 커뮤니티의 장기적인 접근점을 제공하는 것으로, 이용자에게 권한을 주고 콘텐츠를 보호하고자 적절한 메타데이터를 제공하고 디지털 인프라를 구축할 예정이다.

5) 호주국립도서관

호주국립도서관(National Library of Australia)의 장서개발정책은 도서관 홈페이지에서 주메뉴 중에 하나인 'Collections > Acquisition Method'의 상호참조 메뉴에서 'Collection Policies'로 제공되고 있다.

호주국립도서관 장서개발정책은 18개의 항목으로 구성되어 있으며 부록을 첨부하고 있다. 장서개발정책 서문에는 장서개발정책의 목적, 장서의 접근, 장서의 보존, 도서관 자료의 제적 및 보유로 구분하여 기술하고 있다.

National Library of Australia – Collection Development Policy(호주국립도서관 – 장서개발정책)

- Introduction(서문)
- Australian Collections: General(호주장서 : 일반)
- Australian Printed Materials(호주인쇄자료)
- Australian Electronic Resources(호주전자자원)
- Manuscripts(원고)
- Oral History and Folklore Recordings(구술역사와 민속 레코딩)
- Pictures(사진)
- Maps(지도)
- Music(음악)
- Special Focus Collecting: Dance(특별집중장서 : 춤)
- Overseas Collections: General(해외수집물 : 일반)
- Overseas Electronic Resources(해외전자자원)
- Overseas Collections: Asia(해외수집물 : 아시아)
- Overseas Collection: Pacific(해외수집물 : 태평양)
- Overseas Collections: Specific Subjects(해외수집물 : 특정 주제)
- Overseas Government Publications and International Organizations(해외정부간행물과 국제기구)
- Overseas Newspapers(해외신문)
- Rare Books(희귀장서)
- Appendix: Collecting Level Indicators(부록 : 집서수준지표)

서문에서는 호주장서에서 희귀장서까지 모두 18개의 항목으로 구분하여 비교적 상세하게 장서개발정책을 제시하고 있다. 호주를 대표하는 국가도서관으로서 장서개발 정책 목적, 국내 · 외 자료의 수집과 범위, 장서에 대한 접근, 수집가이드, 장서보존, 폐기에 대하여 기술하고 있으며, 세부 장서개발정책은 대체로 유형별로 구분되어 있다. 세부 내용은 다양하며, 이를 통해 국내 자료와 관련하여 도서관법하에 법적인 의무에 대한 실무적 해석, 국내 · 외 자료에 대한 현 장서개발정책에 대한 공식적인 기술서의 역할, 도서관 직원의 자료선정을 위한 실무적인 안내 역할, 국가적 관심하에 협력장서개발을 위하여 다른 도서관들과 장서수집기관에 안내를 제공하고 있다.

장서의 주제범위로 인쇄물, 전자물, 해외수집물(아시아, 태평양 포함), 사회과학, 인문과학, 예술, 과학, 지도, 필름 및 영상물, 해외정부간행물, 국제기관, 해외신문, 희귀

장서로 구분된다. 각 주제범위 안에서는 컨스펙터스(conspectus) 집서수준을 제시하고 있다.

6) 캐나다국립도서관

캐나다국립도서관(Library and Archives Canada) 장서개발정책은 '장서개발 프레임워크(Collection Development Framework)'라는 제목으로 서문, 장서수집 원칙, 정의, 주요 개념, 주요 방향 2005-2010 등 5개로 구분하여 기술하고 있다. 장서개발정책은 홈페이지의 'Our Collection' 메뉴를 클릭하면 본문에 관련된 사이트가 하이퍼링크되어 있다.

Collection Development Framework(장서개발 프레임워크, 2005)

- Table of Contents(목차)
- Introduction(서문)
- Collecting Principle(장서수집 원칙)
- Definitions(정의)
- Key Concepts(주요 개념)
- Key Directions, 2005-2010(주요 전략, 2005-2010)

캐나다국립도서관의 목적은 캐나다의 문화와 역사를 보존 및 전승시킬 수 있는 자료와 국외 자료를 수집 · 정리하여 이용하게 하는 것이다.

장서의 주제범위는 인쇄자료, 전자자료, 캐나다문학, 음악자료, 신문, 정부간행물, 외국간행물, 참고서적 등으로 주제범위를 제시하고 있다. 캐나다국립도서관은 납본을 받고 있으며 구입과 타 도서관과 협약을 통한 상호교환으로 장서를 수집하고 있다. 또한 캐나다 국가간행물 자료 위주로 수집하며 외국정부간행물, 장서 등도 선택 · 수집한다.

'Acquisition and Donation of Private Records'에는 기증자를 위한 기증 수집방향에 관한 부분도 제시하고 있다. 영어, 불어 등 캐나다에서 모국어로 사용하는 언어를 위주로 수집하지만 중국, 스페인, 힌두어 등 다양한 언어별로도 자료를 수집한다.

'Collection Management' 메뉴에 평가와 폐기에 관한 사항이 제시되어 있다. 자료의 성격에 따라 폐기할 장서군과 보존할 장서군을 구분하고 있다. 전자정보원의 장서 개발정책이 만들어진 시기는 1998년이며, 수집, 접근, 보존의 방향으로 기술되어 있으며, 자료의 획득경로, 형태별 수집, 유지정책이 비교적 상세하게 기술되어 있다. 이와 관련된 정책자료는 'Collection Management' 메뉴에 제시되어 있다. 또한 'Key Directions, 2005-2010' 메뉴의 'Digital Materials' 항목에서도 전자정보원의 장서개발 정책에 관하여 기술하고 있다.

디지털장서 개발정책과 관련해서, 캐나다국립도서관은 가능한 많은 장서들이 온라인에서 이용가능하도록 허용하고 많은 디지털장서와 링크한다는 대전제를 가지고 있으며, 타 기관의 디지털자원의 개발도 돕고 있다.

디지털자원의 범위에서는 웹사이트, 네트워크 출판물, 정부레코드, 개인레코드 등 수집 대상에 대한 구체적인 기준을 제시하고 있다. 또한 역할과 책임 그리고 모니터링과 평가에 대해서도 언급하고 있다. 장서개발프로그램은 부서프로그램의 한 부분으로서 평가의 한 주기로 인정되고 있다. 장서개발정책은 장서개발에 대한 요구, 새로운 기술, 새로 등장하는 기준 등의 변화에 부응하기 위하여 2년 주기로 갱신되어야 한다고 언급하고 있다.

2.1.2 디지털장서 개발정책

최근에는 디지털자원의 급속한 증가에 따라 전자자원에 대한 장서개발정책의 필요성이 대두되면서 기존의 인쇄형 장서개발정책에 전자자원 개발정책을 통합하여 운영하거나 별도의 독립된 전자자원(장서) 개발정책을 수립하여 운영하는 것이 일반적이다. 이에 따라 국립디지털도서관(National Digital Library: NDL)은 장서개발정책의 기본요소들과 국가적 디지털장서 개발정책의 필수요소들을 도출하고 국가단위 디지털장서 개발정책의 일반적 지침을 제시하고 있다.

디지털장서 개발정책의 국내·외 사례들을 기반으로 디지털장서에 대한 정의, 장서의 범위 등을 제시하면 다음과 같다.

1) 디지털장서의 정의

장서란 주제분야별 자료, 특수자료, 지정도서, 멀티미디어 자료 등의 집합체를 의미한다. 개별 아이템에 대한 접근정보를 기록해 놓은 도서관의 목록이며, 하나 이상의 아이템으로 구성된 집합체이자 개별적인 정보자원의 집합체이다. 여기에서 정보자원은 이용자들에게 정보서비스과정을 통해 접근되고 전달되는 기본적인 단위로 객체(object), 콘텐츠(contents), 아이템(items)으로 불리며, 크게 물리적 정보자원과 디지털 정보자원으로 구분된다.

디지털장서는 디지털형태의 자원을 어떤 목적이나 기준에 따라 모아 놓은 것으로 디지털생산과 디지털변환의 형태로 제작될 수 있다. 또한 장서 내에서 개별 정보자원은 특정 장소에 소장되어 있을 수 있고, 지리적으로 분산된 다양한 장소에 존재할 수도 있다.

따라서 디지털장서는 하나 이상의 유사한 성격의 디지털자원으로 구성되며, 하나의 장서에 포함되는 디지털자원은 공통의 메타데이터에 의해 기술되며, 해당 디지털자원은 단일의 인터페이스에서 검색되고 접근될 수 있다.

장서의 유형은 소유 여부 및 원문 여부에 따라 네 가지 유형으로 구분해 볼 수 있으며, 소유 여부에 따라 소유형 장서와 접근형 장서로 구분할 수 있다. 먼저, 소유형 장서는 내부장서이며, 해당 기관에서 자체 제작하여 소유하는 장서로 서지 · 색인, 원문 DB, 리포지터리 등 특정 목적을 가지고 구축된 경우이며 소유권은 도서관에 있다. 접근형 장서는 외부장서이며, 외부에서 제작, 소유한 것에 대해 접근 라이선스를 가진 장서로 외부에서 구축된 것으로 라이선스를 취득하여 이용한다. 또한 원문 여부에

표 2-1 디지털장서의 유형구분

	목록형 장서	원문형 장서
소유형 장서	• 자관 OPAC • 탐색도구	• 자체제작 장서 • 아카이브 장서 • 지식 리포지터리
접근형 장서	• 외부 OPAC • 외부 탐색도구 • 색인 · 초록형 DB	• 전자저널 • 전자책 • 전자참고자료 • 원문제공형 DB

출처: 이수상 (2007). 디지털도서관운영론

따라 원문형 장서와 목록형 장서로 구분할 수 있고, 원문형 장서는 아이템의 원문을 포함하는 것이고 목록형 장서는 소장 아이템에 대한 목록정보로 구성된 것이다.

2) 디지털장서의 범위

디지털장서의 정의를 기반으로 디지털장서의 범위를 정할 수 있다. 미국의회도서관(LC)은 장서의 범위를 전자자원, 원격 및 직접 접근가능한 자원, 수집되어 링크로 연결된 자원, 아카이브자원 등으로 보고 있다. 호주국립도서관(NLA)은 물리적 포맷의 전자자원(물리적 매체로 출판된 아날로그전자자원과 디지털전자자원), 온라인자원(WWW로 출판되거나 이메일 등으로 인터넷을 통해 배포되는 디지털자원), 그 외의 디지털형태(디지털이미지, E-mail 컬렉션, 음원 등)로 생산된 자원을 디지털장서의 범위로 보고 있다.

미국국립의학도서관(National Library of Medicine: NLM)은 장서의 범위를 구입한 장서(도서관이 공식적인 취득과정 혹은 라이선스 계약이나 기타 공식 협약을 통해 입수한 온라인 혹은 물리적 형태의 전자자원), 소장장서(도서관에 의해 소유, 창조되거나 저장되는 것과 영구적인 장서로 채택된 장서), 전자자원(컴퓨터나 온라인, 물리적 형태로 인코딩되거나 만들어진 저작물, 전자저널 등), 링크자원(도서관의 웹자원과 서지적 기록부터 전자자원의 포인터), 온라인자원(처음부터 디지털로 생산되었거나 물리적 매체 또는 프린트되어 있지 않은 저작), 그리고 실체가 있는 매체 등으로 보고 있다.

전통적인 도서관에서는 장서의 범위를 책을 포함한 물리적인 매체로 제한되는 경향이 있었으나 디지털도서관으로 발전하면서 장서의 범위는 도서관에 소장되지 않은 비물리적 자원으로 확대되었다. 규모로 보았을 때 소장장서보다 접근성이 확보된 장서가 더 높은 비중을 차지하고 있을 수 있다. 따라서 사서가 얼마나 적극적으로 무료로 접근가능한 장서를 구축하느냐에 따라 이용자가 이용할 수 있는 정보자원의 규모는 완전히 달라질 수 있다. 디지털도서관에서의 장서의 기준이 달라진 점을 고려하여 디지털도서관에 수집된 디지털장서의 범위를 제시하면 다음과 같다.

표 2-2 디지털도서관에 수집된 디지털장서의 범위

자원유형	설명
물리적 매체의 전자자원	물리적 매체로 출판된 아날로그전자자원(예, 카세트테이프, 비디오)과 물리적 매체에 저장된 디지털전자자원(예, 플로피디스크, CD-ROM, DVD, VCD) 모두를 포함한다.
디지털전자자원	컴퓨터나 온라인 형태로 인코딩되거나 만들어진 저작으로 전자저널, 단행본, 보고서, 논문, 데이터베이스, 디지털컬렉션, 정지영상과 동영상, 음악, 그리고 상호작용적 자원을 포함한다.
구독자원	도서관이 공식적인 취득과정 혹은 라이선스 계약이나 기타 공식 협약을 통해 입수한 온라인 혹은 물리적 형태의 전자자원이다.
인터넷자원	처음부터 디지털로 생산되었거나 물리적 매체 또는 프린트되어 있지 않은 저작으로 인터넷으로 접근가능한 전자자원이며, 도서관의 웹자원과 서지적 기록부터 전자자원의 포인터를 포함한다.
아카이브자원	도서관에 의해 혹은 도서관의 이익을 위해 관리되는 영구적 디지털 리포지터리를 유지하기 위해 처리된 자원이다.

3) 디지털객체

디지털장서를 구성하는 것을 디지털객체라고 할 수 있다. 디지털객체는 디지털문헌에 대한 관점 중의 하나인 객체로서의 문헌이고, 디지털도서관시스템에서 처리되는 정보의 한 단위이며, 주소표현이 가능한 정보자원(URL이 있는 자원) 또는 디지털자원이다. 디지털객체는 단일의 파일로 구성되는 단순객체이거나 복수의 파일, 복수의 멀티미디어 파일로 구성되는 복합객체이다.

디지털객체(digital object)는 관점이나 응용영역에 따라 다양한 명칭으로 불리고 있는데, 디지털매체(digital media), 전자기록물(electronic records), 이프린트(e-print), 이텍스트(e-text), 디지털자원(digital resources), 전자정보(electronic information), 디지털지식정보(digital knowledge information) 등이다.

미국정보화표준기구(NISO)에서는 디지털객체를 하나 이상의 디지털장서에 속하며, 그 형태는 하나의 파일이거나 다중 링크된 파일로 구성되어 있거나, 또는 다중 파일과 그것을 연결하는 구조적 메타데이터로 구성되어 있다고 하였다. 또한 NISO에서는 디지털객체의 기본원칙 6가지를 다음과 같이 제시하였다.

- 우수한 디지털객체는 상호운용성과 재사용성을 위한 품질수준을 유지하면서 장서의 우선순위를 보장하는 방식으로 생산되어야 한다.

- 우수한 디지털객체는 영구적으로 보존되어야 한다. 즉, 개인 또는 기관의 의지에 의해 우수한 디지털객체는 플랫폼 간 상호호환성이 있으며, 광범위하게 접근가능하며, 표준화된 방식으로 디지털화한다.
- 우수한 객체는 현재와 미래의 이용을 지원하거나, 또는 이러한 이용을 지원하는 접근용 복제물(서비스용 객체)을 변환하는 것을 지원하는 형식으로 디지털화된다.
- 우수한 객체는 영구적이고 고유한 식별자를 이용한 명칭이 부여된 것이다. 절대적인 파일명이나 주소를 참조하는 방식으로 명칭을 사용해서는 안 된다. 파일명과 주소는 변경의 여지가 있기 때문이며, 안정된 식별자는 실제적인 주소로 매핑할 수 있다.
- 우수한 객체는 최소한 다음 3가지 관점에서 진본성을 인증받아야 한다. 이용자가 객체의 원본, 구조, 개발이력(버전 등)을 확인할 수 있고, 이용자가 자신의 취지나 의도에 알맞은 객체를 확인할 수 있으며, 이용자가 객체가 비인가된 방식으로 수정되거나 변경되지 않았음을 확인할 수 있어야 한다.
- 우수한 객체는 관련된 메타데이터를 가진다. 우수한 모든 객체는 기술적 · 관리적 메타데이터를 가지며, 일부의 복합객체는 구조적 메타데이터를 가진다.

디지털객체의 유형은 전통적으로는 1차 자원, 2차 자원, 3차 자원으로 구분되었으나 디지털시대의 도래로 인해 도서관에서 이용될 수 있는 객체의 유형은 매우 다양해졌다. 디지털도서관에서는 수집되는 정보자원의 형태, 즉 디지털객체의 유형을 판별하고 이를 이용자가 이용할 수 있도록 해야 하는데, 이러한 정보의 기록은 MARC의 경우 레코드 타입, 더블린코어의 경우 Type(해당 자원의 내용에 관한 성격이나 장르), MODS의 경우 Type Of Resources(자원 유형), Genre(장르)에서 기술한다.

표 2-3 디지털객체의 유형구분

유형	목록형 장서
MARC 21 리더, 06 필드 (레코드 타입)	• a : 문자로 된 인쇄자료(language material) • c : 인쇄악보(notated music) • d : 필사악보(manuscript notated music) • e : 인쇄지도(cartographic material) • f : 필사지도(manuscript cartographic material) • g : 평면영사자료(projected medium) • i : 비음악자료(nonmusical sound recording) • j : 음악자료(musical sound recording) • k : 평면 비영사자료(two-dimensional nonprojectable graphic) • m : 컴퓨터 파일(computer file) • o : 키트(kit) • p : 혼합자료(mixed material) • r : 입체자료 및 실물형태를 구분할 수 없는 자료(three-dimensional arti-fact or naturally occurring project) • t : 문자로 된 필사자료(manuscript language material)
DCMI의 Dublin Core, Type	• 장서(collection): 아이템의 집합체 • 데이터세트(dataset): 정의된 구조에서 부호화된 정보(예: 리스트, 테이블, 데이터베이스) • 사건(event): 예) 전시회, 회의, 워크숍, 공연, 재판, 큰 화재 • 이미지(image) • 대화식 자원(interactive resource) • 동영상(moving image) • 물리적 객체(physical object): 3차원의 객체, 물질(예: 컴퓨터, 피라미드, 조각) • 서비스(service): 예) 은행서비스, 인증서비스, 도서관 상호대출, 웹서비스 • 소프트웨어(software) • 사운드(sound) • 정지화상(still image) • 텍스트(text)
MODS의 Type Of Resources, Genre	• 텍스트(text) • 지도(cartographic) • 악보(notated music) • 녹음자료: 음악(sound recording-musical) • 녹음자료: 비음악(sound recording-nonmusical) • 녹음자료(sound recording): 음악·비음악 이외의 자료가 혼재하는 경우 • 정지화상(still image) • 동영상(moving image) • 입체자료 및 실물(three dimensional object) • 소프트웨어(software), 멀티미디어(multimedia) • 혼합자료(mixed material)

출처: 이수상 (2007). 디지털도서관운영론

2.1.3 디지털장서 수집정책

1) 디지털장서 구축원칙

NISO에서는 2004년 '우수한 디지털장서 구축을 위한 지침 프레임워크'에서 디지털장서 구축을 위한 핵심개체로 장서(Collection), 객체(Objects), 메타데이터(Metadata), 프로젝트(Project) 등을 제시하고 있다. NISO에서는 장서구축의 7원칙을 다음과 같이 제시하고 있다.

- 우수한 디지털장서는 대상 자료의 디지털화 작업 전에 생성기관의 협정에 의해 결정하고 문서화된 명시적인 장서개발정책에 따라서 생성되어야 한다.
- 우수한 디지털장서는 규모와 형식, 접근의 제약, 소유권, 그리고 장서의 진본성, 무결성 및 해석에 영향을 미치는 중요한 정보 등과 같은 장서의 특성을 이용자가 탐색할 수 있도록 기술되어야 한다.
- 우수한 디지털장서는 오랫동안 지속될 수 있어야 한다. 특히 내·외부의 재원이 투자되어 구축된 디지털장서는 투자기간이 지난 이후에도 지속적인 사용을 위한 계획이 있어야 한다.
- 우수한 장서는 폭넓게 이용가능하며, 이용에 불필요한 방해가 없어야 한다. 장서는 장애를 가진 사람들도 이용할 수 있어야 하며, 다양한 기술들을 적용하여 효과적으로 이용할 수 있어야 한다.
- 우수한 디지털장서는 지적재산권을 존중해야 한다. 장서 관리자는 모든 자료에 부가된 저작권자와 이용 허락사항에 대한 레코드를 보유해야 한다.
- 우수한 디지털장서는 유용성에 대한 표준화된 측정값이 기록되도록 해야 한다. 이용도 데이터나 다른 데이터를 제공하는 메커니즘을 갖고 있어야 한다.
- 우수한 디지털장서는 국가적 및 국제적인 규모의 디지털도서관 프로젝트들과 매우 밀접하게 관련되어야 한다(과학, 수학, 공학 교육에 유용한 콘텐츠 장서들은 NSF가 후원하는 NSDL에서도 사용가능해야 한다).

NISO에서 제시한 장서구축의 7원칙을 기반으로 디지털장서 구축원칙을 제시하면 다음과 같다.

첫째, 장서정책에의 부합성이다. 디지털장서가 조직의 전체 장서정책에 적합한 것이어야 하고, 조직의 고유한 목표와 고객들과 밀접한 관련이 있어야 한다. 즉, 기관의 사명에 부합하는 장서를 개발해야 하고, 장서의 주된 이용자층을 잘 파악하고 선택된 자료들과 고객을 연결시킬 수 있는 방법을 강구해야 한다.

둘째, 메타데이터기반 장서기술이다. 장서기술의 목적은 이용자에게 장서의 존재를 발견하도록 하고 이용자들이 장서의 내용을 쉽게 이해하도록 하는 것이다. 장서기술에는 OCLC, RLIN, KERIS 종합목록, KOLAS 종합목록 등 목록레코드로 기술하는 방법과 DC, MODS, METS 등 표준메타데이터로 기술하는 방법이 있다.

셋째, 장서보존으로 장서수준의 아카이빙전략은 객체수준의 보전전략과 밀접한 관련이 있다. 디지털장서 관리자는 장서 내의 객체자원이 영구적으로 보존되도록 수정하고, 디지털보존 및 아카이빙을 위한 적절한 조치를 취할 필요가 있다.

넷째, 장서의 접근성으로, 장서의 폭넓은 이용을 위한 가장 유용한 접속수단을 제공해야 한다. 이용자의 다양한 접속환경을 고려한 서비스를 제공하기 위해 다양한 브라우저 유형에서 사용가능해야 하고, 다양한 통신대역을 허용해야 하며, 다양한 파일포맷으로 제공해야 한다.

다섯째, 지적재산권 존중으로, 특정한 장서에 부과되는 권한정책이다. 장서개발자가 고려할 사항은 원자료 소유권자가 가지는 권한의 종류, 장서개발자가 콘텐츠를 디지털화하여 사용가능하게 할 때 부여되는 권한 또는 허용권리, 디지털장서의 이용자가 자료를 이용할 때 부여되는 권한과 허용권리 등이다.

여섯째, 표준화된 측정원칙으로 디지털장서 이용 데이터와 같은 장서의 유용성을 표준화된 방법으로 측정하는 것이다. 측정방법으로 관찰, 인터뷰, 실험, 이용로그 분석 등이 있다. NISO의 Z39.7은 도서관 통계 표준으로 전자자원의 측정에 대한 사항을 포함한다.

일곱째, 국제적 수준 준수로 장서의 이용도를 높이고 지속적인 지원을 보장하기 위하여 국가 또는 국제적 단위에서 장서개발의 우선순위를 고려해야 한다. 이는 장서간의 상호운용성을 보장하고, 콘텐츠와 메타데이터의 품질을 보증하며, 협력기반 포털에 적합하게 하기 위해서이다.

또한 도서관이 온라인 및 오프라인 형태로 유통되는 정보자원 중에서 수용가치가 높은 자료를 장서에 편입시키거나 접근서비스를 제공하기 위한 다양한 방법을 제시하면 다음과 같다(윤희윤, 2007).

첫째, 상용 디지털자료의 구입(라이선스 확보)이다. 이 방법은 디지털장서개발을 대표하는 것으로서, 대개 오프라인 자료(CD-ROM DB 등)는 구입하여 장서를 구축하는 반면에 온라인 자료(서지 DB, 전자잡지, E-book)는 라이선스 확보 방식으로 개발하고 있다.

둘째, 소장자료의 디지털화로 도서관 소장자료를 디지털화하는 것이다. 주요 국가도서관의 디지털아카이빙 프로젝트가 대표적이며, 여러 대학도서관도 학위논문, 대학출판물, 문서자료, 마이크로자료 등을 디지털형태로 축적하고 있다.

셋째, 인터넷 정보자원의 다운로드 및 링크화로, 다운로드 방식은 인터넷으로 유통되는 무수한 웹정보자원 가운데 엄선하여 도서관 서버에 축적하는 것을 말한다. 이 방법은 최근 디지털 아카이빙의 가장 유력한 방법으로 주목받고 있으며, 주로 디지털 회색 문헌(보고서, 법규와 기준, 정책자료, 통계자료, 회의자료, 학술대회 논문집 등)을 대상으로 삼고 있다. 반면에 링크화(북마크)는 저작권 침해나 파일용량의 방대성 등을 이유로 다운로드가 불가능하거나 어려운 경우에 적용하는 방식이다. 가장 소극적인 전략임에도 불구하고 주제 게이트웨이나 포털사이트로 기능하는 데 반드시 필요하다.

한편, 전자자원의 유형별 구축방향은 다음과 같이 제시되었다(장덕현, 서태설, 2009).

첫째, 문자 유형의 전자자원의 디지털 포맷 구축 방향으로, 문자 유형의 전자자원은 전자저널, 전자책, 악보, 신문, 간행물 등이 있으며, 이 중 전자책에 선호되는 디지털 포맷으로는 XML과 SGML이라 할 수 있고, 전자저널의 경우는 PDF라고 할 수 있다.

둘째, 그림 유형의 전자자원의 디지털 포맷 구축 방향으로, 그림 유형의 전자자원에는 지도와 사진이 있으며, 사진에 선호되는 디지털 포맷은 TIFF 계열의 파일 포맷이 대표적이라 할 수 있고, 지도의 경우는 TIFF_UNC와 PDF/A, PDF/X 등이 선호된다.

셋째, 음성 유형 전자자원의 디지털 포맷 구축 방향으로, 음성 유형의 전자자원으로는 음성자원과 구전 역사 등이 있다. 음성 유형의 경우는 원하는 음질의 수준에 따라서 다양한 디지털 포맷을 선택하여 활용할 수 있을 것이다.

넷째, 동영상 유형 전자자원의 디지털 포맷 구축 방향으로, 동영상 유형도 음성 유형의 경우처럼 음질 및 화질의 수준에 따라서 동영상 유형 설명에 따라 다양한 디지털 포맷을 선택하여 활용할 수 있다.

2) 디지털장서 개발정책

디지털장서의 개발 방식은 기존의 도서관 장서개발정책에 디지털장서 부분을 추가하여 통합 형식으로 개발하는 방법과 기존의 도서관 장서개발정책과는 별도의 디지털장서 개발정책으로 개발하는 방법이 있다. 디지털도서관에서는 장서의 범주와 내용, 서비스방법, 보존문제, 소유와 접근 등이 아날로그 장서와 방식과 다르고, 장서평가기준도 다르기 때문에 별도의 디지털장서 개발정책의 수립이 필요하다고 권장되고 있다.

디지털장서 개발정책에는 디지털장서수준과 디지털보관수준이 포함되어야 한다. 디지털장서수준은 디지털장서에 포함되는 자원의 범위, 접근 방식, 개발전략, 보존처리 등의 영역에서 필요한 기준이나 절차를 판단하는 데 사용되는 정보이다. 장서수준 유형은 최소수준(minimum level), 기본수준(basic level), 학습수준(study level), 연구수준(research level), 포괄수준(comprehensive level)으로 구분된다.

디지털보존수준은 물리적 또는 온라인 장서를 구성하는 각종 디지털자원의 보존에 관련된다. 보존수준 유형에는 장서의 콘텐츠를 소유하고 영구적으로 보존시키는 수준인 보관수준, 이용자에게 봉사하지만 영구적 접근을 제공하는 정도는 아닌 경우의 봉사수준, 여러 복제본을 소유하고 있지만 보관할 필요성이 없는 경우의 복제수준, 그리고 어떤 곳에 위치, 보존된 콘텐츠에도 연계되게 하는 수준의 연계수준이 있다.

ALA에서는 장서개발정책의 핵심요소를 제시하고 있다. 용어의 정의 및 정책개정에 대한 일정을 포함한 10개의 요소가 있으며, 그 중 선정, 정보의 기술, 하드웨어 고려사항, 소프트웨어는 각각 2개의 세부요소를 포함하고 있다.

▌표 2-4▌ ALA 장서개발정책 핵심요소

요 소	세 부 요 소
용어의 정의	–
정책개정에 대한 일정	–
전반적인 도서관 정책들과 관계	–
인쇄정보원과 전자정보원 간 관계: 현재 정보원의 대체 또는 보강	–
선정	• 서비스 대상 독자 · 고객 • 소프트웨어 선정주체; 하드웨어 선정주체; 총괄책임자
정보의 기준	• 포괄 지역 · 범위 • 정확성 · 현재성
하드웨어 고려사항	• 산업표준의 준수 • 설명서와 기술적 지원
소프트웨어	• 산업표준의 준수 • 설명서와 기술적 지원
비용: 소프트웨어, 하드웨어 유지보수비용; 조정자	
직원: 부서별 · 기관별 · 에이전시 · 컨소시엄 책임 구분	

출처: ALA Core Elements of Electronic Resource Collection Policies

3) 디지털장서 구축방법

디지털장서는 구축방법에 따라 제작형 장서, 구입형 장서, 구독형 장서, 협력형 장서, 납본형 장서로 나눌 수 있다. 제작형 장서는 자관에 보관된 아날로그 콘텐츠를 디지털화하여 제작하는 방법으로 구축되는 장서이다. NISO에서는 제작형 장서의 구축 원칙을 다음과 같이 제시하고 있다.

- 우수한 장서구축 프로젝트는 실체가 있는 설계와 계획요소를 갖추어야 한다.
- 우수한 장서구축 프로젝트는 평가계획을 갖추어야 한다.
- 우수한 장서구축 프로젝트는 프로젝트 보고서를 생산하고, 프로젝트의 과정과 성과에 대한 정보를 널리 배포하여야 한다.
- 우수한 장서구축 프로젝트는 프로젝트를 통해 개발된 디지털장서와 관련된 서비스들의 전체적인 수명주기를 고려하여야 한다.

제작형 장서를 구축할 때, 구축 대상의 자료선정기준은 가치를 기준으로 하느냐 요구를 기준으로 하느냐에 따라 구축방향이 달라진다. 장서가 지적인 내용, 역사적이고 물리적인 가치를 포함해야 한다고 할 때 장서의 구축원칙은 다음과 같다.

- 장서는 희귀하거나 유일해야 한다.
- 장서는 예술성이 있어야 한다.
- 장서는 관련 주제분야를 이해하는 데 중요한 자료여야 한다.
- 장서는 관련 주제분야 범위가 넓어야 한다.
- 장서는 내용이 유용하고 정확해야 한다.
- 장서는 그 역사적 · 물리적 특성상 디지털화하여 관리해야 하는 정보여야 한다.
- 장서는 기관의 역사적 장점을 강조해야 한다.
- 디지털화한 가치가 장기적으로 유지되어야 한다.

반면에 장서가 노력과 비용을 정당화하기 위해 디지털화가 즉각 유용하다고 기대되어야 한다는 요구에 비중을 두는 경우 장서구축 원칙은 다음과 같다.

- 우선순위가 높은 활동을 지원한다.
- 기관의 기능을 구현하는 데 중점을 두어야 한다.
- 즉시 이용이 가능해야 한다.
- 기관 구성원이 프로젝트 진행을 지지해야 한다.
- 당장 이용이 안 되더라도 장래 이용이 많을 것이라 기대되어야 한다.
- 협력기관으로부터 요청이 있어야 한다.

구입형 장서는 외부에서 디지털매체로 제작하여 생산된 콘텐츠를 구입하는 방법으로 구축되는 장서이며, E-Book, Online DB, CD/DVD-ROM, 일반 웹자원, AV 자원 등이다. 디지털장서 구입평가기준에는 내용요소, 서비스요소, 비용요소, 기술적인 요소, 접근요소, 제도적 요소, 라이선스요소 등이 포함된다.

구입형 장서의 라이선스 규제형태는 데이터 복사, 프린트, 다운로드 허용 여부, 동시 이용자수 제한, LAN 또는 WAN 네트워크 제품의 사용, 인터넷 접속 허용 여부, 다른 매체에 데이터베이스 전환, 내부 혹은 비상업적 용도로 사용, 제품의 양도, 재판,

재양도 허용 여부, 도서관이 출판물의 전문을 보전할 의무 여부 등이다. 또한 구입형 장서의 구입기준은 다음과 같다.

- 인쇄자료 구입 시 전자버전 무료 제공가능 여부
- 출판업자가 자료를 네트워크에 올리는지 파악
- 데이터베이스 접근 허용기간
- 하드웨어나 커뮤니케이션 링크 요구
- 별도 뷰어 필요 여부, 뷰어비용 지불 여부
- 어떤 운영체제가 필요한지 파악
- 어떤 브라우저가 가장 적합한지 파악
- 어떤 전송방식을 이용하는지 파악
- 자료의 갱신빈도
- 불만사항 처리 속도
- 자료가 온라인상에서 어느 정도 운영되는지 파악
- 도서관시스템의 향상에 의한 자료의 지속적인 사용가능성
- 기술적인 지원 제공 여부
- 도서관의 환경과 조화 여부

구독형 장서는 원문에 대한 접근 라이선스를 구독하는 방법이다. 구독 대상 선정기준은 내용요소, 서비스요소, 비용요소, 접근요소로 구분되며, 특정 조건에 따라 특정 아이템을 이용할 수 있는 권리를 제한적으로 양도하는 것은 계약자유의 원칙에 따라 쌍방합의 계약이다.

표 2-5 구독 대상 선정기준

선정기준	기준 내용
내용요소	• 소급자료의 수록범위, 주제분야의 이용특성, 갱신빈도, 소급파일의 추가계획 여부 • 실제 전자저널 내용과 판매상들이 주장하는 것의 차이 여부 • 자료의 품질, 정확도, 권위, 데이터의 최신성
서비스요소	• 이용자 교육의 필요성 • 이용자 매뉴얼의 용이성

비용요소	• 초기 구독비용, 갱신비용, 네트워크비용, 연결 및 통신비용, 디스플레이 및 프린트 비용, 다운로드비용, 소프트웨어비용 • 하드웨어비용, 시스템비용, 유지비용 및 대체비용 등
접근요소	• 도서관시스템과의 호환성, 단일이용자 · 다수이용자 · 네트워크 라이선스의 가격 차이, 탐색엔진의 유형, 탐색방법의 차이 • 이용자와 관련된 접근성

협력형 장서는 외부의 디지털장서를 협력계약을 통해 연계하는 방법이다. 협력구독을 위해 구독 컨소시엄을 구성하는 이유는 가상 종합목록을 통해 기존 장서나 자원을 공유함으로써 자원의 이용을 극대화하고, 자료 구독에 대한 가격이 공동구매의 가격으로 적용되기 때문에 회원 도서관의 운용비용을 저렴하게 하며, 정보제공자, 특히 출판사에 공동구매력으로 압력 행사, 정보구입비용 상승을 억제하는 효과가 있기 때문이다. 컨소시엄의 유형에는 국가가 주도적으로 지원해서 운영하는 형태의 국가주도형, 도서관 간에 자발적으로 구성하여 공동분배하는 형태인 공동관리형, 특정 기금단체의 지원으로 운영하거나 국제적인 협력을 통해 상호 간의 권익을 도모하는 국제수준형이 있다. 협력형 장서를 구축할 때는 협력방법, 협력원칙, 그리고 협력업무영역을 명확히 하는 것이 바람직하다.

표 2-6 협력형 장서구축을 위한 협력방법

구분	내용
협력방법	• 상호협력 절차에 의해 국내외 도서관 및 공공기관 또는 개인이 소유하고 있는 디지털콘텐츠 장서를 서비스하고자 구축하는 경우 • 소유하고 있는 개별적인 콘텐츠를 디지털화하여 서비스하거나 외부의 콘텐츠를 구입 · 구독하여 서비스하는 한계를 극복하기 위해 외부자원을 협력계약을 통해 끌어와 이용자에게 제공
협력원칙	• 디지털콘텐츠의 수집과 구축에 비용지불하지 않음 • 디지털장서 콘텐츠에 대한 저작권이나 라이선스 문제 처리
협력업무영역	• 콘텐츠 제공자가 직접제출을 통해 특정 리포지터리에 자발적으로 등록하는 경우 • 타 도서관이나 정보센터와 협력체결을 하는 경우 • 개방접근기반의 디지털자원을 수집하거나 크롤링하는 경우

납본형 장서는 기관이나 단체 커뮤니티에서 생산된 디지털콘텐츠를 납본받는 방법이다. 디지털자원을 납본해야 하는 이유는 국가도서관이 자국의 모든 출판물을 망라

적으로 수집하여 당대는 물론 후대까지 이용할 수 있도록 지식문화유산을 보존하는 목적을 달성하기 위함이다. 그러나 현재 디지털자원을 수집하는 데 많은 어려움이 있는데, 이는 자료포맷의 다양성, 수록 정보의 가변성과 소멸성, 납본규정의 한계, 출판사의 납본회피, 저작권보호 장치의 미비, 납본된 자료의 축적과 장기적 보존, 접근조건과 공정이용, 주기적 마이그레이션 등의 한계가 있기 때문이다.

2.2 디지털장서조직과 메타데이터

정보의 조직은 기원전 마케도니아의 알렉산드리아도서관 사서 칼리마코스(Kalimachus)가 개발한 피나케스(Pinakes) 목록에서 시작되었다고 할 수 있다. 피나케스는 도서관에 보관된 정보를 체계화하기 위한 것으로 전문 학문분야에서 뛰어난 사람들과 그들의 작품을 기록한 목록이라는 의미를 갖는다.

19세기 중반 파니치(Panizzi)와 커터(Cutter)에 의해 카드목록시스템이 개발되었으며, 1966년에는 미의회도서관에 의해 기계가독목록(MAchine Readable Cataloging: MARC)이 개발되었다.

1990년대 후반부터 디지털도서관이 도입되면서 도서관의 정보자원들이 디지털형태로 전환되고, 인터넷정보자원을 포함한 외부의 정보원을 도서관의 자원으로 통합하는 형태로 발전하였다. 이에 따라 도서관자원 조직에 대한 개념의 전환이 이루어져야 했다. 즉, 디지털자원을 전통적인 정보자원과 통합적으로 조직해서 제공하는 정보조직의 개념이 요구되었으며, 이를 충족시키기 위해 메타데이터가 등장하였다.

2.2.1 메타데이터의 개념

메타데이터(metadata)란 '데이터에 관한 데이터(data about data)'로서 대상이 되는 자원의 속성과 특성 및 다른 자원과의 관계를 기술하여 이용자의 검색을 돕고 관련 기관의 관점에서 자원의 제어와 관리를 돕는 역할을 하는 데이터에 관한 구조화된 데이터이다. 이는 자원과 독립적으로 존재하면서 자원에 대한 다양한 접근점(access point)과 네트워크 주소를 포함하고 있는 기록(record)을 의미한다.

메타데이터에 관한 가장 일반적인 정의는 Rachel Heery(1996)의 '데이터에 관한 데이터(data about data)'라는 정의이다. Eric Miller(1995)는 '데이터에 관한 구조화된 데이터에 대한 인터넷 시대의 용어(the Internet-age term for structured data about data)'라고 정의하고 있고, Lange과 Winker(1997)는 메타데이터를 '전자자원을 기술하는 데 사용되는 데이터요소'라고 정의하고 있다. 또한 UKOLN(UK Office for Library and Information Networking)은 메타데이터를 '저작권 관리를 포함하여 정보자원의 기술, 탐색, 관리 및 장기 보존 등에 관련한 자원의 폭넓은 운용 전반을 지원하는 것'으로 정의하고 있다. Gurda, Danielsen, Hemstead(1995)은 "데이터베이스의 데이터에 접근하기 위해 미리 그 데이터의 성질, 내용, 품질, 조건, 특성을 기술하는 데이터로서 데이터의 의미를 기술하거나 대표하는 기능을 수행한다"고 하였다. 일반적으로 메타데이터는 정보자원의 내용에 관한 사항, 다른 자원과의 관계, 자원의 저작권에 관한 사항, 자원의 물리적 형식 및 생성일자 등의 자원을 식별할 수 있는 데이터 요소들로 구성된다. 따라서 메타데이터는 이용자의 자료검색과 관련 기관에서의 정보원 제어 및 관리를 돕는 역할을 한다. 물론 이 정보는 자원에 포함되어 있을 수도 있고 분리되어 존재할 수도 있다.

1960년대에 출현한 기계가독목록(MARC)은 대표적인 메타데이터로서 데이터의 내용, 즉 서지정보를 자기테이프에 기록해서 정보의 이용과 검색에 널리 이용되어 왔다. 그러나 구조의 경직성으로 인하여 네트워크 자원을 표현하는 데 많은 비용과 시간이 소요되는 문제가 있어 이를 대신할 수 있는 단순구조의 형식이 필요하게 되었으며 그 대표적인 예가 더블린코어(Dublin Core: DC) 메타데이터이다.

그러나 메타데이터를 바라보는 최근의 시각은 단순히 인덱싱 정보나 도서관 서지목록 정도의 범위를 벗어난다. IMS(IMS Global Learning Consortium, Inc.)에서 IMS Metadata를 RDF(Resource Description Framework)로 바인딩하는 프로젝트를 주도했고, IMS Content Packaging 규격을 RDF로 바인딩하는 프로젝트를 주도한 Mikael Nilsson(KMR Group)은 "메타데이터는 새롭고 매력적인 많은 것들을 추구하기 위하여 사용될 수 있다. 메타데이터를 인덱싱 수행도구로만 한정하는 것은 메타데이터의 잠재력을 불필요하게 제한하게 될 것이다"라고 주장하였다. 즉, 메타데이터는 네트워크상의 디지털형태의 정보자원의 위치나 내용을 기술하고 네트워크 환경에서 이를 탐색하고 이용하기 위한 데이터요소들의 집합이라 할 수 있다. 인터넷이라는 현재의 정보환경에서 정보자원의 통합 및 탐색기능을 지원해 주는 메타데이터의 중요성이 증대되고 있는 것이다(Nilsson, 2001a; 2001b).

이러한 중요성의 증대와 더불어 다양한 형식의 메타데이터가 제작되고 있으며 그 형식도 단순한 메타데이터부터 정교한 기술수준을 보여주는 복잡한 형식까지 그 종류와 수가 다양하다. 메타데이터의 개념은 새로운 것이 아니다. 도서관은 수백 년 동안 도서와 저널의 목록을 기록해 왔는데, 그러한 도서관 목록은 이용자가 자원을 검색하는 것을 도울 수 있도록 자원에 대한 기술사항을 제공하는 것으로서, 다양한 레코드와 데이터를 포함하는 메타데이터의 한 예라고 볼 수 있다. 그러나 메타데이터는 도서관 목록과 같은 인쇄자료에 대한 정보에만 한정되는 것이 아니라 인쇄자료나 전자자원 모두에 대한 정보를 포함한다. 즉, 웹 환경에서 인터넷의 전자적 자원과 비전자적 자원을 조직하고 기술하며, 위치를 찾아내어 검색하는 것을 도울 수 있는 데이터를 의미한다. 이것은 메타데이터의 중요한 기능이라고 볼 수 있다(손진곤, 조용상, 정광식, 2005).

2.2.2 메타데이터의 기능 및 역할

웹상에 많은 전자자원들이 발행됨에 따라 인터넷의 모든 정보를 전문적으로 목록화하거나 품질을 평가하는 것은 효율적이지 않게 되었다. 이러한 자원의 목록과 선별 자체에 소요되는 시간과 노력을 절감하고자 하는 시도에서 자원 생산자가 기술하는 메타데이터(creator-described metadata), 즉 저자가 생성하는 메타데이터(author-generated metadata)가 제안되었다(Welsh, 1996).

인터넷과 웹의 발전으로 이용자는 네트워크를 통해 정보자원으로의 직접 접근이 가능하게 되었고, 폭발적으로 증가하는 자원의 관리가 절대적으로 필요한 현재와 같은 환경하에서 메타데이터는 식별정보 제공, 특성정보 제공, 내용서술정보 제공, 검색정보 제공, 관리정보 제공 등과 같은 기능을 수행한다.

표 2-7 메타데이터의 기능

기능	내용
식별정보 제공	• 이용자들이 식별자, 제목, 저자 등으로 해당 콘텐츠가 원하는 콘텐츠인지 아닌지를 식별할 수 있는 기능
특성정보 제공	• 이미지 유형의 콘텐츠일 경우 파일 사이즈, 해상도, 파일 포맷 등의 물리적인 요소
내용서술정보 제공	• 주제와 설명 등의 요소를 통하여 콘텐츠가 포함하고 있는 내용들을 요약하여 제공 • 기존 도서관의 서지목록에서는 색인과 초록 등이 이곳에 포함
검색정보 제공	• 제목, 주제, 키워드, 저자 등과 같은 요소로 이용자들이 원하는 콘텐츠에 쉽고 빠르게 접근
관리정보 제공	• 관리정보를 제공. 예를 들면, 날짜와 버전 등과 같은 요소로 콘텐츠 관리자들이 해당 콘텐츠를 효율적으로 관리

2.2.3 메타데이터의 특징

메타데이터의 특징은 다음과 같이 다섯 가지로 정리할 수 있으며, 크게 범주화, 계층구조화, 재사용성 및 고이용성, 그리고 독자적인 재구성 등이다.

첫째, 범주화로 인해 여러 시스템에 분산되어 있는 콘텐츠들을 사용자의 요구에 따라 다양하게 범주화하여 개인화된 서비스가 가능하다.

둘째, 계층구조화로 인해 콘텐츠들의 관계에 따라 계층구조화된 서비스를 개발할 수 있다.

셋째, 메타데이터의 재사용성 및 고이용성의 특징으로 인해 이미 제작된 콘텐츠를 적절하게 검색함으로써 기존의 콘텐츠를 수정하거나 새로운 콘텐츠를 제작하는 데 이미 제작된 콘텐츠를 재사용할 수 있다.

넷째, 독자적인 재구성의 특징으로 인해 개인이나 기관마다의 특정한 역할이나 패턴을 통해 자신들만의 검색과 추천서비스의 구현이 가능하다.

2.2.4 메타데이터의 필요성

메타데이터는 정보의 홍수 속에서 원하는 데이터를 찾기 위해 필수 불가결한 것이다. 기존에 존재하던 메타데이터는 주로 이용자의 검색을 위하여 제공되었다. 가장 큰 예로는 도서관 전문사서들이 입력한 MARC 정보를 들 수 있다. MARC는 도서관 사이에서 국내외 학술정보를 신속하고 정확하게 제공하기 위한 형식으로, 기계가독형으로 된 서지정보를 기록해서 상호교환하거나 기관에서의 서지정보축적과 검색에 이용되어 왔다.

하지만 목록정보를 표준화하여 기술하는 MARC는 전문(全文)을 포함한 데이터교환이 비교적 어렵고, 데이터 표현방법이 복잡하므로 이해하기 어렵다. 또한 네트워크 환경의 확산으로 인하여 다양한 형태의 디지털콘텐츠의 양은 기하급수적으로 증가하고 있지만, 도서관에서 수많은 디지털콘텐츠를 이와 같은 MARC 형식으로 목록화하기란 어려운 일이다.

따라서 MARC보다 형식과 내용이 간단하고 이해하기 쉬운 메타데이터 형식을 개발하여 콘텐츠 메타데이터를 생성할 필요성이 증가하였다. 또한 점차 저자나 출판기관이 직접 생성하여 유통시키는 디지털콘텐츠가 증가하기 때문에 이러한 콘텐츠에 대해서는 콘텐츠 생성자가 콘텐츠 자체를 생성함과 동시에 자신의 메타데이터를 만들도록 할 필요성이 제기되었다. 메타데이터의 필요성은 콘텐츠 이용자 입장, 콘텐츠 생산자 입장, 콘텐츠 관리자 입장으로 나누어 살펴볼 수 있다.

첫째, 콘텐츠 이용자 입장에서는 메타데이터를 통해 검색할 수 있기 때문에 원하는 콘텐츠에 쉽고 빠르게 접근할 수 있으며, 또한 그 콘텐츠가 본인이 원하는 콘텐츠인지 아닌지를 식별할 수 있다.

둘째, 콘텐츠 생산자 입장에서는 메타데이터를 통하여 콘텐츠에 대한 적절한 설명 제공으로 콘텐츠 이외의 정보를 제공할 수 있으며 이용자들이 본인의 콘텐츠에 효율적으로 접근하여 사용할 수 있도록 할 수 있다.

마지막으로 콘텐츠 관리자의 입장에서는 메타데이터를 통하여 효율적으로 콘텐츠를 관리할 수 있기 때문에 이용자에게 신속하게 콘텐츠를 제공할 수 있다.

2.2.5 메타데이터 개발원칙

독자적인 메타데이터를 개발한다는 것은 결코 쉬운 일은 아니다. 그러나 이미 많은 기관 및 단체에서 국제 표준에 따른 메타데이터를 개발하여 사용하고 있으므로 그들의 메타데이터를 이용하거나 수정해서 사용하는 방법이 더 현실적일 것이다. 메타데이터를 개발하든, 이미 만들어진 메타데이터를 수정하여 사용하든 간에 이를 구성하는 데에는 몇 가지 고려해야 할 사항이 따른다. 이를 간단하게 정리해 보면 다음과 같다(손진곤, 조용상, 정광식, 2005).

- 해당 콘텐츠에 대한 유일식별이 가능할 것
- 모든 장르의 디지털콘텐츠에 적용가능할 것
- 상호운용성을 확보하기 위해 국제표준을 지향할 것
- 디지털식별번호를 부여하는 관리기관의 관리정책에 따라 통계처리 등에 필요한 정보를 포함할 것
- 응용가능한 메타데이터로의 확장성 및 선택성이 보장될 것
- 수집가능하고 공개가능한 정보일 것

2.2.6 메타데이터에 대한 분류방법

자원의 유형과 접근방법이 다양해지고, 기술의 발전과 서비스 영역의 세분화로 인해 메타데이터 자체의 내용과 그 기술 및 조직방법 등도 다양해지고 있다. 메타데이터의 전형적인 예로는 서지레코드를 위한 MARC, 디지털형태의 전자정보자원을 기술하기 위한 더블린코어(Dublin Core), 전자텍스트의 일관성 있는 SGML 인코딩을 위한 TEI, 공개된 정보자원서비스를 위한 GILS, 아카이브기술을 위한 EAD 등이 그 예이다.

이러한 메타데이터들에 대한 분류는 관점 및 대상에 따라 다양하게 분류하고 있는데, 예를 들어 Dempsey와 Heery는 21개의 메타데이터를 대상으로 한 비교평가에서 사용환경(문서화 수준, 일관성, 작성의 용이성, 표준화 전망), 포맷(구조의 설계 및 내용, 사용규칙, 코딩방법, 다국어 문제, 대상 간의 관계 표현능력, 내용의 상세함), 프로토콜, 구현이라는 네 가지 기준으로 메타데이터를 구분하였으며, Palowitch와 Horowitz(1996)는 조직체계의 수준(systemic level)과 서술 수준(descriptive level)의 두 가지 측면에서 메타데이터를 구분하기도 하였다.

UKOLN은 지금까지의 메타데이터의 형식을 색인범주(index category), 탐색범주(discovery category), 문서범주(document category)로 나누어 각 범주에 속한 메타데이터 형식의 차이점과 유사점을 다음과 같이 설명하고 있다.

첫째, 색인범주는 단순한 포맷을 가지고 자료자체의 전문을 대상으로 색인을 하는 야후(Yahoo), 네이버(Naver), 알타비스타(Altavista), 라이코스(Lycos) 등이 포함되며, 대체로 메타데이터라는 용어를 쓰지 않는다. 이들은 모두 자동으로 메타데이터를 생성하므로 최신성을 유지할 수 있다. 그러나 이 방법은 정보원을 충분히 기술하지 못하고 주로 단순한 키워드 위주의 색인만을 제공하므로 대규모 정보원을 대상으로 한 검색에서의 재현율은 높은 반면 정확률은 낮은 결과를 제공할 수 있다.

둘째, 탐색범주는 구조화된 포맷을 가지고 필드 구조로 색인하는 더블린코어, IAFA Template, SOIF, RFC 1807 등이 포함되는데, 주제분야에 관한 특별한 지식 없이도 비전문가가 충분히 생성할 수 있을 정도로 간단한 유형이다. 일반적으로 이들 유형은 간략 레코드 구조를 취하고, 기술적 속성이나 다른 데이터요소들과의 관계 속성들을 포함하고 있다.

셋째, 문서범주에는 ICPSR SGML Code book, CIMI(Computer Interchanege of Museum Information), EAD, TEI, MARC 등이 있다. 이들은 현재 디지털환경에서 효과적으로 사용가능한 유형이지만 메타데이터를 생성하고 관리하기 위해서는 전문적 지식이 요구된다. 또한 높은 질과 지속적인 결과를 위해 목록규칙에 능숙하거나 메타데이터 형식에 대해 많은 지식이 요구되며, 레코드는 수작업에 의해 생성된다.

그 외 학자들이 제시하는 메타데이터 분류유형은 다음 [표 2-8]과 같다.

표 2-8 학자별 메타데이터 분류 유형

학자명	분류 유형	설명
V. Kashyap, K. Shah, A. Sheth(1996)	내용 종속 메타데이터 (content-dependent metadata)	• 원시 데이터의 내용에 의존적이며 자동적으로 추출될 수 없는 메타데이터로서 미디어 개체의 내용만을 기반으로 함 • 사람의 사진 이미지에서 얼굴 특징으로 추출한 것과(코와 귀의 형태, 머리 색깔 등) 비디오 클립상에서의 카메라 조작(확대(panning), 기울기(tilting), 초점(zooming))으로부터 추출한 것 등이 이 분류에 속함
	내용 기술 메타데이터 (content-descriptive metadata)	• 데이터기술 혹은 서술에 목적을 둔 메타데이터로서 도메인 종속(domain-dependent)과 도메인 독립(domain-independent) 메타데이터로 나누어짐 • 내용 기술 메타데이터는 미디어 정보와 관련되지만 내용만을 가지고 자동으로 생성할 수 없으며, 사용자가 느끼는 인상을 제공하는 미디어 개체의 특징을 설명 • 예시: 얼굴 인상의 메타데이터는 이미지의 내용상에서 "화가 나 있다" 또는 "행복해 하고 있다"와 같은 것이며 사용자나 인식처리를 할 수 있는 도구의 도움을 받아서 추출해 낼 수 있음
	내용 독립 메타데이터 (content-independent metadata)	• 데이터 내용에 의존적이지 않은 메타데이터 • 미디어 정보의 내용을 근거로 하지는 않지만 그것과 관련됨 • 사진을 찍은 사진작가의 이름, 영화 예산, 내용 기반 메타데이터와 같은 멀티미디어 문서를 작성한 사람에 대한 정보를 포함할 수 있음
K. Bohm, T.C. Rakow (1994)	내용 기술 메타데이터 (content-descriptive metadata)	• 멀티미디어 문서를 기술하기 위해 사용되는 메타데이터로서 미디어의 유형에 영향을 받으며, 자동(automatic) 혹은 반자동(semi-automatic)으로 추출됨
	내용 분류 메타데이터 (content classification metadata)	• 문서 내용으로부터 도출될 수 있는 추가적인 정보로서 이러한 분류 정보는 응용분야에 따라 유용하게 이용될 수 있음
	문서 합성 메타데이터 (document composition metadata)	• 문서의 컴포넌트(component)들 사이의 관계(relationship) 및 문서 안에서의 각 컴포넌트의 역할(role)을 기술해 주는 메타데이터
	문서 연혁을 위한 메타데이터(metadata for document history)	• 문서의 연혁과 문서의 상태(status) 혹은 문서 내 컴포넌트의 상태와 관련된 정보를 제공하는 메타데이터
	문서 위치를 위한 메타데이터(metadata for document location)	• 데이터의 위치 및 접근에 관한 정보를 제공 • 다량의 멀티미디어 문서들은 보통 매우 큰 저장소(storage)에 저장되므로 문서들을 신속하게 찾을 수 있는 위치 정보가 그만큼 중요함

	내용 서술 메타데이터 (content description metadata)	• 응용과 관련된 정보로서 키워드(keyword)나 텍스트 문서에 대한 인덱스(index), 대용량 멀티미디어 객체 정보를 포함
	구조 서술을 위한 메타데이터(metadata for structure description)	• 문서의 구조를 설계하기 위해 사용되는 메타데이터로서 하이퍼미디어시스템(hypermedia system)에서의 연결(link)과 같은 정보를 포함
W.I. Grosky (1994)	내용 기반 메타데이터 (content-based metadata)	• 속성이나 관계들이 응용 프로그램의 내용에 의존하는 메타데이터
	시각적 메타데이터 (visual-base metadat)	• 시각적 특성(visual feature)에 기반을 둔 메타데이터
	내용 독립 메타데이터 (content-independent metadata)	• 속성이나 관계들의 존재가 응용 프로그램의 내용과 무관한 메타데이터

2.2.7 메타데이터의 유형

메타데이터는 어떤 기관이 어떤 목적으로 사용할 것인가에 따라 매우 다양한 기술요소들을 갖게 될 것이다. 그러나 전체적으로 이러한 기술요소들은 그 성격에 따라 서술용 메타데이터, 관리용 메타데이터, 구조용 메타데이터 유형으로 구분될 수 있다. 각각의 메타데이터 유형이 가지는 기능은 다음과 같다.

1) 서술용 메타데이터

서술용 메타데이터(descriptive metadata)는 각각의 메타데이터 요소를 통하여 특정 정보자원을 검색하고 확인하거나 또는 선택하기 위한 목적으로 마련된 것이다. 즉, 특정 정보자원을 다수의 자원들 가운데에서 어떻게 찾아낼 것인지, 찾아낸 자원이 다른 유사한 자원들과 어떻게 다른지, 이용자의 특정 요구조건을 충족하는 자원들을 어떻게 선별해 낼 것인지 등을 다룬다. 도서관의 목록은 대표적인 서술용 메타데이터라 할 수 있다. 서술용 메타데이터의 대표적인 유형으로는 더블린코어(Dublin Core Metadata Element Set), VRA Core(Visual Resources Association Core Categories), AACR2/MARC의 편목법(AACR2/MARC Cataloging) 등이 있다.

2) 관리용 메타데이터

관리용 메타데이터(administrative metadata)는 정보자원의 효율적인 관리를 도모하기 위한 목적으로 마련된 것이다. 즉, 특정 정보자원을 누가 언제 어떻게 만들었는가? 그 자원의 콘텐츠는 누가 관리하며, 누구에게 이용이 허용되는가? 이용에 따른 어떤 조건들이 포함되어 있는가? 등의 내용을 포함하며 자원의 고유한 등록번호와 같은 데이터들을 포함한다. 이외에도 관리용 메타데이터는 지적재산권과 관련한 데이터, 자원의 보존방법과 관련한 데이터, 자원의 이용에 필수적인 기술적 요구사항에 관한 데이터 등을 포함하기도 한다. 관리용 메타데이터(administrative metadata)는 권한관리용 메타데이터(right management metadata)와 보존용 메타데이터(preservation metadata), 테크니컬 메타데이터(technical metadata)로 세분할 수 있다.

3) 구조용 메타데이터

구조용 메타데이터(structural metadata)는 기술 대상인 정보자원이 내부적으로 유지하고 있는 구조적인 형태정보를 관리하기 위한 데이터들을 의미한다. 예를 들면, 각각의 도서들은 여러 개의 장으로 구분되며, 각 장은 독립된 여러 페이지들로 구성된다. 웹에서 볼 수 있는 홈페이지의 경우에도 첫 메인 화면 속에 여러 개의 독립된 화면들이 트리구조의 형태로 구성되어 있음을 볼 수 있다. 구조용 메타데이터는 정보자원이 이러한 구조적 특성을 데이터로 기록한 후 검색된 특정 정보자원을 이용하려는 이용자에게 자원의 구조적 특성을 알려준다.

2.2.8 도서관 서지메타데이터

1) 더블린코어(Dublin Core)

(1) 개요

더블린코어 메타데이터(Dublin Core metadata)는 간결하면서도 전자문서의 필수적인 특징을 기술하고 다른 종류의 메타데이터 형식 사이에서 호환성을 제공하며, 기술된 데이터요소를 이용하여 인터넷자원을 검색하려는 의도에서 개발되었다.

1995년 3월 미국 오하이오주의 더블린에서는 네트워크로 연결된 자원을 표현하기 위한 메타데이터의 핵심 요소들을 도출하고, 메타데이터에 대한 요구조건, 접근방법 등을 결정하기 위해 OCLC와 NCSA(National Center for Supercomputer Applications)가 워크숍을 개최하였다. 문헌정보학, 인문학, 지리학, 컴퓨터공학 등 관련 분야의 전문가와 전문사서, 연구자들로 구성된 참가자들은 기존의 표준이나 프로토콜을 수정, 확장하여 네트워크자원을 기술하고 접근하는 방안을 모색하였다(Desai, 1995; Weibel et al., 1995).

이 회의의 주된 목적은 MARC와 같은 기존의 메타데이터로 네트워크자원을 표현함에 있어 구조의 경직성으로 인해 많은 비용과 시간이 소요되어 이를 대치할 수 있는 단순구조의 형식을 모색하기 위한 것이었다. 이에 따라 기본 데이터요소의 선정과 기술의 기준을 제시하였다. 즉, 자원의 본질적인 특성을 기술요소로 하되(고유성), 규정된 필수 데이터요소 이외에 부차적인 내용이나 특성을 기술요소로 사용하며(확장성), 응용분야나 표현기법을 규정하지 않는다(구문의 독립성). 또한 각 요소의 수록 여부를 강제하지 않으며(선택성), 모든 기술요소는 반복사용할 수 있고(반복성), 한정어를 사용하여 세부사항을 조정(수정가능성)한다는 것이다(김태수, 1998; Weibel et al., 1995). 이를 위해 네트워크환경에서 자원을 기술하고 접근하는 데 필요한 13개의 데이터요소를 기본요소(metadata core element set)로 규정하였다(Weibel et al., 1995). 그 후 1996년 영국의 워릭(Warwick)에서 열린 제2차 UKOLN/OCLC DC 워크숍에서는 더블린코어의 입력 및 교환을 위한 구체적 구문에 대해 논의하였다(Dempsey, 1996). 또한 다양한 메타데이터로 구성되는 층(layer) 구조상의 한 요소로서 더블린코어를 위치하는 방식을 채택하고 이를 워릭구조(Warwick Framework)로 제안하였다. 이 회의에서는 기존의 13개 데이터요소 이외에 두 개의 요소(Description과 Rights)를 추가하여 모두 15개의 데이터요소를 확정하고 이의 실제적인 응용을 위한 이용자 지침을 제정하였다(Weibel, 1997).

그 후 3차 워크숍에서는 더블린코어의 기술 대상을 텍스트뿐만 아니라 이미지로 확장하여 화상자원에 대한 더블린코어의 응용타당성에 대해 논의하였으며, 1997년 4차 워크숍에서는 각 데이터요소의 하부구조와 로컬에서의 확장방안을 검토하고, 데이터요소의 의미와 기술범위를 규정하였다(Weibel, Iannella & Cathro, 1997).

더블린코어는 데이터의 형식과 구조를 단순화하여 원문의 저자나 발행자가 메타데이터를 직접 작성하고, 네트워크출판을 위한 저작도구의 개발자가 이 정보에 대한 템플릿을 직접 소프트웨어에 포함할 수 있도록 하며, 작성된 데이터를 기초로 특정 분야에서 요구되는 상세한 수준으로 확장하여 사용하기 위한 것이다. 이를 위해 더블린코어에서는 자원의 소재위치와 이 자원을 획득하는 데 필요한 데이터만으로 요소를 구성하고, 안전이나 검증, 구독, 이용과 관련된 요소는 제외하였다. 이처럼 더블린코어에서 네트워크자원의 식별에 필요한 데이터요소만으로 제한한 기본 의도는 데이터요소의 단순화를 통하여 유용성과 이용의 용이성을 확보하고, 필요 시 다양한 목적에 따라 확장하기 위한 것이다. 그러므로 특정 이용자집단에서 중요하다고 판단되는 데이터요소나 특정 서지기관이 필요로 하는 어떤 데이터요소라도 추가할 수 있다. 이 메타데이터의 기본요소에서 가장 중요한 점은 요소의 의미와 내용이 특정한 기술규칙이나 구문과는 독립적이라는 점이다(김태수, 1998).

(2) 특징

더블린코어는 현재 가장 널리 알려진 메타데이터 스키마 중의 하나로서 다음과 같은 다섯 가지의 특징이 있다.

① 단순성

더블린코어의 가장 큰 특징은 단순성으로, 15개의 데이터요소는 누구라도 쉽게 접근할 수 있고 매우 직관적인 의미를 담고 있기 때문에 요소의 이해에 어려움이 없어 누구나 쉽게 생산이 가능하다.

② 범용성

더블린코어를 제외한 대부분의 메타데이터는 특정 주제 및 분야에 한정되었다. 하지만 더블린코어는 특정 주제나 전문분야에 국한되지 않고 사용할 수 있는 범용성을 지닌다. 특히, 복합적인 주제를 다루는 정보자원의 기술에 유리한 특성을 지닌다.

③ 포괄성

더블린코어는 기술 대상 정보자원의 유형이 매우 다양하다는 특성을 지닌다. 실제로 DCMI에서 규정한 자료의 유형을 보면, 컬렉션, 데이터세트, 이벤트, 이미지, 양방향 정보자원, 동영상, 물리적 객체, 서비스, 소프트웨어, 사운드, 정지이미지, 텍스트 들로서 매우 다양한 자료 유형에 대한 기술이 가능하다.

④ 국제성

더블린코어는 현재 20개국의 다양한 언어로 사용되고 있고, 국제적인 표준(ISO 15836, NISO Z39.85)을 획득한 메타데이터 스키마이다.

⑤ 응용성

더블린코어는 매우 다양한 분야에서 활발하게 사용중인 스키마로서 정부기관의 행정문서관리, 지식관리시스템 분야, 시각자료의 관리, 도서관시스템, 정보검색시스템, 영상정보관리 분야 등이다.

(3) 더블린코어 구성요소

더블린코어 요소는 별도로 목록규칙을 훈련받지 않은 일반 이용자도 이해할 수 있을 정도로 명확하고 보편적인 요소로 설정되어 저자가 직접 자신의 메타데이터 레코드를 작성할 수 있도록 하였다. 이러한 의도는 Lagoze(1996)가 언급한 바와 같이 전자문헌의 저자가 이용하고 이해할 정도로 아주 간단하다는 의미를 내포한 '코어(Core)'라는 용어를 명칭으로 사용한 데에서도 확인할 수 있다.

더블린코어 메타데이터 요소는 총 15개로 이루어져 있으며 크게 자원의 내용과 관련된 요소와 지적 소유권 측면에서 본 자원과 관련된 요소, 그리고 자원의 형식과 관련된 요소의 3가지 범주로 구분된다.

표 2-9 더블린코어 15개 요소

식별자	정의	주석
Title	제목	자원에 부여된 또는 알려진 이름
Creator	저자	자원의 내용을 생성하고 책임을 가진 개인 또는 기관
Subject	주제, 키워드	자원 내용의 주제(키워드, 분류기호 포함)
Description	설명	자원 내용의 설명(요약, 목차 등을 포함)

Publisher	발행자	자원의 이용・서비스에 책임이 있는 개인 또는 단체
Contributor	기여자	자원의 내용 생성에 기여한 개인 또는 기관
Date	일자	자원의 생명주기활동에 관련된 날짜(생성일 등 포함)
Type	자원 유형	자원 내용의 특성 또는 범주
Format	형태	자원의 물리적・디지털적으로 나타내는 형식(mimetype 포함)
Identifier	식별자	자원을 식별하는 지시자(URI, DOI, ISBN 포함)
Source	출처	자원 생성에 참조가 된 출처 자원에 대한 정보
Language	언어	자원 내용을 작성한 언어(FFC1766)
Relation	관계	자원과 관련된 다른 자원과의 관계
Coverage	내용 범위	자원 내용의 범위(공간, 시간, 지역 등의 정보 포함)
Right	권한	자원 권리에 대한 정보(지적재산권정보 등의 권리 포함)

2) METS

(1) METS 개요

METS(Metadata Encoding and Transmission Standard)는 디지털자원에 대한 허브(hub) 문서를 인코딩하기 위한 XML 스키마기반의 명세(specification)이다. 여기서 허브란 분산되어 있지만 관련된 파일들을 함께 모으는 것을 의미한다. METS는 디지털 개체를 함께 구성하는 디지털 단편(pieces)들을 구별하며 위치를 명시하고, 단편들 사이의 구조적 관계성을 표현하기 위한 사전(vocabulary)과 문법(syntax)을 제공하기 위해 XML을 사용한다.

METS는 1997년에 UCB, Stanford, Penn State, Cornell, NYPL이 참여한 전자도서관연합(Digital Library Federation)인 MOA2(Making of America II)에서 유래되었다. 참고로 MOA2는 구조적(structural), 서술적(descriptive), 관리적(administrative) 메타데이터를 인코딩하기 위한 디지털객체 표준의 생성을 목적으로 하였으며 UCB와 CDL은 MOA2를 적용하였다.

그러나 MOA2는 내용이 시간에 기반을 둔 데이터 지원에 대한 기술과 서술적 및 관리적 메타데이터에 더 많은 확장성을 제공하는 것에 대한 추가적인 요구사항을 받게 되었다. 그리하여 2001년 2월에 MOA2에 대한 검토와 수정을 위한 모임이 시작되었고 그 결과로 METS가 개발되었다.

① METS 스키마의 주된 역할

- 디지털객체의 내용을 구성하는 파일들을 구별하고, 그 내용의 구조를 표현
- 디지털콘텐츠와 서술적 메타데이터의 링크
- 디지털콘텐츠와 관리적 메타데이터의 링크
- 디지털콘텐츠와 동작 정의(behavior definitions)나 프로그램 코드와의 링크 및 관련된 서술적·관리적 메타데이터와의 링크
- 디지털콘텐츠 관련 서술적·관리적 메타데이터를 이진데이터로 포장

② METS 스키마가 제공하는 3가지 문법

- Transfer syntax: 디지털객체의 전송·교환을 위한 표준으로 OAIS 참조모형에서 SIP(Submission Information Package)에 해당
- Functional syntax: 사용자(end user)에게 디지털콘텐츠 및 관련 메타데이터에 대한 보기 및 내비게이션을 제공하기 위한 기반으로, OAIS 참조모형에서 DIP (Dissemination Information Package)에 해당
- Archiving syntax: 디지털객체들을 아카이빙(archiving)하기 위한 표준으로, OAIS 참조모형에서 AIP(Archival Information Package)에 해당

(2) METS의 활용 및 기능

METS는 OAIS 참조모형에서 그 개념을 정의하고 있는 SIP(Submission Infor mation Package), AIP(Archival Information Package), DIP(Dissemination Information Package)를 표현하는 데 활용될 수 있다. SIP는 시스템 간의 디지털객체를 전송 및 교환을 위한 정보 패키징 표준이고, DIP는 이용자에게 디지털콘텐츠 및 관련 메타데이터에 대한 열람(display) 및 내비게이션(navigation)을 제공하기 위한 정보 패키징 표준이며, AIP는 디지털객체들을 아카이빙(archiving)하기 위한 정보 패키징 표준이다.

정보제공자가 OAIS에 제공하는 정보 패키지를 SIP라 하며, 이 정보가 OAIS에서 유통될 때 AIP 형태로 유지하고 소비자에게 제공될 때는 DIP 형태로 전달된다. 여기에서 각 단계마다 정보패키지가 달라지는 이유는 보존기술 차이 때문이다. OAIS 내부에서 AIP를 갖고 수행되는 세부기능에는 흡수(ingest), 보존(archival storage), 데이터

관리(data management), 운영(administration), 보존계획(preservation planning), 접근(access) 등이 포함된다.

그림 2-1 ▌OAIS 여섯 가지 기능 영역과 세 가지 정보패키지

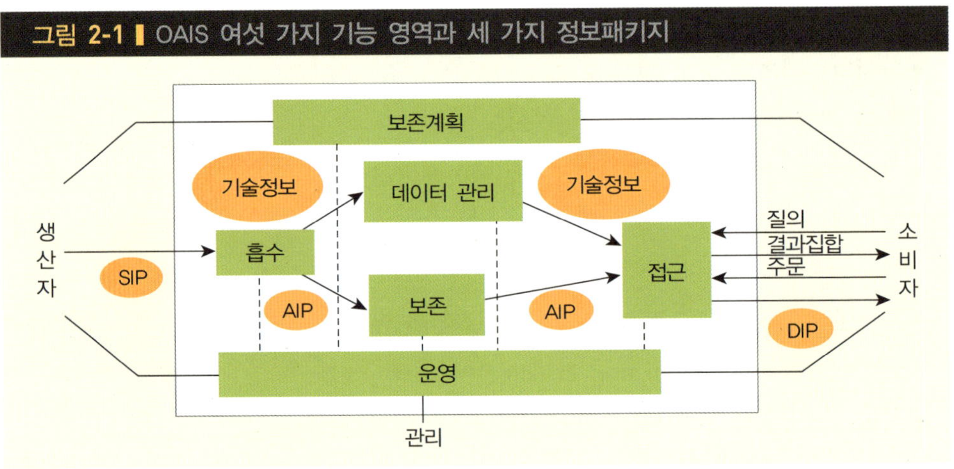

다음은 실제로 정의되는 각 단계에서의 핵심기능이다.

- 정보제공자가 SIP를 흡수기능에 제공한다.
- 흡수기능에서는 AIP를 생성해 아카이브 스토리지로 전달하고, 보존기술 정보를 추출해 데이터 매니지먼트로 넘긴다.
- 소비자는 적절한 보존기술 정보와 접근기능을 활용해 정보를 탐색하고 요청한다.
- 접근기능에서는 아카이브 스토리지에서 소비자가 탐색해 요청한 AIP를 적절한 DIP로 변형한다.
- 이러한 모든 활동은 운영기능에 따라 이루어진다.
- 보존계획기능이 보존전략과 기법을 안내해 제자리에 위치시킨다.

3) METS의 기본구성

METS 스키마는 7개 섹션으로 구성된다.

- 헤더(Header) 섹션 [필수]
- 서술 메타데이터 섹션(Descriptive Metadata Section)
- 관리 메타데이터 섹션(Administrative Metadata Section)

- 파일 섹션(File Section)
- 구조맵 섹션(Structure Map Section) [필수]
- 구조연결 섹션(Structural Links)
- 행위 섹션(Behavior Section)

그림 2-2 ▌METS 기본구조 다이어그램

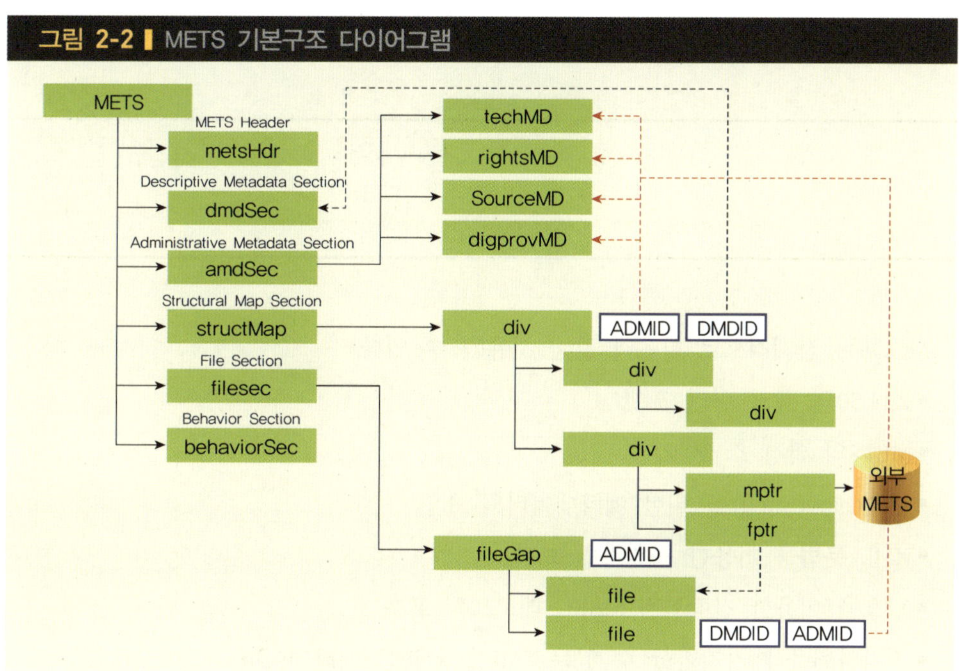

7개의 섹션 중 헤더 섹션과 구조맵 섹션만 필수 섹션이며 나머지 다섯 가지의 섹션은 선택적으로 적용할 수 있는 섹션이다.

4) MODS

(1) MODS 개요

21세기 목록환경의 변화와 더불어 MARC를 대치할 수 있는 새로운 메타데이터를 필요로 하게 되었다. 그 주된 이유는 MARC 구문 자체의 복잡성과 관련된 것으로, 형식구조(포맷)가 너무 방대하고 복잡하며, 특히 하나의 데이터 필드 내에 다수의 하위 요소가 포함되어 있어 이를 적용하기 어렵고, 고정길이필드(리더)와 함께 숫자로 표현된 표시기호의 의미를 이해하기 어렵다는 점 등이다. 따라서 MARC에 비해 적용하기 쉽고 단순한 데이터요소를 지닌 메타데이터로 개발된 것이 메타데이터 자원기술 스키마(Metadata Object Description Schema: MODS)이다.

MODS 문서는 MODS 네임스페이스(namespace)를 명시하는 스키마 정의를 포함하며, 일반적으로 접두사(prefix)로 'mods:'를 사용한다. MODS 스키마 정의의 예는 아래와 같다.

```
〈mods xmlns:mods:"http://www.loc/gov/mods/"〉
or
〈mods:mods xmlns:mods:"http://www.loc.gov/mods/"〉
```

MODS는 잠재적으로 다음과 같이 사용될 수 있다.

- Z39.50의 차기 버전 포맷
- METS의 확장 스키마
- 수집(harvesting)을 위한 메타데이터의 표현
- XML 문법을 이용한 근원자원 묘사
- XML을 이용한 간략화된 MARC 레코드의 표현
- 전자자원을 패키지화할 수 있는 XML을 이용한 메타데이터

MODS는 다른 메타데이터 포맷을 보완하는 역할을 할 수 있다. 특히, 다른 메타데이터 스키마의 몇몇 애플리케이션과 MARC를 사용하는 애플리케이션에 대한 이점은 다음과 같다.

- 요소 집합이 DC에 비해 풍부하다.
- 요소 집합이 도서관 데이터에 대해 ONIX보다 더 적합하다.
- 스키마가 MARCXML 스키마보다 최종 사용자에게 더 친숙하다.
- 요소 집합이 MARC 포맷보다 간단하다.

(2) MODS의 기본요건

① XML 환경

MODS는 XML 환경에 맞도록 개발된 것으로, 종래 도서관에서는 가변길이 데이터와 확장된 문자 코드를 수용하기 위해 특수한 소프트웨어를 개발하여 사용해 왔다. XML에서는 가변길이 데이터를 수용할 수 있고, 데이터를 다양한 계층구조로 표현할 수 있으며, 유니코드(unicode)를 사용하여 사실상 모든 문자를 수용할 수 있다.

이와 더불어 XML의 데이터 구조와 관련하여 공개 소프트웨어가 개발되면서 XML 데이터의 처리가 용이하게 되었다. 특히, 검색 프로토콜인 Z39.50의 다음 세대인 Search/Retrieve Web Service(SRW)에서는 XML 프로토콜을 기반으로 하기 때문에 XML 형식으로 작성된 레코드를 사용한다.

또한 Open Archives Initiative(OAI)에서도 메타데이터 레코드를 전송할 때 XML 프로토콜을 사용하며, 현재 미국국회도서관에서는 OAI 자원을 MODS와 MARCXML, DC의 XML 포맷으로 수집하고 있으며, 메타데이터 코드화 및 전송표준인 METS에서 MODS를 사용한다.

METS는 XML 구조의 스키마로서 서술(descriptive) 메타데이터를 비롯하여 구조 메타데이터와 관리 메타데이터, 기술(technical) 메타데이터와 재산권 메타데이터 등 모든 유형의 디지털자원 메타데이터를 전송하는 표준이다. MODS 자체가 METS 패키지의 일부가 되거나 독립적일 수 있으므로 XML의 사용이 권장되고 있다.

② MARC21과의 호환성

MARC21로 작성된 레코드의 수는 천만 건을 상회하고 있으며, 이와 더불어 수천 개의 MARC기반 시스템이 개발되었다. 따라서 기존의 MARC21 레코드와 새로운 XML 레코드 간의 연계와 함께, 이 두 포맷에 따라 작성된 레코드의 통합이 요구되고 있다.

그런데 레코드 구조(ISO 2709와 XML)상의 차이보다는 이미 작성된 레코드의 내용(contents)에 대한 의미의 호환성이 문제가 되고 있다. 따라서 MODS는 MARC 21의 파생제품으로 설계되었으며, 현행 목록규칙에서 설정한 데이터를 그대로 지원한다.

MODS의 주된 목적은 MARC 데이터와의 호환성을 유지하는 것이지만 아울러 MODS 레코드는 DC와 ONIX 레코드로부터 데이터를 확보할 수 있다.

③ 디지털자원의 수용

디지털자원이 대량으로 생산되면서 전통적인 수집방식으로는 이들 자원을 선정하는 데 어려움이 따르고 있다. 집서에 추가하는 방안이나 보존기법이 불분명하고, 게다가 이들 자원의 내용이 쉽게 변경되기 때문이다. 예를 들면, 학술지의 전자 버전에서 변경되거나 수정되는 것을 흔히 볼 수 있으며, 특히 웹 문서에 버전을 부여하는 것이 아주 어려운 일이 되고 있다.

④ 단순성

인쇄자원과 더불어 전자자원의 폭발적인 증가로 인해서 서술(descriptive) 메타데이터마다 서술 수준이 상이하다. MARC 레코드의 모든 필드를 사용한 완전한 수준의 기술이 필요한 자원이 있는가 하면, 반대로 간략하면서도 일시적으로 사용하기 위한 자원이 있어서 자원으로부터 저록을 작성하거나 ONIX나 DC와 같은 레코드에서 부분적으로 저록을 작성할 수 있다.

현재 MODS에서는 19개의 최고 수준의 데이터요소를 지정하고 있다. FRBR에서 정의한 서지계층, 즉, 저작과 표현형, 구현형, 개별자료와 같은 기술 메타데이터 범주를 사용하여 최고 수준의 MODS의 요소를 제시하고 있다. MODS는 비전문가라도 적절한 지침에 따라 자원을 기술할 수 있을 정도로 단순하다. 이것은 MODS 스키마가 상대적으로 단순하면서도 지침을 제시하는 자료이기 때문이다.

(3) MODS의 장점 및 한계

MODS는 구조 및 기능, 그리고 활용면에서 다음과 같은 장점들을 가지고 있다.

첫째, XML기반으로 소프트웨어에 독립적으로 적용된다.

둘째, 다양한 장르의 디지털자원에 대한 서지정보기술이 가능하다.

셋째, 디지털자원의 여러 측면(facets)에 대한 데이터 표현이 가능하다.

넷째, 데이터요소가 DC 포맷보다는 풍부하고 MARC 포맷보다 간단하다(20 상위요소-64 하위요소)

다섯째, Z39.50의 새로운 버전에 사용되며, METS(Metadata Encoding and Transmission Standard)로 확장이 가능하다(디지털객체와 함께 메타데이터를 XML로 패키징하는 메타데이터 수집 및 유통 표준을 지원).

그러나 MODS는 다음과 같은 한계점들이 지적되고 있다.

첫째, MODS에서는 MARC21의 서지데이터를 하위집합으로 수용하여 자원을 기술하지만 MARC 레코드보다 더 일반적인 데이터요소를 사용한다. 따라서 MARC21과 완전 호환성은 불가능하다. 즉 MARC21 레코드를 MODS로 변환하고 나서 이 데이터를 다시 MARC로 완벽하게 변환할 수 없다.

둘째, MODS의 데이터 필드가 포괄적이기 때문에 MARC21로 변환한 뒤, 다시 처음의 필드로 변환되지 않는다.

셋째, MARC의 데이터요소와 대응되는 요소가 MODS에 없을 경우 변환 시 특정 데이터가 유실될 우려가 있다.

(4) MODS 요소

MODS는 MARC의 복잡성과 DC의 단순성을 절충하기 위해 본격적으로 XML을 이용하여 개발된 서지 메타데이터이다. 데이터요소는 19개의 상위요소와 64개의 하위요소로 구성되어 있다. MODS는 다양한 디지털자원에 대한 서지정보기술이 가능하고 디지털자원의 여러 측면에 대한 데이터 표현이 가능하다.

표 2-10 MODS 19개 상위요소

MODS 주요소	MODS 한글명	MODS 주요소	MODS 한글명
titleinfo	서명사항	note	주기
name	저자사항	subject	주제
typeOfResource	자료유형	classification	분류
genre	장르	relatedItem	관련 정보
originInfo	발행사항	identifier	식별기호
language	언어	location	소장위치
physicalDescription	형태사항	accessCondition	이용제한
abstract	초록	extension	로컬정보
tableOfContents	목차	recordInfo	레코드정보
targetAudience	이용 대상	Part(ver 3.2 이후)	

MODS는 W3C의 XML 스키마 언어를 사용해서 표현된다. XML은 확장성이 있고 HTML보다 상세한 내용을 기술할 수 있는 문서의 마크업을 제공하고 메타데이터를 위한 문법으로 적합하다. XML 스키마 언어를 사용하여 MODS는 주요소, 하위요소, 요소의 속성들을 정의한다. 하위요소와 자신의 콘텐츠가 산재된 혼합 콘텐츠(mixed content)를 피하기 위해 요소의 콘텐츠는 최하위 레벨 요소에 포함된다.

예를 들어, 만일 〈titleinfo〉 요소가 하위요소로 〈title〉, 〈partNumber〉, 〈partName〉을 갖고 있다면, 〈titleinfo〉는 하위요소들의 래퍼(Wrapper) 태그로만 사용될 뿐 어떤 문자데이터도 포함하지 않는다. 반면 속성은 모든 레벨의 요소와 관련될 수 있고, 관련된 요소와 함께 정의된다.

MOD의 주요 속성들에 대한 간단한 표현과 사용은 다음 [표 2-11]과 같다.

▌표 2-11▌ MODS의 데이터 속성 및 설명

일반속성	설명	스킴(scheme)
lang	개별 요소에서 사용되는 언어	ISO 639-2b
Xml:lang	XML표준으로 개별 요소에서 사용되는 언어	ISO 639-1
script	문자	ISO 15924
transliteration	번자	
encoding	날짜를 입력하기 위한 형식 속성	W3cdtf, ISO860, MARC
Point-start end	날짜속성 중 point에는 시작날짜와 마침날짜의 두 가지 값을 가짐	
keyDate	'yes' 값을 취하면 레코드 내의 여러 날짜 중에 검색이나 정렬의 기준이 됨	
qualifier-approximate inferred questionable	날짜를 설명하는 속성 중의 하나로 대략, 추정, 알 수 없음의 세 가지 값을 가짐	
ID	레코드 내부의 연관이나 외부의 요소를 연결하기 위해 사용	
xlink	외부의 연결을 위해 사용	

MODS의 데이터 속성을 언어, 날짜 연계로 구분하여 그 표현과 사용을 나타내면 다음 [표 2-12]와 같다.

▌표 2-12▌ 언어, 날짜 연계 데이터요소 속성과 설명

구 분	속 성	설 명
언어	lang	<name Type="personal"><namePart lang="Kor">홍길동 </namePart></name>
	xml:lang	<titleInfo xml:lang="fr" type="translated"> <nonSort>L'</nonSort> <title>homme qui voulut etre roi</title></titleInfo>
	script	<titleInfo lang="rus" script="Latn" transliteration="Code to be determined">
	transliteration	
날짜	encoding	<dateIssued encoding="marc">19uu</dateIssued>
	Point – start – end	<originInfo><dateOther point="start">20011008</dateOther> <dateOther point="end">20011027</dateOther></originInfo>
	keyDate	<originInfo><dateOther keyDate="yes">20030328</dateOther> <dateOther>20030427</dateOther></originInfo>
	qualifier	<originInfo><dateIssued qualifier="questionable" point="start"> 1894?</dataIssued></originInfo>
연계	ID	
	xlink	<abstract link:href= "http://www.ojp.usdoj.gov/bjs/abstract/cchrie98.htm"/>

2.3 디지털도서관시스템

2.3.1 튤립

1) 개요 및 시스템 구성

Triple U library Information(이하, TULIP)은 퓨처누리에서 개발한 도서관자동화시스템으로 국제표준을 준수하고, 국가, 언어, 도서관 관종에 관계없이 범용적으로 적용이 가능한 시스템이다. TULIP은 기존 웹기반 시스템의 한계를 개선하여 Rich Client 기반 웹 환경과 유비쿼터스 환경을 지원하는 미래지향적 통합 전자도서관 솔루션이다.

시스템의 구성은 크게 네 가지로 구성되어 있는데, Service Container Layer, Publishing Container Layer, Display Container Layer, Device Layer이다. 자세한 내용은 [그림 2-3]과 같다.

그림 2-3 ▌차세대 Web기반 통합형 전자도서관시스템 TULIP 소개

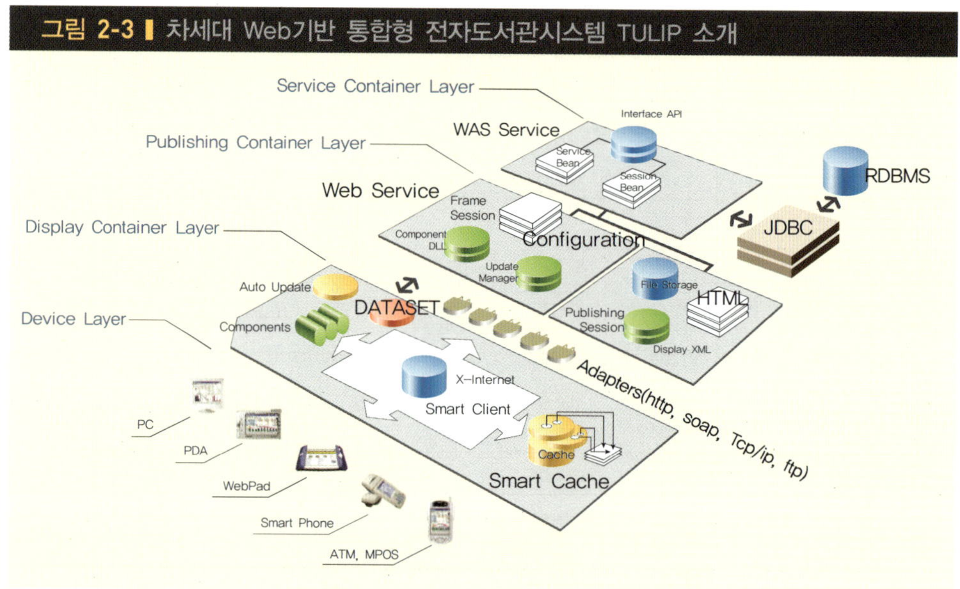

출처: 퓨처누리. 차세대 Web기반 통합형 전자도서관시스템 TULIP 소개

2) 특징

TULIP의 특징은 세계화를 지향하는 시스템으로서 국제표준을 준수하고, 최신 전산기술을 접목시킨 사용자 중심의 미래지향적 시스템이라고 할 수 있다. TULIP의 특징적인 장점은 다음과 같이 설명할 수 있다.

첫째, 세계화를 지향한다. 다국어 업무 및 서비스 환경을 지원하는 TULIP은 탑재장비 OS언어 설정과 상관없이 사용자 수준에 따라 다양한 다국어를 지원한다. 이는 하나의 시스템으로 다양한 사용자의 언어사용을 지원하는 다국어 이용자서비스기능이라 할 수 있다. 각 언어별 시스템 운영을 위한 용어, 메시지 테이블을 지원하고, 원클릭으로 사용자의 업무환경을 선택된 언어로 변경할 수 있도록 지원한다.

둘째, 국제표준을 준수하였다. 유니코드 표준(UFT-8)을 채택하여 데이터 표현 및 교류의 세계화 실현, 온톨로지와 시맨틱 웹을 위한 국제 수준의 표준 메타데이터 채택

(MARC, XML, MODS), 기타 다양한 국제 표준(OAL, XML, RDF, DC 등)을 준수하였다.

표 2-13 X-Internet과 Web, C/S 비교

		X-Internet	Web	C/S
시스템 측면	서버 부하 및 네트워크 트래픽	화면 리로딩 배제를 통해 서버 부하, 트래픽 최소화	• 화면 리로딩 발생 • 서버 및 네트워크 부하 증가	서버 부하, 트래픽 최소화
	서비스 속도	데이터만 Binary 통신으로 처리속도 빠름	화면, 데이터 모두 통신 처리속도 늦음	데이터만 통신 처리속도 빠름
	OS 측면	윈도우, 리눅스 UNIX 계열 모든 OS 지원	윈도우기반 OS(XP 이상) 지원_UNIX웹 서비스 불가	윈도우기반 OS만 지원
운영 측면	환경설치	사이트 접속 시 자동설치	사이트 접속 시 자동설치	수작업 설치 어려움
	버전업 및 배포	자동 버전업 및 배포관리	자동 버전업 및 배포관리	버전업 별도관리 및 많은 대기시간
사용 측면	편리한 기능	• HOT Key 사용가능 • 풍선 도움말 가능 • Drag & Drop 사용가능 • 키스트록 & 마우스 중심	• HOT Key 사용불가 • 풍선 도움말 불가 • Drag & Drop 사용불가 • 마우스 중심	• HOT Key 사용가능 • 풍선 도움말 가능 • Drag & Drop 사용가능 • 키스트록 & 마우스 중심
	서비스 속도	Waiting 시간 감소(우수)	Waiting 시간 필요(구조적 한계)	제한된 화면 디자인(제한적)
UI 측면	디자인	웹 수준의 미려한 디자인(최상)	미려한 화면 디자인(최상)	다양하고 편리한 컴포넌트 사용한 디자인(업무 생산성 향상)
	컴포넌트	다양하고 편리한 컴포넌트를 사용, 디자인(업무 생산성 향상)	제한된 컴포넌트 사용한 디자인	다양하고 편리한 컴포넌트 사용한 디자인(업무 생산성 향상)
기능 측면	Interactive	• 빠른 양방향성 서비스(다중 윈도우 & 단일 윈도우 모두 가능) • 여러 개의 창을 띄울 수 있는 장점	• 느린 양방향성 서비스 • SDI(단일 윈도우 중심 운용)	• 빠른 양방향성 서비스 • MDI(다중 윈도우 운용 가능)

출처: 퓨처누리. 차세대 Web기반 통합형 전자도서관시스템 TULIP 소개

셋째, 최신전산기술의 접목이다. 업무의 편의성 및 성능을 보장하는 아키텍처(Architecture), 모든 업무(LAS, DL) 및 서비스기능, 100% 웹 환경 운영, 웹과 C/S 장점만을 지원하는 차세대 웹 패러다임 적용, 유니코드기반 전문검색 엔진(NF-Snipper),

전문 X-Internet Platform, Reporting Tool 탑재이다.

그리고 검증된 미들웨어 활용으로 인해 안정된 운영환경을 지원하고 보안성 극대화를 위해 80 혹은 8080포트를 사용한다. 또한 TULIP의 운영서버는 OS 제약 없이 모든 OS를 지원한다(UNIX, Windows Server, Linux 등)

넷째, 사용자 중심의 미래지향적 시스템이다. 모든 업무가 통합된 단일 환경에서 운영될 수 있도록 지원하며 도서관업무자동화(LAS), 전자자원관리, 콘텐츠관리 업무를 완벽하게 통합 운영한다. 또한 사용도서관의 규모, 환경에 따른 유연한 설정에 따라 최적화할 수 있으며 도서관과 콘텐츠 특성화를 위해 다양한 컬렉션(collection) 생성이 가능하다. TULIP은 어느 장소에서든, 다양한 장비를 통해 다양한 콘텐츠를 이용할 수 있도록 하는 특징이 있다.

그림 2-4 ▌ TULIP의 유무선 통합 플랫폼

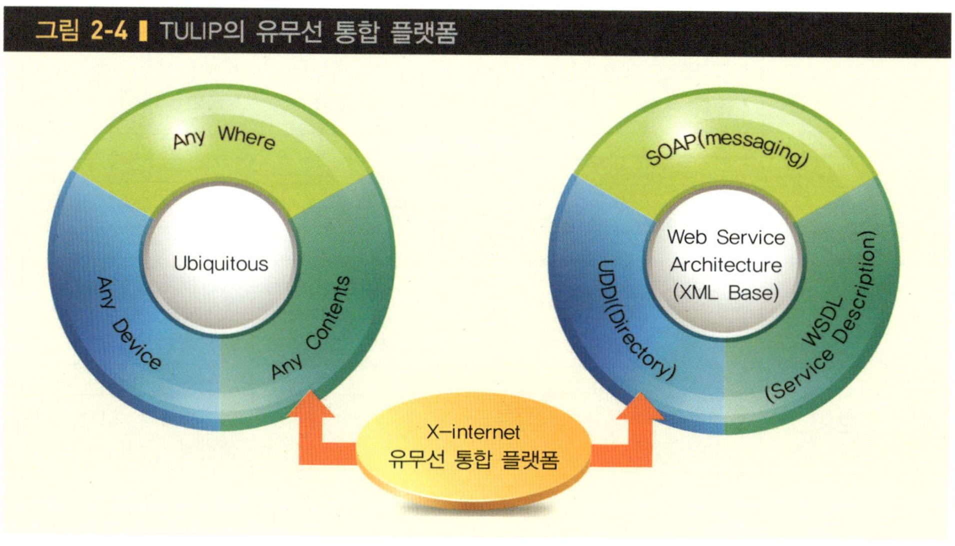

출처: 퓨처누리. 차세대 Web기반 통합형 전자도서관시스템 TULIP 소개

다섯째, 특성화 컬렉션을 생성한다. 특성화 컬렉션 절차는 다음 [그림 2-5]와 같다. 먼저 대상자료를 선정하고 수집한 후 관리 및 서비스체계를 설정하고, 메타데이터 구조를 정의한다. 메타데이터의 구조를 정의하면 메타데이터 입력 및 매체를 연계하고 서비스를 등록한다. 이를 통해 통합 및 특성화 검색서비스를 이용자에게 제공할 수 있다.

그림 2-5 ▌특성화 컬렉션 생성 절차

출처: 퓨처누리. 차세대 Web기반 통합형 전자도서관시스템 TULIP 소개

3) 주요 기능 및 세부내역

(1) 도서관업무자동화

도서관업무자동화(Library Automation System)기능은 다양한 도서관업무를 전산화하고 업무수행에 따른 각종 DB를 축적하는 데 목적을 둔다. 따라서 수서시스템(도서 및 자료 수집업무 전산화), 목록시스템(도서 및 목록 데이터 생성 및 축적, MARC), 열람시스템(도서 및 자료의 대출반납업무 등), 연속간행물관리(연속간행물 자료관리 업무 전산화), 통계 및 출력물관리, 시스템 운영 환경관리를 포함한다.

(2) 전자자료관리

전자자료관리(Digital Library)기능은 비정형 디지털 정보자원을 관리하고 대상 디지털정보자료 DB를 축적한다. TULIP의 전자자료관리 주요 기능은 CMS(Contents Management System), 메타데이터 구조를 정의하고 편집기를 자동생성, 자동생성 후 데이터 입력, ERM(Electronic Resource Management)이 있다. 전자자료관리에서 주로 다루는 자료의 유형은 원문자료(PDF, 각종 이미지), 멀티미디어(동영상, 음성 등), 전자저널, 웹 DB, E-book 등, 기타 디지털화된 자료가 있다.

(3) 이용자서비스

이용자서비스(Library Portal Service)기능은 축적 데이터 대상 검색서비스와 다양한 개인맞춤형 서비스를 제공한다. 검색서비스(자료검색 및 전자자료 Viewing)에서는 통합검색서비스, 유형별 자료검색서비스, 신착자료서비스, 다양한 검색조건에 따른 서비스를 제공하고, Library 2.0기반 이용자 참여형 서비스, 개인맞춤서비스에서 My Library와 My Collection 등을 제공한다.

(4) 부가서비스

부가서비스(Optional User Service)기능은 유관시스템 연계서비스와 도서관 외부서비스 연계를 진행한다. 주요 기능은 도서관 소속기관시스템 연동(이용자 DB 등), 유관기관과 유관시스템 연동, 전자도서관 확장서비스에서는 강의지원시스템, 지식관리시스템(KMS), 외부 정보 통합검색(MetaSearch), 기타 모바일 장비를 활용한 이용자서비스의 확장 등이다.

(5) 주요 기능

TULIP의 주요 기능은 수서, 콘텐츠, 서비스, 연간물, 시스템, 환경, 출력물, 공지·건의, 검색서비스, 개인맞춤서비스, 부가서비스 등으로 구성되어 있다. 자세한 기능은 [표 2-14]와 같다.

표 2-14 TULIP의 세부구성의 주요 기능

구분	기능모듈	주요 기능
수서	단행본수서, 연간물수서	• 단행본, 연속간행물, 전자자료에 대한 수서업무기능 • 화폐단위 및 환율일자에 따라 자동환율설정이 가능하며 구입비용 자동계산기능 지원 • 저자소개, 책표지, 초록, 목차 등 콘텐츠 일괄 반입기능 • 수증 도서와 구입 도서 사이의 자유로운 자료이관기능 • 연속간행물에 대한 재구독 선정 및 주문처리기능 • 온라인 저널에 대한 수서업무 처리기능 • 연속적인 단행본 자료에 대한 계속 주문기능 • 희망도서 신청 자료 입수 및 검색 대상 항목 선택을 통한 복본 검사기능 • MARC 데이터, Excel 파일 반입이 가능하며 반입 데이터는 목록시스템으로 인계처리기능

콘텐츠	목록, 콘텐츠관리, 매체관리, 전거관리, 기사색인	• 다양한 메타데이터(MARC, MODS, DC…) 반입 및 관리기능 제공 • 다중 MARC, MODS, DC 통합막 Editor 지원 • 자동교정 및 오류 체크기능 지원 • Z39.50 Z39.50 사이트 검색 및 자료 연계기능 제공 • 서지의 종, 권 단위를 기준으로 다양한 매체와 연동하는 기능 제공 • 메타데이터(목록, 콘텐츠)에 대한 다양한 매체관리기능 • 단위 Collection(UDL) 생성 및 메타데이터 관리기능 제공 • Collection별 매체관리기능 제공 • 매체 저장 서버에 대한 관리기능 제공
서비스	대출 반납, 분관대출, 원문 복사, 지정 도서, 장서관리	• 단일 화면에서 대출·반납 업무 수행 • 대출·반납, 연체, 변상 등 업무 전반에 대한 다양한 환경 및 규정 적용 • 대출·반납 및 각종 부가업무에 따른 이용자 메일 자동발송기능 • 분실 및 파손 자료처리기능 • 분관 대출관리기능 • 개인정보 유출 방지를 고려한 이용자관리기능 • 휴관일 등 각종 환경관리기능 • 지정도서, 장서점검, 재정리 요청 등 다양한 업무 편의기능 제공 • 네트워크·시스템 문제 발생 시 안전모드를 통한 Off-Line 대출·반납기능 및 일괄 복구기능
연간물	관리정보, 체크인관리, 결호관리, 제본·등록, 부가업무	• 연속간행물 자료관리에 따른 제반 업무기능 지원 • 완벽한 분관별 업무 분배 처리, 중앙 및 분관별 체크인·제본 기능 • 체크인 처리를 위한 입수 예정호, 입수 예정일 자동체크기능 • Quick 체크인 처리기능(ISSN, SISAC) • 미착자료의 클레임 처리 및 클레임장 메일발송기능 • 제본 처리를 위한 제본 패턴 설정 및 일괄 제본처리기능 • 거래처관리 등 부가업무 처리기능 • 연간물 권호 단위의 기사입력기능 • 회람 및 목차 복사, 연간물 대출·반납 관리기능
시스템, 환경	LSA관리, DL관리, Web관리, 메일발송	• 시스템 운영과 관련된 각종 코드 관리 • 시스템 운영과 관련된 각종 업무환경 관리 • 도서관별 업무규정 관리 • 시스템기능 단위로 개인별 사용권한 부여 • 규칙에 따른 메일 자동생성기능(Gather & Sender) • 이용자 정보관리기능(내부, 외부, 방문자 등) • 시스템 이용자 사용권한 조회 및 설정기능 • 시스템 버전 관리기능 • Web 페이지 메뉴 생성 및 각종 환경 설정
출력물, 공지·건의	LAS출력, DL출력, 이용자공지, 업무공지, 건의·답변	• 단위 모듈별 각종 출력물 생성기능 • 출력물별 검색조건 설정 • 출력물 Form 설정 및 Excel 출력(Excel 출력 후 편집·가공기능) • 이용자를 대상으로 하는 제반 공지사항 발송 및 관리 • 도서관 관리자용 업무공지기능 • 공지 유형별 관리기능

		• 반납예정일, 독촉, 예약도서 도착 등 각종 공지사항 발송기능 • 업무 담당자별 건의 및 답변기능
검색 서비스	기본검색, 통합검색, 간략정보, 상세정보, Viewer	• 키워드 하나로 쉽게 자료를 검색할 수 있도록 한 간편검색기능 • 도서관 전체 자료에 대한 One-Stop 검색기능 • 검색 자료에 대한 간략 정보 출력 및 효율성 고취를 위한 다양한 검색기법, 제한주기기능 • 검색어 자동완성기능 제공 • 검색된 자료에 대한 상세정보, 소장정보, 매체정보 제공 • 원자료(PDF, VOD 등)를 웹상에서 스트리밍하여 서비스
개인 맞춤 서비스	개인공지, 개인정보관리, 대출현황, 조회·연장, 희망도서신청 My Collection	• 도서관 공지사항을 개인별로 제공 • 개인(이용자)정보 관리기능(SDI, SMS, E-mail Push서비스 신청·해지) • 개인 대출 현황 조회 및 대출 연장 신청 • 외부 서점과 연계된 희망도서 신청기능 제공 • 개인 별개 Collection 관리기능 제공으로 다양한 학술 관련 자료 수집, 관리, 활용
부가 서비스	통계서비스(이용통계, 접속통계, 베스트 이용통계 등)	• 신착 자료 제공서비스 • 도서관 이용자 교육신청, 관리 • SDI(관심분야 최신자료 자동발송서비스) • 다양한 게시판 생성, 관리 • 온라인 설문조사 생성, 관리 • 타 도서관 열람신청서비스 • 일정관리(이용자 개인 일정, 기록사항관리) • 원문 복사 신청, 제공 • 레퍼런스 사이트 연결 • 대표이미지(썸네일) 게시판 생성, 관리 • 온라인 참고봉사서비스 • 상호대차서비스

출처: 퓨처누리. 차세대 Web기반 통합형 전자도서관시스템 TULIP 소개

2.3.2 SOLARS 7

1) 개요

SOLARS 7은 2005년 국내 최초 유니코드기반 전자도서관 솔루션으로 출시되어 150여 개의 대학과 공공기관에 최단기간 내 가장 많은 구축실적을 보유한 SOLARS DLi II의 차기 제품이다. R&D를 통한 최신 개발기법을 접목하고 이용자의 요구사항을 반영한 도서관 자동화시스템과 각종 메타데이터, 원문, VOD 등을 효과적으로 관리할 수 있는 콘텐츠 관리시스템(CMS)을 통합 구현한 솔루션이다.

2) 특징

SOLARS 7은 대학도서관, 공공도서관, 전문도서관에 최적화된 맞춤형 패키지를 제공하는 솔루션으로 도서관별 업무 특성에 최적화된 메뉴구조와 용어표기, 업무프로세스를 제공한다. 또한 편리한 편집기, 통합서지용 KOMARC 반입기능, 온라인 매뉴얼(검색기능 · Case별 도움말) 등 유용한 기능을 제공한다.

3) 주요 기능

SOLASRS 7의 주요 기능은 다음과 같다.

첫째, 맞춤형 시스템을 제공한다. 도서관 유형별로 맞춤형 시스템과 맞춤형 업무 프로세스를 제공하여 효율성을 높일 수 있다.

둘째, 보안을 강화하였다. 업무 접근권한 제어를 세분화하였고, 개인정보 암호화 모듈을 탑재하였으며, 주민번호의 대체수단인 I-PIN을 지원한다.

표 2-15 SOLARS 7의 주요 기능 및 세부내역

주요 기능	세부내역
맞춤형 시스템	• 도서관 유형(대학, 공공, 전문도서관)별 맞춤형 시스템 • 맞춤형 업무 프로세스 제공 • 맞춤형 메뉴 구조 및 용어 채택 • 개인별 메뉴 구조 정의기능 제공
보안 강화	• 업무 접근권한 제어 세분화 • 개인정보 암호화 모듈 탑재 • 주민번호 대체수단 I-PIN 지원
상호대차	• 동일시스템 내 상호대차 기능개선 • 학교도서관과 상호대차 구현 • 타 시스템 간의 상호대차 API 구현
UI의 획기적 변화	• 메뉴를 보기 쉽게 재배열 • 리스트 조회를 통해 업무 화면 쉽게 이동 • 직관적인 처리 버튼 배치 • 작업효율을 위한 자유로운 화면분할기능
검색기능 강화	• 연간물, 기증, 목록, 전거, Z-Server, SOLARS, NET 통합검색 • 검색어 자동완성기능 • WEB OPAC 검색결과 확인기능 • 해외 유수 대학 Z-Server 연계

출처: 아이네크 (2016.02.13.). http://www.inek.co.kr

셋째, 상호대차가 가능하다. 동일시스템 내 상호대차가 가능함은 물론, 학교도서관과의 상호대차 및 타 시스템 간의 상호대차 API를 구현하였다.

넷째, UI가 획기적으로 변화하였다. 메뉴를 보기 쉽게 재배열했으며, 리스트 조회를 통해 업무 화면을 쉽게 이동할 수 있다. 또한 직관적인 처리 버튼을 배치하였으며, 작업효율을 위한 자유로운 화면분할이 가능하다.

마지막으로 검색기능을 강화하였다. 연간물, 기증, 목록, 전거, Z-Server, SOLARS, NET 통합검색이 가능하며, 검색어 자동완성기능을 탑재하였다. 또한 WEB OPAC 검색결과 확인기능을 제공하며, 해외 유수 대학 Z-Server와 연계하였다.

2.3.3 KOLAS Ⅲ

1) 개요 및 시스템 구성

KOLAS Ⅲ는 도서관에서 사용이 가능한 표준자료관리시스템으로 표준업무체계를 준수하며, 자료관리 및 전자도서관관리를 하나의 프로그램에서 할 수 있는 통합자료관리시스템이다. 다국어 문자체계인 유니코드 표준체계와 목록형식에 대한 표준인 통합마크 및 메타데이터를 지원한다.

2) 특징

KOLAS Ⅲ의 특징은 첫째, 국가표준 및 국제표준을 준수한다. 통합서지용 KORMARC을 기반으로 목록관리체계를 지원하여 각 도서관 및 국가 간 상호호환성을 보장하며, 도서관의 표준 업무체계를 준수한다. 또한 국가표준 상호대차시스템(책바다시스템)과 책이음서비스시스템과의 완벽한 연계를 지원한다. 뿐만 아니라 유니코드 3.0 기준으로 전세계 60개 언어를 지원하여 국제적 호환성을 보장하며, 디지털 콘텐츠의 기술을 위해 XLML, DC, MODS 등의 국제표준 메타데이터 형식을 채택한다.

둘째, 쌍방향 커뮤니케이션시스템을 제공한다. 웹기반의 플랫폼하에서 사용자 간의 실시간 상호작용을 지원한다. 또한 검색어 자동추천 및 확장, 정제기능을 지원하는 검색 2.0을 기반으로 시스템이 구성되어 웹에서 발견되는 불확실한 정보까지 자동으로 검색하고 자료관리시스템과의 상호연계 및 구축이 가능하다.

셋째, 사용자 편의성을 극대화하였다. K-Bar, K-위젯, 즐겨찾기 등 K-플랫폼의 기능을 제공하여 사용자의 편리한 업무환경을 제공하며, 메뉴 접근을 극대화할 수 있는 인터페이스를 제공하여 사용자의 접근성을 높인다. 자료이용을 극대화하기 위한 상호대차서비스와 디지털 콘텐츠에 대한 원클릭서비스, 배달(택배대출)서비스에 대한 확장기능을 제공한다. 또한 행정자치부에서 제공하는 도로명주소시스템을 연계하여 최신 주소 정보검색이 가능하다.

넷째, 다양한 최신기술을 적용하였다. Open API를 기반으로 시스템이 구현되어 기존의 일방적인 서비스 구현에서 탈피하고 KOLAS Ⅲ 자료관리시스템과 웹에서 공유된 다양한 자원을 활용할 수 있으며, 사용자 스스로 콘텐츠를 생산, 공유할 수 있는 참여시스템을 탑재하였다. 또한 대출반납제어 API를 제공하여 외부장비의 종류, 제조사와 무관하게 연계할 수 있도록 지원하고, 공공아이핀센터의 마이핀서비스를 연계하여 개인정보 보호법에 적합한 본인인증수단을 제공한다.

그림 2-6 ▌KOLAS Ⅲ의 시스템 구성

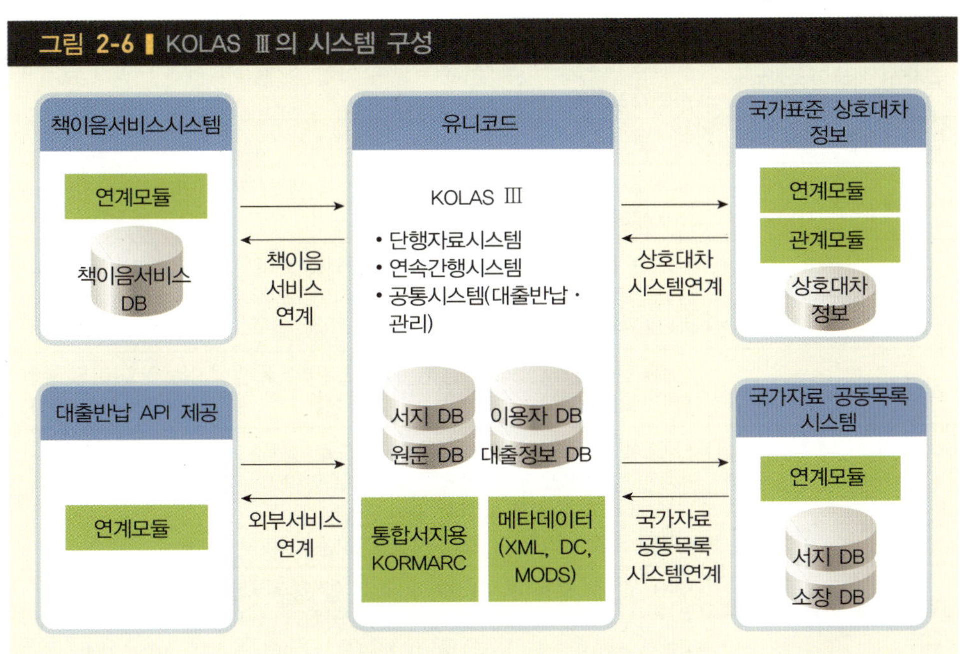

출처: 공공도서관 기술정보센터 (2016.02.13.). http://kolas.nl.go.kr

3) 주요 기능

KOLAS Ⅲ의 주요 기능은 첫째, K-Bar의 환경설정에서 등록한 아이디 · 패스워드를 이용한 자동로그인기능을 제공한다.

둘째, KOLAS Ⅲ의 검색창에서 입력하는 서명, 저자, 출판사에 대하여 검색어 자동완성기능을 제공한다.

셋째, 인터넷 서점의 자료를 간편하게 반입할 수 있다.

넷째, 웹에서 공유가능한 자원을 연계한 K-위젯을 제공한다.

다섯째, KOLAS Ⅲ 프로그램에서 제공하는 K-인터넷 브라우저를 통해 KOLAS Ⅲ 상단 URL 입력창에서 인터넷 주소를 입력하면 해당 페이지를 KOLAS Ⅲ 내에서 볼 수 있다.

표 2-16 KOLAS Ⅲ의 주요 기능 및 세부내역

주요 기능	세부내역
자동로그인기능	K-Bar의 환경설정에서 등록한 아이디 · 패스워드를 이용한 자동로그인 기능 제공
검색어 자동완성기능	KOLAS Ⅲ의 검색창에서 입력하는 서명, 저자, 출판사에 대하여 검색어 자동완성기능 제공
인터넷서점 자료 반입	인터넷 서점의 자료를 간편하게 반입할 수 있음
K-위젯 제공	Web에서 공유가능한 자원을 연계한 K 위젯 제공(날씨정보, 환율정보, 베스트셀러, 책 검색)
K-인터넷 브라우저	KOLAS Ⅲ 프로그램에서 제공하는 인터넷 브라우저로서 KOLAS Ⅲ 상단 URL 입력창에서 인터넷 주소를 입력하면 해당 페이지를 KOLAS Ⅲ 내에서 보여주는 기능 제공
공공기관 API 연계	신뢰받는 공공기관의 API를 연계한 도로명주소 검색기능 및 마이핀 본인 확인서비스 제공
KOLAS Ⅲ 내 전자달력 Kalender	• KOLAS Ⅲ 프로그램 설치 시 자동으로 설치 • 개인 일정관리(등록 · 수정 · 삭제) 및 알람기능 제공 • TODAY 및 도서관 휴관일 표시기능 제공 • 구입 자료 처리일자 표시기능 및 자동검색기능 제공
KOLAS Ⅲ 사용 중 화면 잠금	• KOLAS Ⅲ 사용 중 자리를 비워야 할 경우 사용가능 • 작업자 부재 시 정보에 대한 노출 방지 • 로그인되어 있는 사용자만이 잠금을 해지할 수 있는 기능 제공

출처: 공공도서관 기술정보센터 (2016.02.13.). http://kolas.nl.go.kr

여섯째, 공공기관 API를 연계하여 도로명주소 검색기능 및 마이핀 본인확인 서비스를 제공한다.

일곱째, KOLAS Ⅲ 내의 전자달력기능을 제공하여, 개인 일정관리 및 구입 자료 처리일자 표시 등이 가능하다.

여덟째, KOLAS Ⅲ 사용 중 화면잠금기능을 제공한다. KOLAS Ⅲ 사용 중 자리를 비워야 할 경우 사용할 수 있으며, 로그인되어 있는 사용자만이 잠금을 해지할 수 있어 정보에 대한 노출을 방지한다.

2.3.4 iLips

1) 개요 및 시스템 구성

iLips(Internet Library information potal solution)는 도서관 자동화시스템을 비롯해 전자도서관, 연구전문가를 위한 특화서비스까지 총망라한 도서정보 인프라 구축을 위한 웹기반의 이용자 중심 단일 인터페이스를 제공함으로써 급변하는 디지털 환경에서 최적의 솔루션을 지향한다.

인터넷의 발달로 이용자들이 사용할 수 있는 다양한 매체(오디오, 동영상, e-Book 등의 전자파일)가 등장했고, 원격지서비스가 필요하게 되었지만 기존 LAS 환경에서는 이를 수용하기 어려웠다.

장소적 제약을 받지 않고 다수의 이용자들에게 동일 데이터베이스나 전자레코드를 동시에 이용할 수 있도록 하고, 도서관 관리자에게는 종이매체가 아닌 전자매체의 관리를 더 유연하게 하며, 대다수의 도서관이 전산화가 되어 있지만 아직 DL(Digital Library)이 아닌 LAS(Library Automation System) 수준에 머무르고 있는데 100% 웹기반으로 구축된 DL은 iLips가 최초이다.

2) 특징

iLips의 특징으로는 링크소프트에서 자체기술로 개발하고, 국내 유일의 웹기반 통합시스템을 실현했다. 그리고 'My Library', '바구니관리'와 같은 사용자를 위한 특화서비스 및 단행본, 연속간행물, 보고서, 논문, 원문 등의 자료유형별 통합검색을 제공하고 있다.

3) 주요 기능

iLips의 시스템은 수서, 편목, 열람, 연속간행물, 기사색인, 시스템관리, 검색, 맞춤정보시스템, VOD, 원문관리 등의 기능을 제공한다. iLips의 시스템 구성도는 다음 [그림 2-7]과 같다.

그림 2-7 ▌ iLips의 시스템 구성도

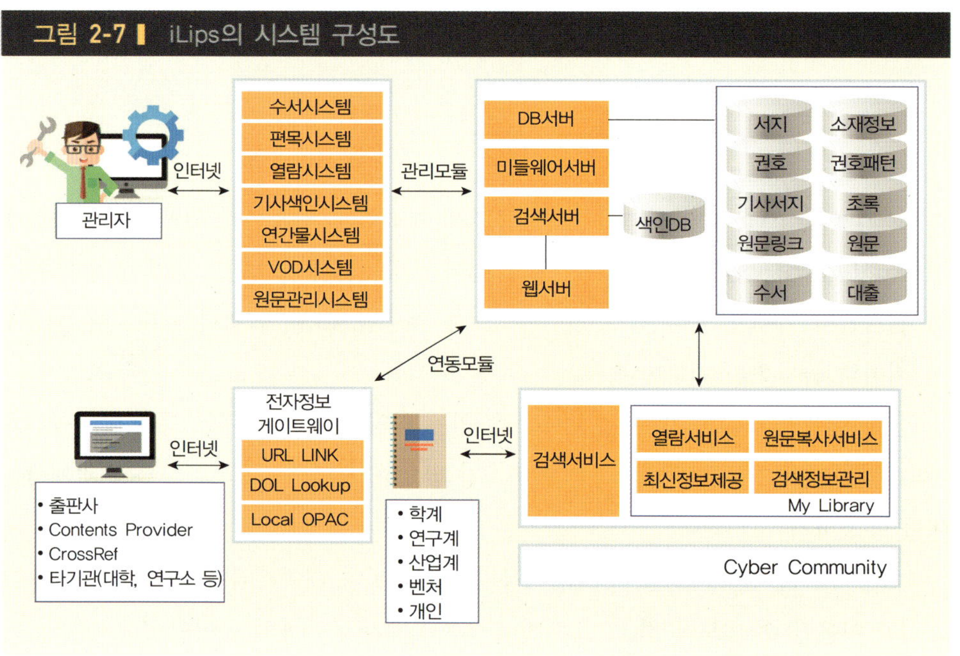

출처: 링크소프트. http://www.linksoft.co.kr/business/business_01/business_01_01/

(1) 수서시스템

iLips의 수서시스템기능으로는 도서관 자료의 구입, 신청, 등록, 목록이 있고, 인계까지 일련의 작업을 효율적으로 처리할 수 있다. 그리고 신청도서의 중복체크 및 처리 결과를 E-Mail로 자동 통보 및 E-Mail을 통한 견적의뢰 및 주문처리기능이 있다. 또한 개인별 환경설정을 할 수 있으며, 또한 다양한 통계 및 보고서 출력기능이 있다(프린트 및 엑셀 파일로 저장).

(2) 편목시스템

iLips의 편목시스템기능으로는 국제표준 MARC 및 목록기술 규칙을 적용함으로써 서지레코드의 일관성 · 정확성을 유지하는 것과 소장데이터의 이중목록 · 분류 방지가 가능하며, 수서 · 열람 · 연간물 등의 시스템과 연계서비스를 할 수 있다. 또한 목록자 및 수정자의 작업로그를 작성하여 확인할 수 있고, 서지레코드의 일관성과 정확성 유지를 위한 자동생성 및 검증이 가능하다. 마지막으로 유관기관들 간의 데이터 공유를 위한 온라인 공동목록 체계마련의 기능이 있다.

(3) 열람시스템

iLips의 열람시스템기능으로는 열람업무 및 관련 서비스기능을 자동화하여 자료의 효율적인 이용 및 관리 그리고 바코드 리더기를 이용한 신속한 대출 · 반납 업무처리 및 현황파악이 가능하다. 또한 목록자 및 수정자의 작업로그를 작성하여 확인할 수 있고, 연체료 부과, 입금처리 및 미등록 도서의 대출처 리를 할 수 있다. 마지막으로는 업무처리 결과의 E-Mail 확인 · 통보 발송이 가능하다.

(4) 연속간행물시스템

iLips의 연속간행물시스템기능으로는 구독신청 잡지의 신규 구독 및 구독갱신 자료의 선정을 통하여 주문을 하고, 체크인 자료의 제본 대상을 선정하여 제본 후 등록하는 일련의 작업을 효율적으로 처리할 수 있다. 그리고 신규 구독하는 학술지의 경우 MARC 서지정보를 받아들여 목록 인계가 가능하며, 구독선정의 편의성 및 다양한 주문처리의 지원 및 구독 히스토리 관리를 한다. 또한 미도착 및 결호에 대한 클레임 대상자료 추출 및 정산처리기능이 있고, 제본을 결정하여 발주 후 제본되어 입수된 자료의 등록 후 소장관리한다.

(5) 기사색인시스템

iLips의 기사색인시스템기능으로는 다양한 정보원 TOC(Table Of Contents) 데이터 수용이 있고, 해외의 최신 학술자료를 신속하게 활용하고 Alert Service(SDI), My Library 및 DDS 등의 서비스와 저널서지 · 권호 정보(체크인) · TOC · 초록을 제공하며,

다양한 정보원 TOC 데이터 수용(저장구조는 XML 형식)을 할 수 있다. 또한 Article Meta Format으로 더블린코어(Dublin Core) 채택 및 전자화된 원문(Image, Multimedia)과 연동 그리고 손쉬운 TOC 데이터입력기능 및 대량의 데이터처리가 가능하다.

(6) 시스템관리

iLips의 시스템관리에는 이용자와 관련 정보를 효과적으로 관리할 수 있는 단일 인터페이스 제공 및 사용자 그룹별 이용권한설정기능 그리고 통계정보를 통한 시스템의 사용현황 분석 정보제공기능이 있다.

(7) 검색시스템

iLips의 검색시스템기능에는 다양한 이용자 입력조건과 검색 부호제공을 통한 검색방법으로 원하는 정보를 검색하여 DDS, SDI를 신청이 가능하고 로그인 사용자의 정보관리 및 이용편리를 위한 나의 도서관 지원 및 관심분야의 주제에 대한 최신 논문정보를 E-Mail로 자동 전송할 수 있다. 그리고 검색 후 원문(PDF) 조회 및 원문 신청이 가능하고, 전문 검색엔진을 활용한 서지 · 초록 · 원문 연계 검색서비스를 제공하고 대량의 데이터를 빠른 시간에 검색할 수 있으며, 업무처리 결과의 E-Mail 발송을 할 수 있다. 또한 이용자 그룹별로 차별화된 서비스 정책을 적용하고 자주 사용하는 검색 식을 저장하여 재검색의 편리성과 이용자 및 관리자에게 유용한 통계기능을 제공한다.

(8) 맞춤정보시스템

iLips의 맞춤정보시스템기능에는 이용자가 원하는 정보를 프로파일(profile)로 신청받고, 이에 해당하는 자료가 입수되면 해당 정보를 이용자에게 제공한다. 그리고 단행본, 보고서, MF보고서, 학술지 목차, INIS, 기사의 DB신규자료에 대해 서명, 주제명에서 추출된 키워드 등록을 통해 논리검색 후 신청할 수 있으며, SDI서비스 신청 및 프로파일 입력과 프로파일 점검 · 관리기능, 입력된 프로파일 내용을 이용자 스스로 수정 · 관리할 수 있다. 또한 SDI 신청 및 서비스에 대한 현황보고 및 통계기능을 제공하고 E-Mail을 기반으로 한 서비스를 제공함으로써 사서의 업무부담을 경감해준다.

(9) VOD시스템

iLips의 VOD시스템은 VOD에 자료를 저장하여 검색이나 자료 활용에 있어서 퍼포먼스 제공, 멀티미디어 자료관리, 생방송서비스를 이용하여 인터넷을 통한 가상의 방송국 운영, 가상교육 및 원격강의에 최적의 VOD솔루션 적용 그리고 도서관 홈페이지 내 멀티미디어 형태의 광고 적용의 기능이 있다.

(10) 원문관리시스템

iLips의 원문관리시스템은 pdf, doc, hwp 등 모든 형식의 파일을 서지와 연결하여 검색시스템을 통해 서비스 멀티미디어 자료를 관리할 수 있고, 스캐너를 이용하여 목차를 포함한 원문 이미지를 직접 제작하여 서비스가 가능하며, 원문 이미지를 구축하는 즉시 검색시스템에서 검색 및 서비스를 할 수 있다.

2.3.5 eXLis®

1) 개요 및 시스템 구성

eXLis®(엑스리스)는 국내 최초로 하나의 패키지를 사용하여 다수의 도서관 또는 본관 · 분관 도서관을 동시에 지원하도록 구현한 웹기반 전자도서관시스템이다.

현재 경기도사이버중앙도서관을 중심으로 한 경기도 내 20여 개의 공공도서관, 농촌진흥청 농업과학도서관과 13개 분관 등이 엑스리스를 사용하여 복수의 도서관을 동시 운영 중에 있다. 또한 한국과학기술정보연구원(KISTI), 한국철도기술연구원, 산업연구원, SK하이닉스 등 주요 기관의 전문도서관에도 엑스리스가 보급되어 사용 중이다.

eXLis®는 전용 웹 브라우저에서 업무를 수행할 수 있도록 지원하며, 기존의 클라이언트 · 서버 모델기반의 시스템과 달리 신규 버전의 업데이트가 자동으로 이루어지는 시스템으로서, 복수도서관 지원으로 다수의 도서관이 하나의 패키지를 활용하여 공동 운영이 가능하므로 분관이 있는 도서관에서 사용하면, 종합목록 등의 기능을 활용하여 업무 효율성과 경제성을 향상시킬 수 있다.

또한 차세대 인터넷 검색표준이라 불리던 XML Web services를 지원하여 기존 기법과는 차별되게 플랫폼, 운영체제, 개발언어 등에 관계없이 시스템 간 커뮤니케이션이 가능하며, 이를 통하여 외부시스템에 데이터는 물론 프로그램기능까지 활용가능하도록 한 오픈시스템 구조이다.

2) 특징

eXLis®의 주요 특징으로는 종합 목록기능 내장, 서지통합기능, 유사서지를 포함하는 복본조사기능, 연속간행물업무 편의기능, 수서 · 열람업무 편의기능이 있다.

첫 번째로 종합 목록기능 내장은 서지정보와 소장정보를 분리하여 복수 도서관이 서지정보를 공유할 수 있고, 자관 목록 화면에서 타 기관 소장정보의 확인이 가능하다.

두 번째로 서지통합기능은 중복서지를 비교와 필드별로 선택하여 서지를 통합하는 기능 제공과 소장정보 자동 병합 및 소장처 유지 · 통합기능을 제공한다.

세 번째로 유사서지를 포함하는 복본조사기능은 유사서지까지 검색하는 강력한 복본조사기능을 제공한다.

네 번째로 연속간행물업무 편의기능은 체크인 시 낱권별 소장처 자동 부여, 단행본과 별도로 구성된 연속간행물 수서 업무처리, SISAC 바코드를 통한 체크인 자동처리, 입수예정일 자동계산을 통한 신속한 체크인 업무 지원을 한다.

마지막으로 수서 · 열람업무 편의기능은 전문도서관을 위한 주문 절차 제외, 인터넷 서점과 연계한 신청도서 관리기능, 중복이용자 레코드 병합기능, 기관의 출입카드(RIFD)시스템과 대출반납시스템 연계가 가능하다(김정우, 2014).

3) 주요 기능

(1) 수서시스템

eXLis®의 수서시스템기능으로는 인터넷 서점 검색을 통한 희망도서 신청기능 연계와 희망도서 처리 현황 조회 및 이메일 알림서비스기능, 유사 서지 검색을 포함한 강력한 복본(pre-order searching) 조사기능, 대용량의 수서데이터(Excel 파일)에 대한 자동반입기능, 주문 · 검수 · 클레임 · 송금 등 수서 기본기능, 수서시스템과 목록시스템의 원활한 업무 연계기능 등이 있다. 또한 각 기관의 수서업무 환경에 따라 기능의 선택적 사용이 가능하다.

(2) 목록시스템

eXLis®의 목록시스템기능으로는 다양한 MARC 표준 포맷 지원(통합서지용 KORARC, USMARC, MARC21 등)과 MARC 데이터 오류 자동 체크기능을 제공하고 자료 유형별 · 사서 개인별 MARC 입력 양식(워크 폼, 워크시트) 설정기능이 있으며, 미의회도서관(LC), 국립중앙도서관 등 주요 기관의 서지데이터 반입기능을 제공한다. 그리고 종합목록기능(서지정보와 소장정보 분리)과 서지통합기능(중복 서지 비교 및 통합, 소장정보 자동 병합), 초록 및 목차 정보와 서지정보의 분리기능, 저자명, 주제명에 대한 전거 통제 및 삭제된 서지정보 복원기능을 제공한다. 또한 MARC 반입 · 반출 시 제외 태그 지정이 가능하고 입력된 서지정보에 대한 상태 지정 및 그룹핑이 가능(서지목록 검색용이)하다.

(3) 연속간행물시스템

eXLis®의 연속간행물시스템기능으로는 이용자 웹 인터페이스를 연계한 구독 희망 저널 신청이 가능하고 단행본과 별도로 구성된 연속간행물 수서업무처리, 연속간행물의 다양한 권호 패턴 양식 지원 및 설정관리 및 권호 주기 예외사항에 대한 유연한 처리기능을 제공한다. 그리고 체크인 시 낱권별 소장처를 자동으로 부여하며, SISAC(Serial Industry System Advisory Committee) 바코드 정보를 활용한 해외 연속간행물의 체크인을 자동으로 처리한다. 또한 목록, 대출시스템과의 유기적인 연계를 한다.

(4) 대출시스템

eXLis®의 대출시스템기능으로는 다양한 대출 규정 설정기능을 제공하고, 중복 이용자의 이용자레코드 병합 및 대출 기록을 통합하며, 네트워크 장애에 대비한 오프라인 대출 · 반납 및 일괄 대출 및 반납기능을 제공한다. 또한 기관의 출입카드(RIFD)시스템과의 원활한 연계 지원과 이메일 · SNS를 이용한 대출 · 예약 · 반납 정보 알림서비스를 제공한다.

(5) 기사색인시스템

eXLis®의 기사색인시스템기능으로는 연속간행물시스템과의 유기적인 연계 및 반입 기사정보와 소장 권호 정보를 자동으로 연계하고, 워크시트 형태의 간단한 데이터 입력방식을 제공하며, MARC, XML 형태의 기사 파일을 반입 · 반출한다.

(6) 관리시스템

eXLis®의 관리시스템기능으로는 관리자 권한에 따른 시스템 사용 권한 설정이 가능하고, 상위 기관의 하위 기관에 대한 정보 생성 및 관리, 권한 설정과 별치기호, 소장처 정보 등 각종 코드관리기능을 제공한다. 또한 시스템 실시간 모니터링을 통한 장애 발생내용 기록 및 신속한 처리를 지원하고, 로그관리를 통해 시스템 부하 상태 점검기능을 제공한다.

2.3.6 DLS

1) 개요 및 시스템 구성

(1) 개요

Digital Library System(이하, DLS)은 전국의 각 시 · 도 교육청 단위에 설치된 표준화된 학교도서관 정보시스템이다. 교육청 단위에 설치되는 표준화된 학교도서관업무지원시스템으로서 교육청 관내의 개별 학교도서관의 도서관리 업무(수서, 목록구축, 대출 · 반납 등)를 자동화하여 지원한다. 또한 학교도서관 업무지원을 위해 개별 학교도서관에서 소장한 자료의 목록을 웹을 통해 DLS 내에 통합하여 개별 학교가 공동으로 활용할 수 있도록 제공하고, 학생들의 대출 및 반납처리가 웹을 통해 이루어지도록 한다(한국교육학술정보원, 2003; 2007).

(2) 시스템구성

DLS시스템은 기존에 학교도서관에서 사용하고 있던 클라이언트 · 서버 방식의 도서관 자동화 프로그램을 웹기반의 AHS(Application Hosting Servicc)방식으로 구동되도록 개발하였다.

다수의 학교도서관이 하나의 도서관리시스템을 공유할 수 있도록 하여, 기존의 학교도서관에서 처리하던 학교도서관 업무지원서비스(수서, 목록, 검색, 대출시스템), 종합목록서비스(종합목록시스템, 통합 웹시스템, 통합검색시스템, 콘텐츠시스템), 독서교육 지원서비스(추천도서, 독서 후 표현활동, 독서교육 정보, 독서 지도 · 상담), 정보유통 기관 간 정보공유(국가 및 공공도서관, 시 · 도 · 에듀넷(EDUNET), 유관기관 및 외국도서관) 등 도서관자동화시스템의 모든 기능을 웹환경에서 처리가 가능하도록 자동 통합관리한다. [그림 2-8]은 DLS시스템 구성도이다(한국교육학술정보원, 2003).

그림 2-8 ▌ 독서교육종합지원시스템

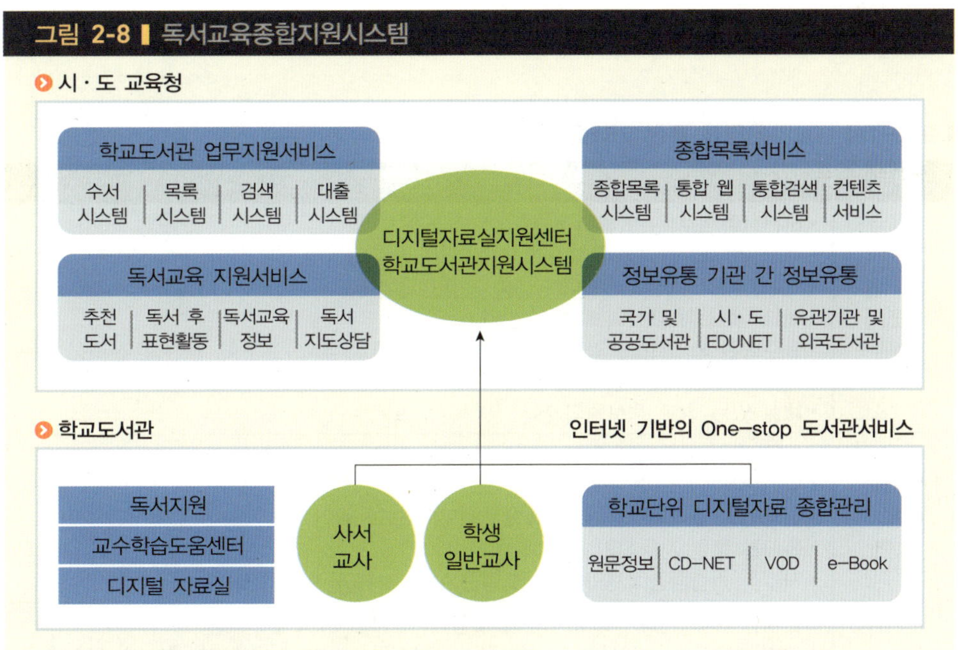

출처: 한국교육학술정보원 (2003). DLS 활용매뉴얼

2) 특징

DLS의 가장 큰 특징은 종합목록시스템이다. 따라서 DLS를 이용할 경우 동일한 자료에 대해서 개별 학교마다 각각의 목록을 작성해야 하는 번거로움이 줄어들게 된다. 디지털자료실 지원센터 종합목록에서 다운로드하여 활용하면 되기 때문이다. 이를 통해 DLS가 가져오는 장점은 다음과 같다.

첫째, DLS를 사용하는 단위 학교도서관은 목록 구축에 소요되는 시간과 비용을 줄일 수 있다.

둘째, 학교도서관 소장자료가 동일한 형식으로 전산관리되고 데이터가 통합됨으로써 공공도서관 등 유관기관과의 네트워크 구축에 필요한 기반을 다지게 되었다.

셋째, 이용자 측면에서 웹을 통한 자유로운 검색, 대출예약, 전자책 이용이 가능해졌으며, 독서 후 활동결과의 자유로운 발표, 이를 통한 자율적인 문제해결이 가능해졌다.

넷째, 국가 정책적인 측면에서 학교도서관 정보화에 대한 중복 투자방지, 종합목록 구축에 대한 학교도서관 정보공유 체제 및 에듀넷 등과 연동을 통해 교육정보 포털시스템 구축 등이 가능해졌다(한국교육학술정보원, 2007).

표 2-17 DLS 운영을 통한 기대효과

구분	개요
도서관 운영자 측면	• 비전산화 도서관의 완전 해소 • 수서 업무의 효율성 증대: 학생 희망 도서 구입 • 도서관관리 업무의 효율화: 대출·반납 목록 등 • 학교 내 소장 자료의 체계적 관리기능 • 표준화된 국가시스템의 사용으로 표준업무 체계 유지: 표준화, 안전성, 신뢰성 확보 (전문가 집단에 의한 설계) • 내실 있는 참고 정보원의 제시 및 독서지도
도서관 이용자 측면	• 웹을 통한 자유로운 검색, 예약, e-Book 이용 • 읽기 원하는 희망 도서의 신청 • 독서활동 결과의 자유로운 발표 및 평가 결과 확인 • 독서를 통한 자율적인 문제해결 • 자발적 학습환경에서의 주도적 접근가능: 과제물, 학습 준비 등
국가 정책 측면	• 단기간 내에 전국 학교도서관에 보급가능: AHS System • 개별 학교도서관 전산화 예산의 절감: 중복 투자방지 및 무분별한 학교별 시스템 구축 방지 • DLS를 통한 교수·학습·독서교육 지원가능 • 종합목록 구축을 통한 학교도서관 공유체제 구축가능(예: KERIS Riss4U) • 교육부, 교육청, 학교 단위의 의사결정 체계 지원: 다양한 통계 산출 및 활용도 평가 기능 • 에듀넷과의 연동을 통한 교육정보 포털 지향

출처 : 한국교육학술정보원 (2007). 2007년도 DLS 운영편람(최신판)

3) 주요 기능 및 세부기능

(1) 주요 기능

① 학교도서관의 운영 및 관리 업무지원

교육청에 설치된 DLS는 학교도서관의 도서구입, 목록정리, 자료검색, 대출 · 반납, 통계처리 업무지원이 통합적으로 이루어지도록 지원하며, 이를 통해 학교도서관 운영 업무가 수월하도록 돕는다. 학교도서관의 운영 및 관리 업무지원은 다음과 같이 정리할 수 있다.

첫째, 사서의 목록 처리시간이 단축되어 업무시간을 절감할 수 있다. 목록작업의 경우 DLS에 구축된 종합목록을 활용하여 같은 자료의 목록데이터를 중복 입력하지 않고 기존에 입력된 목록을 복사하여 사용하면 된다.

둘째, 시스템 구입비용과 유지 · 보수에 드는 비용을 절감할 수 있다. 이는 학교도서관 관리용 서버와 소프트웨어를 독자적으로 구입할 필요가 없기 때문으로 소프트웨어의 신속한 업그레이드, 데이터 백업 등의 업무가 일괄적으로 처리되기 때문에 시스템을 운영하는 데 안정적이고 효율적이다.

셋째, 학교도서관을 운영하고 관리하는 데 소요되는 시간과 예산을 절감하여 도서관 활용수업을 지원하여 교사와 학생이 정보서비스에 전념하고 학교도서관이 본연의 기능을 충실히 할 수 있도록 지원한다(한국교육학술정보원, 2007).

② 독서교육 및 교수 · 학습 지원을 위한 정보서비스

DLS홈페이지의 독서교육메뉴를 통해 독서교육정보와 웹기반으로 독서교육을 지원 및 제공한다. 이를 통해 독서지도 이론과 실제, 독서활동 노트, 독서교육 칼럼, 독서교육 사례모음, 독서표현활동과 같은 독서교육을 학교에서는 보다 손쉽고 체계적으로 진행할 수 있다. 독서교육 및 교수 · 학습 지원을 위한 정보서비스는 다음과 같이 정리할 수 있다.

첫째, 학생들은 언제든지 자신이 읽은 도서의 목록을 열람하고, 그리기 또는 글쓰기와 같은 표현활동을 자유롭게 할 수 있어 자발적이고 지속적인 독서활동이 가능하다.

둘째, 학생들의 독서 후 활동결과물은 교육청 단위로 공유가 되어 교사와 학생 간의 독서지도와 학생과 학생 간의 독려를 통해 독서교육의 활성화에 긍정적인 영향을 준다.

셋째, 교과 연계 자료목록은 국가 단위에서 체계적으로 정리되어 교수·학습의 도움자료로 활용된다.

넷째, 정보화사회에서 요구되는 정보활용능력을 기를 수 있도록 돕는다. 이는 도서관에서 직접 자료를 탐색하고, 그 결과를 종합하여 학습 목표와 내용을 이해하는 과정을 통해 얻어낼 수 있다.

다섯째, 독서교육 및 교수·학습 지원을 위한 정보서비스는 학교도서관의 본질이며 효과적인 교수·학습활동 지원을 통해 교과 연계 자료 목록에 중요한 도구로 활용된다(한국교육학술정보원, 2007).

③ 교육 정보유통 기관들과의 정보 연계

DLS는 시·도 교육청 단위로 구축·관리되어 개별 학교도서관 담당자의 업무를 경감시켜 준다. 이러한 자료목록의 공유는 에듀넷이나 각 시·도 교육청의 교수·학습 정보가 서로 연계되어 학생들이 각종 정보를 손쉽게 활용할 수 있도록 제공된다.

또한 e-Book, 웹DB, 전자저널 등의 온라인 콘텐츠와 같이 비용과 시설문제로 이용자에게 제공할 수 없었던 것을 교육 정보유통 기관들의 정보 연계를 통해 DLS에서는 손쉽게 이용할 수 있다(한국교육학술정보원, 2007).

(2) 세부기능

DLS시스템의 세부기능은 크게 학교관리, 관리자등록, 종합목록 품질관리, 통계, 독서교육관리자, 정보마당으로 메뉴가 구성된다. 학교관리에는 학교등록, 관리자등록에는 타관관리와 관리자생성이 있다. 종합목록 품질관리는 서지 수정요청관리와 중복데이터 서지병합, 통계는 장서현황, 대출현황, 검색현황, 독서교육관리자는 기관 권장도서관리, 문학수상작관리, 교과명관리, 교과명별 단원관리, 관련 도서입력, 독서교육사례관리, 토론방주제등록, 정보마당에는 공지사항, 의견교류함, 자료실로 구성되어 있다. 다음 [표 2-18]은 DLS의 세부기능을 정리한 것이다(한국교육학술정보원, 2007).

▌표 2-18▌ DLS 세부기능

구분		개요
대출반납	대출반납	등록된 도서를 이용자들에게 대여하고 반납받는 기능
	일괄반납	반납 처리할 도서를 모아서 일괄처리하는 업무로 대출대의 혼잡을 줄이고 업무의 효율성을 높임
	대출반납자료	• 대출 중인 자료의 리스트를 일괄적으로 조회하는 기능 • 조회화면에서 바로 반납, 제적, 연장, 예약, 대출취소 및 대출자에게 통보메일을 보낼 수 있음
자료신청·등록	신청자료관리	디지털자료실을 통하여 이용자들이 구입 신청한 자료를 조회하여 수서에 반영함
	자료등록	• 도서관에 입수된 자료를 이용자들이 대출, 열람할 수 있도록 자료에 대한 상세정보를 시스템에 등록 • 시스템에 등록된 자료의 각종 라벨을 출력하여 서가에 배열하기 위한 준비작업
소장자료관리	자료수정	자관에 등록된 자료 중에서 서지정보 및 소장정보를 확인하고 등록정보를 수정하거나 삭제하는 기능
	장서점검	• 시스템에 등록된 자료와 실제 소장된 자료를 비교하여 정확한 소재를 파악하고 관리 • 장서점검은 자료 현황을 파악하고 자료증가에 따른 공간부족 해결과 불필요한 자료관리에 따른 시간과 비용을 절감 • 연 1회 또는 부정기적으로 실시
이용자 관리	이용자등록	• 이용자의 신상정보를 비롯한 이용자 관련 사항을 등록 • 직접등록: 관리자가 직접 이용자를 한 명씩 등록할 경우에 사용 • 파일등록: 파일 단위로 일괄 등록할 경우에는 '반입·반출' 메뉴를 사용
	이용자관리	등록된 이용자의 상세정보 조회 및 수정, 임시삭제 등의 기능
	반입·반출	엑셀이나 텍스트 파일로 이용자정보 파일을 만들어서 일괄적으로 등록
	일괄진급	• 프로그램에 등록된 이용자의 정보를 진급된 학년반번호로 일괄변경하고자 할 때 사용 • 파일진급: 파일을 반입하여 일괄처리를 선택하고 [저장] 버튼을 클릭 • 입력진급: 이용자를 반 단위로 일괄 조회하여 진급정보를 직접 입력하여 진급처리
통계		• 대출통계: 자료유형별 대출통계, 자료유형별·주제별·이용자별·시간대별·연평균·월평균·일평균·반기준 주제별 대출통계 • 활용통계: 다활용이용자, 다활용자료, 다활용학급, 다열람이용자, 누적대출이용자, 대출권별수 이용자 통계 • 관리통계: 이용자관리, 자료관리 통계
출력		이용자리스트, 도서원부, 운영일지, 제적도서목록, 도서대출증, 이용자라벨, 등록번호라벨, 청구기호라벨, 3단라벨 등 라벨을 선택하여 출력

홈페이지관리	홈페이지의 기본환경(디자인, 레이아웃, 배너, 저작권)과 메뉴관리(도서관소개, 온라인콘텐츠, 교사추천도서, 독서토론, 공지사항, 게시판, 행사게시판, 묻고답하기, 도서관활용수업, 독서표현)를 관리하는 기능
환경설정	• 기관정보 설정 • 업무관리: 코드관리, 목록환경, 대출환경, 출력페이지를 설정하는 기능

출처: 한국교육학술정보원 (2010). DLS V2.0 활용 매뉴얼

2.3.7 DLSchool

1) 개요 및 시스템 구성

포힘(FORHIM)의 DLSchool은 초중고등학교 도서관을 위해 특화되어 최적화된 도서 · 디지털자료 통합시스템이다. 기존의 학교 도서관 프로그램들은 도서관리에 머물러 있는 수준이었지만, DLSchool은 웹을 기준으로 하는 개별 학교단위 또는 지역단위 학교시스템으로도 운영이 가능한 종합자료관리시스템이다.

그림 2-9 ▌DLSchool의 시스템 구성도

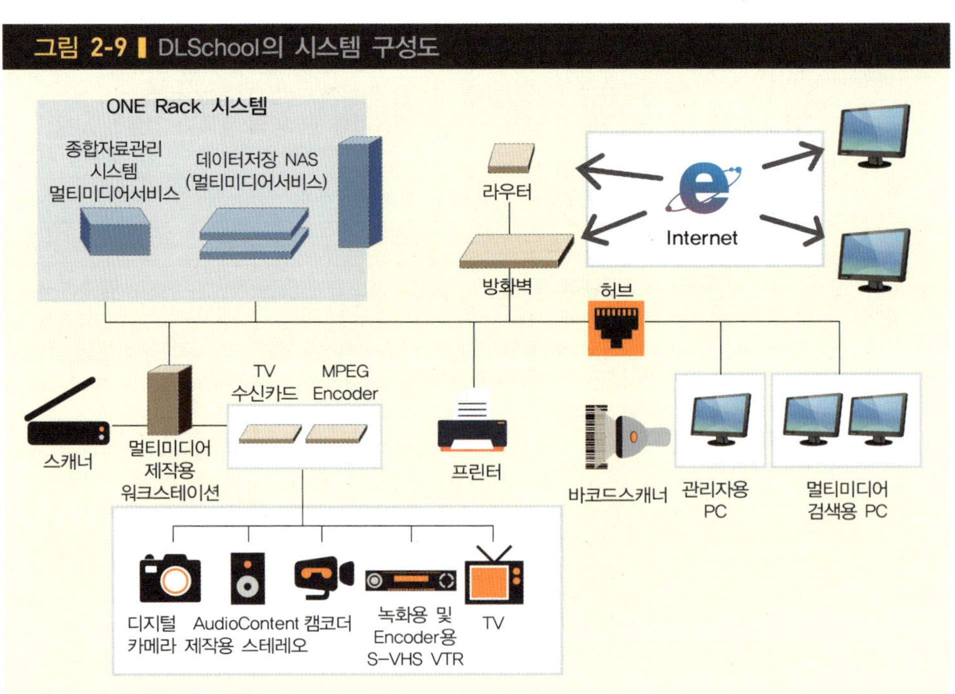

2) 특징

DLSchool의 특징은 학교도서관의 업무의 지원이다. DLSchool의 특징을 살펴보면 다음과 같다.

첫째, 도서관리프로그램이 기본적으로 제공되기 때문에 별도의 도서전산화가 필요 없다.

둘째, 모든 디지털자료를 네트워크를 통해 검색 PC에서 그 기능 그대로 이용할 수 있다.

셋째, 디지털자료의 경우 검색 및 실행, 관리가 인터넷을 통해 온라인으로 서비스 된다.

넷째, 사용방법이 단순하여 누구나 쉽게 이용할 수 있다.

다섯째, 웹 화면에서 도서자료와 디지털자료를 통합 검색할 수 있는 종합관리시스템이다.

여섯째, 시스템관리 및 신규매체 등록 등 관리자의 업무가 최소화된다.

일곱째, 복잡한 구성환경을 가지는 단품 CD-ROM에 대응한 다양한 기능으로 별도의 추가작업 없이 이용자들이 손쉽게 사용할 수 있다.

여덟째, 제품과 솔루션에 대한 지속적인 개선과 새로운 기능을 제공한다.

3) 주요 기능

DLSchool은 학교도서관의 도서구입이나 목록정리, 자료검색, 학생들의 대출, 반납, 통계처리 업무를 통합적으로 처리한다. 특히, 목록 정리에 있어 교육청에 구축된 종합목록을 활용함으로써 목록구축의 중복문제를 해결할 수 있다.

또한 각종 정보를 서로 연계하여 활용할 수 있기 때문에 다른 학교나 공공도서관에 소장하고 있는 정보의 통합검색이 가능하다.

차세대
디지털도서관의
이해

Chapter

03

디지털도서관과 이용자

3.1 디지털도서관의 이용자 특성
3.2 디지털 리터러시와 정보이용행태
3.3 디지털 리터러시와 정보이용형태 간의 관계

3.1 디지털도서관의 이용자 특성

세대가 바뀜에 따라 새로운 세대는 기존의 세대와는 다른 환경에서 다르게 생각하며 다른 방식으로 커뮤니케이션하게 되었다. 많은 사람들은 이렇게 바뀌어 가는 세대들의 특징을 파악하고 각 세대의 차이를 인정하면서 서로가 융합해서 살아야 한다고 이야기하고 있다.

각 세대들의 구분은 전쟁 후 또는 혹독한 불경기를 겪은 후 사회적 · 경제적 안정 속에서 태어난 세대를 지칭하는 베이비붐세대를 비롯하여 그 이후로 X세대, Y세대, Z세대 등이 있다. 각 세대들에 대한 구분 시기나 특징에는 약간의 차이는 있지만, 학자들은 공통적으로 밝혀지는 시대의 특징을 기반으로 각 세대를 설명하려고 노력하고 있다. 특히, 베이비붐세대의 자녀세대로 일컬어지는 Y세대는 디지털기술과 함께 자라나 디지털기기를 능숙하게 사용할 줄 아는 세대, 디지털환경을 공기처럼 자연스럽게 받아들이는 디지털친화적 세대로서 넷세대, 밀레니엄세대, 디지털 네이티브세대, 네트워크세대 등 다양한 명칭으로 불리고 있다. 이들은 확실히 그 이전의 세대와는 다른 통신도구, 사회적 도구, 통신언어 등을 사용하고 있으며, M chat, Text Messaging, Facebook, Blog, Twitter 등은 이들에게 사회화를 위한 기본적인 도구이자 원하는 정보를 찾아 수집할 수 있는 수단이며, 이를 통해 기존과는 차별화된 방식으로 상호작용을 하고 정보를 공유한다.

같은 맥락에서 세대의 변화에 따라 도서관에 기대하는 서비스 도구와 서비스 내용, 정보제공형태 등도 달라져 왔을 것이다. 예를 들어, 도서관은 Y세대가 요구하는 SNS를 수용하여 도서관서비스를 제공하고 도서관을 알리기 위해 노력해왔다. 그러나 이것으로 Y세대 이용자가 요구하는 조건을 완벽히 충족시켰다고 볼 수는 없다. 도서관은 서비스 요구를 받기 이전에 먼저 최첨단기술을 발굴하고 개발하여 이를 도서관의 자원으로 만들어 이용자에게 제공해야 이용자들이 최첨단기술과 서비스를 도서관에서 체험하고, 도서관 밖의 다른 기관에서 이와 같은 획기적인 서비스를 요구하도록 만들 수는 없는지 도서관의 가능성에 대해 의문이 나타났다.

그러므로 전 세계적으로 관심이 집중되기 시작한 최첨단기술들을 검토하고 도서관 적용가능성을 검토한 후 Y세대 이용자가 차세대 디지털도서관에서 제공받기를 원하는 서비스 요구사항을 밝힐 필요가 있다. 이를 위해서는 먼저, Y세대 이용자들의 특징을 조사하고 도서관과 관련하여 이들의 특징을 밝히고, 미래의 도서관에 대한 Y세대의 정보요구 및 기술요구, 미래의 도서관에 대해 그들이 원하는 기능 등을 구체적으로 알아야 할 필요가 있다.

3.1.1 세대별 특징

베이비붐세대라 칭하는 그룹이 생겨나고 X세대, Y세대, Z세대라는 용어들이 등장하였다. 그리고 Z세대의 다음 세대는 알파세대라는 명칭으로 이미 사용되고 있으며 그 특징이 논해지고 있다. 그러나 세대 구분의 기준이나 세대별 특징은 학자마다 차이가 있으며, 각 세대의 특징을 비교적 상세하게 제시한 'Sydney Morning Herald (2011)'지의 내용을 중심으로 각 세대별 특징을 정리하면 다음 [표 3-1]과 같다.

[표 3-1] 세대별 특징

세대 구분	시기(나이)	특징	학자
베이비붐세대	• 1947~1965년 사이에 출생 • 퇴직이 가까워져 오는 시기 • 제2차 세계대전 이후에 태어난 사람들	• 모든 것을 한꺼번에 겪은 세대 • 대공황을 겪은 부모에 의해 애지중지 길러진 세대 • 대다수가 무료교육혜택을 받고 상대적으로 낮은 주거비를 겪은 세대 • 자기집착이 강한 사람부터 자유분방한 사람까지 특징이 다양함	Sydney Morning Herald(2011)
X세대	• 1963~1980년 사이에 출생 • 30대 초반에서 40대 초반의 나이	• 게으름뱅이(Slacker) 세대라고도 불림 • 이들의 부모들은 대개 맞벌이를 했으며 이들 중 50% 정도가 이혼하거나 별거한 부모와 함께 자랐기 때문에 가정에 대한 동경과 반발 심리를 모두 지니고 있어 부모세대에 비해 냉소적이고 비관적인 경향이 있음 • 극단적으로 불안정한 고용시장과 근본적으로 자신의 삶을 변화시킨 첨단기술에 노출된 계층으로서 성(性)에 대해서도 차별적 가치관을 두지 않고, 정부나 거대 기업들의 약속을 신뢰하지 않는 특징을 가지며, 사회공통의 문제보다는 개인적으로 어떻게 살아가는가의 방법에 더 큰 의미를 두는 세대 • 부모들이 이해하기 힘든 사고방식과 행동양식을 가지고 있는 이들은 기성세대와는 확연히 구분되는 탈권위주의적이고 자유로운 개성이 뚜렷함	Talkin' 'bout my label Sydney Morning Herald(2011)

Y세대	• 1981~1994년 사이에 출생 • 제2차 세계대전 이후 1946년부터 1965년 사이에 출생한 베이비붐세대의 자녀세대 • '통신세대' 혹은 '디지털세대'로 불림	• 밀레니엄세대라고도 하고, 베이비붐세대가 낳았다고 해서 에코세대(메아리세대)라고도 불리는 Y세대는 다른 나라 문화나 다른 인종에 대한 거부감도 적고, 지적 수준이 높고, 반항·도전정신을 가짐 • 개인·개방·감성주의가 이들의 특징으로 모방심리, 호기심이 많고, 튀는 패션에 쇼핑을 즐기고 소비력이 왕성함 • 유행과 소비를 선도하는 Y세대는 자기중심적이며, 소비와 유행의 주역이라는 점에서는 X세대와 별 차이가 없음 • Y세대는 어릴 때부터 컴퓨터를 이용해 각종 정보를 수집하거나 교환하며 오락을 즐기는 데 많은 시간을 할애해왔다는 특성도 지니고 있음 • 이들은 컴퓨터세대라고 불리는 만큼 정보통신기기의 구매를 결정하는 소비주체가 되었을 뿐만 아니라 패션이나 팬시용품 시장까지 주도하였음 • 20대 이상의 X세대에게 거꾸로 유행을 전파시키며 대중소비의 주역으로 떠올랐다는 특성을 가지기도 함	Talkin' 'bout my label Sydney Morning Herald(2011)
Z세대	• 1995~2009년 사이에 출생 • '1318'(13세에서 18세의 줄임말)세대 • 'between'의 준말인 '트윈세대'라고도 불리며, 대체로 8~14세에 속하는 어린이와 청소년 사이의 연령층을 지칭	• 부모들이 승용차나 가전제품을 살 때도 의사결정에 영향을 주며 소비시장에 막대한 영향을 끼친 세대 • 경제호황기에 자란 탓에 구매력이 높고, 유행에 민감하여 부모에게서 받은 풍족한 용돈을 외모치장과 의상 및 과자류의 구입에 써버리는 특성이 있음 • 인터넷의 사용은 기본이고, 이메일과 실시간 채팅으로 친구들과 대화함 • 인터넷 게임과 랩 음악을 좋아하고 헐렁한 힙합 의상을 즐겨 입음 • 힙합 음악을 좋아하고 대중성을 극도로 지향해 때로는 몰개성한 단면도 보임 • 자기가 나서서 보여주는 것을 좋아하기 때문에 영상매체로의 진출이 활발함	Talkin' 'bout my label Sydney Morning Herald(2011)
Alpha 세대	2010년 이후에 태어난 세대	• 역사적으로 가장 공식적으로 교육된 세대 • 가장 일찍 교육받기 시작해서 가장 오랫동안 공부한 세대 • 형제자매가 적고 나이 들고 부유한 부모의 자녀로서 물질만능주의세대라 칭해짐	Talkin' 'bout my label Sydney Morning Herald(2011)

출처: Sydney Morning Helard (2011). Talkin' 'bout my label

베이비붐세대부터 Y세대까지 보았을 때, 세대 구분을 위한 연령대의 구분은 학자마다 많은 차이가 있다는 것은 [표 3-2]만 보아도 알 수 있다. Y세대의 도서관에 대한 최첨단정보기술에 대한 요구사항을 밝히고 베이비붐세대와의 인식차이를 비교할 경우 세대 구분에 따라 달라질 수 있다. 따라서 공신력 있는 기관의 구분을 따르는 것이 필요하다.

표 3-2 학자별 세대 구분에 대한 연령대 구분 차이

구분	베이비붐세대	X세대	Y세대
이혜정・유구창(2013)	1956~1965년	1966~1977년	1978~1993년
이명진(2006)	1950~1969년	1970~1979년	1980~1990년
권성미(2009)	1946~1964년	1965~1976년	1977~1990년
김경자(2013)	1955~1963년	1967~1978년	1970~1997년
이종원・김영인(2009)	1950~1969년	1970~1979년	1980~1990년
김귀원(2011)	1953~1964년	1965~1979년	1980~1999년
현대시사용어사전(2004)	1946~1965년	1971~1984년	1970~1980년
한국인터넷진흥원(2009)	1946~1964년	1965~1976년	1977~1990년
위키피디아(2013)	1946~1965년	1960~1981년	
Pew Internet & American Life Project(2008)	1946~1964년	1965~1976년	1977~1990년
돈 탭스콧(2009)	1946~1964년	1965~1976년	1977~1997년

한국인터넷진흥원에서도 한국과 미국의 인터넷이용실태를 비교할 때 The Pew Internet & American Life Project의 *Generations Online in 2009* 보고서에서 활용한 연령에 따른 세대 구분(Howe & Strauss, 1992, *The History of America's Future 1584 to 2069*)을 기반으로 하고 있다.

3.1.2 Y세대의 이해와 디지털서비스 이용

1) Y세대에 대한 명칭

Y세대는 넷세대(Net Generation)라고도 하고(Gibson & Manuel, 2003), 밀레니엄 세대라고도 하며(Howe & Strauss, 2000), 1977년에서 1990년 사이에 태어난 사람(Pew Internet & American Life Project, 2008)이다. 이 세대는 기술에 둘러싸여 있는 것이 아니라 기술이 그들의 삶에 중요한 부분이 된 세대이다(Sandars & Morrison, 2007). 또한 컴퓨터와 인터넷의 디지털언어를 사용하는 '원어민(native speaker)'으로서 '디지털원주민(digital natives)'이라는 신조어로도 불린다(Prensky, 2001).

2) Y세대의 인터넷 이용시간

한국인터넷진흥원(2009)에서는 한국과 미국의 인터넷 이용실태 비교분석에서 세대별 인터넷 이용현황을 조사하여 제공하고 있다. 이 보고서에 따르면 우리나라 Y세대의 인터넷 이용률은 96.6%이고 인터넷 전체 이용의 38.2%이다. Y세대의 이메일 이용률은 97.7%이고 인스턴트 메신저 이용률은 77.3%이다. 세대별 본인 블로그 운영률은 77.7%, 타인의 블로그 이용률은 80.6%이며, 인터넷 쇼핑 이용률은 84.2%, 인터넷 뱅킹 이용률은 54.0%, 인터넷 뉴스 이용률은 92.2%이다.

5년 후인 2013년 조사에 의하면, Y세대에 해당이 되는 20대의 경우 99.9%가 인터넷을 이용하고, 하루에 1회 이상 인터넷을 이용하는 빈도는 99.2%이며, 주 평균 이용시간은 20.3시간으로 나타났다. 이동전화 이용률은 99.8%로 나타났으며, 이메일 이용률 88%, 인스턴트 메시지 이용률 99.0%, SNS 이용률 87.5%로 나타났다. 인터넷 경제활동 측면에서 분석한 것으로 인터넷 쇼핑몰 이용률은 81.2%, 인터넷 뱅킹 61.7%이다. 최근에 화두가 되고 있는 기술서비스로 클라우드서비스 이용률은 25.9%이었고 이용목적은 주로 자료 및 정보저장이 62.8%로 가장 높게 나타났다. 인터넷 이용목적은 99.8%가 정보자료획득 99.8%, 커뮤니케이션 99.6%, 여가활동 97.6% 순으로 나타났다.

위 조사결과의 특징을 보면, 동일한 기관에서 국민들의 정보화 수준을 포함하여 인터넷 사용 관련 조사를 하였음에도 불구하고 2013년에 조사된 항목은 2009년의 조사항목보다 훨씬 다양하다는 것을 알 수 있다. 또한 인터넷 사용시간, 블로그 운영률, 인스턴트 메시지 이용률 측면에서 증가된 것을 알 수 있다.

표 3-3 성 · 연령별 인터넷 이용용도-만3세 이상 인터넷 이용자 (단위: %)

이용용도 / 연령	자료정보획득	여가활동	커뮤니케이션	인터넷 구매 및 판매	인터넷 금융	홈페이지 운영	교육 · 학습	커뮤니티	소프트웨어 다운로드 · 업그레이드	구직활동	파일공유서비스
남성	91.9	87.3	85.9	40.6	43.3	37.7	19.5	17.8	14.6	10.5	8.9
여성	90.6	85.3	85.1	52.6	40.1	36.4	18.3	17.1	10.0	7.9	5.5
3~9세	28.4	96.0	27.9	0.9	–	2.9	32.2	1.2	0.9	–	0.0 (0.05)
10대	93.7	97.2	91.9	28.6	7.8	45.2	56.9	18.1	11.6	4.3	7.0
20대	99.8	97.6	99.6	81.4	62.1	67.3	28.7	30.8	22.1	27.0	14.1
30대	99.8	93.3	98.7	73.0	71.8	50.9	8.4	25.0	16.7	11.9	11.4
40대	98.2	82.9	92.7	47.7	51.6	29.7	6.0	14.5	12.2	6.0	6.1
50대	91.6	68.6	76.1	22.6	30.0	14.3	2.7	8.9	6.2	2.4	2.2
60세 이상	74.7	50.2	45.0	7.8	12.1	5.4	1.2	3.4	2.2	1.1	0.5

출처 : 한국인터넷진흥원 (2009). 인터넷이슈 심층분석: 한국과 미국의 인터넷이용실태비교

3) Y세대의 일반적 특성

Y세대의 특성으로 베이비붐세대는 "그들은 우리가 그들 나이였을 때보다 더 멍청하다", "인터넷에 중독되어 사교기술을 잃어버렸다", "부끄러움이 없다", "세상에서 방향을 잡지 못하고 표류하고 있다", "지적재산권을 위배하는 절도범이다", "온라인상에서 친구들을 괴롭히고 폭력적이다", "나밖에 모르고 베풀 줄 모른다"를 뽑는 등 대부분 부정적인 견해를 보여주고 있다. 그러나 Tapscott(2009)은 "자유와 선택의 자유를 중시한다", "물건을 자신의 개성에 맞게 고쳐서 쓰는 걸 원한다", "천부적으로 협업에 뛰어나다", "강의가 아니라 대화를 즐긴다", "조직을 철저히 조사한다", "성실성을 중시한다", "즐거운 생활을 희망한다", "속도는 일상적인 것이다, 그것도 생활의 일부이다" 등을 Y세대의 특징으로 뽑는 등 Y세대를 긍정적으로 보아 미래 세계를 보다 발전적으로 바라보고 있다.

이러한 Y세대들이 컴퓨터를 사용하기 시작한 시기, 그리고 하루에 컴퓨터 및 인터넷을 사용하는 시간을 보면, 영국의 경우 적어도 60%가 매일 컴퓨터를 사용하고 적어도 50% 이상이 매일 온라인을 사용한다(Valentine & Pattie, 2005). 이는 이들의 여가 활동은 인터넷에서 이루어진다는 것이며, 인터넷에서 오락, 학습, 쇼핑, 의사소통을 하며, UCC 문화를 일으킨 세대로서 인터넷을 통해 콘텐츠를 생산하는 세대이기 때문에 C세대(Contents Generation)라고도 한다(미디어인사이트, 2007).

4) 전자도구 이용실태와 연관된 Y세대의 특성

앞에서 말한 Y세대의 일반적인 성향의 특징 이외에 이들이 주로 사용하는 기술 및 도구와 관련하여, Y세대의 특징을 학자들에 의해 제시한 것을 기반으로 정리하면 다음 [표 3-4]와 같다.

[표 3-4] Y세대가 많이 사용하는 소셜도구 및 서비스

구분	Mobile Phone	Internet Chat Rooms	Blog	Wikis	SNS	인터넷	디지털 기기	이메일	인터넷 쇼핑	인터넷 뱅킹	인터넷 뉴스
Ling(2004)	○										
Jones & Madden (2002)		○	○	○							
Weilenmann & Larsson(2001)	○										
Blood(2002)			○								
Leuf & Cunningham (2001)				○							
Sandars & Morrison (2007)	○	○	○	○							
한국인터넷진흥원 (2009)			○		○	○		○	○	○	○
이영범(2010)						○	○				
이창호 · 김종길 (2008)	○	○				○					

모바일폰은 끊임없이 소통하는 수단이고, 개인의 삶을 확장하는 수단이며, 그들의 삶에서 필수적인 부분이다. 블로그의 내용 및 링크는 매일 실시간으로 갱신되며, Y세대가 많이 활용하는 블로그의 수는 기하급수적으로 증가하여 현재는 30만 개가 넘는다(최민재 등, 2009). 특히 위키는 하와이어의 빨리빨리라는 의미를 가진 단어에서 파생되었으며, 정보의 저장과 수정이 매우 자유롭게 이루어지는 것을 보아 Y세대의 특징이 잘 나타나 있다고 할 수 있다.

5) 디지털기기와 디지털서비스의 컨버전스 평가지표

컨버전스 세대의 등장 및 경제활동 특성 연구에서 디지털기기와 디지털서비스의 컨버전스 평가지표로 사용하기 위한 목록을 개발하였다(김연정, 박기호, 2010).

본 서에서는 Y세대의 디지털기기 및 서비스 이용정도 측정을 위해 기기 및 서비스 발전정도를 고려하여 그 항목들 중 몇 개를 조정한 후 제시하고 있다. 즉, 디지털기기에서 PMP는 거의 이용하지 않기 때문에 삭제하였고, 아이패드는 최근에 많이 사용되는 기기이기 때문에 추가하였다. 디지털서비스에서 최근에 많이 제공되고 있는 서비스로 카카오톡, 클라우드서비스, 이러닝, QRCode서비스, 위치검색서비스, 증강현실서비스 등은 최근의 기술트렌드를 반영하여 추가하였다(노영희, 2014b).

표 3-5 디지털기기와 디지털서비스의 컨버전스 평가지표

구분	변경 전 기기 및 서비스명	변경 후 기기 및 서비스명
디지털 기기	• 데스크톱 PC • 노트북 PC • 넷북(소형노트북) • PMP • PDA(전자수첩 혹은 Organizer) • 디지털 카메라 • 휴대폰 • 스마트폰(iPhone, 갤럭시, 옵티머스, 등) • 휴대용 게임기(닌텐도 등) • MP3 • Kindle · 전자북 전용단말기	• 데스크톱 PC • 노트북 PC • 넷북(소형노트북) • PDA(전자수첩 혹은 Organizer) • 디지털 카메라 • 휴대폰, 스마트폰 • 휴대용 게임기(닌텐도 등) • MP3 • 전자책 전용단말기(킨들, 누크, 샘, 크레마 등) • 아이패드 • VR기기(구글 카드보드2.0, 기어 VR, VR 박스 등)

디지털 서비스	• 인터넷 쇼핑몰 · 경매 사이트 • 인터넷 방송 사이트 • Cyworld, 페이스북, 마이스페이스 등 • 트위터(인터넷, 스마트폰, 휴대폰 등) • 인터넷 동호회 • UCC 사이트(판도라TV, 유튜브 등) • 인터넷 포털(네이버, 구글 등) • 메신저(네이트온, 메신저, 버디버디 등) • 인터넷 블로그 • 스마트폰 앱스토어 · 안드로이드마켓 • 휴대폰 단문 메시지 • 인터넷 이메일서비스 • 네트워크 게임(유무선) • 인터넷 토론방 등 게시판서비스 • MP3, 영화동영상 등 파일다운서비스 • 전자책서비스 • 웹하드서비스 • 인터넷 영화관 · 음악감상 서비스 등	• 인터넷 쇼핑몰 · 경매 사이트 • 인터넷 방송 사이트 • Cyworld, 페이스북, 마이스페이스 등 • 트위터 • 인터넷 동호회 • UCC 사이트(판도라TV, 유튜브 등) • 인터넷 포털(네이버, 구글 등) • 메신저(네이트온, 메신저, 버디버디 등) • 블로그 • 스마트폰 앱스토어 · 안드로이드마켓 • SMS(단문 메시지) • 이메일서비스 • 네트워크 게임(유무선) • 토론방 등 게시판서비스 • MP3, 영화동영상 등 파일다운서비스 • 전자책서비스 • 웹하드서비스 • 클라우드서비스 • 인터넷 영화관 · 음악감상 서비스 등 • 이러닝 • QRCode서비스 • 카카오톡 • 위치검색서비스 • 증강현실서비스

또한 차세대 디지털도서관에서 제공가능한 서비스를 도출하기 위한 연구(노영희, 2014b) 및 문헌분석결과를 기반으로 도출된 차세대 디지털서비스 내용 및 근거는 다음 [표 3-6]과 같이 정리되었다.

표 3-6 차세대 디지털도서관서비스 명칭 및 내용

서비스명칭	서비스 내용	근거자료
클라우드 서비스	• 도서관 IT자원의 클라우드서비스 • 도서관 데이터의 공동보존 및 공유서비스(클라우드 공동리포지터리) • 클라우드 컴퓨팅기반의 소셜네트워크서비스 • 클라우드 컬렉션서비스 • 클라우드기반 전자콘텐츠통합서비스 • 클라우드기반 도서관학술자원통합서비스 • 클라우드기반 도서관주제봉사서비스	• 제2차도서관종합발전계획(2014) • Dura Cloud • Library Thing • 조재인(2012) • Serials Solutions · 브라질 Gol Group의 Nuvem de Livros[Cloud of Books] • Lib Guides

무한창조공간	• 지역사회 및 세계의 장벽, 학계와 현실적용의 장벽, 작가와 독자의 경계, 생산자와 사용자의 경계, 교수와 학생의 경계, 고용주와 피고용자, 창작자와 소비자의 경계 등 모든 구분을 물리적으로 무너뜨리는 사회소통공간 • 사회소통공간 • 학습공간 • 창조자원을 공유하는 공간 • 관심주제탐색공간 • 직업탐색 및 창업지원공간 • 작가발굴 및 양성공간 • 자가출판공간 • 인큐베이터로서의 공간 • 창조를 위한 협력공간 • 창조를 위한 장비체험 및 활용공간 • 이야기가 있는 스토리텔링공간 • 전문가멘토링 및 컨설팅이 있는 공간 • 3D 프린터서비스	• LA Makerspace • Britton(2012) • Johnson County Library Makerspace • MakerHaus • Unquiet Librarian(2012) • Koerber(2012) • Britton and Considine (2012) • Hopwood(2012) • DeLaMare Science & Engineering Library • 광진정보도서관 • 목포공공도서관 • 노영희(2014a)
빅데이터	• 빅데이터기반 이용자맞춤형 서비스 • 빅데이터기반 도서추천서비스 • 빅데이터기반 맞춤형 이용자교육서비스 • 빅데이터기반 정보원연결망분석서비스 • 빅데이터기반 이용패턴분석서비스 • 빅데이터기반 장서개발서비스	• 이정미(2013) • 권영옥(2013) • 박대민(2012) • 김관호 외(2013)
증강현실	• 증강현실을 적용한 책위치안내서비스 • 실물책에 증강현실의 책정보제공서비스 • 실물책에 증강현실의 책평가정보서비스 • 도서관건물에 대한 증강현실정보제공서비스 • 도서관내부시설에 대한 증강현실정보제공서비스 • 증강현실기반 독서지원서비스 • 증강현실기반 교육지원서비스	• Noh(2013) • 하상희, 김대영, 김종덕 (2011) • 현은자, 최경, 연혜민 (2011)
구글글래스	• 장애인에 대한 음성 길안내서비스 • 책읽어주기서비스 • 언어번역서비스	2014 ALA Midwinter Meeting
상황인식기술	• 이용자의 상황에 맞는 정보제공서비스 • 상황인식 참고서비스 • 상황인식 대출서비스 • 이용자의 행동, 이동경로, 온도 인식서비스 • 비상상태의 이용자인식서비스 • 이용자 및 도서, 기기의 상황에 맞는 온도, 습도, 조도 등 조절서비스	Noh(2013)
시맨틱서비스	• 시맨틱검색서비스 • 데이터연결서비스(LOD): 세계도서관자원의 연결서비스	Kroski(2009)

SNS	• 집단화 · 집단지성 • 라이프스트리밍 • 소셜협업 • 크라우드소싱 • 소셜 태깅(폭소노미) • 필터링 • 페이스북을 활용한 신규도서추천서비스 • 소셜 태그 · 북마크기반 참고주제서비스 • 소셜 태그 · 북마크기반 서지정보공유서비스 • 매쉬업을 활용한 도서관위치안내서비스 • 학술정보 소셜북마크서비스 • RSS를 활용한 신착자료안내서비스 • 북마크릿을 활용한 책검색서비스 • 위키를 이용한 도서관안내서비스 • 블로그기반 도서관서비스	• Kroski(2009) • McGettigan(2013) • Facebook Worldcat • Connotea, CiteULike • LibraryThing • 곽동철, 노영희(2013) • 이지연, 주수형, 민지연 (2007)
디스플레이기술 적용	• 최첨단디스플레이기술을 적용한 도서관안내서비스 • HUD(Head-Up Display), 플렉서블 디스플레이(Flexible Display), 투명 디스플레이(Transparent Display)를 적용한 정보 뿌려주기(도서관벽, 테이블, 자판기, 키오스크, 참고서가에 도서관을 안내하는 정보 뿌려주기)	김칠수, 이명섭, 박창현 (2012)
디지털 교과서	• 디지털교과서기반 멀티미디어서비스 • 디지털교과서내용과 관련된 참고자료연결서비스 • 디지털교과서기반 3차원적 내용전달 • 디지털교과서기반 실시간 상호작용서비스	• 한국교육학술정보원(2011) • Schwartz(2012)
이러닝시스템	지능적 집단지성 대화형 학습지원	민병원(2011)
모바일서비스	• 모바일앱서비스 • 모바일콘텐츠서비스	Kroski(2009)
오픈콘텐츠	• 오픈콘텐츠 • 오픈소스 애플리케이션	Kroski(2009)
RFID서비스	RFID기반 자동대출반납서비스	• Breeding(2011) • 이붕, 신현식(2011) • 구중억(2010)
QRCode서비스	• QRCode를 활용한 도서정보안내서비스 • QRCode를 활용한 도서관투어서비스 • QRCode를 활용한 그룹스터디룸 예약서비스 • QRCode를 활용한 웹페이지 자동연결서비스 • QRCode를 활용한 소장자료 위치정보서비스 • QRCode를 활용한 도서서평연결서비스 • QRCode를 활용한 소장자료 검색서비스	• 구중억(2010) • Whitchurch(2010) • Luree H. Ohigashi Oasay (2011) • Walsh(2010) • Ashford(2010) • 김현희, 박종욱(2011) • 박진희(2012)
가상참고서비스	온라인상에서 사서에게 질문하는 서비스	McGettigan(2013)

가상세계도서관	가상세계에 도서관서비스를 구축하는 것	• Chow et al.(2010) • Bell & Trueman(2008) • McGettigan(2013)
원카드시스템	하나의 카드로 전국도서관 이용가능	ALA(2013)
입는 책	네트워크 센서 및 작동기와 결합하여 책 속의 주인공이 겪고 있는 상황에 맞추어 조명, 소리, 온도, 흉부압박감, 심지어 심장박동까지 변경가능한 서비스	Hy(2014)
도서관 공간구성	• 최첨단 랩실 • 원격화상회의실 • 멀티미디어 랩실 • 대형스크린설치 세미나실 • 최첨단기기 체험실 • 인포메이션 커먼스 공간 • 대형스크린이 설치된 게임룸 • 도서관홍보를 위한 대형스크린 설치벽면 • 워크숍, 운동클래스, 예술작품전시가 있는 커뮤니티센터로서의 공간	NCSU Hunt Library Willingboro Public Library Resnick(2014)

3.2 디지털 리터러시와 정보이용행태

정보화시대의 도래와 급격하게 발전하는 디지털매체로 인해 지식정보 이용자는 과거와는 다른 이용행태를 보일 것이다. 컴퓨터의 출현 전과 출현 후, 인터넷의 활성화 전과 후, 스마트폰의 출현 전과 후의 정보이용행태는 분명히 달라졌을 것으로 생각된다.

따라서 리터러시(literacy)의 개념은 정보통신기술의 발전과 함께 그 의미와 이를 칭하는 명칭이 달라져 온 것으로 보이는데, 컴퓨터 리터러시(computer literacy), ICT 리터러시(ICT literacy), 정보 리터러시(information literacy), 이 리터러시(e-literacy), 네트워크 리터러시(network literacy), 미디어 리터러시(media literacy) 등으로 사용되고 있다. 이렇게 다양하게 사용되던 개념들이 최근에는 디지털 리터러시(digital literacy)라는 용어를 중심으로 재구성되고 여러 문헌에 등장하는 것을 알 수 있다.

정보통신기술의 발전에 따라 리터러시 개념이 달라지는 것은 당연하다. 따라서 선행연구를 보았을 때 부르는 명칭뿐만 아니라 리터러시를 평가하는 척도도 조금씩 달라졌다는 것을 알 수 있다. 특히, 가장 최근에 개발된 디지털 리터러시 진단지의 경우 사이버문화 조성력까지 평가하고 있는 것을 볼 수 있다(한양대학교, 2013). 이러한 지표는 이전의 리터러시 평가지표에는 전혀 등장하지 않았던 지표임을 알 수 있으며, 이러한 디지털 리터러시 수준은 정보이용행태에도 영향을 미칠 것이다.

3.2.1 디지털 리터러시

1) 디지털 리터러시의 개념

인터넷을 기반으로 하는 디지털 리터러시는 인터넷 리터러시(internet literacy), 멀티미디어 리터러시(multimedia literacy), 사이퍼 리터러시(cyper literacy), 온라인 리터러시(online literacy), 정보 리터러시(information literacy) 등으로 다양하게 불리고 있으며(Huerta & Sandoval-Almazn, 2007), 디지털 리터러시는 다양한 매체를 활용하여 사회적 · 문화적 활동을 잘 할 수 있도록 지원해 주는 능력이라고 할 수 있다(권성호, 현승혜, 2014). Hobbs(2010)는 디지털 미디어 리터러시는 컴퓨터, 소셜 미디어, 인터넷사용 능력과 관련이 있으며, 디지털 미디어 리터러시가 높은 사람은 사회참여에 좀 더 적극적이며, 자신의 주장을 잘 표현한다고 주장하였다. 김정언 등(2007)도 리터러시가 높은 사람은 그렇지 않은 사람들보다 더 효과적으로 대화하며 일의 효율성도 높다고 하였다. 즉, 리터러시 능력이 높은 사람은 원하는 정보를 찾아 이해하고, 이를 바탕으로 자신의 의견이나 생각을 자유롭게 표현 및 공유할 수 있으며, 다른 사람들의 의견이나 생각 그리고 정보 등을 이해할 수 있기 때문이라는 것이다(권성호, 현승혜, 2014).

Larsson(2000)은 디지털 리터러시(digital literacy)에 대해 정보를 발견하고 정보를 구성하여 정보를 이용하는 능력으로, 기본적으로 디지털기반의 지식정보사회에서 요구되는 정보의 활용 전반에 관련된 개인적 역량이라고 하였다. Bawden(2001)도 최근 10년 동안 리터러시는 단순히 읽고 쓰는 능력 이상의 복잡한 정보와 발달된 기술을 다루는 개념으로서 '기술에 근거한 리터러시(skill-based literacies)'에 의해 보완되어 왔으며 도구의 발달과 더불어 라이브러리 리터러시, 미디어 리터러시, 컴퓨터 리터러시와 같은 형태로 발달되어 왔다고 하였다. 또한 Eshhet-Alkali와 Amichal-Hamburger(2004)

도 디지털 리터러시를 디지털환경이 필요로 하는 테크놀로지적, 사회적, 인지적 기술을 표현하기 위한 종합적인 틀(framework)이라고 하였다.

Tyner(1998)는 정보통신기술과 디지털정보의 활용 및 공유를 위한 다양한 능력을 가리키는 리터러시의 개념을 도구와 표상이라는 두 가지 축으로 분류하였다. 컴퓨터 리터러시와 네트워크 리터러시, 기술 리터러시(technology literacy)는 도구 리터러시(tool literacy)에 포함되는 반면, 정보 리터러시, 비주얼 리터러시(visual literacy), 미디어 리터러시는 표상 리터러시(symbol literacy)로 분류된다고 하였다.

디지털 리터러시란 위에 언급된 리터러시 개념들을 포괄하는, 전자적 자원을 '이해'하고 '활용'할 수 있는 능력을 나타내는 개념이다(Bawden, 2001; Gilster, 1997). 최초로 디지털 리터러시의 개념을 소개한 사람으로 알려져 있는 Gilster(1997)는 디지털 리터러시의 네 가지 핵심 사항을 지식의 조합, 인터넷 검색, 하이퍼텍스트 탐색, 그리고 내용평가라고 하고, 디지털정보의 가치를 평가하기 위해 요구되는 비판적인 사고능력을 강조하였다. 또한 디지털 리터러시는 문자나 소리, 이미지 등을 판독하는 기술을 포함할 뿐 아니라 네트워크로부터 전자적 정보를 식별하고, 접근하여, 사용하는 것으로(Bawden, 2001) 디지털사회에서 의사소통의 수단과 생활의 경쟁력이 되는 리터러시의 보다 포괄적 견해이다. Fastrez(2009)는 리터러시를 '기술적(technical), 인지적(cognitive), 사회적(social) 영역'으로 구분하여 정의하였다. 이와 비슷하게 권성호(2011)는 디지털 리터러시를 '개인이 지식의 능동적 수용자이자 생산자로서의 역량과 자신의 생산 및 지식을 타인과 공유하고, 타인이 생산한 지식에 공감할 줄 아는 능력'이라고 정의하였다.

2) 디지털 리터러시의 하위 영역

한편 이러한 정의에 기반하여 몇몇 연구자는 디지털 리터러시에 포함되는 하위 영역을 구분하여 제시하기도 하였다. 예를 들어, Bawden(2001)은 디지털 리터러시를 인터넷 리터러시, 하이퍼 리터러시(hyper literacy), 멀티미디어 리터러시(multimedia literacy) 등으로 구분했고, Tyner(1998)는 컴퓨터 리터러시, 정보 리터러시, 기술 리터러시, 비주얼 리터러시(visual literacy), 미디어 리터러시 등으로 구분하였다. 그 외 리터러시의 영역을 그 개념과 함께 제시한 사례는 다음과 같다(Fastrez, 2009; Eavi,

2009; Hobbs, 2010; 권성호, 2011; 유영만, 2001; 김민하, 안미리, 2003; 서윤경, 2003; 한정선, 오정숙, 2006).

표 3-7 디지털 리터러시의 영역 및 개념

학자	영역	개념
Fastrez (2009)	기술적(technical)	정보생산을 위한 기술적인 미디어 사용능력
	인지적(cognitive)	정보를 생산하고 공유하려는 의도
	사회적(social)	공동체 또는 협동적 공동체 관계 유지를 위한 대화, 활동, 참여
Eavi(2009) (이원태 외 다수, 2011 재인용)	미디어 사용능력	정보에 대한 접근과 이용능력
	정보의 비판적 해석능력	필요한 정보 및 지식의 비판 해독 및 분석능력, 문제해결능력
	의사소통능력	디지털 미디어를 통한 정보나 의견 생산 및 교환능력, 사회참여능력
Hobbs (2010)	접근(access)	미디어 사용능력
	분석 및 평가 (analyze & evaluate)	정보나 메시지에 대한 비판적 분석 및 평가
	창조(create), 성찰(reflect), 행동(act)	창조적 표현, 인지, 사회적 및 도덕적 책임감, 경험, 대화, 지식 공유, 문제해결
권성호 (2011)	critical understanding	자신의 경험과 지식을 활용하여 학습콘텐츠를 능동적으로 재해석하는 능력
	creative production	새로운 의미를 구성하고 대안적 해결책을 스스로 제시할 수 있는 능력
	collaborative communication	자신의 생각을 공유 및 타인의 관점을 수용할 수 있는 능력
유영만 (2001)	기술적 리터러시 (technical literacy)	컴퓨터 하드웨어의 기본적인 구조를 이해하고 주변기기를 조작할 수 있으며 문서편집과 같은 초보적인 커뮤니케이션이 가능한 디지털 리터러시 기반 역량
	비트 리터러시 (bit literacy)	정보활용과 관련하여 디지털 네트워크상에서 정보를 검색하고 효과적으로 가공하여 자신의 문제를 해결하고 지식을 창출하는 개인 차원의 능력
	버추얼 리터러시 (virtual literacy)	사이버 시민 공동체의 구성원으로서 자율적인 책임감과 윤리의식을 가지고 커뮤니티 문화 구축에 일조하고자 노력하는 관계 차원의 능력

김민하, 안미리 (2003)	컴퓨터 리터러시	디지털 미디어를 도구적으로 사용할 수 있는 기술적 사용능력
	정보 리터러시	인터넷과 같은 다양한 정보원으로부터 원하는 정보를 수집하고 선별하고 편집할 수 있는 정보사용능력
	지식 리터러시	디지털 미디어를 통해 형성되는 타인과의 또 다른 공간에서 커뮤니케이션의 주체로서 정보를 공유할 수 있는 능력
서윤경 (2003)	기술적 인식	디지털 미디어를 사용하는 방법을 알고 하드웨어와 소프트웨어를 실제 사용할 수 있는 능력
	실천적 인식	디지털 미디어를 사용하여 정보를 이해하고 활용하여 공동체 구성원들과 협력적으로 활동하는 능력
	해방적 인식	디지털 미디어와 디지털정보의 근본 속성을 비판적으로 이해하고 디지털 미디어와 디지털정보를 주체적으로 활용하여 이데올로기로부터 해방될 수 있는 능력
한정선, 오정숙 (2006)	기술·환경 리터러시 (technology·environment literacy)	기술뿐만 아니라 인간과 기술이 공존하는 환경을 이해하고 사용할 수 있는 능력
	정보·지식 리터러시 (information·knowledge literacy)	비판적 사고력과 함께 문제해결능력을 통하여 새로운 지식을 창출할 수 있는 능력
	사회·문화 리터러시 (social·culture literacy)	디지털 미디어로 인해 파생되는 문화와 사이버 지식 공동체에서 변화를 인식할 수 있는 능력
권성호, 김성미 (2013)	구성력	사회적 관계 속에서 독자적인 정체성을 표출하고 지식 정보를 취사선택하고 재조합하는 창의력
	파급력	다른 사람들과의 상호작용, 공유 및 협업을 통해 자신의 지식 정보를 소통하고 결과를 사회적 수준으로 확산시키는 능력
	성찰력	정보 원천의 신뢰성을 파악하고 문제해결을 위해 자신과 공동체에 비판적인 대안을 제시하는 능력

3) 디지털 리터러시의 구성요소

권성호(2011)와 김양은(2011)은 디지털 리터러시의 구성요소를 3Cs로 대표되는 '비판적 이해(Critical Understanding)', '창의적 생산(Creative Production)', '협력적 의사소통(Collaborative Communication)'의 영역으로 제시될 수 있다고 했다. 권성호와 김성미(2013)는 소셜 미디어 시대의 디지털 리터러시는 소셜미디어의 하드웨어적 요소인 스마트폰, 태블릿 PC 등에 탑재된 다양한 기능을 활용하는 것은 물론이고 학습자가 주도하여 디지털화된 정보를 선택·가공하여 자신에게 필요한 지식으로 만드는 능력이 보다 더 강조되며, 무엇보다 중요한 것은 개인적 차원에서의 학습과정뿐만 아니라 학습과정 속에서 발생되는 사회적 · 문화적 공유와 의미의 확산까지 포함되어 디지털 리터러시가 재개념화되어야 한다고 주장하였다. 이에 그들은 디지털 리터러시의 구성요소인 3Cs에 소셜미디어가 강조하는 맥락, 연결성, 상호작용의 특징을 사회 · 문화적으로 확장시켜 그 연장선상에서 학습활동의 분절된 개념들을 구조화하여 [그림 3-1]의 '구성력', '파급력', '성찰력'을 소셜 미디어 시대의 디지털 리터러시의 구성요소로 도출하였다.

그림 3-1 ▌소셜미디어 시대의 디지털 리터러시 확장

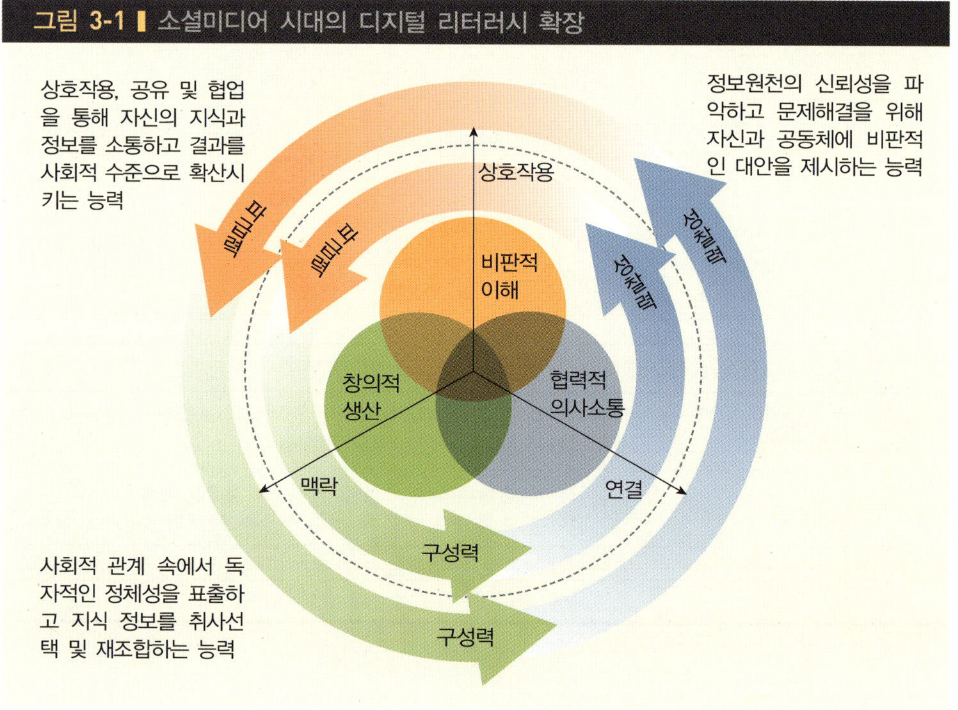

출처: 권성호, 김성미(2013). 소셜미디어 시대의 디지털 리터러시 재개념화

3.2.2 디지털 리터러시 평가지표

디지털 리터러시에 대한 정의나 디지털 리터러시 하위영역은 위에서 살펴본 바와 같이 학자에 따라 매우 다양하다는 것을 알 수 있다. 따라서 이러한 디지털 리터러시를 평가하는 지표 또한 학자들마다 약간씩 차이를 보이고 있다. 박수빈(2006)은 디지

털 리터러시의 구성요인으로 네트워크 리터러시(9문항), 기술 리터러시(7문항), 컴퓨터 리터러시(6문항), 정보 리터러시(6문항), 온라인게임 리터러시(1문항)로 구분하여 각각의 능력을 평가한 후 종합적인 리터러시 수준을 평가도록 하였다. 한국교육학술정보원(2006)에서 개발된 디지털 리터러시 지수는 크게 기술·환경 리터러시(technology·environment literacy), 정보·지식 리터러시(information·knowledge literacy), 사회·문화 리터러시(social·culture literacy)로 구분된다. 기술·환경 리터러시는 하드웨어(2문항), 소프트웨어(3문항), 인터넷(2문항), 디지털자원(2문항)으로 구분되어 측정되었고, 정보·지식 리터러시는 정보검색(4문항)과 지식탐구(2문항)로 구분되어 측정되었으며, 사회·문화 리터러시는 사회적 책무(2문항), 법(2문항), 윤리(2문항)로 구분되어 측정되었다.

최근의 기술발전 방향을 전체적으로 분석하여 디지털 리터러시를 평가한 것으로 권성호, 한승혜(2014)의 연구와 한국연구재단의 지원을 받아 한양대학교에서 개발한 디지털 리터러시 진단지가 있으며, 위의 내용을 표로 종합하여 제시하면 다음 [표 3-8]과 같다.

[표 3-8] 디지털 리터러시의 영역 및 평가척도

연구자 및 연구기관	리터러시 영역	지수평가 척도
박수빈 (2006)	네트워크 리터러시	• 미니 홈페이지가 있어 관리한다 • 인터넷으로 음악이나 동영상을 다운받는다 • 그림파일을 제작하거나 편집할 수 있다 • 자주 컴퓨터 메신저를 이용하여 대화한다 • 인터넷상의 아바타를 나의 개성에 맞게 활용한다 • 정기적으로 참여하는 인터넷동호회가 있다 • 인터넷 원격강의를 자주 받는다 • 이메일을 주고받을 수 있다 • 문화공연 티켓이나 기차표 등을 인터넷으로 예매한다
	기술 리터러시	• 가전기기(제품)가 가지고 있는 기능을 최대한 활용하는 편이다 • TV, 세탁기, 밥솥 등 가전제품의 예약기능을 이용한다 • 현금인출이나 계좌이체 시 자동인출기(ATM)를 이용한다 • 휴대폰의 부가기능을 잘 활용한다 • 과학기술과 관련된 책이나 기사, 이야기에 관심이 많다 • 컴퓨터나 가전기기의 그림이나 심벌로 표현된 작동장치들을 잘 이해한다 • 핸드폰으로 문자메시지 받기 및 보내기기능을 사용하고 있다

	컴퓨터 리터러시		• 컴퓨터 또는 모니터를 끄고 켜는 데 어려움이 없다 • 마우스를 이용하는 것이 편리하다 • 컴퓨터 바탕화면의 아이콘이 무엇을 의미하는지 알고 있다 • 인터넷상에서 자신의 정보를 관리한다 • 한글, 워드(MS-Word) 등 컴퓨터 프로그램을 사용하여 문서를 작성할 수 있다 • 인터넷상에서 지켜야 할 예절(규칙) 중 3~4가지는 말할 수 있다
	정보 리터러시		• 인터넷 뱅킹 또는 인터넷 쇼핑을 자주 이용한다 • 장소나 상품 등에 관한 정보를 인터넷을 통해 얻는다 • 인터넷에서 검색한 정보의 게재 날짜, 저자, 정보에 대한 의견 등을 확인하고 신뢰성이 있는지를 평가한다 • 인터넷 신문을 본다 • 관심있는 분야의 정보를 제공하는 사이트(또는 홈페이지)를 알고 있다 • 인터넷상의 정보나 의견을 참고하여 새로운 정보나 지식을 만들어낸다
	온라인 게임 리터러시		컴퓨터 네트워크 게임을 한다
한국교육학술정보원 (2006)	기술・환경 리터러시		• 하드웨어 • 소프트웨어 • 인터넷 • 디지털자원
	정보・지식 리터러시		• 정보검색 • 지식탐구
	사회・문화 리터러시		• 사회적 책무 • 윤리
권성호, 현승혜 (2014)	일반적 문항		• 기본정보, 성별, 나이, 컴퓨터 이용시간, 소유 매체 등 • 디지털 미디어 사용 수준 • 온라인 동호회 활동 참여 • e-러닝 활동 참여
	디지털 리터러시	수용 (accessibility)	• 컴퓨터의 하드웨어와 소프트웨어의 기능을 알고 사용할 수 있는 능력 • 문서작성 및 활용능력 • 정보공유능력
		이용 (usability)	• 커뮤니케이션 도구(채팅, 메신저, 이메일, 게시글, 댓글 등) 사용 • 원하는 정보 및 지식 찾기 및 활용 • 온라인 활동 참여, 정보 및 지식 공유
		활용 (productivity)	• 문제해결을 위한 협력활동 가능 • 블로그, 페이스북, 트위터 등을 활용한 자신만의 언어로 표현 • 블로그, 위키, 사진 공유, 여러 도구를 사용하여 창작 관련 활동 가능 및 온라인 콘텐츠 게시 가능

한양 대학교 (2013)	기술 리터러시	사이버 공간 또는 디지털 네트워크를 통해 유통되는 다양한 정보에 접근하기 위해서 디지털기술을 이용할 수 있는 디지털기술의 이용능력을 측정
	비트 리터러시	디지털 네트워크를 통해서 유통되는 다양한 정보의 신뢰도를 평가·판단하고 이를 취사·선택, 편집·가공해서 자신에게 필요한 지식으로 전환할 수 있는 능력을 측정
	버추얼 커뮤니티 리터러시(virtual community literacy)	현실세계와 다른 사이버 공간의 독특한 행동법칙을 이해하고, 다양한 상호작용방식과 경험양식의 체험을 통해, 종래에 존재하지 않았던 새로운 삶의 영역인 사이버 공간에서 이루어지는 나눔을 통한 건전한 시민사회 건설에 적극적으로 참여할 수 있는 능력을 평가

3.2.3 정보이용행태

정보이용행태(user behavior)를 분석한 연구는 문헌정보학 연구자들에 의해 상당히 오랫동안 다양한 계층을 대상으로 다양한 각도에서 수행된 것을 알 수 있다. 정보이용행태에 대한 연구는 1948년으로 거슬러 올라가며, 최초로 영국왕립협회(Royal Society)의 과학정보학술회의(Royal Scientific Information Conference)에서 발표된 Benal(1948)과 Urquhart(1948)의 연구를 이용자연구의 효시로 보고 있다.

정보이용행태를 수행한 연구들을 주제별로 구분하여 살펴보면, 자연과학분야 연구자들의 정보이용행태를 분석하고 그 특성을 파악하고자 한 연구는 상당수 있다(Allen, 1968; Wilson, 1981; Bishop, 1992; Brown, 1999). Chen(1974)은 물리학자 및 화학자들을 대상으로 연구를 하였으며, 이승채(1987)는 물리학자들의 학술정보 이용과 전달에 관한 연구, Brown(1999)은 수학, 물리학, 천문학, 화학분야 연구자들의 정보이용행태를 분석하는 연구를 수행하였다. 그 외 자연과학분야 연구로 자연과학의 전체 주제분야(김태승, 1996; 이정연, 정은경, 권나현, 2012), 의학분야(이진영, 정상경, 1999) 말레이시아 농학분야(Majid et al., 2000), 전자공학분야(박일종, 백수연, 2001), 한의학분야(변성희 외, 2002), 국가 과학기술분야(이준영 외, 2003), 국방연구개발분야(송종호, 오동근, 2008), 이공계분야(Niu et al., 2010), 공학분야(Majid & Ai, 2002; Kerins et al., 2004; Engel, Robbin, Kulp, 2011), 해양과학기술분야(한종엽, 서만덕, 2014)의 연구자들을 대상으로 한 연구 등이 있다.

또한 사회과학분야 연구자들을 대상으로 한 연구들은, 특히 자료수집방법, 자료수집 난이도, 이용하는 자료의 최신성 등에 대한 연구(박준식, 2000)를 포함하여 사회과학자들의 정보이용행태를 분석한 연구가 있다(최은주, 1996). 반면 사회과학자와 자연과학자들의 정보이용패턴을 비교분석한 연구도 있다(Ellis, 1993). 또한 디자인분야 연구로 정보이용 목적, 이용경로, 자료유형별 이용정보원, 소속기관 도서관 이용에 관한 정보 등을 파악하고자 한 연구들도 상당수 있다(이명희, 정혜련, 2012; 김순희, 2003; 김규훈, 2004).

한편, 주제분야에 관계없이 학술정보이용자들의 정보이용행태를 분석한 연구로 정보요구, 정보이용행태, 정보활용능력 등에 대한 연구(유재옥, 2004; 김병주, 1999)가 있고, 정보환경의 변화에 따라 이용자의 정보이용행태가 달라졌을 것이라는 전제하에, 온라인 이용자와 오프라인 이용자의 정보이용행태를 비교한 연구들도 상당수 있다(최은주, 1999; 유재옥, 2000, 2001; 장혜란, 2003; 윤정옥, 2009; 김정환, 김재훈, 황재영, 2011). 특히 Tenopir, King, Edwards & Wu(2009)는 전자저널에 대한 이용자들의 행태를 분석하여 이용자들이 브라우징(browsing)과 탐색(searching)과 같은 방법을 이용하여 논문이나 기사들을 검색하고 있는 것과 필요한 정보자원을 찾기 위해 어떤 방법을 이용하는지, 그리고 왜 이러한 자료들을 필요로 하는지에 대해 분석하였다. 그 외 국가기록원 인터넷 게시판 이용자의 정보이용행태 분석연구(정경희, 2006), 학부생과 대학원생의 정보요구와 정보이용 행태를 비교한 연구(배경재, 박희진, 2013) 등이 있다.

고령층의 인구통계학적 특성에 따른 정보이용행태 차이를 분석한 연구로 60세 이상 이용자의 정보기기 사용시간, 정보콘텐츠 이용시간, 정보활동 참여시간(김희섭, 이미숙, 서지웅, 2014) 등에 대해서 조사한 연구가 있으며, 그 외 노인의 정보이용행태를 분석한 연구들이 상당수 있다(이복자, 명승환, 2010; 김희섭, 김판수, 이미숙, 2014).

위의 연구자들이 정보이용행태를 분석하기 위한 요인으로 사용한 것 중 논문에 뚜렷하게 나타난 분석요인을 제시하면 다음과 같다.

▌표 3-9▌ 정보이용행태 분석요인

이용행태	이명희, 정혜련 (2012)	최은주 (1996)	최은주(1999); 유재옥(2000); 장혜란(2003); 유재옥(2001); 윤정옥(2009)	한종엽, 서만덕 (2014)	이준영 외 (2003)	이정구 외 (2006)	총
정보이용목적	√			√	√	√	4
정보입수경로	√			√	√	√	4
이용자료 유형	√	√		√	√		4
소속기관자료실 이용	√			√			2
자료의 최신성		√					1
해외자료 이용		√					1
이용하는 정보유통기관		√			√		2
전자자원 이용비율			√				1
정보수집의 한계점 (애로사항)				√	√		2
자료특성별 이용비율				√			1
학술자료 참조영역				√			1
전문정보서비스 이용				√		√	2
정보선택기준						√	1

3.3 디지털 리터러시와 정보이용행태 간의 관계

한국연구재단의 지원을 받아 한양대학교(2013)에서 개발한 디지털 리터러시 지표를 적용하여 대학생들의 디지털 리터러시 지수(digital literacy quotient)를 평가하고, 디지털 리터러시 수준이 정보이용행태에 어느 정도 영향을 미치는지에 대한 분석도 수행되었다(노영희, 2014)

다음 [표 3-10]에서 보는 바와 같이 디지털 리터러시 지표는 기술 리터러시, 비트 리터러시, 버추얼 커뮤니티 리터러시로 구분하여 측정될 수 있다.

또한 정보이용행태는 정보이용목적, 정보입수경로(온라인, 오프라인), 선호하는 정보자료유형, 전자자료와 인쇄자료 이용비율 등 10가지로 구분하여 측정될 수 있다.

표 3-10 디지털 리터러시 및 정보이용행태 측정지표

범주	영역	하위 영역
디지털 리터러시 지표	기술 리터러시	• 하드웨어 및 기기 조작능력 • 윈도우 사용능력 • 문서편집 및 도구 활용능력 • 브라우저 기본활용능력 • 커뮤니케이션능력
	비트 리터러시	• 정보검색력 • 정보감식력 • 정보편집력 • 정보가공력 • 정보활용력
	버추얼 커뮤니티 리터러시	• 커뮤니티분석력 • 자아형성력 • 관계형성력 • 협력적 문제해결력 • 사이버문화 조성력
정보이용행태		• 정보이용목적 • 정보입수경로(온라인, 오프라인) • 선호하는 정보자료유형 • 전자자료와 인쇄자료 이용비율 • 가장 많이 이용하는 전자자료정보원 • 이용하는 자료의 최신성 • 정보의 이용정도 • 정보선택기준 • 정보입수의 어려움 정도 • 주로 이용하는 전문정보서비스

도서관은 유기체적인 특징을 가지고 있어서 주변환경 변화의 영향을 받게 된다. 이용자의 요구 변화, 사회적 트렌드 변화, 그리고 정보통신기술의 발전 등은 항상 도서관에 변화를 요구해 왔던 것이 사실이다. 특히 최근의 최첨단정보통신기술의 급격한 변화는 도서관의 사서들을 긴장시키고 있으며 해외 도서관의 경우 발 빠르게 새로운 기술을 도서관에 적용하고 미래형 도서관의 공간활용방법의 하나로 무한상상실을 운영하고 있기도 하다.

노영희(2014)는 정보환경 및 최첨단정보통신기술들을 분석한 후 차세대 디지털도서관에 도입함으로써 개발가능한 서비스들을 도출하였으며, 이러한 서비스들에 대해 Y세대와 베이비붐세대 간의 서비스요구도 인식을 비교·분석하였다. 그 내용은 다음과 같다.

첫째, 사회 · 문화적 그리고 기술서비스 및 디지털서비스 측면에서 Y세대는 다른 나라 문화나 다른 인종에 대한 거부감이 적고, 높은 지적수준과 반항 · 도전정신을 가지며, 개인 · 개방 · 감성주의가 이들의 특징인 것을 알 수 있다. 이들은 어릴 때부터 컴퓨터를 이용해 각종 정보를 수집하거나 교환하며 오락을 즐기는 데 많은 시간을 할애해 왔다는 특성도 가지고 있다.

둘째, Y세대와 베이비붐세대 모두 휴대폰 또는 스마트폰을 가장 많이 활용하고 데스크탑 PC, 노트북 PC, 디지털 카메라 이용비율도 거의 유사하게 나타나고 있는데, 이는 제시된 디지털기기가 현 디지털시대에 가장 일반적인 기기임을 시사하고 있다. 그러나 가장 많이 이용하는 디지털서비스에 있어서 Y세대와 베이비붐세대는 상당한 차이를 보이고 있는데, Y세대는 가장 최근에 등장한 서비스를 중심으로 많이 이용하고 베이비붐세대는 오랫동안 사용해 왔던 서비스를 주로 이용한다고 할 수 있다.

셋째, 베이비붐세대와 Y세대 모두가 차세대 디지털도서관에 가장 바라는 서비스를 발굴하기 위해 국내외 선행연구 및 사례조사, 그리고 최근의 정보기술발전을 논하고 있는 문헌, 신문기사 등을 총체적으로 분석하였다. 결론적으로 클라우드서비스, 무한창조공간, 빅데이터, 증강현실, 구글글래스, 상황인식기술, 시맨틱서비스, SNS서비스, 디지털교과서서비스, RFID 및 QRCode 서비스, 도서관공간구성, 최첨단디스플레이기술, 기타 획기적인 서비스 등을 틀로 하는 서비스 내용을 도출하였다. 위의 서비스에서 가장 높은 요구도를 보인 서비스는 빅데이터서비스였고, 다음으로 시맨틱서비스 및 링크드데이터서비스, 구글글래스서비스 순으로 나타났다. 이로 보아 Y세대와 베이비붐세대는 차세대 디지털도서관에 요구하는 서비스에 있어서 인식차이를 보이고 있다고 할 수 있다. 특징적인 것은 베이비붐세대는 무한창조공간이나 도서관공간 재구성에 의한 서비스 개선 등에서 Y세대보다 높은 관심을 보이고 있다는 것이다. 전체적으로 보면 Y세대는 새로운 서비스에 대한 요구가 높고 베이비붐세대는 기존서비스를 좀 더 강화하는 서비스에 대한 요구가 높은 것을 알 수 있다.

차세대
디지털도서관의
이해

Chapter

04

차세대 디지털도서관 구축기술과 이슈

4.1 디지털도서관의 최근기술 적용과 고려사항
4.2 모바일 디지털도서관 지원기술
4.3 증강현실
4.4 구글글래스
4.5 클라우드 디지털도서관
4.6 빅데이터
4.7 세컨드라이프
4.8 무한창조공간
4.9 상황인식컴퓨팅
4.10 링크드데이터
4.11 시맨틱웹

2013년에 새로 오픈한 NCSU(North Carolina State University) Hunt Library에서는 일반적인 도서관에서 볼 수 있는 책이 빽빽하게 꽂힌 서가를 발견하기 힘들다. 그 자리에 보다 넓고 여유 있는 열람공간, 서서 일하는 'ASK US!' 사서들, 사면이 대형스크린으로 이루어져 있는 최첨단 랩실, 한 벽면이 스크린으로 구성되어 있는 게임룸, 원격화상회의실, 대학원전용 멀티미디어 랩실, 교수전용 회의실, 무한창조공간(Makerspace), 그리고 애플샵처럼 새로운 기기를 체험할 수 있는 공간(업체와의 계약에 의해 운영) 등으로 채워져 있다. 서가는 한곳의 밀집서고에 몰려 있었고 이용자 요구가 있을 경우 BookBot이 찾아주는 시스템이다. 몇 백 년의 역사를 가진 뉴욕도서관도 서가공간의 새로운 활용을 고민하고 있고 많은 도서관들이 무한창조공간을 포함하여 도서관의 새로운 모습, 새로운 서비스를 모색하고 있다.

그림 4-1 ▌ NCSU Hunt Library의 서비스공간

인포메이션 커먼스공간 / BookBot이 있는 밀집서가 / 대형스크린 홍보실

무한상상실(Makerspace) / 대형스크린 벽면 / 대형스크린 세미나룸

게임룸 / NCSU 교수저서 비치

이렇게 세계의 도서관들은 미래지향적 도서관의 모습을 찾고 새로운 기술을 적용하기 위해 끊임없이 노력하고 있다. 이로 인해 도서관은 시대의 요구를 반영하고 이용자의 요구를 충족시키기 위하여 지속적으로 발전해 왔다고 할 수 있다. 그러나 최근 1~2년 사이 급격하게 도서관들이 변화를 모색하고 있는 것은 예산 및 자원의 한계나 줄어드는 이용자 때문만은 아니라고 생각된다. 물론 이러한 이유도 무시할 수 없으나, 보다 더 근본적인 이유는 상상을 초월하는 최첨단기술의 등장과 이러한 기술의 도서관 적용에 있으며, 앞으로 도서관은 최근에 개관한 NCSU 도서관보다 더욱더 발전한 최첨단기술이 적용된 도서관이 될 것으로 보인다.

그 중 도서관에 영향을 줄 수 있는 것으로 구글글래스의 상용화, 애플의 전자교과서 확산계획, 이러닝콘텐츠와 시스템의 일반화, 상황인식기술을 적용한 도서관공간과 시스템, 무한상상공간(Makerspace) 개념의 확산과 성공가능성, 3D 프린터 및 책프린터의 저가화 등은 지금의 도서관의 모습을 바꾸어 놓을 수 있는 매우 영향력 있는 기술들로 뽑힌다.

본 서에서는 현재 개발되었거나 개발 중에 있는 다양한 최첨단기술들을 제시하고, 이 기술들의 도서관 적용가능성과 이를 기반으로 미래도서관의 모습이 어떻게 바뀔 것인가에 대해 예견해 볼 수 있다.

4.1 디지털도서관의 최근기술 적용과 고려사항

4.1.1 디지털도서관에 최근기술 적용의 중요성

미래도서관의 발전방향에 대한 논의는 도서관이 발전되는 과정에서 여러 학자들에 의해 이어져 왔다. 특히 특정 시점에서 기존에 없었던 새로운 개념이나 기술이 등장하여 사회적으로 큰 영향을 미치고 있을 때 이러한 트렌드가 도서관에는 어떠한 영향을 미칠 것이고 이로 인해 도서관은 어떻게 발전이 될 것인지에 대한 전망을 내놓고 있는 것을 알 수 있다. 먼저 제1세대 디지털도서관부터 제3세대 디지털도서관까지의 특징을 세대별로 나누어 그 특징을 살펴보고 다음 세대 도서관의 발전방향 및 미래연구를 제안한 Greenstein(2002)은 주로 미국의 앞서가는 연구도서관들의 경험에 중점을 두고 디지털도서관이 앞으로 직면하게 될 핵심 도전 내용은 무엇인지 그리고 국가의 문화적 · 법적 지원, 그리고 자금지원제도가 향후 디지털도서관의 역사와 발전방향에 어떻게 영향을 미칠지에 대해 총체적으로 논하고 있다.

Mukaiyama(1997)는 Greenstein보다 거의 20년을 앞서 디지털도서관이 21세기 정보화시대에 가장 중심이 될 것이라고 주장했다. 그는 또한 차세대 디지털도서관을 구성하는 기술은 시스템 구성, 개별 기술들, 통합기술 등 세 가지일 것이라 주장하였다. 즉, 메시징 시스템, 에이전트, 멀티미디어 데이터베이스, 응용시스템으로 구성된 시스템 구성(system architecture), 문헌의 디지털화, 지능형 정보검색엔진, SDI 에이전트, 개념기반검색, 3D 시각화를 사용하는 하이퍼미디어 검색, 개념기반 비디오 검색 등과 같은 개별 기술들(individual technologies), 그리고 내용기입구조와 같은 통합기술(integration technologies) 등이다. 이러한 기술들은 이미 오늘날의 도서관에 적용되고 있다.

Kroski(2009)는 현재 디지털도서관의 특징을 모바일(새로운 서비스와 기본기술, 모바일콘텐츠, 새로운 전송포맷, 모바일앱), 소셜(소셜과 도서관 웹사이트, 매력적 경험, 협력과 사회사업), 오픈(오프소스 애플리케이션, 오픈콘텐츠)이라고 하였으며 다음 세대의 디지털도서관의 핵심영역은 시맨틱웹, 집단화, 클라우드컴퓨팅, 라이프 스트리밍(블로그 글 또는 온라인 사진을 모으거나 직접 동영상을 찍어서 개인의 일상생활을 온라인으로 기록하는 것), 필터링이 될 것이라고 했다. 2009년에 예측된 차세대 디지털도서관 구성요소들로서 이 또한 현재는 이미 도서관에 구현된 서비스들임을 알 수 있다.

Breeding(2011)은 미래도서관을 구상하고 준비하는 것이 중요하다고 하면서, 도서관이 살아남을 수 있는 새로운 기술과 적용을 최대한 빨리 준비해야 한다고 주장하였다. 현재까지의 도서관의 변화로 장서 포맷과 구성의 변화(디지털화, 각종 멀티미디어 도입), 풍부한 융합(장비 간의 무경계화, 콘텐츠 포맷 간의 무경계화)이 이루어지고 있다고 하였다. 따라서 현재 자동으로 물리적인 자료를 쉽게 처리할 수 있게 하는 RFID 시스템이 모든 자료가 디지털화된 환경에서는 그 가치를 잃게 될 수도 있다는 것이다. 그러나 Breeding은 어떤 기술이 도서관에서 중요한 역할을 하게 될 것인지에 대해서는 논의하지 못하고 있다.

Piper(2013)는 도서관의 미래는 디지털이라는 주제의 논문에서 향후 15년 동안은 미래의 대규모 도서관 구축에 지침이 될 수 있는 모형으로서 HathiTrust와 DPLA (Digital Public Library of America(dp.la)) 간 프로젝트를 언급하고 있는데, 이 프로젝트는 공유시스템, 메타데이터, 디지털화된 콘텐츠를 기반으로 이루어진다고 했으며, 구글북디지털화프로젝트의 상업적인 목적을 제외하고 세 가지 측면에서 프로젝트의 목적이 같다고 하였다. 즉, 탐색가능한 가상카드목록인 탐색도구 제공, 모든 언어의 모든 책을 대상으로 한 범위의 확대, 이용자가 새 책을 쉽게 발견할 수 있도록 돕는 이용자기반시스템이 HathiTrust와 DPLA 프로젝트의 목표이며, 이전에는 이와 같은 엄청난 규모의 협력은 가능하지 않았다고 하였다.

McGettigan(2013)은 차세대 디지털도서관과 정보서비스를 구축한 사례들을 소개하고 있는데, 그는 전통적인 도서관과 가상도서관의 조합인 하이브리드도서관에 가상참고서비스, 개인화된 OPAC, 24시간 서비스 제공, 집에서 다운로드가 가능한 미디어 제공과 같은 새로운 서비스를 제공했으며, 이와 같은 혁명적 서비스 정신은 자유로운 지역사회네트워킹 공간, 무료로 제공되는 기술적 자원들, 지역경제와의 연결, 지역사회 소유라는 느낌, 높은 수준의 지역사회 믿음이라고 하였다. 이용자의 요구를 충족시키기 위한 도서관들의 노력은 채터누가공공도서관(Chattanooga Public Library)이나 윌링보로공공도서관(Willingboro Public Library)에서도 이루어졌던 것을 알 수 있다(Resnick, 2014; Rainie, 2014).

또한 차세대 디지털도서관의 장서 내 콘텐츠의 획기적인 변화를 논한 연구는 상당히 많다. 그 중 Crane 등(2006)은 차세대 디지털도서관을 모델링하는 연구로 장서 내 콘텐츠 부분의 획기적인 변화를 논했으며, 기존 프린트버전에 기반을 둔 디지털도서관의 한계를 언급하고 미래 디지털컬렉션의 특징으로 정교한 화면디자인, 자율적 학습, 분산의 실시간 커뮤니티 참여 및 기여를 들고 있다. 그는 이러한 특징을 가진 장서를 기반으로 맞춤형서비스나 개인화서비스가 가능하다고 주장하고 구체적으로 어떤 개인화서비스가 가능한지를 제시하고 있다.

4.1.2 도서관에 적용가능한 기술 및 개념

현재의 도서관을 기반으로 하여 차세대 디지털도서관을 발전시켜 나가는 데 사용될 다양한 기술과 새로운 개념, 트렌드 등에 대해 알아보고, 지금은 아니지만 미래에는 도서관과 밀접한 관련이 있게 될 것으로 보이는 것들을 찾아 도서관에 적용해보고자 한다.

1) 장서 내 콘텐츠 디자인과 콘텐츠 제공방식의 변화

Google Library Project, Open Content Alliance, EUi2010 Initiative는 대량으로 디지털컬렉션을 구축하는 프로젝트로 널리 알려져 있다. 이 시스템들은 기본적으로 자동으로 생성된 페이지이미지를 구축하고 있으며 탐색, 브라우징, 컬렉션 분석 등에서 한계가 있을 수 있다.

반면에 이러한 한계를 극복하기 위해 수행된 프로젝트로 Perseus Digital Library의 GrecoRoman 컬렉션이 있으며 이는 이후 National Science Digital Library나 Fedora (Lagoze at al., 2006) 등의 리포지터리 구축의 방법론 부분에 있어 기여를 하게 된다.

Crane 등(2006)은 차세대 디지털도서관을 모델링하는 연구에서 장서 내 콘텐츠 부분의 획기적인 변화를 그리고 있는데, 그는 기존 프린트버전에 기반을 둔 디지털도서관의 한계를 언급하고 미래 디지털컬렉션의 특징으로 정교한 화면디자인, 자율적 학습, 분산의 실시간 커뮤니티 참여 및 기여를 들고 있다. 그는 이러한 특징을 가진 장서를 기반으로 맞춤형서비스나 개인화서비스가 가능하다고 주장하고 구체적으로 어떤 개인화서비스가 가능한지를 제시하고 있다.

디지털장서를 이용하는 이용자는 이제 단순히 PDF 형태의 검색된 자료를 받게 되는 것이 아니라 검색된 자료와 연관된 모든 자료들을 동적으로 연결하여 이용할 수 있게 될 것이다. 차세대 디지털도서관의 장서가 가지게 될 특징을 간단히 정리하면 다음과 같다.

- 특정 자료와 연관된 자료가 함께 화면에 보여지는데, 이 자료는 이용자나 전문가들에 의해 생성된 자료들이며 실시간 및 동적으로 연결되는 특징을 갖는다.
- 이용자의 특정 요구를 자동으로 분석하여 디지털장서는 끊임없이 재구성될 것

이다.

- 분류와 데이터마이닝, 기계학습, 개념 간 및 문헌 간의 의미적 연결, 멀티언어서비스(자동번역 등) 등이 자동화될 것이다.
- 대규모 장서 구축, 분류, 주석, 관련 논문연결 등은 이용자 참여로 더 높은 품질을 유지하게 될 것이다.
- 차세대 디지털도서관은 지금보다 더 이용자 중심의 개인화서비스를 제공하게 될 것이다.

디지털장서는 정적이지 않고 동적이며 앞으로 장서 내 문헌 간, 개념 간 연결이 자동으로 또는 집단지성으로 보다 완벽해질 것이며, 이용자의 개인적인 요구를 훨씬 더 정교하게 만족시키는 방향으로 이루어질 것이다. Perseus Project 모델에 대한 연구와 그보다 훨씬 발전된 형태의 디지털도서관장서개발 방향에 대한 연구가 필요하다.

2) 디지털교과서 프로젝트 활성화

디지털교과서란 기존 교과내용에 용어사전, 참고서와 문제집, 멀티미디어 자료, 보충 심화 학습자료 등 풍부한 학습자료가 포함되고, 학습지원 및 관리기능이 부가되며 교육용 콘텐츠 오픈마켓 등 외부자료와의 연계가 가능한 학생용 교과서를 말한다. 우리나라 교육과학기술부는 2015년까지 디지털교과서 개발을 완료하고 서책형 교과서와 병행해 사용하며, 일반 PC는 물론 스마트 TV 등 다양한 단말기에서 사용할 수 있도록 개발할 예정이다. 또한 2015년까지 클라우드기반 교육 정보서비스 환경을 전국 모든 학교에 구축하기로 했다. 모든 학교에 무선 인터넷망을 설치하고 스마트폰, 태블릿 PC 등 다양한 단말기에서 멀티미디어 교육 콘텐츠를 활용할 수 있는 환경을 구현할 계획이다. 이와 함께 교육 콘텐츠 확대를 위해 에듀넷을 기반으로 모든 학습 자료를 망라한 국가 수준의 콘텐츠 생산–유통–관리의 선순환 체제를 마련한다는 방침이다(한국교육학술정보원, 2011).

일본의 12개 교과서 출판사 및 서점이자 시스템 개발업체인 히타치솔루션즈사(社)는 일본 최초로 차세대 디지털교과서의 공동 플랫폼을 개발하기 위한 컨소시엄 'CoNETS'를 발족했다. 일본정부는 2020년까지 모든 초 · 중 · 고등학교 학생 전원에게 태블릿 단말기를 보급하고 전 교과의 디지털교재를 개발하는 등 정보통신기술(ICT)을 이용한 교육을 추진하고 있다. 이를 위해 '디지털교과서 교재 협의회(Digital Textbook and Teaching: DiTT)'를 설립했고, 2015년도까지 1,000만 명의 학생들에게 디지털교과서 서비스가 가능하도록 '디지털교과서 실현을 위한 제도개정', '디지털교과서 보급을 위한 재정 조치', '교육정보화 종합계획 수립 및 실행'의 3가지 제안 사항을 담은 'DiTT 정책제언 2012'를 발표한 바 있다(국립중앙도서관, 2013).

한편 애플은 2012년 1월 개시한 '아이북스 2(iBook 2)' 서비스로 디지털교과서 시장에 진출하고 있고, 아마존은 전자상거래 사이트에서 킨들 이텍스트북(Kindle e-Textbooks)이라는 카테고리로 디지털교과서를 판매 중이며, 기타 많은 전자책 제작 업체들이 디지털교과서 시장에 진입했다. 오바마 정부는 정부 및 관련 업계 전문가들이 참여한 디지털교과서 협의체(The Digital Textbook Collaborative)를 통해 디지털교과서 도입 계획을 수립하기도 했다(한국콘텐츠진흥원, 2012).

캘리포니아주는 공립대학 대학생들이 온라인교과서를 무료로 이용할 수 있도록 하기 시작했으며, 이를 위해 오픈소스 교과서개발과 디지털오픈소스 도서관을 지원하기로 했다. 이에 캘리포니아대학교의 캘리포니아디지털도서관(California Digital Library)은 학생들이 무료로 디지털콘텐츠에 접근하도록 하고 있으며, 교수들과 협력하여 이러한 자료들을 수업시간에 사용할 수 있도록 하였다. 연구도서관의 경우 교과서에 의존적이지는 않지만 이용자들의 이용패턴에는 분명히 영향을 줄 것이다(Schwartz, 2013).

디지털교과서의 출현은 대학도서관과 학교도서관, 그리고 공공도서관에 엄청난 영향을 미칠 것이다. 이는 디지털교과서가 단순히 교과내용만을 담고 있는 것이 아니라 교과내용과 관련된 참고자료들을 모두 포함하고 있으며, 3차원적 내용전달, 멀티미디어 제공, 실시간 상호작용 등의 장점이 있기 때문이다. 부가적인 자료를 찾고 추가학습을 위해 학교도서관과 대학도서관에 오던 이용자들은 이제 다른 이용행태를 보일 것이고 다른 정보요구를 갖게 될 것이다. 캘리포니아대학도서관이 디지털교과서의 출현에 대비하여 디지털콘텐츠에 무료로 접근하게 하고 교수들과 협력하였듯이 우리나라의 대학도서관과 학교도서관도 이에 대한 대책을 마련하고 이용자의 요구에 대응해야 할 것이다. 도서관이 이러한 변화에 대응하기 위해서는 무료 디지털교과서 배급과 관련 디바이스의 제공 및 관리유지의 중심에 서야 하고 디지털교과서 이외의 자료들을 풍부하게 제공하는 것, 저작권 문제를 논의하는 것 등도 생각해 볼 수 있다. 이에 관해서는 보다 깊이 있는 고민이 필요하다고 생각된다.

3) 이북(E-book)과 독서습관의 변화

Lee Rainie는 'Pew Research Center's Internet & American Life Project'의 센터장으로서 미국인과 공공도서관에 대한 10가지 사항을 설문조사를 통해 밝혔다. 그는 신기술과 인터넷은 미국인의 독서습관과 그들의 도서관과의 관계를 변화시키고 있다고 주장했다(Rainie, 2014). 50% 이상의 미국인이 E-reader나 태블릿을 가지고 있으며 도서관은 이들의 변화에 대응하기 위해 디지털서비스를 확장해 왔다는 것이다. 그럼에도 불구하고 인쇄책에 대한 이용자들의 독서는 줄어들지 않고 있다고 하고 있으며 이와 관련된 10가지 사실을 다음과 같이 발표했다(Zickuhr & Rainie, 2014).

- 전자책 독서는 증가하고 있지만 인쇄책도 여전히 독서세계에 기여하고 있다. 69%가 인쇄책을, 28%가 전자책을 읽고 있다.
- 전자책 독서의 증가는 테블릿이나 E-reader 보유자의 증가와 밀접하게 관련이 있다.
- 미국인들은 도서관을 존경하고, 특히 도서관이 지역사회에서 중요한 역할을 한다고 생각한다.
- 어머니들은 도서관을 사랑하며 아이들과 매일 책을 읽는 비율이 아버지보다 약 10% 정도 높게 나타났다.
- 책과 미디어에 대한 접근과 조용하고 안전한 독서장소 제공이 도서관이 제공하는 서비스 중 가장 중요한 서비스로 뽑혔다.
- 대중이 가장 선호하는 도서관의 기능은 어린이를 위한 리터러시 프로그램 제공이다.
- 도서관 웹사이트 방문률이 2012년 39%에서 2014년 44%로 증가했다.
- 청소년들은 도서관에 도입된 새로운 기술을 가장 좋아하는 것으로 나타났다.
- 도서관이 직면한 가장 중요한 문제는 그들이 제공하는 모든 서비스를 일반인에게 알리는 것이었다. 이는 30%의 이용자들이 도서관이 제공하는 서비스에 대해 거의 모른다고 하였기 때문이다.

- 26%의 이용자는 지난 5년 동안 도서관 이용이 증가했다고 했고 22%는 감소했다고 했다.

아마존의 매출액 중 이북(E-book)의 매출액이 인쇄책 매출액을 넘었다는 이슈는 벌써 3년 전의 일이다. 그럼에도 불구하고 전자책 독서효과는 인쇄책에 비해 현저히 떨어지고 있다는 연구결과가 끊임없이 나오고 있다. 도서관의 주요 컬렉션인 자료의 디지털화는 도서관 이용에 많은 영향을 줄 것으로 보인다. 따라서 전자책과 전자자원의 증가는 이용자의 도서관 이용행태에 영향을 미칠 것으로 보인다.

4) 복합공간의 재개념화

공공도서관이 복합문화공간으로서의 역할을 수행해야 한다는 논의는 오래전부터 시작되었고, 이를 위해 수많은 문화프로그램이 개발되고 운영되어 왔다. 국내 공공도서관에서 운영되는 모든 문화프로그램의 유형과 목록을 정리해보면 국내 공공도서관 문화프로그램이 너무나 많아서 정리할 수 없을 정도라는 것을 알 수 있다.

인포메이션 커먼스 공간개념이 도입된 지도 거의 10년이 다 되어간다. 그럼에도 불구하고 또 다른 형태의 복합문화공간 개념이 도입되고 있으며, 이러한 복합문화공간에 대해 다시 한 번 고민해 보아야 할 것으로 생각된다. 예를 들어, 채터누가공공도서관(Chattanooga Public Library)은 2013년에 4층 전체(14,000평방피트)를 개조하여 커뮤니티 협업공간으로 개방하였으며 이곳은 공공작업장이기도 하면서 기술체험장이기도 하다. 지역주민은 이곳을 프로젝트 작업공간으로 또는 사업을 시작하는 공간으로 활용할 수 있다(Resnick, 2014). 이처럼 도서관은 3D 프린터, 레이저 커터, 재봉틀 등이 있는 공간이나 비즈니스 회의를 하는 공간이 될 수 있고, 오디오 및 비디오 생성 소프트웨어를 사용해 볼 수 있는 공간, 비용이 많이 들어서 사용할 수 없었던 모든 것들을 사용하고 체험하고 활용할 수 있는 공간이 될 수 있다.

윌링보로공공도서관(Willingboro Public Library)은 도서관의 이미지 쇄신을 선언하고 워크숍, 운동클래스, 예술작품전시가 있는 커뮤니티센터로서의 역할을 하기도 했다. 오늘날 도서관은 더 이상 인쇄책이나 전자책만을 위한 공간이나 인터넷 사용공간이 아니라고 미국도서관협회 회장은 말하고 있으며, 윌링보로공공도서관이나 채터누가공공도서관과 같은 움직임은 미국 전역의 도서관으로 확산되고 있다.

새로운 기술의 등장과 새로운 도서관의 역할 요구, 최신기술을 체험할 수 있는 공간으로서의 도서관에 대한 요구를 기존의 문화프로그램 제공 역할이나 인포메이션 커먼스 공간의 제공 역할과 연관하여 새로운 변혁을 일으킬 수 있는 공간개념을 도서관에 도입해야 한다.

그림 4-2 도서관 공간의 재개념화

책이 있던 공간

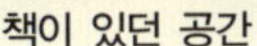

개조된 커뮤니티 협업공간

도서관 제공 운동클래스

5) 입는 책(Wearable Book)

책의 주인공이 느끼는 것을 독자가 느낄 수 있도록 하는 입는 책이 MIT 연구자들에 의해 개발되었다(Hy, 2014). 입는 책은 이야기 주인공의 경험을 흉내 내고 독자의 경험을 훨씬 더 증강시키기 위해 온도조절이나 빛을 이용한다. Felix Heibeck, Alexis Hope, Julie Legault는 감각소설(sensory fiction)의 창작자로서 증강된 이 책은 풍경을 묘사하고 분위기를 설정하고, 독자가 주인공의 생리적인 감정을 경험할 수 있도록 한다고 했다. 이 책은 네트워크 센서 및 작동기와 결합하여 책 속의 주인공이 겪고 있는 상황에 맞추어 조명, 소리, 온도, 흉부압박감은 물론, 심지어 심장박동까지 변경할 수 있다.

이러한 4차원적인 서비스의 제공은 차세대 디지털도서관으로서 고민하지 않을 수 없다. 3차원적 표현이 가능한 3D 프린터나 3D 펜보다 더 나아가 감정을 전달하는 매체의 등장은 도서관의 장서구성, 기술변화, 사용방법의 변화를 예견하기도 한다.

그림 4-3 ▌MIT 연구자들에 의해 개발된 wearable book

4.1.3 최첨단기술의 도서관 적용사례

ALA의 정보기술정책부와 도서관정보기술위원회는 2009년부터 매년 최첨단(cutting-edge)기술을 도서관에 적용한 우수사례를 모집하고 있다. '최첨단'기술의 적용을 통해서 성공적으로 서비스를 구현한 사례로서, 기술의 재발견 및 융합을 통해서 전통적인 도서관서비스와 프로세스를 개선한 경우, 지역사회의 요구에 융통성 있게 대처하기 위해 새롭고 혁신적인 서비스를 도입한 경우, 도서관과 지역사회의 연결을 위해 새로운 기술을 활용한 경우 등이 있다.

2013년에 가장 혁신적인 기술은 모바일인터넷, 크라우드소싱(crowd sourcing), 오픈소스개발, 비용효과적인 온라인교육이었다고 평가하고 이러한 최첨단기술을 혁명적으로 도서관에 적용한 5개의 우수사례를 선정하였다. 그 중에 코콘도서관(Corcoran Library, Boston College High School Library in Massachusetts)은 모든 학생들이 도서관의 온라인 자원을 모바일 사이트를 통해서 접속할 수 있도록 했고 모바일탐색에 최적화되도록 앱을 개발하였으며, 이후에는 아카이브와 QR코드를 이용한 가상현실 투어를 개발하여 적용할 예정이라고 하였다(ALA, 2013). 2014년에는 디지털사인보드 시스템인 'Creative Solution', 하나의 카드로 연결된 모든 도서관에 접속가능한 'Me

Card Technology', 새 도서관 오픈스토리를 이용자와 아카이브부서가 동시에 사진에 담아 올릴 수 있는 시스템, 쉽게 생성가능한 비디오생성시스템 등이 우수사례로 거론되고 있다(ALA, 2014).

이와 같이 최첨단 정보기술을 도서관에 적용한 사례로서 차세대 디지털도서관의 모형을 제안하는 데 참조할 만한 사례들을 살펴보면 다음과 같다.

1) 비용효과적 디지털사인보드(Cut-rate Digital Signbord)

서머셋카운티도서관시스템(Somerset County Library System)은 도서관의 트래픽이 높은 지역에서 프로그램과 자원을 홍보하는 보다 역동적이고 비용 면에서 효율적인 방법을 개발했다. 그들의 창조적인 솔루션은 디스플레이당 약 1,000달러의 디지털간판비용을 절감할 수 있도록 Raspberry Pi 컴퓨터, 대형 스크린 모니터, WiFi, Google Docs Presenttion을 함께 제공한다. 또한 이 프로젝트는 포스터 인쇄비용을 절감하게 하고, 직원이 원격으로 쉽게 업데이트하게 하며, 이용자에게 새로운 콘텐츠를 제공할 수 있게 한다.

2) 원카드시스템(Me Card)

에드먼턴공공도서관(Edmonton Public Library)의 'Me Card'기술은 이용자가 하나의 도서관 카드를 가지면 사서의 개입이나 추가적인 다른 도서관 카드를 만들 필요 없이 다른 도서관에 계정을 만들고 도서관 장서를 이용할 수 있도록 하는 기술이다. 'Me Card'는 도서관자동화시스템(ILS)과 연계되어 있으며 56개의 참여도서관 간 ILS 공유는 필요로 하지 않는다. 시스템 운영 첫 2개월 만에 1,500명 이상의 이용자가 웹 기반 서비스에 접속하고 회원가입을 한 것으로 나타났다.

3) 이용자참여로 도서관역사사진 만들기(My #HuntLibrary)

NCSU도서관은 새로운 도서관 개방에 관한 이야기가 매일 도서관을 이용하는 이용자들의 말과 이미지를 통해 회자될 것이라고 생각했고, Instagram's API를 사용한 앱을 개발하여 헌트도서관(Hunt Library)의 사진을 캡처하고 태그를 붙여서 도서관 홈페이지와 온라인에서 서비스되도록 했다. 이용자의 참여와 디지털보존부서의 노력으로 1,300명 이상의 이용자가 3,200개의 이미지를 보냈으며 235,000건의 페이지 뷰를 기록했다. 이 사진들은 도서관 곳곳에 설치된 대형 스크린을 통해서 디스플레이 되고 있다.

이러한 기능은 도서관 이용자로 하여금 도서관에 대한 관심을 갖게 할 것이며 본인이 올린 사진이 도서관 스크린에 올라오는 것을 보기 위해 도서관을 방문하게 만드는 기능으로서 매우 효과적인 홍보전략으로 생각된다.

4) 간편한 비디오 촬영시스템(One Button Studio)

펜실베이니아주립대학도서관(Penn State University Libraries)은 교수와 학생이 간편하게 동영상을 제작할 수 있는 서비스를 제공하고 있다. 플래시 드라이브를 넣고 버튼만 누르면, 이용자는 비디오 카메라, 마이크 녹음, 조명 등을 구동시키고 촬영을 바로 시작할 수 있다. 서비스 개시 1년 만에 4,200명의 이용자가 270시간 분량의 비디오를 만들었다. 이 대학에 응용된 앱은 생산비용을 줄였을 뿐만 아니라 직원의 수를 감소시키는 데에도 기여했다. 다음 [그림 4-4]에서 보는 것처럼 훨씬 적은 기술에 대한 지식으로 훨씬 더 빠른 시간 안에 훨씬 더 단축된 절차로 비디오를 생산할 수 있게 된 것이다.

현재 많은 대학에서 이러닝 콘텐츠를 적극적으로 개발하고 있는 상황에서 도서관이 주도적으로 이러한 역할을 해내고 있다는 측면에서 매우 의미가 있다고 본다.

그림 4-4 ❙ 전통적 촬영시스템과 원버튼스튜디오의 생산프로세스 비교

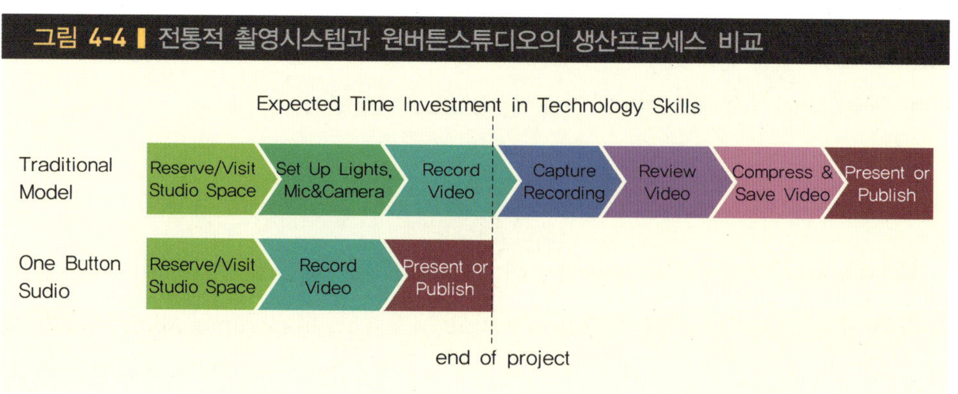

5) 모바일 디지털학습도구(Mobile Digital Learning Tools)

보스턴대학(Boston College) 고등학교(BCHS)의 코콘도서관(Corcoran Library)은 모바일 사이트와 모바일 탐색에 최적화된 앱을 통해 도서관의 온라인 자원을 모두 볼 수 있는 서비스를 제공하고 있다. "학생이 있는 곳에서 학생을 만난다"는 전략이다.

BCHS 코콘도서관의 모바일서비스의 목적은 학생들의 정보리터리시, 도서관 온라인자원 이용률, 학생들의 생산성을 향상시키는 것이며 이를 위해 도서관의 웹페이지 전체를 모바일 웹사이트로 개발하고 모든 데이터베이스에 대한 모바일 앱을 개발하며, 도서관에서 연구목적으로는 모바일을 사용할 수 있도록 허용하는 새로운 휴대전화정책을 채택하였다.

새로운 학습경험을 제공하는 이 서비스의 성공은 이용자 숫자로 증명되었다. 서비스 첫해에 데이터베이스 검색률이 8.2% 증가했고, 학생들이 교실에서 필요한 교재를 도서관의 전자책DB로부터 바로 다운받아 수업을 할 수 있게 되었으며, 학생들은 이제 하나의 도구로 자원을 획득하고 다른 학생과 협업할 수 있다. 이 서비스는 구글 검색만큼 쉽고 편한 서비스를 제공하게 되었다고 평가되고 있다.

6) 독일문화유산 증강현실앱(German Traces NYC)

독일문화원뉴욕도서관(Goethe-Institut New York Library)은 프랫문헌정보학대학(Pratt Institute School of Information and Library Science)과 협력하여 뉴욕시의 독일문화유산을 탐험할 수 있도록 하는 증강현실앱(Augmented Reality App)을 모바일 기반으로 개발했다. 이용자는 앱을 다운로드받은 후 자신의 모바일폰의 카메라를 통해서 아카이브 이미지를 볼 수 있다. 서비스가 시작된 해에 19,000명 이상이 이 사이트를 방문한 것으로 나타났다.

기록 사진과 음성이 결합된 멀티미디어 이야기는 이러한 사건이 발생했던 장소에 있는 이용자의 휴대전화로 전송되며, 도보여행을 하면서 증강현실기반으로 뉴욕시의 진화를 이해하게 된다. 이 프로젝트는 이용자 확보가 필요한 도서관과 독일역사나 독일어를 효과적으로 가르치고자 하는 교육자의 요구를 해결하기 위해 두 기관이 협력한 사례로서 장소기반 학습의 가능성을 모바일로 현실화시킨 것이라 할 수 있다.

이러한 서비스가 제공되기 위해 먼저 인터넷이 가능한 모바일 디바이스, 모바일에 최적화된 웹사이트, GPS, 증강현실기술, 모바일폰을 위한 증강현실브라우저, 그리고 기록사진 DB 등이다. 특히 GeoStoryteller는 오프소스소프트웨어로서 모바일 웹사이트에서 독일 역사에 대한 이야기나 사진을 생성하고 공유할 수 있도록 하는 모듈이며, 또한 LAYAR에 GeoStoryteller를 연결하는 모듈을 포함한다.

이 프로젝트는 성공적인 것으로 평가받고 있는데, 첫째, 서비스 개시 첫해에 19,000명 이상의 방문기록이 있을 정도로 이용률이 높았고, 둘째, 32명의 모바일 이용자를 대상으로 한 질적 연구결과에서 학습자들은 사건이 있었던 중요한 장소의 물리적 접근, 그리고 현장에서의 실제적 접근으로 역사주제에 대한 관심과 이해를 높였다고 주장했다. 친숙한 환경에 대한 새로운 정보의 발견으로부터 오는 학습자의 성과라고 할 수 있다.

그림 4-5 ▌증강현실(과거와 현재)

7) 학생중심교육방법(Guide on the Side)

애리조나대학도서관(University of Arizona Libraries)에서는 독립적으로 혹은 학생들의 상호작용을 통해 목표와 과제를 직접 경험하고 도전할 수 있도록 하면서, 가끔씩 교육자가 조언, 안내, 교정을 학생들에게 제공하는 교육방법인 학생중심교육방법(Guide to Side)을 채택하였다. 이 도서관은 이러닝도구를 개발하면서 배운 12년 동안의 노하우를 오픈소스 소프트웨어패키지로 개발하여 제공하고 있으며, 전 세계의 사서들은 이를 다운로드받아 온라인으로 상호작용이 가능한 전자학습도구를 생성할 수 있다. 가장 특징적인 것은 위지윅(WYSIWYG) 인터페이스를 제공함으로써 프로그래머의 도움이나 제작시간을 획기적으로 줄일 수 있도록 했다는 것이다.

이와 같이 도서관은 위의 기능을 갖고 있는 시스템을 제공하여 이용자로 하여금 활용하게 할 뿐만 아니라, 이를 직접 활용해서 도서관의 많은 데이터베이스 이용방법, 도서관 이용방법, 각종 소프트웨어 활용방법, 도서관의 각종 장비 이용방법, 도서관 모바일 웹사이트 이용방법 등을 쉽게 제작해서 서비스 활성화를 도모할 수 있을 것이다.

8) 적시적절서비스(Right Service at the Right Time App)

오렌지카운티도서관시스템(Orange County Library System)은 공공도서관 홈페이지에서 점차 온라인으로 정부정보(가족 지원, 의료, 주택, 이민, 취업, 교통 등)를 찾는 이용자들을 돕기 위해 모바일에 최적화된 웹사이트를 개발했다. 이를 위해 개발된 RS/RT는 데이터베이스기반 의사결정엔진을 사용해서 정부기관이나 비영기리기관서비스를 필요로 하는 사람들에게 연결시켜 주고 있다.

원래 RS/RT서비스는 5개의 카운티가 참여한 가운데 시작되었으나 2013년 3월에 플로리다의 67개 카운티로 확산되었으며 2,500개의 서비스 제공업자와 67개의 도서관이 서비스를 지원하고 있다. 15개 지역에 분산된 오렌지카운티도서관시스템은 백만 명 이상의 플로리다 주민에게 서비스하고 있으며 2013년에 도서관의 방문자수가 5백만 명 이상인 것으로 나타났고 522만 명의 웹사이트 방문과 382,000번의 다운로드가 있었던 것으로 나타났다. 또한 5만 명 정도의 이용자가 기술교육 프로그램에 참여한 것으로 나타나 서비스의 성과를 입증했다.

그림 4-6 ▍ 오렌지카운티도서관시스템 RS/RT서비스 화면

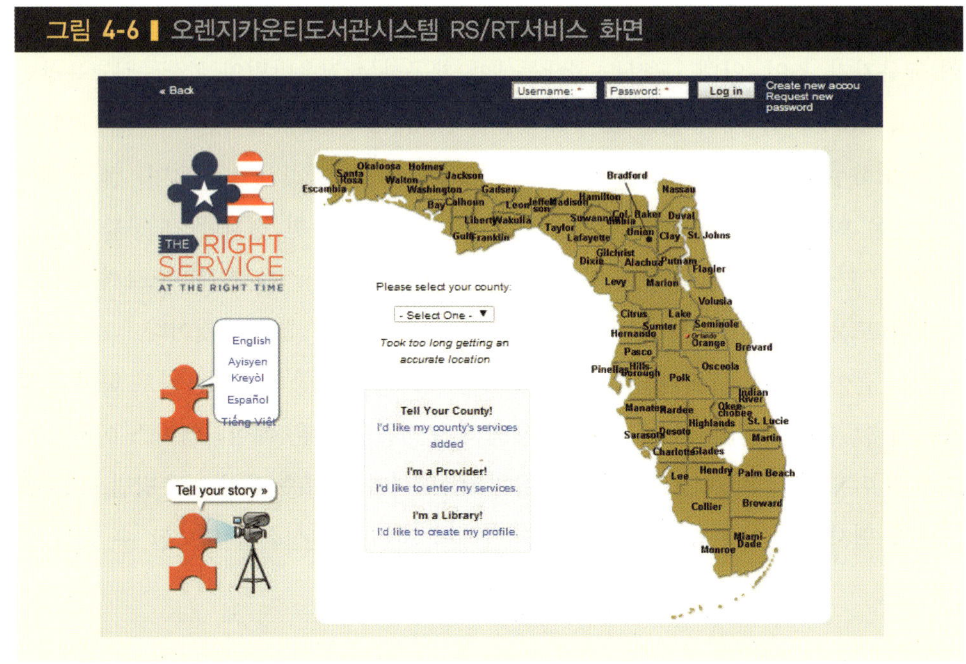

9) 위북(WEBOOKS)

제네밸리 교육협력학교도서관시스템(Genesee Valley Educational Partnership School Library System)은 크라우드소싱 위북(WEBOOKS)의 개발로 농촌학교의 디지털콘텐츠에 대한 접근증가 및 예산삭감문제를 해결했다. 도서관은 사서들이 분담수서를 통해서 22개 학군이 개별 도서관 자료를 연구와 학습을 위해 함께 이용할 수 있는 웹사이트를 개발했다.

위북 크라우드소싱은 개개 도서관이 책을 구입할 때보다 5배 내지 15배 저렴하게 구입할 수 있게 하며, 라이선스기반 디지털콘텐츠에 대한 장벽도 해결할 수 있도록 했는데, 이는 지역별 공동 액세스 라이선스로 30% 정도의 예산절감을 가져오게 했다.

해외저널 공동구매협약은 우리나라에서 새로운 것이 아니다. 그러나 지역별로 학교도서관들이나 공공도서관들이 협력해서 출판사들과 공동구매라이선스 협약을 맺고 학생들에게 공동으로 활용하게 하는 분담수서나 공동활용은 일반화되지 않은 것으로 보이며, 이와 같은 솔루션의 개발도 요구된다고 할 수 있다.

10) 공항의 가상도서관(Virtual Library Hot Spot)

필라델피아 국제공항은 필라델피아 프리도서관(Free Library of Philadelphia)과 제휴하여 가상도서관 핫스팟(Virtual Library Hot Spot)에서 공항 고객이 도서관의 전자자원을 이용할 수 있도록 하였다. 가상도서관 핫스팟은 공항의 무료 WiFi를 이용하여 도서관의 전자책과 1,200명 이상의 저자 팟캐스트, 그리고 기타 디지털콘텐츠를 이용할 수 있도록 하고 있다. 그러나 몇몇 디지털콘텐츠는 도서관 카드를 필요로 하는데, 펜실베이니아 주민은 무료로, 타 주 주민은 연간 50달러를 내야 한다.

4.2 모바일 디지털도서관 지원기술

4.2.1 RFID

1) 도서관의 RFID의 도입배경

최신 정보기술과 무선기술 등을 기반으로 언제 어디서나 어떠한 정보화기기를 사용하건 간에, 이용자의 상태(ID, Location, Time 요소를 감안한 Context-Awareness Behaviors)에 따라 필요정보를 쉽게 접근(access) 및 획득(obtaining)할 수 있도록 구축되는 새로운 패러다임의 최첨단도서관에 대한 요구가 증가했다. 이러한 상황에서 이를 효과적으로 해결해 줄 수 있는 기술 중의 하나로 RFID의 도입이 논의되기 시작했다. RFID의 도입배경은 구체적으로 살펴보면 첫째, 기존에 사용하는 바코드의 한계 때문이다. 한 번 부착한 바코드는 데이터 수정 및 정보의 갱신이 어렵고, 표현할 수 있는 데이터의 크기가 매우 작거나 단순하며, 추가적인 도서관 운영의 확장이나 변화를 반영하기 어렵기 때문이다.

둘째, 인력의 한계이다. 폭발적으로 증가하는 도서관 이용자로 인하여 도서관업무 중 대출·반납에 집중적으로 인력이 배치되어 보다 폭넓은 이용자서비스가 어려운 상태가 되었기 때문이다. 대출·반납업무 등 비교적 단순반복적인 업무에 집중적으로 인력이 배치되고 있어 고도의 이용자서비스를 위한 업무 전환이 매우 어려우며 이용자에게 양질의 정보봉사서비스가 불가능하기 때문이다.

셋째, 장서점검의 한계이다. 실질적인 장서점검이 이루어지지 않고 있다. 이는 장서점검 시 다수의 인력 및 시간이 소요되기 때문이다.

2) RFID의 개요

(1) RFID의 정의 및 특성

RFID(Radio Frequency Identification)는 자동인식기술의 하나로 IC칩(초소형 칩)을 내장한 태그를 부착하고 태그에 내장된 정보를 무선주파수를 통해 비접촉식으로 자동인식, 처리, 활용하는 기술이다.

RFID의 특성은 첫째, RFID는 라디오 주파수를 이용하여 움직이는 물체(인식, 추적, 분류 목적)와 인식기 간의 데이터 통신을 하는 ADC(Automatic Data Collection)기술이다. 둘째, RFID는 빠르고, 신뢰성 있고, 노출되어 있지 않고 가려져 있거나 이동 중에 있어도 통신이 가능하다. 셋째, RFID는 바코드와 달리 인식을 위해 직접 조준할 필요가 없으며, Tag의 데이터 변경 및 추가가 자유롭고 일시에 다량의 Tag 판독이 가능하다. 또한 냉온, 습기, 먼지, 열 등의 열악한 판독환경에서도 판독률이 높다. 넷째, RFID Tag는 위조가 불가능하며 반영구적이고 재사용이 가능하다.

(2) RFID 주파수 대역별 특성비교

RFID의 주파수는 대역별로 저주파, 고주파, 극초단파, 마이크로파로 구분된다. 저주파는 125kHz나 134kHz 주파수 대역을 갖는 것으로 사용거리가 짧고 데이터 전송속도가 낮으며, 환경에 의한 성능저하가 거의 없어 출입통제 보안, 동물의 인식 및 추적, 작업의 자동화, 재고관리, 재고자산 추적과 같은 분야에 적용되고 있으며, 가격이 비교적 비싸다는 특징이 있다.

고주파는 13.56MHz 주파수 대역을 갖는 것으로 저주파보다 짧은 인식거리와 다중 태그 인식이 가능하며, 출입통제 보안, 스마트카드, 버스카드 등에 사용되고 있으며, 물류시스템에도 적용되기 시작했다.

극초단파는 433.92MHz와 860~960MHz의 주파수 대역을 갖는 것으로 433.92MHz는 긴 인식거리, 실시간 추적가능, 내부 습도, 충격 등 환경 센서기능의 가능, 그리고 컨테이너 관리용으로 사용 등의 특징이 있다. 860~960MHz의 RFID는 IC기술의 발달로 가장 저가로 생산되고, 다중 태그 인식거리와 성능이 가장 뛰어나며, 전 세계적인 유통, 물류 등에 적합한 대역이라는 특징이 있다.

마이크로파는 2.45GHz의 RFID로 900MHz 대역 태그와 유사한 특징이 있으며, UHF보다 잡음에 민감하고 인식거리가 짧다는 특징이 있다.

표 4-1 RFID의 주파수 대역별 특성

주파수	저주파(LF)	고주파(HF)	극초단파		마이크로파
	125KHz, 134KHz	13.56MHz	433.92MHz	860~960MHz	2.45GHz
인식거리	< 60cm	약 < 12m	약 50~100m	약 3.5~10m (수동)	약 1m(수동)
일반특성	• 비교적 고가 • 환경에 의한 성능저하 거의 없음	• 저주파보다 저가 • 짧은 인식거리와 다중 태그 인식이 필요한 응용 분야에 적합	• 긴 인식거리 • 실시간 추적 및 컨테이너 내부 습도, 충격 등 환경 센싱	다중 태그 인식거리와 성능이 우수함	• 900MHz 대역 태그와 유사한 특성 • 환경에 대한 영향을 가장 많이 받음
동작방식	수동형	수동형	능동형	능동·수동형	능동·수동형
적용분야	• 공정자동화 • 출입통제·보안 • 동물관리	• 수하물관리 • 도서관자료관리 • 대여물품관리 • 교통카드 • 출입통제·보안	• 컨테이너관리 • 실시간 위치추적	• 공급망관리 • 자동 통행료 징수	위조방지
인식속도	저속 ―――――――――― 고속				
환경영향	강인 ―――――――――― 민감				
태그 크기	대형 ―――――――――― 소형				

한편, RFID 주파수 중 도서관에서 주로 사용되는 주파수는 13.56MHz와 900MHz이다. 두 주파수 대역의 특성을 동시 인식수량, 상황별 인식거리, 태그사이즈 등의 항목을 기준으로 비교해 보면 다음과 같다.

표 4-2 13.56MHz와 900MHz의 특징 비교

	13.56MHz 도서관리시스템	900MHz 도서관리시스템
동시 인식수량 (100% 인식기준)	10~20권 이하	200권 이상(국가기록원, 기록물관리사업 테스트 결과)
상황별 인식거리 지원	• 70cm 이하(분실방지 게이트 기준) • 30cm 이하(사서용 RFID 리더 기준) (태그사이즈 - 5cm×5cm 이상)	• 120cm 이상(분실방지 게이트 기준) • 40cm 이상(사서용 RFID 리더 기준) (태그사이즈 - 0.5cm×10cm)
태그사이즈	여러 가지 사이즈 지원가능(태그사이즈가 작은 경우 인식거리가 짧음)	여러 가지 사이즈 지원가능 0.5cm×10cm Strip 형태 및 소형 지원가능(인식거리 보장)
태그비용	고가(칩 공급업체 한정, 13.56MHz 칩 전용 생산 공급업체수 감소	저가(칩 공급업체 증가로 가격경쟁 발생, 900MHz 칩과 13.56MHz 칩 병행 생산 공급업체 증가
태그 이동방향 인식	불가능	태그 Direction 기능 개발로 태그의 이동방향 인식
장서점검	태그 중첩, 인식방향 등으로 인식성능 떨어짐(1cm 정도의 자료가 중첩될 경우 70% 이하 인식)	태그 중첩, 인식방향에 무관하게 인식(20cm 이상의 자료가 중첩된 경우에도 99% 이상 인식)
기업규모	중소기업 위주의 솔루션 개발	대기업 위주의 솔루션 개발
타 분야 RFID 적용 추세와의 부합	• 초기 도서관에 많이 적용 • 공정관리, 교통카드 등 일부 특수분야에만 적용 추세, 적용분야 축소로 기술개발정책	문서관리분야 UHF RFID 적용이 활발하게 이루어짐. RFID 확산사업 대부분은 900MHz 대역이 유일한 솔루션 적용분야의 확대로 기술개발

(3) RFID의 구성요소 및 작동원리

RFID는 태그, 리더, 안테나, 그리고 응용서버로 구성되어 있다. 태그(tag)는 발신자에 해당하며, 경로를 추적할 필요가 있는 자료에 부착하여 자료와 관계되는 정보를 수록하고 있다. 도서관에서 사용하는 RFID 태그는 ROM이나 RAM과 같은 반도체를 사용한다. 저장용량은 512bit 이상이고 크기는 ISO카드의 형태를 지니며, 데이터를 영구히 저장할 수 있고, 10만 회 이상의 Read-Write가 가능하여 반영구적인 활용이 가능하다.

리더(leader)는 태그로부터 발생되는 신호정보를 생성 및 해독하는 역할을 하며, 태그와 통신이 가능한 주파수를 가져야 한다. 도서관의 RFID 리더는 손으로 휴대가능한 장서점검기와 고정 설치되는 사서용 데스크 탑 리더의 두 가지 형태이며, 태그로

부터 전송되는 정보를 판독하는 기능을 하며, 표준 통신방식을 사용하여 서버와 통신한다.

안테나(antenna)는 리더로부터 신호를 전송하거나 태그로부터 발생되는 신호를 수신하는 역할을 한다. 도서관에서는 주로 게이트웨이 안테나(gateway antenna)가 사용되며, 이 게이트웨이 안테나는 한 쌍의 3D 안테나로 이루어져 있으며, 주로 자료의 대출 및 반납을 관리 및 통제하는 기능을 한다. 안테나와 패널 사이의 거리는 90cm 이상이며, 정상적인 대출 자료와 무단반출 자료를 구분하여 경고음을 발생한다. 신호의 처리에 있어서 1초에 20개 이상의 태그를 동시에 인식할 수 있어 일괄 동시처리가 가능하다.

응용서버(application sever)는 사용목적에 따라 업무에 필요한 항목들을 관리하는 역할을 한다. RFID 시스템의 응용서버는 사용되는 애플리케이션에 따라 다양한 부가서비스를 개발할 수 있으며, 이용자의 인지를 피해서 주위환경 정보를 수집하여 이용자가 원하는 수준의 정보를 제공할 수 있다.

그림 4-7 ▌ RFID 구성요소와 작동원리

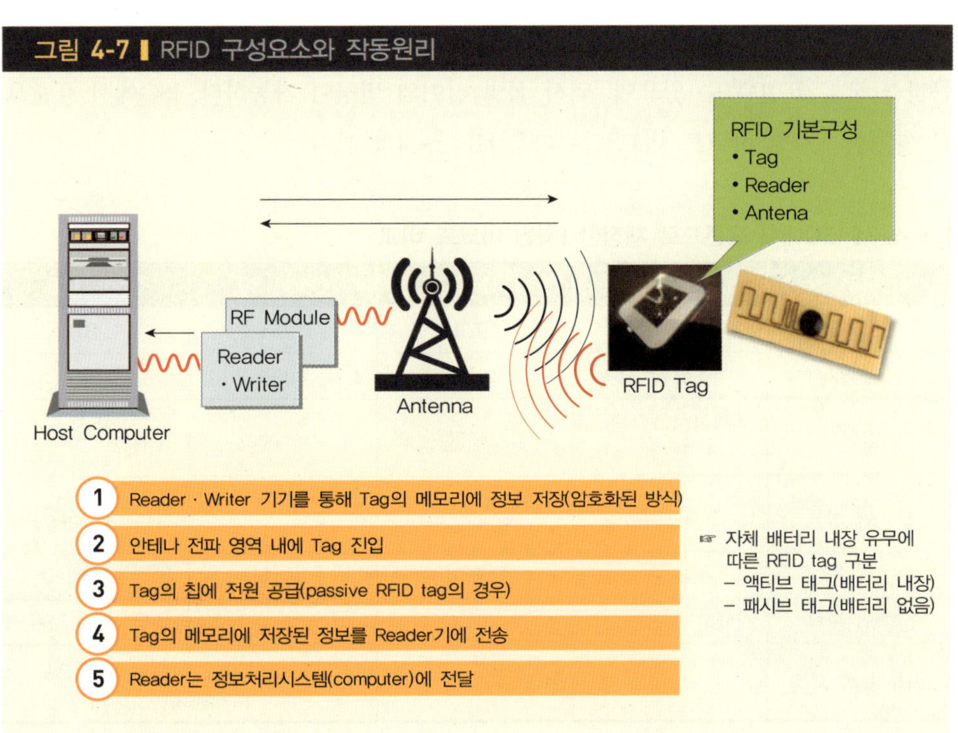

3) RFID와 바코드의 비교

(1) 1차원 바코드의 특징 및 종류

최초의 1차원 바코드는 1970년대 개발된 다양한 폭을 가진 바(검은색 막대)와 공백(흰색 막대)을 특정한 형태로 조합하여 문자와 숫자 및 기호 등을 표현한 것으로, 주로 온라인 DB에 저장되어 있는 도서 등의 정보에 접근하기 위한 데이터 키(key)로 활용되고 있다. 장점은 키보드를 대신하여 데이터를 신속·정확하게 처리할 수 있어 데이터 입력의 간소화, 데이터 입력 시 에러율이 감소한다는 것이다. 단점은 정보저장 및 처리용량에 한계가 있어 객체 정보를 충분히 파악할 수 없으며 정보량이 많을수록 심벌의 길이도 길어진다는 것이다.

1차원 바코드에는 UPC, EAN, CODE 39, CODE 128 등이 있다. UPC는 각 제품마다 고유번호를 갖도록 고안된 것으로 북미지역에서 상품코드로 사용되고 있고, EAN은 대표적인 상품코드로 전 세계적으로 가장 많이 사용되고 있다. ISBN은 대표적인 EAN체계이며 신분증 및 도서등록번호 바코드에 활용되고 있다. CODE 39는 글자와 숫자를 모두 표현가능하며, 심벌 길이의 변경이 가능하다. CODE 128은 ASCII 128개 문자를 모두 표현할 수 있으며, 역시 심벌 길이의 변경이 가능하다. ISO에서 표준으로 제정한 1차원 바코드 비교표는 다음 [표 4-3]과 같다.

[표 4-3] ISO에서 표준으로 제정한 1차원 바코드 비교

구분	EAN	UPC	Code 39	Code 128
개발연도	1976	1973	1974	1981
개발국가	유럽	미국	미국	미국
개발회사	국제상품코드관리협회	슈퍼마켓특별위원회	Intermec	Computer Identics
정보의 종류	숫자(0~9)	숫자(0~9)	영문대문자(A~Z) 숫자(0~9)	ACS II(128개)
심벌의 길이	고정형	고정형	가변형	가변형
심벌의 종류	EAN-13, EAN-8	UPC-A, UPC-E	-	-
국내 활용 사례	ISBN	-	신분증(학생증, 회원증, 대출증), 도서등록번호	

(2) 2차원 바코드의 특징 및 종류

2차원 바코드의 개발배경은 1차원 바코드의 한계(간단한 문자와 숫자만 표현가능, 정보저장 및 처리량의 한계)를 극복하기 위함이다. 2차원 바코드는 문자, 숫자, 기호, 사진, 음성, 지문, 서명 등의 다양한 형태의 대용량 정보 저장, 고밀도 데이터 표현, 데이터 오류검출 및 복원, 데이터 암호화 및 인증기능 등의 장점이 있다. 반면에 데이터의 오류 정정단계에서만 복원이 가능하고 정보량이 많을수록 처리시간이 많이 소요된다는 단점이 있다.

2차원 바코드의 특징은 첫째, 그 자체에 다양한 정보를 저장할 수 있기 때문에 DB와 연동되지 않아도 해당 정보를 파악할 수 있는 데이터 파일기능을 갖고 있다는 것이다. 둘째, 하나의 컴퓨터에서 출력된 데이터 파일은 2차원 바코드로 입력하지 않고 재입력이 가능한 데이터 브리지 개념을 갖고 있다는 것이다. 셋째, 그 자체에 모든 정보를 저장한 직접코드와 서버에서 정보를 찾을 수 있는 주소만을 저장한 간접코드로 구분이 가능하다는 것이다.

2차원 바코드의 종류에는 PDF 417, Data Matrix, MaxiCode, QRCode 등이 있다. 그 중 PDF 417은 한 방향으로 판독이 가능한 다층형 형태의 스택코드이고, QRCode는 표준화된 사양이 무료로 공개되어 있어 누구나 자유롭게 사용이 가능하며, 숫자만 사용할 경우 최대 7,089개 문자까지 1개의 코드로 표현이 가능하다.

▌표 4-4▌ 2차원 바코드의 종류

구분	PDF417	Data Matrix	MaziCode	QR Code
심벌				
개발국가	미국	미국	미국	일본
개발회사	Symbol Technologies	RVIS Acuity CiMatrix	UPS	DENSO WAVE
개발연도	1987	1987	1987	1994
코드형식	스택(사각형)	매트릭스(정사각형)		
판도방향	한 방향(±10도)	전 방향(360도)		
정보의 종류	숫자, 영문, 한글, 한자, 도형, 화상, 아스키, 2진	숫자, 영문, 한글, 한자, 도형, 화상, 아스키, 2진	아스키, 2진	숫자, 영문, 한글, 한자, 도형, 화상, 아스키, 2진

최대 정보량	숫자	2,710	3,116	138	7,089
	영숫자	1,850	2,355	93	4,296
	한글 · 한자	554	778	–	1,817
	2진	1,018	1,556		2,953
오류 정정기능		9단계	고정 사이즈 (15~25%)	2단계(17%, 23%)	4단계(7%, 15%, 25%, 30%)
국내 활용사례		철도 승차권	의약품, 납부고지서	UPS 물류관리	처방전, 탑승권

최근에는 컬러 2차원 바코드가 개발되기도 했다. 국내에서는 ColorZip Korea가 있으며, 작은 사각형 안의 셀에 4개 색상(적색, 녹색, 청색, 흑색)을 조합하여 각종 정보를 표현하는 매트릭스 형태이다. 5×5 매트릭스의 경우 표현가능한 주소공간이 32비트로 40억 개 이상의 데이터의 관리가 가능하고, 그 자체에 정보가 입력되는 것이 아니라 온라인상의 멀티미디어 정보의 URL 주소로 무한대의 정보를 담을 수 있다. 국내의 경우 Microsoft Research가 있으며, UPC를 보완하고, QRCode보다 작은 크기에 더 많은 정보를 기록할 수 있도록 개발된 고용량의 컬러 바코드이다. 영화, 비디오게임, 음반 등의 상용 미디어에 활용되고 있으며, 4개 또는 8개의 색상을 사용하고 삼각형 배열로 구성된다.

한편, 2차원 바코드와 1차원 바코드의 차이를 살펴보면, 1차원 바코드는 가로방향으로만 정보를 표현가능한 반면, 2차원 바코드는 수평(X축)과 수직(Y축) 방향에 정보를 표현할 수 있어 정보저장 및 처리량이 크게 향상된다는 것이다.

표 4-5 1차원 바코드와 2차원 바코드의 비교

구분	2차원 바코드	1차원 바코드
데이터 형식	영문, 숫자, 기호, 사진, 음성, 지문, 서명 등	영문, 숫자, 기호
데이터 용량	약 2,000바이트	약 20바이트
데이터 밀도	고밀도	저밀도
심벌 크기	정사각형(최소화가능)	정보량이 커질수록 심벌이 커짐
판독 속도	정보량에 따라 속도에 영향	판독 속도 양호
판독 방향	한 방향 또는 전 방향	한 방향
DB 연계	불필요(직접코드)	필요

데이터 암호화	가능	불가
전자서명 인증	가능	불가
오류 검출	가능	가능
훼손 정정	가능	불가

(3) 바코드와 RFID의 비교

바코드는 근거리에서 판독이 가능하고, 판독 시 바코드가 인쇄면을 일직선상으로 조준하여 밀착시켜야 하며, 한 번에 하나씩만 수동인식이 가능하다. 또한 한 번 사용한 바코드는 재사용이 불가능하고 바코드는 RFID에 비해 데이터 용량이 적다. 바코드의 이러한 단점을 보완하기 위해 등장한 RFID는 원거리와 여러 각도에서 비접촉식으로 인식이 가능하고, 한 번에 여러 개를 고속으로 자동인식이 가능하며, 메모리를 탑재하고 있어 정보 추가와 수정을 통해 재사용이 가능하다. 그러나 주파수의 혼선과 충돌로 인해 오류 발생가능성이 있고, 여러 개의 RFID가 인접해 있으면 개발 사물에 대한 RFID만을 선택하여 인식하는 데 어려움이 있다.

표 4-6 바코드와 RFID의 비교

구분	바코드	RFID
인식방법	접촉식(광학)	비접촉식(무선)
인식거리	근거리(밀착 또는 수십 센티미터)	원거리(수십 미터)
이동인식	불가	가능
정보량	EAN 13개 문자, QR Code 7,890개 문자	수 킬로바이트 ~ 수백 킬로바이트
데이터 종류	영문, 숫자, 한글, 한자 등	영문, 숫자
데이터 판독	읽기	읽기 · 쓰기
재사용	불가	가능
보안성	낮음	높음
내구성	약함	강함
투과성	불가	가능(금속 제외)
손상(훼손)	많음	적음
인식속도	개별 스캐닝	최대 수백 개
관리레벨	상품 그룹	개별 상품
가격	저렴(수 원~수십 원)	상대적으로 고가(수백 원~수천 원)

4.2.2 NFC

1) NFC의 개념

NFC(Near Field Communication)는 약 10m 이내의 근거리에서 13.56MHz 주파수 대역을 이용하여 최대 424kbs의 기기 간 데이터 전송을 가능하게 하는 비접촉식 근거리 무선통신의 한 종류이다(송요셉, 2011). NFC 네트워크 설정에 필요한 시간이 약 0.1초 수준으로, 기존의 블루투스 등과 차별화된 즉시 응답성이 필요한 형태의 응용에 매우 적합하다. 또한 기존의 스마트카드 및 RFID(Radio Frequency Identification)와 상호호환성을 제공하고 있기 때문에 일부는 기존의 인프라를 활용할 수 있다.

NFC 표준은 ISO/IEC 14443 비접촉카드(Proximity CardStandard) 표준을 확장하여 휴대폰에서 사용할 목적으로 만들어졌으며, 1m 범위에서 무선인식이 가능한 ISO/IEC 15693 표준과 13.56MHz 대역에서 통신하는 ISO/IEC 18092 표준을 통틀어 NFC Interface and Protocol(NFCIP-2)로 정의하고 ISO 21481로 표준화되어 있다. 그 외 NFC 보안 관련 표준으로는 ISO/IEC 13157-1과 ISO/IEC 13157-2가 있다(김형준, 김태경, 2012).

NFC는 두 단말기의 안테나를 통하여 유도기전력을 기반으로 통신하는 기술로 각 단말기의 전자기장의 생성 여부에 따라 수동 통신(passive communication)모드와 능동 통신(active communication) 모드로 동작한다. 이러한 2개 모드를 활용하면 NFC 단말은 다음과 같은 3가지 형태의 동작 모드로 통신을 수행할 수 있다(이민구, 김동환, 손진수, 2012).

- **카드 모사** : NFC 단말의 수동 통신 모드 동작으로 RFID 태그처럼 내부 전원 없이 외부의 리더기 · 기록기에 NFC 카드의 정보를 제공하여, 기존 RFID의 응용을 지원할 수 있다. 이 모드는 ISO/IEC 14443[6]의 표준을 준수하여 기존 스마트카드에서 사용하던 모바일 결제서비스 등을 사용할 수 있으며, 그 외에 출입통제, 교통카드 등의 응용에 사용이 가능하다.
- **RFID 리더기 · 기록기 모드** : NFC 단말의 능동통신 모드의 동작으로 외부의 수동 통신 모드의 NFC 및 RFID의 정보를 읽거나 쓰는 역할을 수행한다. 이 모드는 NFC 단말을 통하여 외부의 스마트 포스터나 쿠폰 등의 정보를 읽거나, 전자지갑

에서 이용요금을 지불하는 등의 응용에 주로 사용되며, 기존 RFID를 활용하여 사용자에게 제공하지 못하던 새로운 응용을 제공할 수 있다.

- **동등 계층 통신(Peer-to-Peer) 모드** : 두 단말이 모두 능동 통신 모드로 통신하여 두 단말의 각자의 전자기장을 생성하여 상호 통신을 수행하는 모드이다. 이 모드를 활용하면 스마트기기 간 정보를 능동적으로 상호 간 송수신할 수 있어 명함 교환이나 사진, 동영상 등의 교환이 가능하며, 전자지갑의 일환으로 동등 계층 간 자금이체 등이 가능하다.

NFC는 RFID의 리더기 · 기록기 모드로의 동작과 동등 계층 통신의 지원으로 기존 RFID에서 제공하지 못하던 새로운 응용을 제공하거나, 기존 RFID에서 가지고 있던 보안상의 이슈를 해소하는 등의 장점을 얻을 수 있다. 이러한 특징을 활용하여 안전하고 편리하고 다양한 상황에서 사용가능한 범용적 인증방식을 도입하면 다양한 응용에서 NFC 스마트기기 사용자가 NFC 채택 단말 하나만 소지하고 다니는 것으로 해당 서비스를 활용할 수 있도록 지원이 가능해진다.

2) NFC 응용현황

구글 월렛(Wallet)은 구글에서 제공하는 NFC 전자지갑서비스로 미국에서 시범서비스가 진행되고 있다. 구글 월렛이 타 전자지갑서비스와 다른 점은 구글이 개발한 안드로이드(Android) 플랫폼기반 애플리케이션으로 자신들이 개발한 OS기반 운영이라는 점에서 일원화된 서비스 제공이 가능하다는 것이다. 신용카드, 쿠폰, 영수증, 항공권, 공연티켓, 멤버십카드, 스마트키 등을 저장하여 사용할 수 있으며, 구글 오피스(Google Office)와 연동하여 사용할 수 있다(김경식, 신준호, 2011).

국내의 대표적인 응용사례는 명동 NFC Zone 사업과 지난 2012년에 열린 여수 엑스포 NFC 사업이 있다. 명동 NFC Zone을 구축하여 애플리케이션과 NFC를 이용하여 명동 내의 커피숍, 패스트푸드점, 편의점, 화장품 매장 등 다양한 업종의 200여 개 매장에 NFC 결제 인프라를 설치하였다. NFC 결제가 가능한 단말기로는 갤럭시 S2, 베가레이서, 넥서스 S 등을 들 수 있다. 안드로이드에서 구동되는 '명동 앱'을 통해 시범서비스 경험이 가능한데, NFC 시범서비스에 대한 소개, 가맹점 이용 안내, 할인쿠폰 등의 부가기능들도 포함되어 있다. 또한 한국어, 일본어, 중국어가 함께 제공되어 외국인들도 손쉽게 이용해 볼 수 있도록 하고 있다.

또한 여수 엑스포에서는 NFC기술을 적극 활용 및 홍보하고 있다. 관람객들은 NFC 태그가 내장된 플라스틱 입장권을 가지고 관람객 현황 파악 및 전시장 예약서비스, 음성안내서비스 등을 제공받을 수 있다.

국내 이동통신사 SK텔레콤, KT, LG U+에서는 사용자에게 NFC 태그를 이용한 전자지갑서비스를 제공하고 있으며, T-Smart Wallet, Olleh myWallet, Smart Wallet 등으로 사용자수가 이미 500만 명 이상으로 나타나고 있다. 또한 전자지갑서비스는 사용자의 신용카드, 멤버십카드, 기프티콘, 기타 상품권 등을 저장하여 사용할 수 있으며, SNS를 통한 상품권 공유, 매장정보 및 모바일 쇼핑몰 등 다양한 서비스들을 제공하고 있다(KT경제경영연구소, 2011).

3) 도서관에의 적용가능성

현재의 도서관들은 바코드 또는 RFID(ISO-15693)를 활용하고 있는데, 스마트폰에 탑재되는 NFC는 ISO-15693을 지원하기 때문에 도서대출, 책관리, 회원관리, 도서기증관리, 정보검색 등의 다양한 방면에 활용될 수 있다(송영근 외, 2013).

NFC 모바일폰을 활용한 도서관시스템 구현 시나리오에서는 NFC를 출입 인증, 도서 대출 상황, 좌석 배치, 멀티미디어 자료 대여 현황 정보관리에 응용될 수 있다고 하였으며, 기존의 시스템과 다음과 같은 차이점이 있다고 하였다(박재영 외, 2011).

첫째, 도서관 출입 게이트에서 기존의 경우 학생증을 별도로 소지하는 불편함이 있었지만, 모바일폰과 학생증을 결합하여 NFC 방식으로 출입 승인을 받기 때문에, 학생증 리더기가 별도로 필요하지 않아 더 간단하게 출입시스템을 구축할 수 있는 장점도 있다.

둘째, 좌석 배정을 받기 위해 특정 위치에 있는 키오스크로 NFC를 사용하는 경우 모바일폰을 좌석에 부착된 태그를 'touch'함으로써 간편하게 좌석 배정을 받을 수 있다.

셋째, 일반적으로 도서 대출·반납 시 데스크로 이동해서 전담사서의 서비스를 받아야 하는 불편함과 동시에 비용이 발생하며, 이용자가 많을 경우 대기시간이 길어진다. 반면 NFC를 활용하는 방법의 경우 개인이 도서에 부착된 태그 정보를 직접 모바일폰으로 읽어 도서 대출 서버시스템에 요청하기 때문에 위의 세 가지 문제점을 해결할 수 있다. 책이 있는 그 자리에서 간단한 앱 조작을 통해 대출을 할 수 있고, 동시다발적으로 여러 명이 대출하는 것도 가능하기 때문이다.

넷째, 멀티미디어 자료를 이용하기 위해 CD나 DVD와 같은 디스크를 대여하여 디스플레이의 드라이브에 넣고 재생하는 불편함이 있었다. 반면에 디스크에 부착된 NFC 태그를 읽어 모바일폰에 라이선스를 저장하고 디스플레이시스템에 모바일폰을 한 번 'touch'함으로써 쉽게 연결하여 재생할 수 있다.

또한 NFC와 TTS를 이용한 장애인을 위한 도서관안내시스템을 제안되기도 했는데(송영근 외, 2013), 도서의 물리적인 위치정보를 도서와 서가에 부착된 NFC 태그를 통해 읽어들이고 도서의 위치정보를 음성으로 사용자에게 제공함으로써 도서관을 이용하거나 도서를 검색할 때 시각장애인이 주위 사람들의 도움 없이 언제든지 혼자서 도서관을 이용할 수 있도록 한다는 것이다.

연세대학교에서는 2014년부터 NFC 모바일 학생증서비스를 시작했으며, 연세대학교 세 개의 캠퍼스의 도서관 출입이용, 도서관서비스 이용(대출반납, 좌석배정기, 무인결제기 등), 캠퍼스 건물 출입 및 시설이용 등에 적용되었다. NFC USIM 발급가능 단말기(안드로이드, 삼성, LG, 팬택 계열)를 대상으로 모바일 신분증 발급이 가능하다. 또한 율목도서관은 NFC 기능을 활용해 소리를 들으면서 책을 읽을 수 있는 책소리 자료실을 운영하고 있기도 하다.

4.2.3 QR코드

1) QR코드의 개념

QR코드는 'Quick Response Code'의 약자로 일본의 덴소 웨이브사가 1994년에 개발한 2차원 코드이다. 기존의 바코드는 한 방향으로만 정보를 저장하는 반면, QR코드는 가로와 세로 두 방향으로 정보를 저장하기 때문에 기존 바코드에 비해 더 많은 정보를 담을 수 있다는 장점을 가진다.

2차원 코드로서는 QR코드 이외에 다른 방식들이 존재하며 방식, 특징 및 용도에 따라 조금씩 차이가 있다. 현재 스마트폰에서 주로 사용되는 QR코드는 다른 방식보다 대용량의 정보를 담을 수 있고, 빠른 인식이 가능하다는 장점으로 인하여 사용이 확대되고 있다(박선하, 2011).

2) QR코드의 특징

QR코드는 영문, 한글, 숫자, 한자, 기호, Binary, 제어코드 등 모든 데이터를 처리할 수 있으며, 7,089자까지 1개의 코드로 표현할 수 있어 대용량 정보를 수납할 수 있다는 장점을 가지고 있다. 또한 QR코드는 가로 · 세로 양방향으로 정보를 표현하기 때문에 바코드와 동일한 정보량을 1/10 정도의 크기에 표시할 수 있으며, 현재 사용되고 있는 QR코드보다 더 작은 공간에도 표현이 가능한 Micro QR코드도 지원하고 있다. 코드 안에 '위치 찾기 심벌'을 통해 어느 방향에서도 고속인식이 가능하고, 스마트폰과 쉽게 연동되어 어디서든 쉽게 접근이 가능하다. 스마트폰을 이용하여 QR코드를 인식해 해당 사이트에 접속할 수 있어 많은 사람들에게 유용하게 쓰일 수 있다.

반면 QR코드는 전반적으로 비슷한 모양을 가지고 있어 QR코드만으로는 어떤 정보를 제공하는지 예측하기 어렵다. QR코드의 모양을 변경하면 인식이 되지 않아 코드 자체에 디자인이 어려워 시각적으로 좋은 모양을 내기가 어려우며, 스마트폰을 소지하고 있지 않으면 정보를 제공받기가 어렵다는 단점이 있다(김연희, 김윤호, 이주신, 2011).

3) QR코드의 도서관 활용

도서관에서의 QR코드 활용은 거의 일반화되어 가고 있다. 국외의 도서관에서는 서지레코드, SNS 참고서비스, 모바일 웹페이지, 도서관 비디오 투어, 각종 행사 포스터, 주제가이드 등에 QR코드를 적용하여 서비스하고 있고, 국내 도서관의 경우에도 모바일 웹서비스를 시작하면서 서지레코드, 모바일 웹페이지 등에 QR코드를 적용하고 있다.

현재 도서관에 QR코드가 적용된 사례를 보면 도서관서비스 관련 포스터, 참조서비스, 도서, 음반, DVD, 오디오 북 등, 목록레코드, 모바일 도서관 웹페이지 등에 활발하게 적용되고 있다. 다음 [표 4-7]은 온라인과 오프라인으로 구분하며, 도서관에서 적용가능한 다양한 QR코드 부여 대상을 범주화하여 제시하였다(박진희, 2012).

표 4-7 온·오프라인 객체에 적용될 QR코드 정보 유형

<table>
<tr><th>온오프라인</th><th>QR코드 부여대상</th><th colspan="2">QR코드에 저장될 정보 유형</th></tr>
<tr><td rowspan="15">온라인</td><td rowspan="2">목록레코드</td><td colspan="2">간략한 서지정보(서명, 저자, 청구기호, 소장위치 등)</td></tr>
<tr><td colspan="2">모바일 웹페이지의 목록레코드(대출사항 정보까지 포함) URL</td></tr>
<tr><td>모바일 웹페이지</td><td colspan="2">모바일 웹페이지 URL</td></tr>
<tr><td rowspan="3">도서관 공지사항</td><td colspan="2">ebook 서비스 관련 애플리케이션 다운로드 웹페이지 URL</td></tr>
<tr><td colspan="2">도서리스트의 PDF파일(파일을 다운로드할 경우)</td></tr>
<tr><td colspan="2">도서리스트의 각 도서에 관한 간략한 서지정보 또는 모바일 웹페이지의 목록레코드 URL(PDF파일 내 도서별로 QR코드가 부여된 경우)</td></tr>
<tr><td>서비스(이용자 교육 등)</td><td colspan="2">동영상 파일, 사운드 파일 또는 동영상 및 사운드 파일 접근 URL</td></tr>
<tr><td>블로그, 트위터</td><td colspan="2">모바일 웹페이지 URL</td></tr>
<tr><td rowspan="2">참조서비스</td><td colspan="2">SMS 참조서비스</td></tr>
<tr><td colspan="2">각 부서 개인별 연락처, 이메일, 서비스시간</td></tr>
<tr><td rowspan="2">DB</td><td colspan="2">어학강좌 DB URL</td></tr>
<tr><td colspan="2">음악DB URL</td></tr>
<tr><td>QR코드 정보페이지</td><td colspan="2">Reader, Generator, 부가정보를 제공하는 관련 사이트 URL 또는 QR 정보 페이지 URL</td></tr>
<tr><td>주제가이드</td><td colspan="2">웹페이지 주제가이드 웹페이지 URL, 파일</td></tr>
<tr><td rowspan="7">오프라인</td><td rowspan="2">인쇄학술지</td><td colspan="2">서지사항(권호), 최근입수정보</td></tr>
<tr><td colspan="2">전자저널 URL(전자저널 이용 여부에 따라)</td></tr>
<tr><td rowspan="5">홍보물</td><td rowspan="2">학교행사 포스터, 전시물</td><td>포스터(관련 정보 웹페이지 URL, 가상전시회 웹페이지 URL)</td></tr>
<tr><td>전시물(가상전시회 웹페이지 URL, 관련 상세정보 웹페이지 URL, 관련 도서리스트 웹페이지의 URL)</td></tr>
<tr><td>도서관 관련 포스터, 북마크</td><td>동영상, 오디오 접근 URL(교육동영상, 가상도서관 투어일 경우), 모바일 친화형 DB 웹페이지(추천 DB일 경우), 모바일 웹페이지, 구글맵, 도서관 모바일 지원서비스 웹페이지(스캐빈저 게임, 포스터 등을 통한 도서관교육 내용일 경우)</td></tr>
<tr><td rowspan="2">책자</td><td>디지털 버전 가이드의 URL</td></tr>
<tr><td>PDF파일</td></tr>
</table>

동영상 접근 URL, 파일	동영상 접근 URL, 파일
참고사서 Desk	SMS, 이메일, 연락처 번호, 서비스시간
신분증	ID, PW 데이터
	SMS, 이메일, 연락처 번호, 서비스시간(사서의 명함일 경우)
서가	SMS, 이메일, 연락처 번호, 서비스시간(Help Desk 관련 서비스일 경우)
	해당 관련 주제가이드 URL, 추천 DB URL, ebook URL(관련 자료서비스일 경우)
도서, 음반, DVD, 오디오북 등	인기도서(read alike) 웹페이지 URL, 블로그 웹페이지 URL(서평, 추천도서 등에 관한 블로그일 경우), 샘플링 곡 재생 웹페이지 URL, 저자 인터뷰에 관한 웹페이지 URL, 간략한 서지사항 정보, 모바일 목록 웹페이지 URL, eBook 웹페이지 URL, 해당 자료에 대한 동영상 접근 URL
스터디 룸	예약시스템 웹페이지 URL

출처: 박진희 (2012). QR코드를 활용한 도서관 서비스 확장 방안에 관한 연구, pp. 339-342

4) BMS와 IN_CODE

BMS(Back Message Service)와 IN_CODE는 QR코드의 단점을 보완하기 위해 등장한 기술들로 미래에는 QR코드나 RFID처럼 도서관에 적용될 수 있는 기술로 예측된다.

먼저 BMS는 전화번호에 제공할 정보를 미리 매칭하고, 휴대폰의 전화호출에 대응하여 해당 정보를 휴대폰 문자메시지로 제공하는 서비스이다. QR코드는 스마트폰 앱을 실행한 뒤 카메라로 촬영해야 하는 반면에, BMS를 이용할 경우 휴대전화로 통화버튼만 누르면 해당 기업과 상품 등 원하는 정보를 모바일로 받아볼 수 있는 서비스이다.

IN_CODE는 4개의 정사각형 칸 안에 4개의 숫자 또는 문자가 들어있는 형태의 코드로 인코드 어플을 실행한 후 각각 칸 안에 4개의 숫자(또는 문자)만 입력하면 코드에 담긴 정보를 볼 수 있다. QR코드는 스마트폰 카메라로 인식할 때 멀리 있거나, 너무 밝거나 어둡거나, 기울어져 있거나, 이동하고 있을 때에는 인식하기 어려운 단점이 있다. 반면에 인코드는 눈으로만 읽을 수 있으면 거리와 밝기 등에 상관없이 쉽게 입력이 가능하다. 또한 숫자와 문자만으로 160만 가지 스마트폰 위치정보를 더해 무한대의 패턴을 만들 수 있는 장점도 있다.

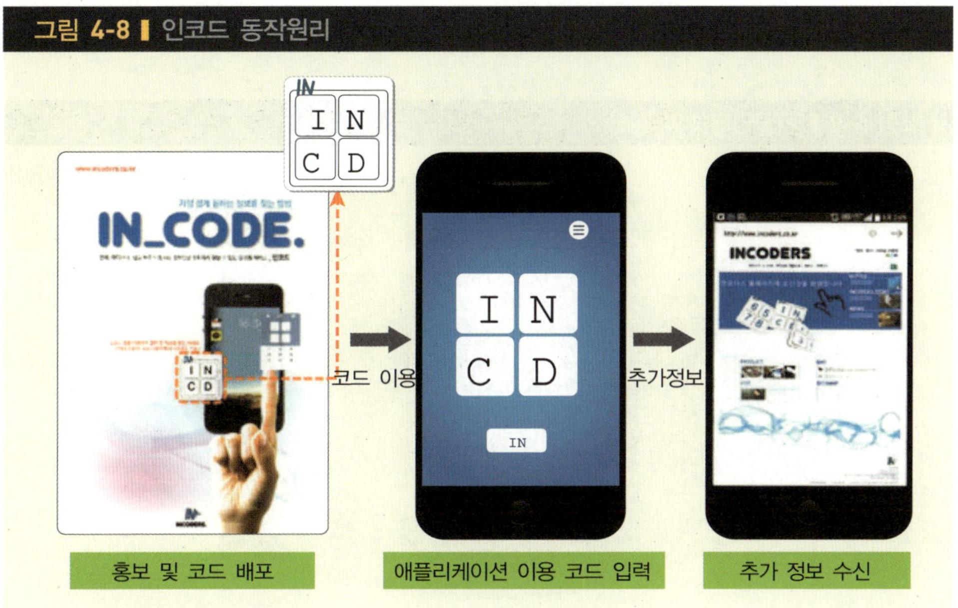

그림 4-8 ▌ 인코드 동작원리

출처: http://news.unn.net/news/articleView.html?idxno=150847

4.2.4 사물인터넷

1) 사물인터넷의 개념

1998년 P&G의 브랜드 매니저였던 케빈 애쉬튼이 사물인터넷이란 용어를 처음 사용하였으며, 사물인터넷은 인터넷을 기반으로 모든 사물을 연결해 사람과 사물, 사물과 사물 간의 정보를 상호 소통하는 지능형 기술 및 서비스를 의미한다. 시스코(Cisco)는 최근 만물인터넷(Internet of Everything)이란 용어를 제시하기도 했다(배수연, 2014).

사물인터넷(Internet of Things: IoT)은 유비쿼터스 센서 네트워크(Ubiquitous Sensor Network: USN)나 사물지능통신(Machine-to-Machine: M2M)에서 발전하여 시간과 장소의 제약 없이 사물이 인터넷에 연결되는 환경을 의미한다(임형준 외, 2014). ITU-T(International Telecommunication Union-Telecommunication Standardization Sector)는 사물인터넷을 물리적 또는 가상의 사물(things)을 인터넷으로 연결하여 센싱(sensing), 액츄에이팅(actuating), 데이터 수집, 저장, 처리 등의 서비스를 제공하는

인프라로 정의한다(ITU-T, 2005).

그림 4-9 ▌사물인터넷의 진화

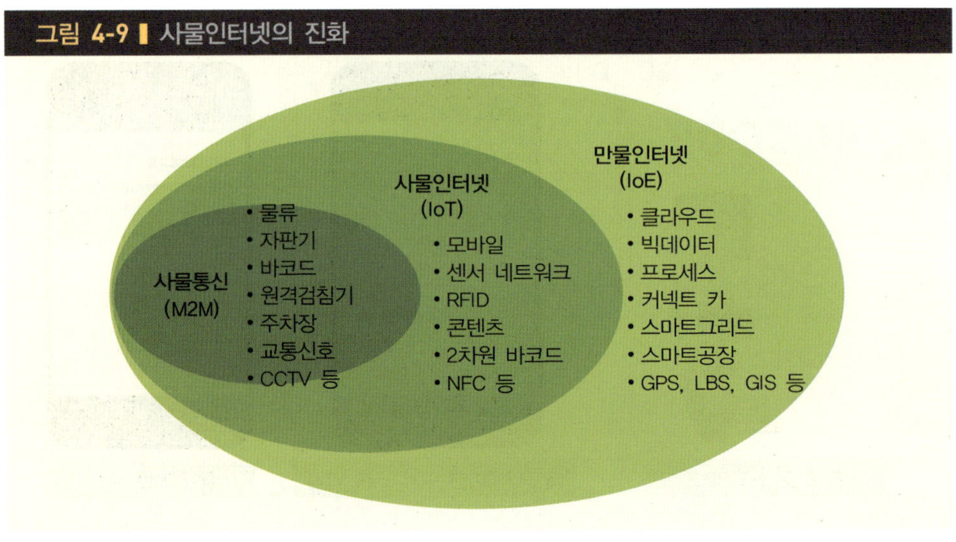

출처: 산업연구원 (2014)

CERP(Cluster of European Research Projects)는 사물인터넷(IoT)을 미래 인터넷의 통합부분이며 물리적 또는 가상의 식별자를 가진 표준 및 상호 운용 통신 프로토콜, 물리적 형태와 지능, 자동 구성기능과 역동적인 글로벌 네트워크 인프라로 정의하고 있다. 지능형 인터페이스를 사용하고 원활하게 정보 네트워크에 통합되며 자율적으로 반응하면서 사물이 환경에 대해 '감지' 데이터와 정보를 교환하여 환경과의 상호작용을 통한 의사소통이 활성화되고, 정보 · 사회적 과정에 적극적으로 참여될 것으로 예상된다고 말했다(Sundmaeker, 2010). EU에서는 정보통신산업의 경쟁력 회복을 위해 시행하고 있는 제7차 프레임워크 프로그램(FP7)의 일환으로 진행하는 RFID 관련 국제 공동연구 프로젝트인 CASAGRAS는 사물인터넷을 데이터 캡처 및 통신기능의 가용성을 활용해 물리적 객체 및 가상 객체를 연결하는 글로벌 네트워크 인프라라고 정의하고 있다. 이는 기존의 발전하고 있는 인터넷과 네트워크 인프라를 포함한다. 그것은 독립적인 협력서비스 및 응용 프로그램 개발을 위한 기초로 특정 개체 식별, 센서 및 연결기능을 제공하며 자율적인 데이터 캡처, 이벤트 전송, 네트워크 연결 및 높은 수준의 상호 운용성을 특징으로 한다(Tan & Wang, 2010).

사물인터넷의 주요 기술은 사물과 환경에서 정보를 얻기 위한 '센싱기술', 사물 간 연결을 위한 '유무선 통신 및 네트워크기술', 수집된 데이터를 통해 특정 기능을 수행하기 위한 '서비스 및 인터페이스기술'로 나누어볼 수 있다(박세환, 2014).

▌표 4-8▌ 사물인터넷의 주요 기술

주요 기술	개요	예시
센싱기술	사물과 환경의 다양한 정보를 수집하는 센서로서, 다중센싱기술을 사용하여 보다 지능적이고 고차원적인 정보추출이 가능	온도・습도・열・가스・조도・초음파, 원격 감지, SAR, 레이더, 위치, 모션, 영상 센서, RFID・USN 등
유・무선통신 및 네트워크 인프라 기술	인간, 사물, 정보서비스를 연결하기 위한 모든 유・무선 네트워크기술	RFID, NFC, WPAN, WiFi, 3G・4G・LTE, Bluetooth, Ethernet, BcN, 위성통신, Microware, 시리얼 통신, PLC 등
서비스 및 인터페이스기술	다양한 통신 프로토콜 및 데이터 표준의 서비스를 유기적으로 연동하기 위한 인터페이스기술	검출정보기반기술, 위치정보기반기술, 보안기능, 프로세스 관리, 오픈플랫폼 기술, 미들웨어, 데이터마이닝, 클라우드, 웹서비스, SNS, API, 가상화, 온톨로지, 시맨틱 웹, 빅 데이터

출처: 박세환 (2014). 사물인터넷 핵심기술 및 시장성 분석

2) 사물인터넷 도서관 적용 방향

사물인터넷은 인간에게 편안하고 안전한 삶을 제공하기 위해 진화 중이다. 가전제품・전자기기뿐만 아니라 헬스케어, 스마트그리드, 스마트홈, 스마트카, 스마트팩토리, 스마트스쿨 등 다양한 분야에서 사물을 네트워크로 연결해 지능화되고 있다.

사물인터넷을 도서관에 적용하는 방안도 제안되었다. 사물인터넷을 온톨로지로 표현함으로써 다양한 기기에서 수집된 센싱 정보를 융합하여 새로운 서비스를 창출할 수 있는 모델이 제안되었다(정민경, 권선영, 2014). 도서관에서의 사물인터넷 요소를 도출하기 위하여 먼저 도서관의 사물인터넷 적용범위를 관리 측면, 정보의 통합 측면, 이용자서비스 측면으로 나누어 제안했다.

관리 측면에서 보았을 때, 사물인터넷의 다양한 센싱기술을 활용할 경우 전통적 도서관업무인 수서, 목록, 대출관리, 연속간행물, 참고업무뿐 아니라 넓은 범위의 관리가 가능하다. '온도', '습도', '조도'와 같은 센싱 정보 등 장기적으로 도서관리에 영향

을 미치는 환경요인의 관리가 가능하며, 도서관의 일반열람실 및 서가의 복도에 센싱 기술을 적용할 경우 이용자들의 동선을 파악하여 리모델링이나 서가의 효과적인 배치에 활용이 가능하다.

정보의 통합 측면에서 보았을 때, 도서관의 많은 정보 중 서지정보를 기준으로 이용자정보 및 관리정보를 연계할 수 있다. 또한 도서관 RFID 시스템에서는 데이터베이스 스키마를 통한 데이터 통합이 주를 이루지만 사물인터넷에서는 다양한 표준을 통해 정보의 커뮤니케이션이 가능하다.

이용자서비스 측면에서 NFC, 모바일 RFID의 기술을 활용함으로써 도서관의 모바일을 통한 도서 대출, 결제, 열람실 예약 등의 서비스를 다양화할 수 있다. 또한 도서관 내 수집된 센싱 정보와 이용자 경험 정보를 분석하고 융합할 수 있는 플랫폼이 구현된다면, 다양한 정보의 매쉬업 서비스 제공이 가능하다.

4.3 증강현실

증강현실은 사용자가 눈으로 보는 현실세계에 가상물체를 겹쳐 보여주는 기술이다. 현실세계에 실시간으로 부가정보를 갖는 가상세계를 합쳐 하나의 영상으로 보여주기 때문에 혼합현실(Mixed Reality: MR)이라고도 한다. 증강현실시스템은 현실(Real-world elements)의 이미지와 가상의 이미지를 결합한 것이고, 실시간으로 상호작용이 가능한 것이며, 3차원의 공간 안에 놓인 것으로서 무한한 정보들을 현실 속으로 가져와 원하는 시간과 장소에서 활용할 수 있도록 한다. 증강현실기술은 크게 위치기반 증강현실, 영상인식기반 증강현실, 영상추적기반 증강현실 등이 있는데, 위치기반 증강현실은 사용자의 지리정보를 바탕으로 현재 위치와 방향을 사용하여 바라보는 방향에 있는 정보들을 표시해 주는 기법이고, 영상인식기반 증강현실은 현재 찍은 사진에 대한 카메라의 자세까지 계산을 하여 거기에 맞는 콘텐츠를 정합한다. 더 나아가 영상추적기반 증강현실은 매 프레임마다 카메라의 자세를 추적하여 그 프레임에 맞는 콘텐츠를 정합시켜 보여준다(Noh, 2014).

그림 4-10 ▮ 도서관의 증강현실 적용사례

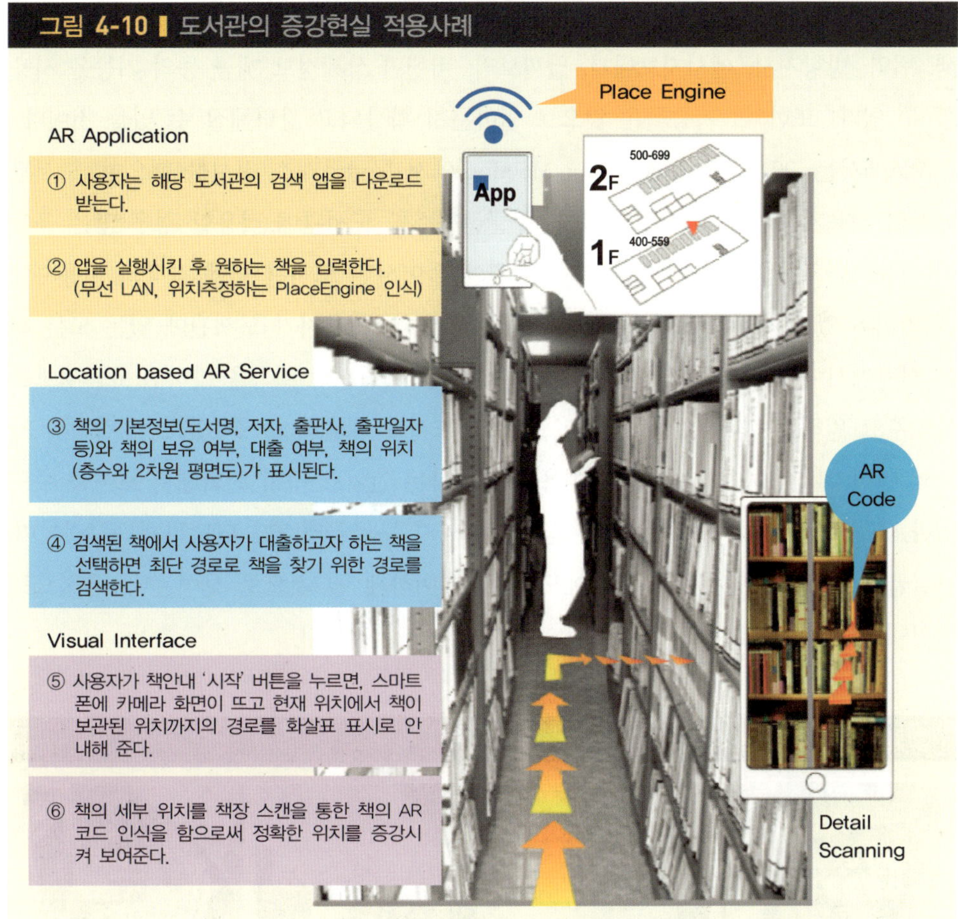

4.4 구글글래스

구글글래스(Google Glass)는 구글이 '프로젝트 글래스'(Project Glass)라는 연구개발 프로젝트로 개발 중인 헤드 마운티드 디스플레이(Head Mounted Display: HMD)가 장착된 착용 컴퓨터로서 유비쿼터스 환경구현을 보다 쉽게 할 수 있는 기술이다. 구글글래스는 구글나우, 구글지도, 구글플러스, 지메일과 같이 이미 존재하는 수많은 구글의 애플리케이션들을 이용할 수 있다. 구글글래스는 현재 핸즈프리 형태로 정보 보여주기, 자연언어 음성명령을 통한 상호작용, 동영상 녹화, 사진촬영, 영상통화, 사진검색, 번역, 방향지시, 메시지보내기, 날씨보기, 비행편 상세정보 제공 등의 기능을 사용할 수 있다. 또한 이 기능들은 앞으로 얼마든지 확장되고 강력해질 수 있을 것이다.

ALA에서는 '2014 ALA Midwinter Meeting'에서 구글글래스 전시를 했으며, 도서관에서의 적용가능성을 시사하고 있다. 구글글래스를 도서관에 적용할 경우 많은 응용이 가능하다고 생각된다. 이용자가 도서관에 들어서면 도서관 벽에 각각의 이용자에게 관심이 있는 책만 디스플레이시켜 줄 수도 있다. 이용자가 도서관에 있는 모든 책을 서가에서 둘러볼 필요가 없어지는 것이다. 음성으로 책 제목을 말하면 요약정보를 들려주고 원하면 바로 온·오프라인으로 그 도서를 대출해 줄 수 있으며, 검색된 자료의 언어가 익숙하지 않을 경우 이용자가 원하는 언어로 즉시 번역해서 보여줄 수도 있다. 도서관에 대한 안내는 물론 공간안내까지 구글글래스가 담당하게 될 것이며, 구글글래스는 장애인서비스 향상에도 크게 기여하게 될 것으로 보이는데, 음성으로 길안내, 책읽어주기, 참고서비스 등이 가능하게 될 것이다.

그림 4-11 | 구글글래스의 기능

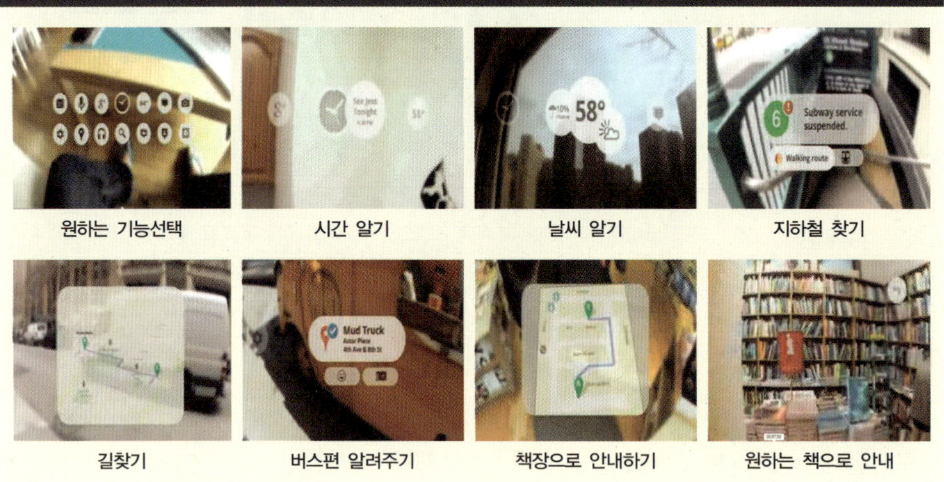

4.5 클라우드 디지털도서관

4.5.1 클라우드 컴퓨팅의 개념과 특징

클라우드 컴퓨팅(cloud computing)은 하드웨어, 소프트웨어 및 개발환경을 공동으로 이용할 수 있는 풀(pool) 형태로 구성하여 필요에 따라 가변적으로 조합, 기능 및 서비스를 제공하는 형태의 환경을 의미한다. 과거, 특정한 목적의 기능을 제공하기 위하여 독립된 하드웨어를 구성하고 독자적인 개발환경을 통하여 소프트웨어를 개발·설치해서 제공했던 방식과는 달리 네트워크에 연결된 어떠한 디바이스에서도 동일한 콘텐츠, 동일한 서비스, 동일한 사용자 경험을 제공받을 수 있도록 해준다(한국교육학술정보원, 2012).

즉, 클라우드 컴퓨팅은 사용자가 언제 어디서나 인터넷 접속을 통하여 IT 자원을 제공받는 주문형 IT 서비스를 의미하는 것으로 가상화(virtualization)와 분산처리(distributed processing)기술을 기반으로 한다. 다양한 자원이 통합된 클라우드(cloud)를 통하여 사용자에게 소프트웨어, 플랫폼, 인프라 등 IT 서비스를 제공하는 것이다(민병원, 2011).

클라우드 컴퓨팅에 대한 기관들의 정의를 보면, IBM(International Business Machines Corporation)에서는 웹기반 응용 소프트웨어를 활용해 대용량 데이터베이스를 인터넷 가상공간에서 분산·처리하고, 이 데이터를 컴퓨터나 휴대전화, PDA 등 다양한 단말기에서 불러오거나 가공할 수 있게 하는 환경이라 하였고, 영국의 정부기관(Centre for the Protection of National Infrastructure: CPNI)에서는 임대에 기반을 둔 네트워크상에서 고객의 서비스 요구사항을 확대하거나 축소하는 능력을 갖추고 고객에게 제공된 IT 서비스의 집합이라 하였으며, NIST(National Institute of Standards and Technology) U.S.에서는 구성가능한 컴퓨팅 자원의 공유 풀에 편리하게, 필요할 때 네트워크를 통해 접속할 수 있도록 하는 모델로 컴퓨팅 자원은 최소의 관리 노력이나 서비스 사업자와의 상호작용으로 신속하게 공급되고 제공가능한 환경이라 하였다.

이를 종합해 볼 때 클라우드 컴퓨팅은 하드웨어 및 소프트웨어 등 각종 IT자원을 언제, 어디서나 인터넷을 통해 빌려 쓰고, 쓰는 만큼 사용료를 지불하는 서비스로 다수의 고객에게 높은 수준의 확장성을 가지로 서비스를 제공하는 환경이라 할 수 있다.

한편, 클라우드 컴퓨팅은 클라우드에서 특정 시점에 원하는 만큼의 컴퓨팅 자원을 끌어다 사용할 수 있는 동적 확장성, 사용한 만큼 과금하는 On-demand 방식의 요금 체계, 대부분이 자동화되어 웹 인터페이스를 통해 쉽게 접근하고 제어할 수 있는 자동화 기반의 편리성 등의 특징이 있다.

이러한 클라우드 컴퓨팅의 주요 특징을 구체적으로 제시하면 다음과 같다(김용, 2012). 첫째, 클라우드 컴퓨팅 소비자는 서버, 스토리지, 프로그램과 같은 정보기술 자원들을 구매하여 소유하지 않고, 필요 시 제3의 제공자에 임대료를 지불하고 서비스를 받는다. 둘째, 클라우드 컴퓨팅 소비자는 자원을 서비스처럼 사용하고, 사용한 만큼의 비용을 제공자에 지불한다. 셋째, 대다수 클라우드 컴퓨팅 제공자는 전기나 수도 등과 같은 전통적인 유틸리티 서비스와 같은 유틸리티 컴퓨팅을 제공한다. 넷째, 클라우드 컴퓨팅 제공자는 제한된 물리적인 인프라를 활용하여 다수의 이용자들이 자신만을 위한 정보기술 인프라가 구축되어 있는 것과 같은 환경을 제공한다. 다섯째, 서비스 제공자는 이를 위해 분산되어 있는 물리적 인프라를 가상화하여 가상의 자원풀을 구축하고 사용자의 작업 요구 수준에 따라 자원들을 효율적으로 배분하여 사용한다.

4.5.2 클라우드 컴퓨팅 서비스 구축모델 및 서비스모형

클라우드 컴퓨팅 서비스는 퍼블릭 클라우드, 프라이빗 클라우드, 하이브리드 클라우드, 커뮤니티 클라우드로 분류된다(CPNI, 2010; NIST, 2011). 퍼블릭 클라우드(Public Cloud)는 클라우드 컴퓨팅 이용 대상을 제안하지 않는 방식으로 누구나 네트워크에 접속해 신용카드 등의 결제만으로 서비스에 접근할 수 있고 사용한 만큼 지불하는 구조(Pay-as-you-go)를 갖는 공중 인프라이다.

프라이빗 클라우드(Private Cloud)는 공개 클라우드 서비스와 비슷하지만, 단일 기업을 위해 독점적으로 사용된다는 측면에서 다르다. 이 방식은 보안기능이 강화된 방화벽 내에서만 배타적으로 이용할 수 있는 서비스로 주로 대기업에서 데이터 소유권을 확보하고 프라이버시를 보장받고자 할 때 구축되는 방식이다.

하이브리드 클라우드(Hybrid Cloud)는 특정 목적을 위해 최신의 산업기술을 사용할 수 있도록 공개 클라우드, 사설 클라우드, IT 인프라스트럭처가 혼합된 형태이다.

일반적으로 사용자는 비즈니스에 중요하고 보안이 필요한 서비스와 데이터는 프라이빗 클라우드의 통제하에 두고 덜 중요한 정보나 처리는 퍼블릭 클라우드를 이용한다.

커뮤니티 클라우드(Community Cloud)는 공유된 인프라스트럭처와 서비스를 고려하며 유사한 목적과 염려를 한 조직을 넘어서 사용된다. 특별한 보안 요구나 공통 미션 같은 관심사를 공유한 조직의 그룹에 의해 제어되고 이용한다.

클라우드 컴퓨팅 서비스는 제공하는 컴퓨팅 자원의 종류에 따라 소프트웨어 및 애플리케이션을 서비스하는 SaaS, 개발자용 플랫폼 및 개발 도구를 지원하는 PaaS, 데이터 저장 및 처리 지원을 위한 스토리지와 서버를 제공하는 IaaS 등으로 구분된다.

SaaS(Software-as-a-Service)는 애플리케이션 또는 소프트웨어를 서비스 형태로 제공하는 클라우드 컴퓨팅 서비스로 클라우드 컴퓨팅 서비스 사업자가 인터넷으로 소프트웨어를 제공하고, 사용자가 인터넷에 원격에서 접속하여 소프트웨어를 활용하는 모델이다. 소프트웨어의 아웃소싱 모델인 SaaS는 클라우드 컴퓨팅 서비스는 SaaS를 포함한 광범위한 IT 자원을 아웃소싱한 모형이면서 SaaS를 가능하게 하는 기반 컴퓨팅 환경을 포함하는 개념이다. SaaS의 예로는 Google Apps, Apple Mobile Me, MS Dynamic CRM Online 등이 있다.

PaaS(Platform-as-a-Service)는 사용자가 쉽게 서비스를 만들 수 있도록 필요한 기본기능을 제공하는 플랫폼을 서비스 형태로 제공하는 클라우드 컴퓨팅 서비스이다. 사용자가 소프트웨어를 개발할 수 있는 토대를 제공해 주는 것을 목적으로 하며 대표적인 서비스는 구글의 AppEngine과 Microsoft Azure가 있다.

IaaS(Infrastructure-as-a-Service)는 서버, 스토리지 등의 자원을 사용자에게 서비스 형태로 제공하는 클라우드 컴퓨팅 서비스이다. 즉, 사용자에게 서버, 컴퓨터, 스토리지 같은 하드웨어 자체를 판매하는 것이 아니라 연산능력이나 저장능력 등의 컴퓨터 파워를 서비스로 제공한다. 대표적인 서비스로는 아마존 EC2, S3, GoGrid Joyment, AT&T 등이 있다.

4.5.3 클라우드 컴퓨팅의 도서관 적용

클라우드 컴퓨팅을 도서관에 적용한 사례는 적지 않다. OCLC의 경우 중앙센터에서 데이터의 저장 및 처리를 통하여 생산된 결과물을 회원도서관에 제공하는 역할을 통하여 Amazon, Google과 같은 클라우드 컴퓨팅 서비스 제공자의 역할을 도서관분야에서 지속적으로 수행하고 있다. 클라우드의 적용 내용을 보면 도서관에서 수행되는 도서관의 전반적인 업무를 클라우드기반으로 가는 것, 클라우드기반의 전자자원의 수서 및 라이선스관리, 클라우드기반의 정보의 유통 및 출판, 이용자 대상 각종 정보서비스를 클라우드기반으로 하는 것이 포함된다. 클라우드 컴퓨팅의 도서관 적용사례를 정리하면 다음 [표 4-9]와 같다.

표 4-9 클라우드 컴퓨팅의 도서관 적용 사례

적용사례	설명
OCLC	웹기반의 정보의 유통, 출판, 전자자원의 수서, 라이선스관리 등의 기능을 포함하는 클라우드기반의 통합 디지털도서관시스템
DuraCloud	• 클라우드 인프라기반에서 학술도서관, 연구센터 및 문화유산 관련 조직에서의 디지털콘텐츠의 보존 및 관리를 위하여 개발한 운영관리를 위한 클라우드 서비스(managed cloud service) • 소속 기관의 요청에 따른 데이터 보존과 이용서비스를 제공하는 호스팅 서비스 제공
LibraryThing	3,500만 권의 책에 대한 정보와 이용자에 의해 생성된 메타데이터를 통하여 정보교환, 정보추천, 이용자 간의 소통 등의 서비스를 제공하는 클라우드 컴퓨팅 기반의 소셜네트워크 서비스
Reed Elsevier	클라우드 컴퓨팅기반으로 의료전문가에게 시공간적인 제약 없이 의학분야의 다양한 의료정보와 응용프로그램을 제공하는 서비스를 제공
AlephPlus	Ex-Libris사의 도서관시스템 'Aleph'을 Ex-Libris사의 클라우드기반 솔루션인 'AlephPlus' 환경으로 전환
SerialsSolutions	• 2011년 미국의 Serials Solutions사가 웹스케일의 도서관업무관리시스템으로 개발하였으며 도서관이 소장한 종이도서와 전자콘텐츠를 통합 관리 • 추천도서, 수입, 목록, 대출, 평가・리포트 등의 기능 • 출판사나 콘텐츠 제공사들의 시스템과 연결되어, 도서관의 수서부터 목록까지 업무흐름을 편리하게 재구축가능
LibGuides	• Springshare사가 도서관서비스에 웹 2.0을 활용하여 이용자들과 정보를 공유할 수 있게 하고, 사서들은 LibGuides를 이용하여 도서관이 소장한 다양한 학술자원들을 이용자들에게 보다 쉽고 편리하게 안내하도록 하는 도서관 주제봉사를 위한 서비스 • 페이스북, 딜리셔스와 같은 소셜네트워크 서비스들과도 통합 사용 및 구글 검색도 가능 • LibGuides 위젯을 제공하여 도서관 홈페이지, 블로그 등에 손쉽게 적용가능

브라질 Gol Group의 Nuvem de Livros [Cloud of Books]	2011년 10월 1일 브라질 학교도서관에서 시작되었으며, 25개 출판사로부터 3,000권의 제목과 Roberto Marinho Foundation에서 1,500개의 비디오를 제공한다. 책은 컴퓨터, 디지털 리더, 태블릿 PC나 휴대폰을 통해 접근하며 언제 어디서나 같은 책을 수백만 명이 동시에 읽기가능
Eastern Kentucky 대학도서관과 Western 주립대학	• 웹폼에 대한 응답을 수집하기 위한 Google Docs, 공지와 회의 장소를 위한 Google Calendar, 대학도서관의 웹사이트, 목록, 블로그에 관한 통계를 수집하기 위한 Google Analytics를 사용 • 도서관 eLibrary에 Google의 App Engine을 사용하는 Western 주립대학(Gunnison, Colorado)은 연속간행물 대출과 정부간행물 관리서비스를 위한 2개의 Microsoft Access 데이터베이스를 마이그레이션하여 사용할 예정
미국의회도서관 (LC)	일 년간 클라우드 저장능력을 시험하는 모의 프로그램인 Duracloud와 파트너십을 체결

출처: 김세영, 김성훈, 오삼균 (2012). 사서의 클라우드 컴퓨팅서비스에 대한 인식 연구; 김용 (2012). 클라우드 컴퓨팅 기반의 도서관 서비스 도입방안에 관한 연구

4.6 빅데이터

4.6.1 빅데이터의 개념 및 요소

최근 스마트기기, SNS 등의 확산으로 인한 데이터 폭증, 컴퓨터 능력의 향상 및 데이터 관리분석기술의 발전으로 빅데이터 시대가 도래하였다고 할 수 있다. 가트너는 2020년에는 2천억 개가 넘는 기기가 웹과 연결되어 서로 정보를 주고받는 사물인터넷 환경이 된다고 했다(김서, 2013). 사물인터넷 환경에서 사물끼리 주고받은 정보는 사람의 통제를 벗어난 실로 엄청난 빅데이터가 될 것이며, 이것을 효과적으로 관리할 수 있는 도구나 방안이 나와야 할 것이다. 도서관분야에서도 정보기술의 발달로 온라인을 통해 도서관을 이용하는 이용자들이 스마트기기, SNS 등을 통해 언제 어디서나 독서를 즐길 수 있는 환경으로 변화함에 따라 도서관 이용자의 스마트기기, SNS 등의 활발한 활동으로 인해 축적된 도서관 빅데이터를 활용한 서비스 수요가 증가하고 있는 추세이다.

빅데이터는 향상된 시사점을 제공하고, 더 나은 의사결정을 위해 사용되는 데이터 가운데 비용 대비 효율이 높고 혁신적이며, 대용량, 고속 및 다양성의 특성을 가진 정

보 자산이라고 일반적으로 정의되고 있다(Gartner, 2012).

빅데이터에 대한 정의는 데이터의 규모, 데이터의 형식, 데이터의 활용목적에 따라 약간씩 다르게 정의되고 있다. 먼저 데이터의 규모에 초점을 둔 정의로 Mckinsey Global Institute(2011)는 빅데이터를 일반적인 데이터베이스 소프트웨어가 저장, 관리, 분석할 수 있는 범위를 초과하는 규모의 데이터라고 정의하였다.

BI/DW 리서치 기관인 TDWI는 데이터의 요소에 초점을 두고 Volume, Variety, Velocity의 3대 요소 가운데 두 가지 이상의 요소를 충족해야만 빅테이터로 볼 수 있다고 정의하였다. 또한 IDC(2011)는 데이터의 활용목적에 초점을 맞추어 다양한 종류의 대규모 데이터로부터 저렴한 비용으로 가치를 추출하고 데이터의 초고속 수집·발굴·분석을 지원하도록 고안된 차세대기술 및 아키텍처라고 하였다. 표순희 등(2014)은 기존의 방식으로는 저장, 관리, 분석이 어려울 정도로 규모가 크고 데이터의 순환, 처리 등의 속도가 빠르며, 형식이 다양한 데이터 또는 이러한 데이터를 분석하는 방법이라고 하였다.

빅데이터의 요소는 데이터 수집·통합, 데이터 저장·관리, 데이터 분석, 데이터 분석 가시화라는 네 가지로 구분하여 다음과 같이 제시되고 있다(홍승필, 2012).

표 4-10 빅데이터 요소기술

분류	정의	빅데이터 요소기술	
		관련 기술	오픈소스 기술
빅데이터 수집·통합	새로운 데이터 생성, 네트워크에 산재해 있는 외부 데이터 수집, 내·외부 이종데이터 통합 등 데이터의 형태와 소재에 무관하게 데이터를 확보하는 기술	• 에이전트 • 웹로봇 • RSS • 웹 크롤러	• Scribe • Flume • Chukwa
데이터 저장·관리	폭증하는 다양한 형식의 데이터를 실시간 저장·관리할 수 있는 분산 컴퓨팅 기술	• 대용량 분산 파일 시스템 • 인-DB 분석 • 인-메모리기술	• NoSQL • 빅테이블(Big Table) • GFS(구글 파일시스템)
데이터 분석	빅데이터에 내재된 가치를 추출하기 위해 필요한 대규모 통계처리, 데이터 마이닝, 그래프 마이닝 등의 분석방법, 기계학습 및 인공지능을 활용한 심층 분석기술	• Text Mining • 자연어 처리 • Machine Learning • DDS • RDBMS	• MapReduce • Big Query • Mahout

데이터 분석 가시화	비전문가가 데이터 분석을 수행할 수 있는 환경을 제공하는 분석도구기술과 분석결과를 함축적으로 표시하고, 직관적인 정보를 제공하는 인포그래픽스기술로 구성	• InVis • Spatial Information Flow • Clustergram • History Flow • Facebook Transaction	• R

출처: 홍승필 외 (2012). 빅데이터 기반 개인정보보호 기술수요 분석

4.6.2 빅데이터의 특징 및 분석기법

빅데이터의 특징에 대해 아직까지 단일한 개념이 정립되어 있지 않으나 일반적으로 데이터의 크기(Volume), 다양한 형태(Variety), 빠른 생성 · 유통 · 속도(Velocity)라는 뜻에서 3Vs라는 특징을 가장 많이 사용하고 있다. 최근에는 3Vs에 빅데이터를 통한 가치(Value)창출의 중요성 및 데이터의 진본성(Veracity)이 강조되면서 5Vs로 정의되고 있다.

▌표 4-11▌ 빅데이터의 특징

특징	핵심의미	내용
Volume (대용량)	데이터의 규모	• 막대한 양의 데이터 사이즈를 가지고 있으며 수십 테라 바이트는 기본으로 사용 • 데이터 분석을 위해 MapReduce 기반의 분산컴퓨팅 프레임워크를 활용한 클라우드기술을 필요로 함 • 인터넷, 모바일폰 및 센서 등의 활용이 늘어나면서 데이터 생성 속도가 가속화되고 있기 때문에 데이터의 규모는 방대할 수밖에 없음
Variety (다양성)	데이터의 다양성	• 다양한 정보원을 포함하며 또한 너무 다양한 각종 데이터 타입, 개체들을 포함 • SNS상의 다양한 텍스트, 이미지 및 동영상 자료 외에도 각종 센서에서 수집된 데이터로 인해 종류가 더욱 다양해졌음 • 로그기록, 소셜미디어, 위치정보, 소비데이터 등 각종 데이터와 CC카메라에서 생성되는 동영상, 개인의 디지털 파일, 각종 센서로부터 발생되는 센서값 등 정형 데이터뿐 아니라 다양한 비정형 데이터도 생성되며 이를 다 포함함

Velocity (실시간성)	데이터 생성・처리 속도	• 실시간과 같은 느낌의 빠른 속도의 처리능력을 보유함 • 급속한 데이터의 증가에 따라 복잡한 이벤트 데이터에 대한 실시간에 가까운 처리를 위해 대규모 데이터 센터를 활용 • 자동으로 데이터를 생성하는 센서장치, 스마트폰 등과 같이 데이터 생성 및 유통 채널의 변화로 지속적으로 생성되는 스트림 데이터가 증가하고 있으며 데이터 생성속도도 빨라지고 있음 • 데이터 생성 속도의 가속화는 이를 활용하기 위한 처리 및 분석 속도의 가속화도 요함
Value (가치)	데이터의 가치	• 투명성 창출, 요구의 발견, 다양성 도출, 성과 향상, 커스터마이즈된 경영을 위한 고객 세분화, 자동화된 알고리즘으로 의사결정 지원과 의사결정의 대체, 새로운 사업 모델, 상품서비스, 혁신으로 봄 • 생산성이 수량화된 산출물을 가지고 있지 않고 시간에 따라 변화하는 가치를 반영해야 하는 공공분야에서 빅데이터의 가치를 유럽연합의 공공정보 활용의 관점에서 봄
Veracity (진본성)	데이터의 진본성	불확실성에 대한 인식과 대비가 필요한 데이터
Complexity (복잡성)	데이터 활용 환경의 복잡성	• 데이터 종류에 따라 적용되는 표준, 도메인별 규칙, 저장형식 등이 서로 다르며 데이터 안에 존재하는 가치 있는 정보를 얻기 위해서는 이와 같은 이질의 데이터를 통합하여 활용할 필요가 있음 • 데이터구조화의 차이, 저장방식의 차이, 중복성 문제 등까지 데이터 종류 및 관리 대상의 증가로 보다 복잡한 새로운 처리기법이 요구됨

출처: 최성곤 외 (2012). McKinsey Global Institute

또한 대용량, 다양성, 실시간성이 복합적으로 이루어지는 복잡성을 가졌다는 측면에서 4가지 측면에 복잡성(Complexity)이 추가되어 1C가 추가되기도 한다(최성곤 외, 2012).

이러한 빅데이터를 분석하는 분석기법은 총 여섯 가지로 제시되고 있으며(윤홍근, 2013), 패턴발견이 목적인 데이터마이닝, 비정형데이터로부터 관계 데이터를 추출하고 분석하는 텍스트마이닝, 여론을 분석하는 평판분석, 소셜네트워크의 연결구조 및 강도를 분석하는 소셜분석, 비슷한 특성을 가지는 개체를 분석해 내는 클러스터분석, 사회적 행동패턴 예측을 위한 분석인 현실마이닝 등이 있다.

표 4-12 빅데이터 분석기법

분석기법	내용
데이터마이닝	• 통계와 같은 수학적 기술과 함께 패턴인식기술도 이용해 대용량 데이터를 조사 분석하는 기법 • 데이터 안에서 숨겨진 패턴 발견이 목적 • 가치 있는 정보는 의사결정에 적용
텍스트 마이닝	• 비정형 또는 반정형 텍스트 데이터에서 자연어 처리기술에 기반해 유용한 정보를 추출, 가공하는 기법 • 자연어 처리기술에 기반 • 대용량 언어자원과 통계적·규칙적 알고리즘 사용 • 문서분류, 문서군집, 정보추출, 문서요약 등에 응용
평판분석	• 웹사이트와 소셜 미디어에 나타난 여론과 의견(긍정 및 부정, 중립 등 선호도)을 분석하여 실질적으로 유용한 정보로 재가공하는 기술 • 특정 서비스 및 상품에 대한 반응 및 입소문 분석 등에 활용 • 전문가에 의한 선호도를 나타내는 표현 및 단어 자원의 축적이 선행되어야 분석이 용이
소셜분석	• 일명 소셜네트워크분석 • 소셜네트워크의 연결구조 및 강도 등을 기반으로 소셜네트워크상의 위치를 규명 • 소셜 미디어의 글과 사용자를 분석해 소비자 흐름이나 패턴 등을 분석하고 판매나 홍보에 적용
클러스터분석	• 일명 군집분석 • 비슷한 특성을 가진 개체를 개별 클러스터로 만들어 묶어내는 것이 시작 • 클러스터로 나누는 방법은 통계기법을 활용해 유사성 판단
현실마이닝	• 사람들의 일상 또는 특정한 시기 행동패턴 예측을 위한 분석 • 사회적 행동과 관련된 정보를 휴대폰이나 GPS 등의 기기를 통해 수집 • 현실에서 발생하는 정보를 기반으로 인간관계와 정보추구 또는 이용행태 등을 추론

출처: 윤홍근 (2013). 문화산업에서 빅데이터의 활용방안에 관한 연구

4.6.3 빅데이터의 도서관 적용

도서관 빅데이터는 도서관에서 생성되는 데이터로서 사서의 업무과정에서 생성되는 데이터, 이용자들이 도서관 및 도서관 자원을 이용하는 과정에서 생성되는 데이터, 그리고 도서관 자원 그 자체에 대한 데이터가 될 수 있다.

KISTI에서는 도서관 내·외부에서 수집·생성되는 도서관 빅데이터를 세 가지 유형으로 구분하여 제시하였다(김혜선, 2014).

▌표 4-13▌ 도서관 빅데이터의 유형

구분	내용	종류
도서관 정형데이터	• 도서관 홈페이지 및 정보시스템을 통해 수집되는 정보 중 의미해석이 직접적으로 가능한 데이터 • 주로 고정된 필드에 저장된 데이터 • 도서관에서 RDB나 스프레트시트 등으로 관리 중인 데이터	장서데이터 이용데이터
도서관 반정형데이터	• 도서관 홈페이지 및 정보시스템을 통해 수집되는 정보 중에서 축적은 되지만 바로 처리가 어려운 데이터 • 도서관에서 수집되는 정보를 바탕으로 도서관에서 자체적으로 생성하는 데이터	로그데이터 통계데이터 공공데이터
도서관 비정형데이터	• 도서관 내・외부에서 생성되는 도서 및 도서관 프로그램 관련 텍스트 데이터 • 분석기법에 의해 의미 있는 데이터가 되거나 버려질 수 있는 데이터	도서관 관련 텍스트정보

출처: 김혜선 (2014). 도서관 빅데이터 분석활용 체계 구축 사업 소개

한편, 이러한 빅데이터의 도서관 활용사례로 먼저, 문화체육관광부는 전국 282개 공공도서관의 데이터를 수집・저장・분석해 이용자들에게 맞춤서비스를 제공하는 '도서관 정보 나루'와 과학적 도서관 경영을 지원하는 '사서의사결정지원시스템' 서비스를 2016년부터 한국과학기술정보연구원과 함께 운영한다. '도서관 정보 나루'는 전국 282개 도서관의 데이터(대출 및 반납 정보, 이용 정보 등)를 실시간으로 수집한다. 현재까지 4억 2,000만여 건의 대출 기록을 수집했으며 1일 평균 31메가바이트(300쪽 도서기준 약 24권) 분량의 데이터가 자동으로 저장되고 있다. '도서관 정보 나루'는 참여도서관 이용자들이 최근 90일간 즐겨 읽었던 도서를 지역별, 연령대별로 확인할 수 있는 '인기대출 도서' 코너와 새로운 융합형 서비스 개발과 도서관 관련 연구 등에 필요한 자료를 개방한 '공개데이터', 계절・날씨 등에 따라 읽기 좋은 책을 추천해 주는 '테마데이터' 등 다양한 서비스를 제공한다. 사서업무를 지원하는 '사서 의사결정 지원시스템'의 경우 대출 회원과 소장 도서 분석기능, 장서 구성 최적화 지원기능을 제공한다.

국회도서관도 2016년부터 국회전자도서관의 데이터분석을 통한 시각화서비스를 제공하게 되었는데, 시각화서비스는 국회도서관이 보유하고 있는 다양한 용어데이터를 융합하고 재가공하여 검색된 자료를 시각화한 인포그래픽(inforgraphic) 서비스이다. 이는 기존 키워드 검색기능으로는 확인이 어려웠던 동일 자료의 모아보기, 특정

주제에 대한 연도별 연구 추이, 관련 저자 및 기관 정보 등을 한눈에 알 수 있게 해주는 빅데이터(Big data) 분석 개념을 활용한 고도화된 정보서비스이다.

이와 같이 국가도서관 차원에서는 빅데이터 분석을 통해 다양하고 고도화된 정보서비스를 제공해 오고 있으며, 데이터를 적용한 사례를 정리하면 다음 [표 4-14]와 같다.

표 4-14 빅데이터의 도서관 적용사례

적용사례	설명
KAIST 도서관 웹로그분석시스템	• 반정형 데이터 형태의 웹 로그 데이터를 정형 데이터로 저장한 후 분석과정 거침 • 분석 대상 데이터: 방문자분석, 검색분석, 페이지분석, 발송통계, 유입경로분석, 자료별 관심분석, 사용자 환경분석, 시스템 설정
이화여자대학교	도서관의 도서추천서비스에 활용
한국교육학술정보원	방대한 학술정보에서 다양한 관계분석을 통한 새로운 정보서비스 계획
유럽연합 (European Union)의 디지털도서관 프로젝트인 유로피아나(Europeana)	• 유럽연합 25개 회원국이 보유한 방대한 문화유산을 디지털화하여 서비스하는 프로젝트로 대표적인 도서관 빅데이터 서비스 • 모바일과 이용자 로그분석을 통해 이용자의 이용패턴을 분석하여 요일별, 시간대별, 체류시간, 페이지뷰, 사용기기를 파악하고, 많이 사용하는 콘텐츠·서비스, 주로 이용하는 시간, OS, 이용자의 국가, 방문 시 쿼리, 이용 콘텐츠의 비교, 유입경로, 방문이유, 이용 빈도 등을 파악하여 이용자서비스 및 콘텐츠, 인프라 강화에 반영
미국의 Community Connect	도서관 봉사지역의 인구데이터, 학교 관련 데이터와 같은 공공데이터 등을 특정 도서관의 장서, 대출, 시설 및 설비 관련 데이터 등과 결합하여 도서관 서비스에 활용
GeoLib 프로젝트	미국 내의 공공도서관의 지리적 데이터베이스를 구축하여, 이를 통해 각 개별 공공도서관시스템과 지역을 분석하는 토대로 활용하는 연구로 특정 지역 공공도서관을 중심으로 사방 2마일 내에 있는 지역의 인구통계적 특성을 보여주는 기능을 제공
네덜란드 암스테르담 공공도서관	• 자료검색에 정보시각화 기법을 적용하여 관련된 자료를 이용자가 쉽게 인지할 수 있도록 지원하고 있음 • 정보시각화를 통해 이용자들은 정보를 직관적으로 이해할 수 있으며 정보에 친근하게 접근할 수 있게 되고, 데이터의 양이 많아서 의미를 파악하기 어려운 것을 그림으로 표시하여 보여줌

출처: 김서 (2013). 빅데이터 도서관 활용사례: KAIST도서관 웹로그분석시스템을 중심으로

4.7 세컨드라이프

4.7.1 세컨드라이프의 개념

세컨드라이프(second life)는 SF 작가 닐 스티븐슨의 1992년작 『스노우 크래쉬』에 묘사된 가상세계 메타버스를 3차원 컴퓨터 그래픽 환경으로 구현해 보자는 취지 아래 개발되기 시작하였고(Ondrejka, 2006), 그리드 컴퓨팅기술과 CGS라는 미디어 객체 창작 자동화기술을 최적화하여 가상세계 내에서 사용자들이 원하는 대로 공간을 확장해가고, 자신의 창의성을 실현할 수 있도록 하였다. 또한 자유텔레포트 방식을 도입하여 기존 게임형 가상세계의 레벨링 시스템을 변모시키고 현대 대도시의 시설, 제도, 알고리즘을 그대로 가상세계로 유입시켜 현실세계와의 연계를 추구하고 있다. 여기에 창작물에 대한 소유권을 사용자에게 부여하고 현실 경제와의 재화교환을 가능하도록 함으로써 이러한 연계성을 극대화시켰다(이인화, 2007).

4.7.2 세컨드라이프 적용사례

세계적인 기업인 IBM, NIKE 등은 세컨드라이프 내 가상 상점을 개업하고 기업 홍보 및 판매를 하고 있다. 또한 실제 현실의 학교를 가상 공간화하여 학교 홍보뿐만 아니라 학생들 간의 다양한 상호작용 교육활동이 이뤄질 수 있도록 하고 있다. 또한 과학관 구겐하임미술관 등은 실제 익스플로러토리움(Exploratorium), 문화 기구를 가상공간에 구축하여 새로운 관람객을 창출하고 가상공간 내에서 예술 문화를 향유할 수 있도록 하는 시도가 있다(박주희, 김정화, 2009).

2008년에는 우리나라 KAIST 교내에서 'KAIST-국립현대미술관 찾아가는 미술관 〈과학정신과 한국현대미술〉 전'의 가상 전시를 세컨드라이프 내에 구축하였다. 세컨드라이프 내 박물관 약 210개, 갤러리 약 840여 개를 개인, 단체 등이 운영 중에 있으며, 그 중 컨템포러리아트(contemporary art)와 관련된 미술관(전시)은 약 24개이다. 가상미술관(전시)에서 전시하고 있는 전시품은 대부분 2차원 평면 작품이거나 세컨드라이프 스크립트를 사용하여 새로운 형태로 제작된 작품들이다.

또한 세컨드라이프를 활용한 디지털 스토리텔링과 협력학습을 시도한 사례도 있으며, 가상공간 체험을 기반으로 한 머시니마(machinima) 제작학습모형을 제공함으로써 인문사회학을 전공한 학생들이 적극적인 문화 생산자로서 활동할 수 있는 시도를 하기도 했다(최서윤, 2009).

4.7.3 세컨드라이프 도서관

'세컨드라이프 도서관(Second Life Library)'이나 가상세계에 대한 관심이 높아지면서 가상세계에서의 협력작업, 정보공유, 학습활동 등이 이루어지기 시작했으며(Chow et al., 2010), 60개 이상의 가상캠퍼스와 함께 120여 개의 가상도서관(virtual library)이 생겨났다(Kroski, 2007). 가상도서관에서 제공되는 서비스는 전통적인 도서관에서 제공되는 것과는 달라야 할 것으로 생각되었는데, 이는 가상세계의 이용자는 다른 성향을 가지고 있을 것이기 때문이다. 따라서 사서들의 관심은 가상세계의 잠재이용자들을 가상도서관이나 전통적인 도서관으로 끌어들일 수 있는 방법에 대해 고민하게 되었다(Bell & Trueman, 2008).

Chow 등(2012)은 이와 같은 가상세계의 확장으로 잠재적인 가상이용자가 증가하고 있다고 보고 가상이용자의 요구를 밝혀내고자 하였다. 그 결과 가상이용자의 요구와 전통적인 도서관 이용자의 요구는 다르게 나타났으며, 성공적인 가상도서관들은 사회적 참여와 커뮤니케이션을 지원하는 독특한 가상현실상황을 활용한 정보서비스를 제공하는 도서관들이었다고 밝히고 있다. 실제로 세컨드라이프에 구축된 가상도서관으로 InfoIsland Library Directory 목록에 올라와 있는 도서관은 Cleveland Public Library(OH), Glenview Public Library(IL), Maryland Library System, Monroe County Library System(NY), Olathe Public Library(KS) 등 10개 이상이다.

4.8 무한창조공간

2013년에 미래창조과학부가 무한상상실 개념을 구상할 때 스토리텔링 클럽, 상상과학교실, 아이디어 클럽의 운영을 통해 상상 및 창의활동을 지원하고, 우수 아이디어 시상, 아이디어 오디션, 무한상상 아이디어 페어, 그리고 과학자의 아이디어 뱅크를 통해 아이디어를 발굴하고 관리하는 역할을 하며, R&D를 통한 기술개발, 특허출원, 사업화 창업, 그리고 일자리 창출 등을 통해 발굴된 아이디어를 활용하고자 하는 운영체계를 가지고 출발하였다.

이 개념 중 도서관에 적용된 개념은 스토리텔링 분야로 제한적이지만 해외의 도서관 무한창조공간 사례를 보면 미래창조과학부가 구상하고 있는 무한상상실 개념을 모두 포함하는 훨씬 폭넓은 개념이며 매우 다양하게 적용 및 활용되고 있는 것을 알 수 있다.

무한창조공간을 도서관서비스와 결합시키는 것은 도서관 이용자의 삶의 변화에 영향을 미칠 수 있는 획기적인 아이디어라 생각된다. 도서관 무한창조공간은 이용자들이 세상을 다르게 볼 수 있게 하고 그들이 창조할 미래에 대한 새로운 가능성을 탐구하고 상상할 수 있는 기회를 줄 것이다.

무한창조공간의 개념은 기술을 가지고 무엇인가를 창조하는 것이지만 STEM(Science, Technology, Engineering and Math) 활동만을 포함하지 않는다. 무한창조공간은 창의적인 사람들을 발굴하는 것이고, 도서관에서의 무한창조운동은 이용자들이 스스로 창의적으로 생각하며, 스스로의 해결책을 모색할 수 있도록 가르치는 것이다. 한마디로 사람들이 함께 모여 특정 기술을 가지고 새로운 것을 창조하는 곳이라고 할 수 있다(Bagley, 2012).

인터넷의 도래로 이용자들은 더 이상 오프라인 책이 지식획득의 주요 수단이 아니라는 것을 인식하게 되었고, 사서들은 미래도서관의 역할 변화나 모습을 파악해 보려는 시도를 하게 되었으며, 새로운 역할모색 과정에서 무한창조공간에 대한 관심이 높아지게 된 것이다. 최근의 가상현실, 구글아이 등의 새로운 기술과 도구의 개발은 무한창조공간으로서의 새로운 도서관의 모습을 구상할 수 있게 한다.

이와 같이 도서관에서의 무한창조공간 구축은 도서관의 기존 기능인 도서 및 미디어 열람, 예술작품 감상, 친목도모 및 프로그램 참여 외에도 새로운 기능을 추가하고자 하는 시도로 해석되기도 한다.

본 서에서는 도서관에 새롭게 도입되고 있는 무한창조공간의 개념, 운영모형, 운영사례 등을 알아보고자 한다.

4.8.1 무한창조공간의 개념

도서관 무한창조공간과 관련된 선행연구는 그다지 많지 않으며, 그마저도 도서관 현장의 사서들을 중심으로 컨퍼런스에서 발표한 사례가 다수를 차지하고 있는 것을 알 수 있다. 무한창조공간 개념은 핵커스페이스, 메이커스페이스 등의 용어들과 유사한 개념이라 할 수 있는데, 선행연구나 사례에서 논의되고 있는 개념을 보면 다음과 같다.

먼저 핵커스페이스(hackerspace)는 핵랩(hacklab), 메이커스페이스(makerspace), 핵스페이스(hackspace) 등으로도 불리며, 커뮤니티운영기반 물리적 공간(community-perated physical space)이다. 이 공간에서는 공동의 관심, 특히 컴퓨터, 기술, 과학, 디지털예술 또는 전자예술 등에 공동의 관심을 가진 사람들이 만나서 사회화되고 협력할 수 있다.

그리고 한 단계 더 나아가 문화의 개념이 결합된 메이커 컬처(maker culture)는 무한창조문화로서 직접적인 창조과정을 통한 학습, 기술, 미술, 시민과학의 조합, 그리고 결과나 프로세스의 공유로 정의되고 있는 것을 알 수 있다(Duinn, 2012).

예를 들어, 메이커컬처는 땜질, 실험, 실패, 재작업, 재활용, 업사이클링(upcycling)[1], 해킹, 그리고 창조의 전체 정신 및 프로세스를 의미하며, 완벽한 환경이나 전용공간에 의존하지 않고, 이용자가 가진 것의 경계를 창조적으로 테스트하고 그것을 가지고 놀이하는, 세상을 바라보는 새로운 방법으로 이해할 수 있다(Behrens, Batykefer & Damon-Moore, 2013).

디트로이트공공도서관(Detroit Public Library)의 사서인 Curvey-Brown, Teeri, Sturges(2012)는 2010년에 도서관 무한창조공간을 시작하고 운영한 경험을 바탕으로 도서관 무한창조공간을 정원에 비교하여 무한창조공간의 개념과 무한창조공간에 관련된 용어들을 다음 [표 4-15]와 같이 정의하기도 했다.

1) 재활용품을 이용하여 기존의 제품보다 품질이나 가치가 더 높은 새 제품을 만드는 과정(신조어)

▌표 4-15▌ 정원의 개념을 통한 무한창조공간의 이해

정원의 개념	무한창조공간의 개념
Garden	Makerspace
Gardeners	Makerspace Leaders
Boundaries	Mission, Goals, Values, Outcomes
Plants	Areas of Concentration
Seeds	Workshops, Projects, Activities
Landscape	Space Design & Layout
Nutrients	Tools, Materials, Resources, Funds
Care	Energy, Work
Fruits & Flowers	Project & Workshop Output
Harvest Celebrations	Events for Sharing
Pruning	Collaborative Editing
Maintenance	Replenishing, Tweaking

출처: Curvey-Brown, L., Teeri, S. & Sturges, J. (2012). HYPE Makerspace: Detroit Public Library

도서관 무한창조공간은 처음에는 아무것도 없는 공간에 지나지 않지만 무한창조공간의 지도자인 사서는 이 공간에서 획득할 성과와 가치를 결정하고 그 성과를 달성하기 위해 구체적인 목표를 세우며, 다양한 이벤트 기획과 도구개발, 투자, 관심, 협력을 하는 공간이 되는 것을 알 수 있다. 마치 아무것도 없는 정원에서 여러 노력을 통해 열매를 얻어내는 공간, 그리고 그곳에 농부의 피나는 노력이 요구되는 공간을 의미한다고 할 수 있다.

Camoprodon 등(2013)은 2013년 11월 열린 컨퍼런스에서 'Coworking and Makerspace'를 표현하는 키워드를 다음 [그림 4-12]와 같은 태그 셋을 사용하여 표현해 보았는데, 가장 핵심 키워드인 '커뮤니티(community)'가 가장 중앙에 크게 위치하고 개방(open), 공유(sharing), 협력(collaboration), 시작(startup), 네트워크(network), 제작자(makers), 기업가정신(enterpeneurship) 등이 비교적 큰 비중을 차지하고 있음을 알 수 있다.

그림 4-12 ▌makerspace 표현 태그셋

Hamilton(2012)은 무한창조공간을 사람들이 도구나 자원을 활용하는 방법을 배우고 창조적인 프로젝트를 개발할 수 있는 곳이고, 기존의 조직 안으로 들어가서 설치되거나 독립적으로 설립될 수 있으며 기존의 교육적 목표뿐만 아니라 학생들의 창의적 관심사별로 유동적으로 형성될 수 있는 곳이라고 했다. 또한 무한창조공간은 사람들이 함께 와서 자원을 공유하고 새로운 기술을 배우는 협력적 학습환경이고, 특별한 소재나 공간이 반드시 필요한 것이 아니라 지역사회협력관계, 협업, 창조의 집합체라고 할 수 있는 곳이며, 사람들은 아이디어나 벤처의 인큐베이터인 이 공간에서 콘텐츠를 생산하고 소비할 수 있다고 하였다.

4.8.2 무한창조공간의 역할

도서관이 무한창조공간을 운영할 때는 그 역할에 대해 명확히 제시하고 방향성을 가지고 갈 필요가 있다. 본 서에서는 다음 [그림 4-13]에서 보는 바와 같이 총 12가지의 역할을 도출하고 각 역할에 해당하는 개념 및 사례를 핵심 키워드로 표현하였다. 무한창조공간의 역할은 무궁무진할 수 있고 보는 시각에 따라 다른 역할을 도출하거나 다른 역할이 도출될 수 있다.

그림 4-13 ▌문헌분석을 통한 무한창조공간 역할 도출과정도

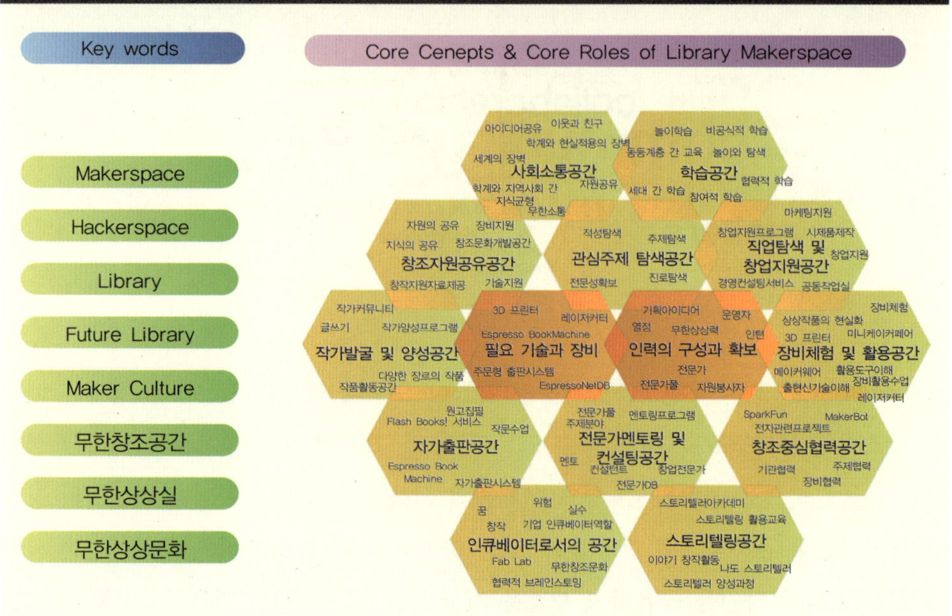

출처: 노영희 (2014). 도서관 무한창조공간 구축 및 운영모형제안에 관한 연구

4.8.3 도서관 무한창조공간 역할모형

무한창조공간은 1993년부터 시작되어 2009년 이후에 급격하게 증가되었고([그림 4-14]), 현재에는 미국에만 해도 100개 이상의 무한창조공간이 구축된 것으로 보인다(7hillsmake 홈페이지, 2013). 그리고 무한창조공간이 급격하게 상승한 2009년을 전후로 해서 도서관에서의 무한창조개념이 보다 활발하게 논의되었을 것이다.

무한창조공간의 사례를 통해서 무한창조공간의 기능이나 활용방향 등을 살펴보면 가능성이 무궁무진하다는 것을 알 수 있다. 이러한 개념이 그대로 도서관에 도입되어 적용된다고 하여도 전혀 무리가 없으며 오히려 보다 효과적으로 적용되고 활용될 수 있다고 본다. 이는 도서관은 이미 관련 자료를 다수 갖추고 있고, 공간의 확보가 용이하며, 과학관이나 박물관에 비해 도서관은 그 수가 많고, 무엇보다 이용자와 가까운 지점에 있어서 접근성이 매우 높기 때문이다.

그림 4-14 ▌무한창조공간의 증가추이

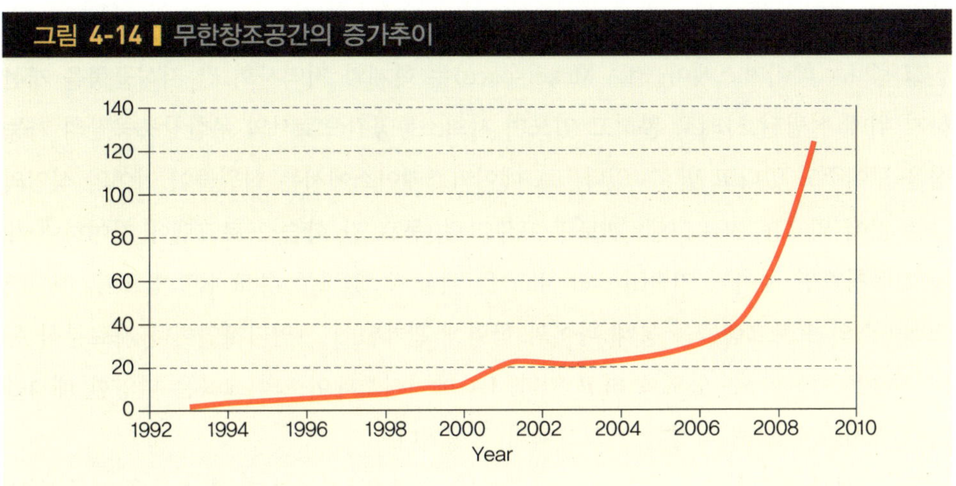

출처: http://7hillsmake.org

무한창조공간의 12개 역할모형을 중심으로 구체적으로 살펴보면 다음과 같다.

1) 사회소통공간

도서관은 지식정보격차를 해소하는 데 중요한 역할을 하는 일종의 사회적 보장기관이라 할 수 있다. 이는 도서관이 이용자로부터 가장 가까이 위치하며 높은 진입장벽 없이 누구나 쉽게 접근할 수 있으며, 동시에 비영리서비스기관이기 때문이다. 이러한 도서관에 무한창조공간이 들어선다는 것은 지역주민이 마음껏 자신의 아이디어를 실험하고 새로운 창업을 생각해 볼 수 있고, 이웃 및 친구와 아이디어 및 자원을 공유할 수 있게 된다는 것을 의미한다.

도서관에 무한창조공간이 마련됨으로써 학자, 교수, 학생, 시민이 연령이나 학력, 사회적 지위, 현재의 개인 상황 등에 관계없이 함께 모여 새로운 연구를 기획하고 특정 프로젝트를 위해 협력할 수도 있으며, 워크숍, 멘토링 등 프로그램의 한계, 도구의 한계, 공간의 한계 등을 모두 극복할 수 있게 될 것이다.

이러한 개념이 이상적인 것처럼 들릴 수 있지만 현재 도서관에 구현된 무한창조공간 사례들은 도서관 무한창조공간이 지역사회 및 세계의 장벽, 학계와 현실적용의 장벽, 작가와 독자의 경계, 생산자와 사용자의 경계, 교수와 학생의 경계, 고용주와 피고용자, 창작자와 소비자의 경계 등 모든 구분을 물리적으로 무너뜨리는 사회소통공간으로 자리매김될 수 있다는 가능성을 보여주고 있다.

그 중 LA 메이커스페이스(LA Makerspace)는 학계와 지역사회 간 지식균형을 개선하기 위해 설립된 사례로 뽑히고 있으며 사회소통공간으로서의 무한창조공간의 가능성을 보여주고 있다고 할 수 있다. LA 메이커스페이스에서는 회원들이 아이와 성인의 구분 없이 워크숍, 프로그램, 멘토링 프로그램, 동료 간 학습 프로그램에 참여하며 새롭고 독창적인 메이커 기술(maker skill)을 배울 수 있도록 유도하고 있으며, 메이커스페이스의 프로그램들을 통해 나이와 학력에 관계없이 산업디자인이나 자료분석 등의 기술을 습득할 수 있도록 하고 있다. LA 메이커스페이스의 교육은 다양한 배경을 가진 교사들에 의해 다양한 프로그램이 진행된다.

즉, 도서관 무한창조공간은 모든 계층 간의 소통과 지역사회 내 소통을 이룩해 낼 수 있는 핵심적인 공간이 될 수 있으며 말 그대로 무한상상, 무한창조, 무한소통, 무한활동이 가능한 매우 의미 있는 공간이 될 수 있을 것이다.

2) 학습공간

도서관 무한창조공간은 학습공간으로서의 역할을 할 수 있다. 무한창조공간은 놀이를 통해서도 학습을 도울 수 있으며, 이 공간에서 사서들은 이용자들이 과학, 수학, 기술, 그리고 공학 등을 쉽게 이해할 수 있도록 지원한다(Britton, 2012). 사람들은 놀이를 통해서 무엇인가를 배울 때 훨씬 쉽게 배우게 된다고 한다.

이 공간에서는 비공식적 학습의 기회가 주어지고, 동등계층 간 교육(peer-to-peer training)이 이루어질 수 있으며, 놀이와 탐색이 촉진될 수 있다(Britton, 2012). 또한 이 공간은 참여적 학습공간으로 활용될 수 있다. 참여적 학습은 최근 도서관 프로그램이나 서비스의 기본구조가 되고 있다. Project New Media Literacies(2014)는 참여학습의 원리를 다음과 같이 제시하였다.

- 의미 있는 놀이와 실험을 통한 강한 동기부여 및 새로운 참여형태 학습
- 학생들의 정체성과 관심에 관련된다고 느껴지는 학습
- 다양한 미디어, 도구의 사용과 실행을 통한 창조의 기회 제공
- 교육자와 학생이 자신들의 기술과 지식을 모으고 교육과 학습 작업을 공유하는 협력구성된 전문성 개발

• 가정, 학교, 지역 사회와 세계 사이의 연결이 가능하고 권장되는 학습통합시스템

메이커스페이스는 이러한 참여학습을 경험하는 곳이고, 참여학습 참여자에게는 협력적 학습, 놀이, 학습을 위한 대화, 세대 간 학습, 실험, 연구, 창조행위, 문제해결 등의 자질이 요구된다. 'Unquiet Librarian'은 무한창조공간을 필수적인 학습공간으로 만들기 위한 추가적인 자원도 제공하고 있다.

Library as incubator project(2012)도 도서관 무한창조공간은 사람들이 함께 와서 자원을 공유하고 새로운 기술을 배우는 협력적 학습환경이라고 하였으며, 지역사회의 협력, 협업, 창조의 태도(사고방식)라고 하였다.

존슨카운티도서관(Johnson Country Library)의 메이커스페이스는 특히 고가의 장비와 교육비 때문에 배움에 지장이 있는 교육 프로그램을 중심적으로 제공하며, 납땜기술을 배울 수 있는 프로그램인 납땜기술교육(Soldering), 기계 및 전자제품 등을 회원들이 직접 해부해 보도록 하고, 그 과정을 통해 기계에 대해 배울 수 있도록 필요한 도움을 제공하는 기계 해체 프로그램(Some Disassemply Required), 십대들이 조명활용방법 및 영상 촬영기법을 익힌 후 메이커스페이스 공간 및 장비를 활용하여 영상을 편집할 수 있도록 교육하는 레고 스톱모션 애니메이션 워크숍(Lego Stop-Motion Animation Workshop) 등을 제공한다.

LA 메이커스페이스는 학자, 교사, 학생들이 모여 새로운 연구를 기획하고 기존 프로젝트를 위해 협력하는 모임의 장인데, LA 메이커스페이스의 교육은 앞서 언급하였듯이 하드웨어 및 소프트웨어 엔지니어링, 일렉트로닉, 미술, 게임, 디자인, 영화, 로봇공학, 생명공학(bio-tech), 환경공학(eco-tech) 등 다양한 배경을 가진 교사들에 의해 행해진다. 강좌를 주도하는 교사들의 직업은 과학자, 선생님, 도서관 사서, 사업가, 행정가, 학부모 등이다. 특히, 'Learn to Code with Us'는 소프트웨어 엔지니어인 교사(Michelle Leonhart)의 지도하에 이루어지는 주 1회 워크숍으로, 코딩기술 학습을 주목표로 하되 '교사' 대 '학생'의 구도로 교습을 하기보다는 자기주도적 학습을 기반으로 하여 상호조언을 제시하는 형태로 이루어진다. 초보부터 상급자까지 기술 보유 정도에 무관하게 참여가능하다.

즉, 도서관 무한창조공간은 사람들이 함께 와서 자원을 공유하고 새로운 기술을 함

께 배우는 협력적 학습공간이다(Library as incubator project, 2012). 무한창조공간은 단지 특정 자료나 공간뿐만 아니라 주민의 협력, 협업 그리고 창조의 사고방식을 필요로 한다. 미줄라공공도서관(Missoula Public Library)의 무한창조공간은 사람들이 기술과 장비 사용방법을 터득하고 같은 관심사를 가진 사람들을 만나 추상적인 아이디어를 실제 결과물로 만들어내는 것을 목적으로 하며, Arduino, Raspberry Pi 플랫폼, 3D 스캐닝과 프린팅, 수예, 스크랩부킹(scarpbooking) 관련 교육에 주력하고 있다.

3) 창조자원 공유공간

도서관 무한창조공간은 이용자들이 와서 자원, 지식, 그리고 기타 모든 것을 함께 공유하고 창조할 수 있도록 하는 역할을 제공한다고 할 수 있다. 즉, 커뮤니티가 자신이 가지고 있는 도구나 정보, 기술들을 공유하기도 하고 창조의 기반이 되는 도서관의 자원도 공유하는 것을 의미하며, 선행연구들에서 언급되고 있는 도서관 사례들의 대부분이 이러한 역할을 강조하고 있음을 알 수 있다.

자원 및 지식을 공유하는 대표적인 사례는 존슨카운티도서관 무한창조공간(Johnson County Library Makerspace)으로 다음과 같은 창작물들을 만들 수 있는 장비, 기술적 지원, 환경이 제공된다.

- 뉴스레터
- 웹사이트 및 비디오
- 디지털 스크랩북
- 의류, 인형 등
- 핸드폰 케이스
- 명함
- 체스 세트와 체스 말
- 필름을 사용해 직접 인화한 사진
- 소책자
- 인쇄회로 기판(circuit board kits)

또한 존슨카운티도서관 무한창조공간은 웹사이트를 통해 창의적 작품활동에 도움이 될 수 있는 서적, 잡지, 웹사이트 등의 자료 목록을 제공하고 있다. 제공되고 있는 자료는 다음과 같은 항목으로 분류된다.

- 전자공학(electronics)
- 그래픽 디자인(DIY graphic design)
- 어린이 창작활동(project for kids)
- 소프트웨어 기초(software essentials)
- 영화와 음악 작곡(film and music creation)
- 공예와 수예(crafts & sewing)
- 아동을 위한 메이커서적(books for mini makers)

무한창조공간은 창조의 기반이 되는 도서관 자원뿐만 아니라 각각의 지역주민이 자신이 가지고 있는 다양한 자원을 공유하는 창조자원 공유공간이다. 도서관 무한창조공간은 이제 더 이상 소비만 하는 공간이 아니며 다양한 자원의 공동활용을 통한 창조문화를 만들어 가는 공간이 될 것이다(Britton, 2012).

4) 관심주제 탐색공간

도서관 무한창조공간은 일반 이용자들에게는 자신이 평상시에 접하고 있는 주제와는 다른 주제분야를 심도 있게 접할 수 있는 기회를 제공하고 어린이와 청소년에게는 자신의 적성에 맞는 주제분야를 탐색해 보는 기회를 제공할 수 있다.

[표 4-16]에서 보는 바와 같이 목포공공도서관 무한상상실에서는 바다를 주제로 한 프로그램을 다양하게 제공하고 있으며, 직접 체험할 수 있는 프로그램과 도서관에서 책을 읽고 활동하는 프로그램 등이 있다. 그리고 목포지역의 해양과 관련된 정보습득과 진로탐색, 해양생물 및 바다의 소중함에 대해 배움으로써 해양과학적 상상력과 창의력을 기르는 토대가 되도록 하고 있다. 또한 각 프로그램별로 해양과 관련 있는 강사 또는 기관(해양경찰, 대학 등)과 연계하여 진행함으로써 전문성이 확보될 수 있도록 하고 있다.

▌표 4-16▌ 목포공공도서관 무한상상실 프로그램

프로그램명	의미
섬 인문학 강의	도서의 해안지역 주민들의 삶과 문화를 돌아보고 섬이 지닌 공간적 특성을 재인식하여 해양과학에 대한 관심과 흥미 및 중요성을 알리기 위한 프로그램
해양과학상상교실 영화상영	과학 선생님과 영화를 보며 영화 속의 해양과학상식을 배우는 기회를 가지며 퀴즈를 통해 해양과학의 상실을 확인할 수 있는 프로그램
어린이 해양로봇 경시대회	해양 관련 창작 로봇을 제작하여 심사하는 프로그램
소년, 바다를 꿈꾸다!	해양 관련 직업에 대한 견학 및 체험을 통해 자신의 진로를 탐색해보는 기회를 갖는다. 목포해양대학고, 목포해양경찰서, 김대중노벨평화상기념관, 목포자연사박물관과 연계하여 진행된 프로그램으로, 승선 및 선박 조정시뮬레이션 체험과 해양함정 견학 등 진로에 대한 폭넓은 시야를 얻을 수 있는 프로그램
바다를 부탁海	염전체험을 통해 천일염 수확과 염색식물을 관찰하며 갯벌생태전시관의 관람과 갯벌체험을 통해 갯벌생물을 알고 갯벌의 중요성과 보존의 필요성을 인식하도록 돕는 프로그램
나는야 해양학자!	바다에 대한 이해와 갯벌체험을 통해 갯벌생물들에 대해 배우고 소중한 갯벌의 중요성을 알고 보존해야 함을 인식시키기 위한 프로그램
바다의 골든벨을 울려라	어린이들이 해양과학에 대한 관심과 흥미를 갖게 하고, 선정된 도서에 대한 독서 및 책읽기의 성취감 제고. 제15회 해양과학 독서퀴즈 골든벨대회
해양박물관에 간 런닝패밀리	수중문화재를 발굴하고 수중고고학자 체험과 발굴한 유물을 복원하는 체험활동을 통하여 해양문화유산에 대한 관심과 이해를 제고하며 북아트를 통해 우리 가족만의 수중문화재 발굴 및 유물 스토리로 제작하는 시간을 만들어 가족이 함께 하는 시간을 제공하는 프로그램
Marine 창작동아리	목포와 바다를 접목하여 무한상상력의 창작기회를 제공하는 동아리

존슨카운티도서관 메이커스페이스는 미디어, 디자인, 전자공학 등에 관련한 활동에 중점을 두고 있으며, 관련 활동을 위한 협업공간을 제공하고 있다. 일반 가정에서는 고가의 장비와 교육비 때문에 배우는 데 지장이 있는 소프트웨어와 기술을 도서관에서 제공함으로써 그에 대한 접근성을 높이는 것을 목표로 하고 있다.

5) 직업탐색공간 및 창업지원공간

도서관의 무한창조공간은 직업탐색활동을 통해 직업을 찾거나 제2의 직장을 찾는 공간이 될 수 있다. 특히, 여성이나 소수민족 등도 이 공간에서 직업탐색활동을 할 수 있을 것이다(Britton, 2012).

또한 도서관 무한창조공간은 디지털기기, 소프트웨어, 3D 프린터와 같은 실험 생산 장비를 구비해 학생과 예비창업자, 중소기업가가 기술적 아이디어를 실험하고 실제로 구현해 보는 공간이 될 수 있다. 도구나 장치의 설계부터 제작까지 한곳에서 진행할 수 있는 실험실과 같은 환경을 조성해 줄 수도 있으며, 개인 이용자는 자신의 필요에 맞는 가구나 생활용품, 장식품, 장난감 등을 주로 제작할 수도 있다. 기업체의 경우에는 시제품 준비를 위해 디자인부터 시제품 제작까지 빠른 속도로 진행하여 창업을 지원할 수 있다.

더 나아가 창업을 위한 기술, 마케팅, 경영 컨설팅 서비스를 제공할 수도 있을 것이다. [표 4-17]에서 알 수 있듯이 시애틀의 메이커하우스(MakerHaus)는 지역사회의 창의성 개발과 참신한 작업 아이디어 지원을 주목적으로 운영되고 있는데, 목공예, 금속작업, 전문성 개발(professional training), 디지털 미디어, 청년 강좌, 쾌속조형기(fast prototype) 이용 교육 등을 운영함으로써 창업을 지원하고 있다. 인구밀도가 높은 도시인 시애틀의 정황상 개인 작업실을 열기 어려운 개인 디자이너, 엔지니어, 건축가, 기술자, 개발자, 사업가 등에게 본 공간은 유용한 공동 작업실로 이용되고 있는 사례이다.

표 4-17 MakerHaus의 창업지원 프로그램 및 개요

프로그램명	설명
목공예(wood working)	기초, 중급, 고급 단위로 나뉘어져 있으며, 주 1회 수업을 기준으로 하여 진행된다. 수업 내용은 수준에 따라 기초 기술부터 재선별방법, 가구 제작까지 다양하다. 회원의 수업료는 약 200~300달러, 비회원은 250~400달러에 달한다. 재료비는 수업비와 별도로 청구된다.
금속작업(metal working)	주 1회 기초과정, 여성을 위한 금속작업 교육, 일회성 행사 교육인 금속 쿠키 커터와 트리장식 제작 강좌 등이 해당된다. 수업료는 회원의 경우 75~250달러 선, 비회원의 경우 100~340달러 선이다. 재료비는 수업료에 포함된다.
전문성 개발 (professional training)	본 항목에 해당하는 강좌들은 주로 일회성을 띠며, 디자인 계획 및 스케치, 창의력 개발 및 발명, 특허, 브랜딩 등을 주제로 삼는다.
디지털 미디어	사진촬영 및 관련 소프트웨어, 코딩, 3D 디자인 소프트웨어, 3D 프린팅, 레이저 커터 사용방법 등이 다루어지는 강좌들이다. 수업료는 회원의 경우 66~350달러, 비회원의 경우 89~400달러에 달한다.

청년 강좌	비디오 게임 개발 및 레이저 커팅을 이용한 크리스마스 장식 만들기 강좌 등 어린 연령대 학생들의 호기심을 자극할 만한 강좌로 구성되어 있으며, 주로 일회적인 성격을 띤다. 5세에서 12세 연령대의 학생들을 대상으로 하고 있다.
쾌속조형기(fast prototype) 이용 교육	3D 프린터, CNC 라우팅(routing), 레이저 커터 장비 등 메이커스페이스에 구비되어 있는 장비 사용방법을 교육하는 강좌

메이커하우스는 공동 작업실의 역할뿐만 아니라 일반 개인이나 1인 창업준비자 등이 개인의 아이디어를 시험하는 공간으로도 활용이 가능하다고 본다.

6) 작가발굴 및 양성공간

도서관 무한창조공간은 지역 내 작가 커뮤니티를 만들고 이들을 육성하는 공간도 될 수 있다. 새크라멘토공공도서관(Sacramento Public Library)은 자가출판공간으로도 유명하지만 작가양성프로그램의 샘플 사례로도 뽑히고 있다. 이 도서관의 'Write at iStreet Press' 프로그램은 공공도서관을 통한 지역주민의 작품활동공간으로서의 메이커스페이스 모델이 되기도 한다. 그 구체적인 프로그램 내용은 다음과 같다.

- 창의적 글쓰기(creative writing: memoirs, poetry, short stories, novels) 및 작가의 기교(writer's craft)
- 인쇄물이나 전자책으로 자가출판(self publishing options, print as well as eBook/eInk)
- 학술적 글쓰기(academic writing)
- 디지털 및 복합구성(digital and/or multimodal composition)
- 멀티장르 글쓰기(multigenre writing)
- 스토리텔링(storytelling)

Unquiet Librarian(2012)에서 새크라멘토공공도서관이 이러한 프로그램을 제공한 것보다 더 큰 의미가 있다고 평가한 부분은 공공도서관이 글쓰기를 선택하고 글쓰기 주제를 선택하는 데 있어서 비공식적 학습공간(물리적 및 가상의)을 제공해 줌으로써 지역주민이 창조, 공유, 방황, 실험할 수 있도록 했다는 것이다. 이 공간에서 출판된 책은 도서관에 기부되고 다른 사람과 공유되는 데 의미가 있기도 하지만, 매우 다양한 장르의 작품이 도서관 공간에서 생산될 수 있다는 데 더 큰 의미가 있다고 할 수 있다.

7) 자가출판공간

자가출판서비스는 저자가 원고 집필부터 시작해서 편집 · 인쇄 · 배부까지 모든 것을 자기 스스로 하여 자신의 책을 출판하는 일을 할 수 있도록 하는 서비스이다. 미국 RCLS 도서관에서 상호대차나 장서개발비용 절감을 위해서 도입한 'Flash Books!' 서비스는 오히려 자가출판서비스 측면에서 훨씬 효과가 있었으며, 80명 이상의 저자가 이 시스템의 사용자였다(Koerber, 2012).

새크라멘토공공도서관(Sacramento Public Library)은 작가이면서 기술에 능한 사서인 Gerry Ward라는 직원이 운영하는 'I Street Press'를 이용해 자가출판서비스를 제공하고 있으며, 작문수업이 전문강사에 의해 제공되었다.

브루클린공공도서관(Brooklyn Public Library)은 지역커뮤니티의 창의성을 위해 작가, 예술가, 사진작가, 코더, 장인정신의 제조업체 등을 위해 서비스하고 있으며, 때로는 Espresso Book Machine을 집으로 가지고 가서 서비스하는 전략도 펼쳤다.

이와 같은 활동의 의미는 가치는 있으나 상업성이 부족한 책을 출판할 수 있고, 다양한 주제의 책을 소규모로 출판할 수도 있으며, 모든 사람이 출판과정에 대해서 매우 잘 알게 된다. 그리고 저자는 즉석에서 자신의 책을 출판해서 가지고 갈 수 있게 되며, 더 큰 장점은 이러한 출판기계가 접근성이 매우 좋은 공공도서관에 위치하게 된다는 것이다.

또한 출판과 동시에 도서관 온라인 목록, WorldCat, Google Books 등에서 서비스되어 알려질 수 있으며, 누구나 쉽게 이 책을 자가출판시스템을 통해서 프린트해서 볼 수 있다는 것이 자가출판공간의 또 다른 장점이라 할 수 있다.

8) 인큐베이터로서의 공간

인큐베이터는 꿈꾸고, 상상하고, 창작하고, 위험을 감수하고, 실수를 하며, 협력적 브레인스토밍과 실행을 통해 성공을 할 수 있도록 돕는 공간이다. 보통 기업 인큐베이터의 경우 신생기업에 사무실 공간 및 설비를 제공하고, 금융서비스를 이용할 수 있도록 하며, 사업에 대한 안내를 해주는 것을 말한다.

도서관의 무한상상공간은 이러한 인큐베이터로서의 역할을 하는 공간이라 할 수 있다. 페이엇빌 무료도서관(Fayetteville Free Library)의 Fab Lab(Fabulous Laboratory)은 성공적인 인큐베이터 역할을 한 사례이다. 이 Fab Lab은 지역 커뮤니티의 창의성을 고무시키기 위해 3D 프린터를 갖춘 메이커스페이스를 만들고, 새로운 기술이나 무한창조문화(maker culture)에 대해서 소개하고 지역 주민의 호기심을 자극했다(Britton & Considine, 2012).

9) 전문가멘토링 및 컨설팅이 있는 공간

다양한 주제를 다루는 도서관 무한창조공간에서 도서관 사서는 해당 주제와 관련된 전문가풀을 구축한 후 특정 주제분야의 관심이용자와 전문가를 연결해 줌으로써 전문가멘토링이 제공되는 공간으로 활용할 수 있다. Hopwood(2012)는 도서관에서의 STEM 학습을 제안하였으며, '가족 과학의 밤(Family Science Night)'을 전문가멘토링 프로그램으로 소개하였다. 이 프로그램은 지역 학교, 비즈니스 또는 시민단체의 청소년 자원봉사자들이 어린이들과 파트너를 구성하여 과학경시대회를 준비할 수 있도록 도움을 주고, 실제로 실습을 해보는 사례 또는 프레젠테이션을 특징으로 삼는 프로그램이다. 우리나라 국립중앙과학관의 무한창조공간에서도 전문가멘토링 프로그램을 제공하고 있는데, 변리사, 기술거래사, 창업컨설턴트 등 특허 및 창업전문가를 멘토로 위촉하고 아이디어 권리화(특허출원) 및 창업분야로 구분하여 멘토를 지정한 후 멘토링을 실시하도록 하고 있다.

전문가멘토링 연결뿐만 아니라 무한창조공간에서 제공되는 창업지원이나 특허출원 관련 프로그램이 진행될 때 해당 분야 전문가를 초청하여 직접 전문가컨설팅도 제공될 수 있도록 할 수 있다. 이를 위해 무한창조공간 컨설팅 전문가 DB를 주제분야별로 구축하고 이러한 인력을 활용할 수 있도록 해야 한다.

10) 창조를 위한 장비체험 및 활용공간

도서관은 상상력을 발휘하면서 그 상상의 작품을 현실화시킬 수 있는 공간이기도 하다. 그러나 그러한 상상작품을 현실화시키기 위해서는 그 활용도구에 대한 이해도가 높아야 할 것으로 보이며, 이러한 다양한 장비를 제공하여 체험할 수 있도록 하는 곳 역시 도서관의 무한창조공간이 될 수 있다. NCSU(NC State Library)의 헌트도서관 무한창조공간(Hunt Library Makerspace, 2013)은 이와 같은 방법을 통해 학생, 교수, 그리고 직원이 출현신기술에 대해서 배우고 그들이 창조적 삶을 살 수 있도록 돕고 있다. 즉, 그들은 도서관 메이커스페이스에 신속한 디자인프로토타이핑을 위한 3D 프린터나 레이저 커터를 구비하여 활용할 수 있도록 하고 있다.

미줄라공공도서관 무한창조공간은 총 6개의 부스로 구성되어 있으며, 각 부스에서는 창작물을 만드는 데 필요한 기술과 장비 사용법을 배울 수 있는 시설이 갖추어져 있다. 메이커스페이스의 장비 중 레이저 커터 등은 이용자가 사용하는 데 위험할 수 있기 때문에, 사용 전 교육을 받을 것을 원칙으로 하고 있다. 이와 관련하여 도서관은 장비 사용 수업 일정을 기획하여 별도의 교육을 제공하고 있다. 미줄라공공도서관 무한창조공간에서 구비하고 있는 장비는 다음과 같다.

- Makerbot Replicator 2 3D printer
- Next Engine Desktop 3D scanner
- Bernina model 1008 재봉틀
- Cricut Expression 2 craft cutter
- Silhouette Cameo craft cutter
- 디지털 오실리스코프(digital oscilloscope) : 시간에 따른 입력전압의 변화를 화면에 출력하는 장치
- USB 오실리스코프
- 함수 발생기(function generators) 2대 : 아날로그 컴퓨터에서 입력에 대하여 그 함수를 발생하는 비선형 연산요소
- 컴퓨터 전원 공급장치(power supplies) 2대
- 납땜용 다리미(variable temperature soldering irons) 2대
- 공업용 기본 연장(pliers, screwdrivers, etc.)
- 수업에 이용가능한 컴퓨터 및 프로젝터

웨스트포트도서관 무한창조공간에서 개최된 미니 메이커 페어에 참여한 예술가

Balem Soto는 신기술과 결합된 예술작품을 만들어 냈고, 7세의 Nina Lauterbach 어린이는 플랫폼에서 신체 스캔을 받고 스캔된 데이터가 3D 프린터로 옮겨져 Nina의 조각상이 프린트되도록 하였으며, 목재를 이용해 자동차 경주대를 제작한 참가자도 나타났다.

존슨카운티도서관(Johnson County Library) 무한창조공간에서 보유하고 있는 장비 및 기구는 크게 창작활동에 도움이 되는 소프트웨어(출판물, 음악 및 비디오 파일, 디자인 · 프로그래밍, 3D 디자인)와 창작을 위해 실제 필요한 기구들인 메이커웨어(하드웨어, 영상 촬영장비, 오디오장비 등)로 분류된다. 상세 목록은 다음 [표 4-18]과 같다.

표 4-18 Johnson County Library Makerspace 보유장비 및 기구

구분		보유장비 및 기구명
소프트웨어	디자인 · 출판물 (Design · Publication)	• Adobe Creative Suite • InDesign, Dreamworks, Photoshop, Illustrator, etc. • Sketchbook Express • iBooks Author • Anime Studio • Manga Studio EX4 • Corel Painter Essentials • iPhoto
	음악 · 비디오 (Music · Video)	• Final Cut Pro • iMovie • Garage Band • PhotoBooth • Audacity • Handbrake
	디자인 · 프로그래밍 (Design · Programming)	Xcode
	3D 모델링(Modeling)	• Google Sketchup • Cheetah3D • Blender • MakerWare • OpenSCAD • ReplicatorG
메이커웨어 (Makerware)	하드웨어(Hardware)	• 2 Mac Computers • Wacom Bamboo Create Tablet • Canon 9000F High Resolution Scanner

비디오 및 음향장비 (Video Equipment)	• Sony HDR Digital Video Camera • Tripod • Softbox Lighting Kit • Green Screen • Audio Equipment • Blue Yeti Microphone • Sennheiser pro Headphones
기타	• Singer 9950 Quantum Stylist Sewing Machine • Soldering Irons • MakerBot Replicator 2 3D printer

이러한 사례들을 볼 때 무한창조공간은 도서관 이용자에게 가장 가까운 도서관에서 새로운 도구와 기술을 접하고 그것을 자신의 아이디어와 연결함으로써 새로운 창작품을 스스로 만들어 낼 수 있는 경험을 제공하는 매우 환상적인 공간임을 알 수 있다.

11) 창조의 중심에 선 협력공간

도서관 무한창조공간에서는 무수히 많은 주제를 다룰 수 있고, 이용자의 무한한 창조욕구를 충족시켜 줄 수 있어야 한다. 이를 위해 도서관에는 다양한 주제의 자료를 소장하고 있고 인터넷을 통해 세계의 어떤 사이트나 주제에도 접근할 수 있도록 하고 있지만 이용자의 창조성을 자극시키기 위해서는 이것으로 충분하지 않다. 가장 일반적인 3D 프린터나 레이저 커터 이외의 훨씬 다양한 도구들을 지원해 주어야 할 것이다.

네바다리노대학교(University of Nevada-Reno)의 델라메어과학 · 공학도서관(DeLaMare Science & Engineering Library)은 도서관에 SparkFun kit를 소장하고 대출해 주고 있으며, 이 키트를 대출해 간 학생 중의 한 명은 DIY 음주측정기(DIY breathalyzer)를 개발하기도 했다.

SparkFun은 다양한 전자 관련 프로젝트를 수행하는 데 도움이 되는 다양한 전자제품을 판매하는 온라인소매상이다. 델라메어과학 · 공학도서관은 SparkFun과의 협력을 통해 지역주민의 창의성을 발굴할 수 있도록 하고 있다.

지역 청년사업가의 메이커스페이스 활용사례도 있으며, 웨스트포트도서관에서는 기존의 3D 프린터인 MakerBot 외에도 Statasys사의 제품인 Mojo와 uPrint를 2013년

매월 둘째 주 주말에 시범 사용을 위해 개인에게 사용권한을 허가한 바 있다. 지역 내 청년사업가인 Scott Rownin은 이 중 한 가지 장비를 이용하여 청소년들의 운전 중 문자전송 방지를 위한 기구인 'SafeRide'를 개발하기도 했다.

이와 같이 도서관 메이커스페이스는 주민의 창조성을 깨우는 중심에 선 기관으로서 다양한 기관과 협력하여 다양한 주제의 서비스를 제공할 수 있고, 도서관은 다양한 기관과의 협력을 통해 이용자의 다양한 요구를 충족시켜 줄 수 있을 것이다. 예를 들어, 과학기술분야에 관심 있는 이용자를 위해 과학관, 관련 연구소, 과학특성화도서관, 과학 관련 학과 및 교수들과 협력하고, 관련 장비를 판매하거나 대여하는 기관과의 협력을 통해 이용자의 창의성을 무한하게 발휘할 수 있도록 해야 할 것이다.

12) 이야기가 있는 스토리텔링공간

도서관 무한창조공간에서 작품활동을 하거나 협력프로그램을 진행하거나 전자책 제작경험을 제공할 때 가장 기본이 되는 것은 스토리이다.

광진정보도서관의 무한상상실에서는 '스토리텔러 아카데미', '스토리텔링 활용교육', '나도 스토리텔러', '당신의 스토리를 영상으로 담아드립니다' 등 다양한 스토리텔링 관련 프로그램을 운영하고 있다. 스토리텔러 아카데미는 문화콘텐츠 산업의 매체별 · 장르별 스토리 작법에 대한 기초 지식을 이해하고, 현장전문가로부터 스토리텔링 구성방법을 습득하며 더 나아가 실습 위주의 맞춤 학습을 통해 자기 작품을 완성해 가며 스토리텔러로서의 능력을 배양할 수 있는 스토리텔러 양성과정이다. 'eBook Storytelling Studio' 프로그램은 어린이들의 상상력과 아이디어를 실현시킬 수 있는 프로그램으로 주변의 지역과 사람들의 이야기를 중심으로 사진과 오디오, 비디오 등의 멀티미디어를 담은 전자책을 만들어 보는 수업이다.

또한 목포공공도서관 무한상상실에도 '상상 · 스토리 UCC로 말하다'라는 프로그램을 운영하고 있으며, 이 프로그램은 지역의 이야기와 해양과학스토리, 문학스토리를 주제로 하여 참신한 아이디어를 담아 해양과학적 상상력을 길러주기 위한 UCC영상 공모전으로서, 지역 주민들과의 소통의 계기와 UCC영상 콘텐츠를 발굴하기 위한 스토리텔링 관련 프로그램이라 할 수 있다.

존슨카운티도서관의 메이커스페이스에서는 이야기 창작활동(Make-a-Story)을 제공하며 이벤트성의 활동으로 도서관 메이커스페이스와 Children's Book Week 단체의 공동 주최로 기획되었다. 유치원생부터 6학년 연령대의 아동과 그 가족이 참여가 능하며, 신착도서소개동영상(booktrailer) 및 기타 영상 제작법을 익힐 수 있는 프로그램이다.

4.8.4 무한창조공간 운영요소

1) 필요기술과 장비

도서관 무한창조공간이 실현되기 위해서는 현재 도서관에 구축된 자원뿐만 아니라 수많은 탐색, 창조, 놀이 등이 이루어질 수 있는 최소한의 장비를 갖추면 좋을 것이다. 각 도서관에서 운영하는 프로그램에 따라 요구되는 도구나 장비, 그리고 필요기술은 달라질 것이고 무한창조공간이 어떻게 활용되느냐에 따라 달라지겠지만, 지금까지 도서관에서 주로 활용하고 있는 기술 및 장비는 3D 프린터, 레이저 커터 등인 것으로 보이며, 특히 주문형 출판시스템이 많이 사용되고 있는 것으로 보인다.

2) 3D 프린터

3D 프린터는 무한창조공간에 가장 많이 도입되고 가장 초창기에 도입된 도구로 보인다. 이는 상상한 것을 현실화시켜 주는 매우 매력적인 도구이기 때문이다. Fayetteville Free Library에서는 두 명의 어린 소년이 디자인한 '미래의 공공도서관' 모형을 MakerBot 3D 프린터로 출력했는데, 해당 도서관 사서는 상상이 현실로 이루어지게 한 무한창조공간에 감사한다고 했다(Britton, 2012).

3) 주문형 출판시스템

지난 몇십 년 동안 도서관들은 대중적인 문화를 따르고 디지털시대에 맞추어 다양한 포맷의 음악과 비디오, 인터넷 접속이 가능한 컴퓨터 등을 제공해 왔으나 최근 몇몇 도서관들은 직접 보고 만질 수 있는 물건으로 회귀하고자 하는 무한창조문화를 따르고 있다(Koerber, 2012).

Espresso Book Machine은 그 중 대표적인 주문형 책출판 기계이며, 이 모바일 인쇄공장(mobile printing factory)은 책제본로봇(book-binding robot)이 있으며 5분 안에 품질 높은 책을 출판할 수 있다. Espresso Book Machine이 제공하는 서비스는 구글 북스(Google Books), 인터넷 아카이브, Ingram의 협력출판사 등을 포함하는 EspressoNet 데이터베이스로부터 주문형으로 책을 출판해 주며, 저자나 소규모 출판사를 위한 자가출판서비스(self-publishing services)를 제공하고 있다(Temecula Public Library, part of the Riverside County Library System(RCLS), Sacramento Public Library(SPL), Darien Library, Brooklyn Public Library(BPL)). 이와 유사한 서비스는 RCLS(Riverside County Library System)에서 제공하고 있는 'Flash Books!'도 있다.

4) 기타 프로그램유형별 필요장비

도서관 무한창조공간에서 구비되어야 하는 장비는 운영목적 및 운영되는 프로그램에 따라 달라질 것이다. 메이커하우스에는 서비스 제공에 필요한 3D 프린터, 레이저 커터 등 다양한 최신기술 장비뿐만 아니라 각종 목공 및 금속작업, 용접에 필요한 기구들까지 구비되어 있다. FDM 3D 프린터의 경우 그 대수는 총 10대에 달하며, 각 프린터는 최대 11×6×6(인치) 규모의 물체를 컬러로 인쇄할 수 있다. 그리고 옥수수를 원재료로 하는 생분해성(biogradable) 플라스틱을 프린트용 자재로 사용한다.

4.8.5 인력의 구성과 확보

위에서 살펴본 바와 같이 도서관 무한창조공간에 도입되고 운영될 수 있는 프로그램과 장비, 그리고 주제는 무궁무진하며 어떠한 기획 아이디어를 가지고 적용하느냐는 운영자의 무한한 상상력과 열정에 달려 있다고 할 수 있다. 운영자인 사서는 모든 기술과 모든 주제와 모든 프로그램의 전문가가 될 수는 없다. 자신의 전문분야 이외의 다양한 분야로 무한창조공간을 확대 · 운영하기 위해서는 각각의 프로그램을 위한 전문가풀을 가지고 있어야 하고 각각의 장비전문가를 알고 있어야 하며, 프로그램 운영에 필요한 각 분야의 기업체, 연구소, 협력가능업체 등에 대한 정보를 확보하고 있어야 한다.

미국 로레인 카운티 커뮤니티 컬리지(LCCC) FAB Lab의 경우 은퇴한 교수가 매니저를 맡고 학생 자원봉사자가 참여하여 지역 내의 400여 명의 중학생들을 대상으로 과학, 기술, 엔지니어링, 수학 교육에 활용되고 있으며, 네덜란드 아메르스포르트(Amersfoort) FAB Lab은 네 명의 예술가가 참여하고 있다. 맨체스터(Manchester) FAB Lab의 경우 빠른 시간 안에 고품질의 시제품 제작서비스를 목표로 장비대여, 창업컨설팅, 직업훈련 등의 서비스를 함께 제공하고 있는데, 상근 엔지니어도 있지만, 인턴과 자원봉사자를 수시로 모집하여 활용하고 있는 것이 특징적이다.

미줄라공공도서관(Missoula Public Library) 무한창조공간은 바느질, 땜질, 레이저 커터(Circuit Expression 2 혹은 Silhouette Cameo Craft Cutters), 전자 플랫폼 사용 가능자를 자원봉사교사로 모집하여 활용하고 있다.

웨스트포트공공도서관 무한창조공간에서도 관련 분야 전문가를 적극 활용하는 사례를 볼 수 있으며, 'Makerspace Special: Succeeding as an inventor' 프로그램을 운영하기 위해 해당 분야 전문가를 초청하여 발명의 상업화와 아이디어 구체화 등에 대한 지식을 나누는 강연을 제공하고 'Inventor's series: Developing Mobile Apps' 프로그램을 위해서는 관련 분야 전문강연자를 초청하여 모바일 애플리케이션 개발에 대한 강의를 제공하기도 했다.

4.8.6 창조공간의 시작과 운영

도서관 무한창조공간을 구축 및 운영하고 있는 사례를 많이 볼 수 있지만, 도서관에 무한창조공간을 만들고자 하는 사서는 무엇을 어떻게 해야 하고, 어떻게 시작해야 할 것인가에 대해 고민하게 될 것이다. 클리블랜드공공도서관(Cleveland Public Library) 사서들은 경험을 기반으로, 무한창조공간을 준비하는 사서가 알아야 할 다음과 같은 몇 가지를 제안하고 있다. 즉, 사서는 이용자가 누구인지, 그들이 소유한 기술의 수준은 어느 정도인지, 직원은 무엇을 할 수 있으며, 무한창조공간을 위해 우리가 필요로 하는 것이 무엇인지에 대한 것을 알아야 한다는 것이다. 특히, 무한창조공간을 위해 우리가 준비해야 하는 것은 기술에 능한 사서, 3D 프린터 등 각종 상상과 창작에 필요한 장비나 프로그램 등이다.

그리고 무한창조공간을 시작하고 운영하고 있는 많은 경험자들 모두가 강조하고 있는 것은 느린 것이 빠른 것이고, 작은 것이 큰 것이라는 것이다. 즉, 너무 거창하게 계획하고 크게 시작하지 말고 일단 작게라도 시작하고 서두르지 말고 실현가능한 프로그램부터 시작하여 확대해 나갈 것을 권장하고 있다. 또한 중점을 두어야 하는 것은 무엇보다 사람과 사람 간의 관계임을 강조하고 있다. 이는 무한창조공간이 공동 관심사를 가진 사람들이 모여서 브레인스토밍과정을 통해서 시행착오 과정을 거친 후 무언가를 만들어 내는 곳이며 이때 가장 중요한 것은 같이 공유하고 공감하는 사람들의 관계라는 것이다.

도서관이 무한창조공간을 어떻게 관리할 것인가는 또 하나의 과제로 이사회의 경우 기업체나 스폰서로 구성할 수 있고, 정부기관이나 이익단체로부터 자문가를 위촉할 수 있으며, 또한 회원제로 운영하는 방식을 고려해 볼 수 있다.

4.9 상황인식컴퓨팅

상황인식컴퓨팅은 광의적 측면으로는 유비쿼터스 컴퓨팅의 일부분이다. 따라서 궁극적인 유비쿼터스 서비스 환경이 조성되기 위하여 반드시 필요한 기술요소가 상황인식컴퓨팅이다. 유비쿼터스 컴퓨팅은 통신, 접속방식, 제공하는 콘텐츠 및 사람이 컴퓨터의 존재를 인지하지 않도록 조용히 처리하는 특성을 이용하여 언제 어디서나 어떠한 형태의 네트워크에서든 모든 기종 기기 간의 연동을 통하여 다양한 서비스를 제공하는 것을 지향한다. 그리고 상황인식컴퓨팅은 사용자의 업무와 관련 있는 적절한 정보, 지식, 통화, 또는 콘텐츠 서비스를 사용자에게 제공하는 과정에서 특정 사용자의 특정 상황을 감지하고 인식한 다음, 그의 요구대로 정보와 호출을 처리하고 나서 즉시 그의 단말기를 통해 표현해 주는 컴퓨팅이다.

따라서 차세대 디지털도서관 또는 도서관 3.0의 핵심 키워드인 유비쿼터스도서관을 실현하기 위해 상황인식도서관 환경을 이해하는 것이 필요하다. 상황인식은 지능공간의 핵심기술로 개인화 및 자동화된 서비스를 제공하는 데 있어 가장 유용한 기술

중 하나로 대두되고 있다. 상황인식서비스를 위해서는 컴퓨터가 사용자의 현 상황을 인지해야 하는데, 즉 사용자의 명령, 행동, 목소리, 처해진 환경의 변화, 사용자가 사용하는 기계의 버전정보 및 사용자의 위치, 사용자가 사용하는 언어 등을 인지하는 것이다. Hartmann은 이러한 사용자의 상황을 '이용자 상황'과 '환경적 상황'의 2가지 상황으로 구분하였는데, 첫째, 이용자 상황으로 이용자가(또는 이용자를 또는 이용자에 의해) 서술되는 모든 정보를 포함하는 광범위한 상황정보와 둘째, 환경적 상황으로 이용자 모델에서 묘사되지 못하는 장소, 시간대 등 이용자의 현재 상태와 관계된 모든 정보를 포함하는 것으로 구분하기도 했다.

이를 통해 사용자에게 제공되는 상황인식서비스는 관람객에게 최적의 순서로 작품을 관람하도록 안내(루브르박물관 연구실 프로젝트), 카메라, 컴퓨터, 센서를 복합적으로 결합해 사용함으로써 동적으로 실시간 오디오 · 비디오 정보를 감지해 보여주는 상황인식컴퓨팅서비스 등 현재 매우 많은 분야에서 적용되고 있으며, 이정미(2012)는 도서관에 적용할 수 있는 상황인식서비스로서 도서상태 정보(증강현실기술을 적용한 도서위치 확인 및 안내서비스, 수서 처리 중이거나 이동 중인 도서 확인 및 안내 서비스), 도서내용 정보, My Library 관리서비스, 도서관 자관 내 정보, 전자책 제공 · 대출 여부, 유관기관과의 연계 등에 적용가능하다고 하였다.

정보기술의 발전은 이용자의 상황을 기반으로 이용자가 원하는 자원과 정보를 미리 예측하고 파악하며, 이용자가 원하는 때에 원하는 서비스를 제공할 수 있는 상황인식 기반 도서관서비스가 가능하게 하였음을 알 수 있다. 이용자의 선호도와 이용행태, 이용자의 이력정보, 이용자의 전후 상황과 현재시간, 장소 등과 같은 이용의 내 · 외부 상황정보를 종합하여 이용자에게 최적화된 정보이용환경에서 이용자가 원하는 정보와 서비스를 이용할 수 있도록 하는 것은 차세대 디지털도서관의 미래가 될 것이다.

4.9.1 상황인식기술(Context-Awareness Technology)

차세대 디지털도서관은 유비쿼터스도서관이라는 개념을 포함하고 있으며 유비쿼터스도서관이 구현되기 위해 주목받는 기술 중의 하나가 상황인식(context-awareness)이다. 상황인식컴퓨팅기술은 이용자의 현재위치, 시간, 주변에 있는 사람이나 정보기기들, 사용자의 행동 및 작업입력 등과 같은 사용자의 현재 상황정보(contextual information)를 파악하고 분석하여 사용자가 현 상황에서 필요로 하는 서비스를 검색하여 제공해 주는 기술이다. 이러한 상황정보는 센서 네트워크 내의 수많은 센서로부터 수집된 자료들을 분석하여 파악될 수 있다. LBS(Location Based Services)는 상황인식컴퓨팅기술 중의 한 적용분야이다.

1) 상황 및 상황인식의 정의

상황(context)은 상황인식을 위해 가장 필요한 정보로 시간과 장소는 상황에 있어 가장 잘 알려진 상황의 예이다. 그 외에 직관적으로 파악되지 않는 매우 많은 상황들이 존재한다. Dey와 Abowd(1999)는 상황을 사용자의 5W1H로 나눌 수 있다고 했으며, Who, What, Where, When, How, Why가 그것이다.

이 개념을 도서관 출입 상황 정보와 연관시켜 보면, Who는 사용자가 출입할 때 휴대용 메모리에 저장된 개인 정보를 이용하여 사용자를 인식하거나 바닥에 설치된 무게감지 센서를 통해 신원을 파악하는 것이다. What은 대상물에 부착된 센서의 신호와 기하학적인 정보를 이용하여 인식하는 것이다. Where는 사용자가 가지고 다니는 대상물에 부착된 센서나 무게 감지 센서를 통해 사용자 위치 정보를 파악하거나 대상물에 부착된 센서의 신호를 이용하여 분석함으로써 대상물의 위치 정보를 파악하는 것이다. When은 사용자가 현관을 출입하는 시간 정보를 인식하여 거주자 정보를 저장한 후 개인화된 사용자환경을 위해 사용하는 것이다. How는 카메라를 통해 받은 이미지 정보를 처리하여 거주자의 의미 있는 행동을 인식하는 것이다. Why는 4W1H(Who, What, Where, When, How)를 이용하여 거주자가 하는 행동을 인식하고, 미리 설정한 거주자의 특정한 몸짓에 정보 가전 기기를 제어하는 명령어를 연결하여 사용하는 것이다.

상황인식에 대한 용어와 정의를 최초로 소개한 Schilit, Adams, and Want(1994)는 상황을 세 가지 범주로 정의하고 있으며, 네트워크 연결성, 통신비용, 통신 대역폭 등 인근에 존재하는 자원인 컴퓨팅 상황 정보(computing context information), 사용자 프로필, 위치, 현재의 사회적 상황을 포함한 사람 정보인 사용자(user context information), 조명, 소음수준, 교통 상황(physical context information) 등이다. 반면에 Chen and

Kotz(2000)는 상황인식을 능동적 상황인식과 수동적 상황인식으로 구분하여 정의하였다. 능동적 상황인식은 새로운 상황이나 상황의 변경이 발생하면 자동으로 이와 관련된 동작을 실행하도록 시스템을 구성하지만, 수동적 상황인식은 새로운 상황이나 상황의 변경이 발생하면 사용자에게 이에 대한 정보를 제공하거나 차후 검색이 가능하도록 정보를 유지하도록 한다.

상황인식에 사용되는 데이터는 크게 다섯 가지로 분류되며, 사용자의 상황과 환경, 물리적 환경 상황, 컴퓨팅시스템 환경, 사용자-컴퓨터 상호작용이력, 사고 상황 등이다(한국전자통신, 2014).

표 4-19 상황인식에 사용되는 데이터 유형

구분	내용
사용자 상황	신원 상황(ID, 성명)
	신체 상황(맥박, 혈압, 체온, 음성)
물리적 환경 상황	공간 상황(위치, 방향, 속도)
	시간 상황(일자, 시각, 계절)
	환경 상황(온도, 습도, 조도, 소음)
	활동 상황(인접인, 행동, 일정)
컴퓨팅시스템 상황	자원 상황(배터리, 디스플레이, 인터넷, 시스템)
	가용 상황(자원, 장비, 시설)
	접근 상황(사용자, 허용정보, 인접성)
사용자-컴퓨터 상호작용이력	이력 상황(사용자, 서비스, 시간)
	장애 상황(시간, 사용자, 서비스)
사고 상황	안전 상황(추돌, 화재, 타박, 찰과상, 골절상)
	재해 상황(폭풍, 태풍, 폭우, 폭설, 가뭄, 지진, 화산)

출처: 한국전자통신 (2014). 상황인식 컴퓨팅응용기술 동향

2) 상황인식과정

상황인식과정은 인간의 의사소통과 유사하며 사용장소, 환경, 물체 등에 적응하고 시간이 경과되면서 환경, 사용자 상황 등을 인식하며 적절한 상황인식서비스를 제공한다. 상황인식과정은 인식, 분석, 실행의 단계로 나뉜다.

인식(Perception)단계는 대상에 대한 정보를 습득하는 단계로, 대상에 대한 정보를

가지고 있는 장치들과 교신하여 수집하는 경우와 센서를 이용하여 직접 습득하는 경우가 있다. 또는 사용자 모델링이나 사용자의 직접 입력으로부터 상황정보를 수집하기도 한다.

분석(Analysis)단계에서는 습득된 정보를 논리적인 구조 안에서 분석하는 단계로, 여러 센서에서 얻은 정보를 수집하여 대상 환경의 전체적인 상태를 판단하고 정보를 저장한다. 저장된 정보를 통해서 분석된 결과를 기반으로 지능적인 서비스를 제공한다.

실행(Action)단계는 대상 환경의 상태와 상황분석을 통해 사용자가 원하는 행위를 인식하고 그것에 적합한 행위를 결정하는 단계이다. 상황정보의 분석과 판단이 되면 상황인식기술을 통해 사용자에게 서비스를 제공하고 사용자에게 적합한 서비스가 지능적으로 실행된다.

3) 상황인식센서 환경 및 구성

상황인식의 센서는 공간의 환경과 특성을 고려하여 설치하고 사용자 중심의 서비스가 이루어지도록 구성되어야 한다. 정보수집의 제1단계는 센서를 통해서 이루어지며, 센서는 공간의 물리적인 환경 속으로 유입되어 사용자에게 거부감이나 불편함을 주지 않아야 한다. 센서는 기능과 용도에 맞게 선택되고 설치되어야 한다. 센서가 인식하는 대상물에 따라 다양한 센서의 유형이 분류될 수 있다. 즉, 역학센서, 전기센서, 온도센서, 빛센서, 음향센서, 주파수센서, 습도센서, 화학센서, 생체센서, 정보센서 등 수없이 많은 센서가 나올 수 있는 것이다.

예를 들어, 환경정보를 인식하고 수집하기 위한 센서로 환경감지센서와 위치감지센서로 구분할 수 있다. 환경감지를 위해서는 화학센서와 광센서, 온도센서가 필요하고 위치감지를 위해서는 역학센서, 자기센서, 지능형센서가 필요하다.

화학센서는 복잡한 화학물질을 감지 대상으로 하기 때문에 감응물질이나 감응막 표면의 친화력, 흡착력 및 촉매 등을 이용하여 분자식별을 하게 된다. 감지 대상은 물리적 자극과 화학적 자극으로 분류된다.

광센서는 빛을 이용하여 비접촉방식으로 대상물체의 반사, 복사 및 차광 등에 의해 발생하는 입사광의 차이에 따른 물체의 유무, 대소 및 명암 등을 감지하여 빛을 전기신호로 변화하는 조도센서이다.

온도센서는 온도를 센서가 감지하기 위해 열에너지를 전기신호로 변화하여 센서에 일부 열에너지가 전달되어야 한다. 온도센서의 온도 감지부분은 온도가 상승 또는 하강하여 상호 간에 열교환을 한다. 온도센서는 크게 접촉과 비접촉형 온도센서로 나뉜다.

위치감지를 위한 역학센서는 기하학, 운동학, 역학으로 나뉘며, 역학에 대해 물리적으로 응용하여 센서에 적용한다.

자기센서는 자기장 또는 자력선의 크기와 방향을 측정하는 센서이다. 자기를 전기신호로 변화시키거나 비자기적 신호를 전기신호로 변환시켜 주는 중간매체의 역할을 하는 센서이다.

지능형 센서는 물리적 또는 화학적 현상을 전기신호로 변화하는 센서의 단순기능 외에 논리제어기능, 통신기능, 판단기능을 가진다.

4.9.2 상황인식서비스

상황인식서비스는 사용자의 위치나 환경 등의 특정 상황을 인식하여 사용자의 요구에 부응하도록 제공되는 서비스이다. 사용자가 입력한 정보와 상황정보들이 수집·분석되어 이용자가 처한 상황에 맞게 사용자 상황에 활용되어 제공되는 지능형 서비스이다.

이러한 서비스의 종류에는 안전서비스, 편리서비스, 쾌적서비스, 여가서비스, 건강서비스, 정보서비스, 사회서비스 등이 있다.

안전서비스는 기술을 이용하여 사고 등을 경고하고 안전을 도모하는 서비스이고, 편리서비스는 개인의 성향을 파악하여 맞춤서비스를 지향하는 것으로 네트워크와 지능형 서비스 기기를 통해 사용자의 요구에 부응할 수 있는 환경을 구성해야 한다.

쾌적서비스는 환경과 상황에 따라 요구되는 사항을 인식하여 공간에서 요구되는 조건을 지원하는 서비스이고, 여가서비스 이용자의 여가 편의제공에 관계되는 서비스로 여가생활을 할 수 있는 환경을 통제하는 서비스이다.

건강서비스는 상황인식기술의 센서를 통해 수집된 사용자의 위치, 생체정보와 환경정보를 기반으로 한 서비스이다.

정보서비스는 종합적인 서비스를 제공하여 이용자의 욕구를 충족시키는 서비스이다.

사회서비스는 사람과 사람이 관계를 형성하는 공간에서 이루어지는 서비스로 이용자들이 커뮤니티를 활성화할 수 있는 기반기술서비스이다.

국내의 경우 도서관에 적용가능한 상황인식서비스로 도서상태 정보(증강현실기술을 적용한 도서위치 확인 및 안내서비스, 수서 처리 중이거나 이동 중인 도서확인 및 안내서비스), 도서내용 정보, My Library 관리서비스, 도서관 자관 내 정보, 전자책 제공 · 대출 여부, 유관기관과의 연계 등을 들고 있으나, 이는 현재 제공되고 있는 서비스를 좀 더 강화시킨 것이다.

상황인식기술을 구체적으로 적용하여 상황에 맞는 상황인식서비스를 다섯 가지로 나누어 제시하면 다음과 같다.

1) 사용자의 접근에 따른 공간 On · Off

공간을 사용자의 접근에 따라 제어하는 방법으로 공간은 사용자가 사용하기 전에

그림 4-15 ▌사용자 접근에 따른 공간의 on · off 구성도

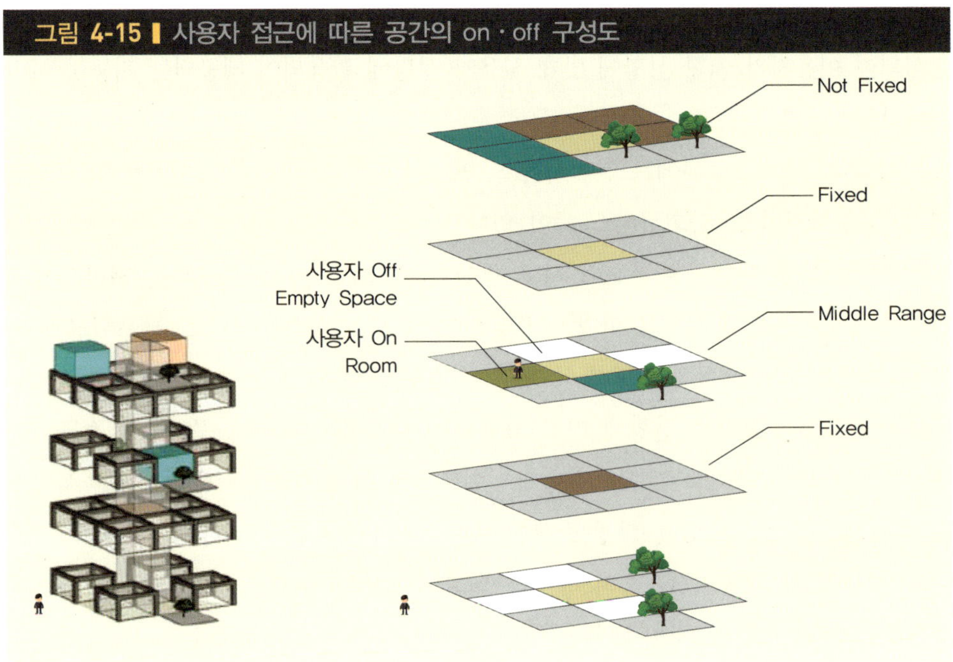

는 비어있는 공간일 뿐이다. 하지만 사용자가 공간으로 진입하면 실제 사용공간이 된다. 사용자는 도서관 출입을 통해 자신의 필요정보를 도서관공간에 인지시켜 필요공간을 배당받을 수 있다. 이때 'Off'되어 있던 공간은 사용자배당에 따라 필요한 가구와 정보를 제공받아 사용자를 맞이하면서 'On'으로 되어 실제 사용공간이 될 수 있다. 이러한 활용은 도서관 내의 공간을 복합화하여 다양하고 효율적으로 사용되게 할 수 있을 것이다(송인조, 2008).

2) 상황인식을 적용한 출입서비스

출입영역에서의 상황인식서비스를 위한 상황예시는 신규 이용자가 도서관을 입장하는 경우와 기존 이용자가 도서관을 입장하는 경우로 구분할 수 있다. 먼저 신규 이용자가 입장하는 경우 RFID 카드가 미확인되어 신규 이용자임을 인식하고 음성 및 텍스트 안내로 도서관 등록을 유도한다. 기존 이용자가 입장하는 경우 이용자가 이전에 도서관을 이용한 모든 기록을 분석하여 이용자의 취향에 맞는 신간도서를 추천하거나 기타 정보를 제공할 수 있다. 이때 상황인식에 필요한 센서는 RFID 태그, RFID 리더기 등이다.

그림 4-16 ▌ RFID 출입공간 상황인식 실행 흐름

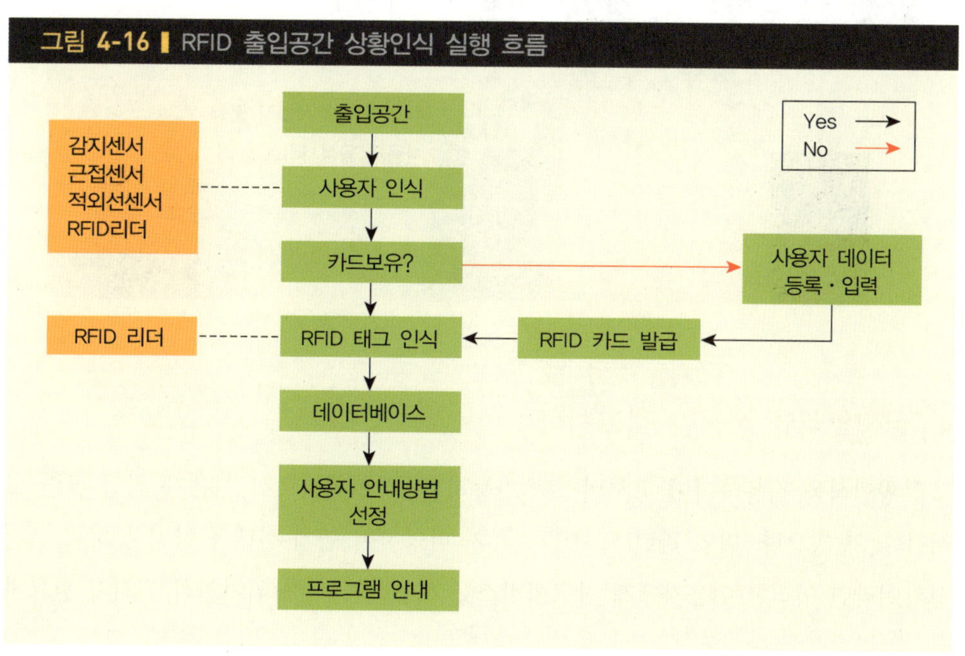

3) 상황인식을 적용한 로비공간

안내서비스 등이 제공되는 로비공간에서는 위치감지센서, 인체감지센서, RFID 태그, RFID 리더기, 적외선센서, 조도센서 등을 이용하여 이용자가 원하는 공간이나 정보로 안내할 수 있다. 예를 들어, 신규 이용자가 등록을 위해 키오스크에 접근하면 센서 및 RFID를 이용하여 신규 이용자를 인식하고 도서관 이용에 필요한 이용자 정보를 입력할 수 있도록 가이드하고 RFID 카드를 발급해주며 신규 이용자에게 적합한 도서관 안내서비스를 제공할 수 있다.

그림 4-17 ▌ 상황인식을 적용한 도서관 로비공간

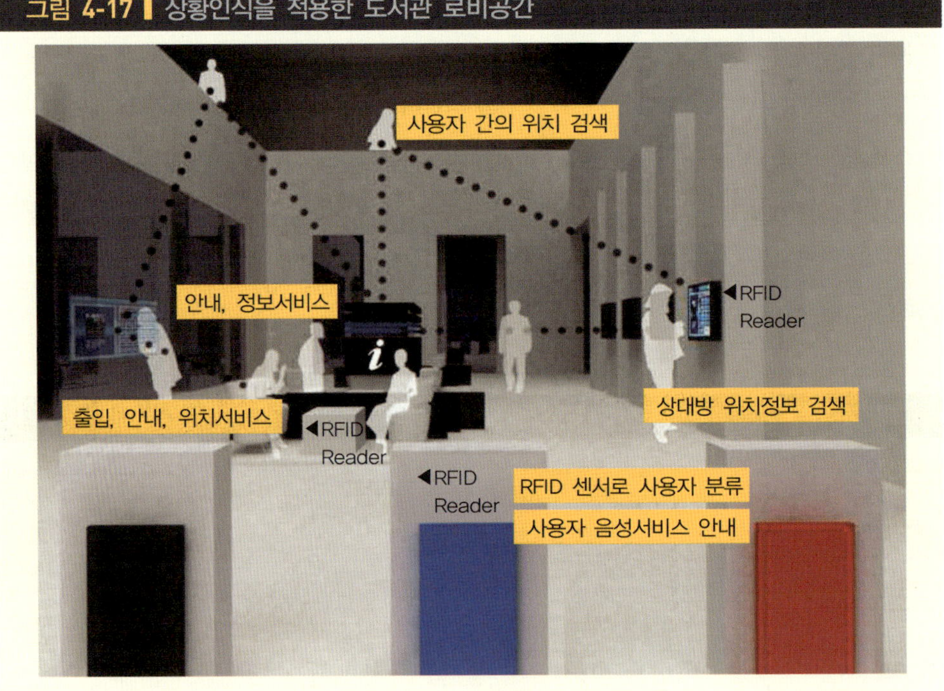

4) 상황인식을 적용한 참고서비스

상황인식을 적용하여 참고서비스도 가능하다. 상황예시로서 이용자 취업 관련 도서를 찾고 있으나, 취업 관련 도서의 종류가 다양하여 쉽게 선택을 하지 못하고 있는 상황이라면 이러한 이용자에게 참고서비스를 제공하기 위해 위치인식 센서가 필요하고, 이용자의 동선, 이용자의 위치, 이용자가 머무른 시간 등이 수집되어야 한다. 이용자가 취업 관련 코너에서 120초 이상 머무르고 있을 경우 이용자가 취업 관련 도서를 찾는 것으로 인식하고, 현재 서고에 있으며, 이용자가 대출하지 않은 취업 관련 도서 중 신간도서와 많이 대출한 도서의 목록을 이용자의 스마트폰으로 전송할 수 있다.

그림 4-18 ▌상황인식 적용 참고서비스 실행 흐름

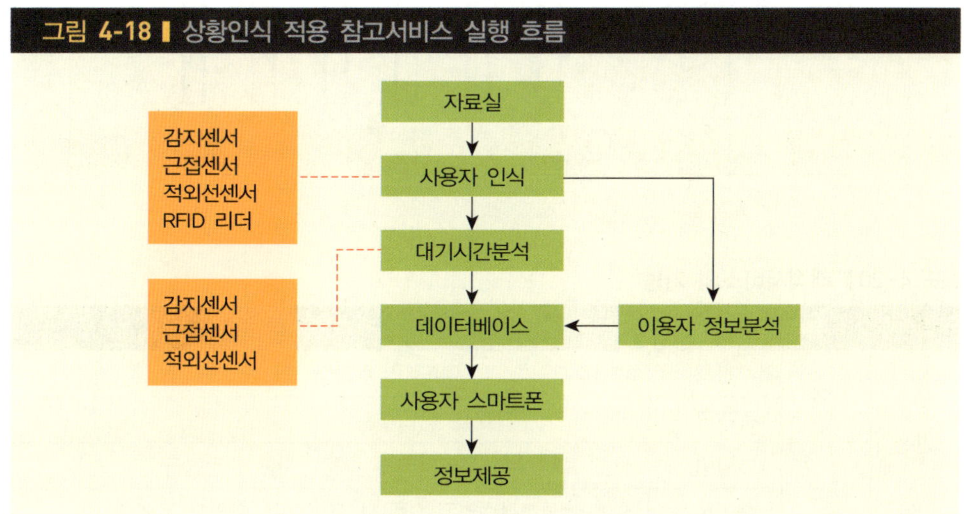

5) 상황인식을 적용한 안전서비스

안전서비스는 사용자의 위치, 사용자 행동 및 활동량 인식 등을 파악할 수 있는 위치인식센서를 통해 이루어지며, 위치인식센서는 사람을 감지하고 공간의 이동을 파악하여 이용자가 위험상황에 대처할 수 있도록 할 수 있다. 상황예시로 이용자가 자료실 구석에서 의식을 잃고 쓰러져 있을 경우 위치인식센서 및 적외선센서로 이용자의 위치, 움직임, 체온 등의 정보를 수집하며, 이용자가 바닥에서 30초 이상 움직임이 없을 경우 관리실 및 관리자의 스마트폰으로 상황을 알리는 메시지를 보낸다.

그 외 쾌적서비스는 온도조절, 습도조절, 조도조절 등 서적과 이용자들의 상황에 알맞게 환경을 조절하는 서비스이다.

그림 4-19 ▌ 상황인식을 적용한 안전서비스

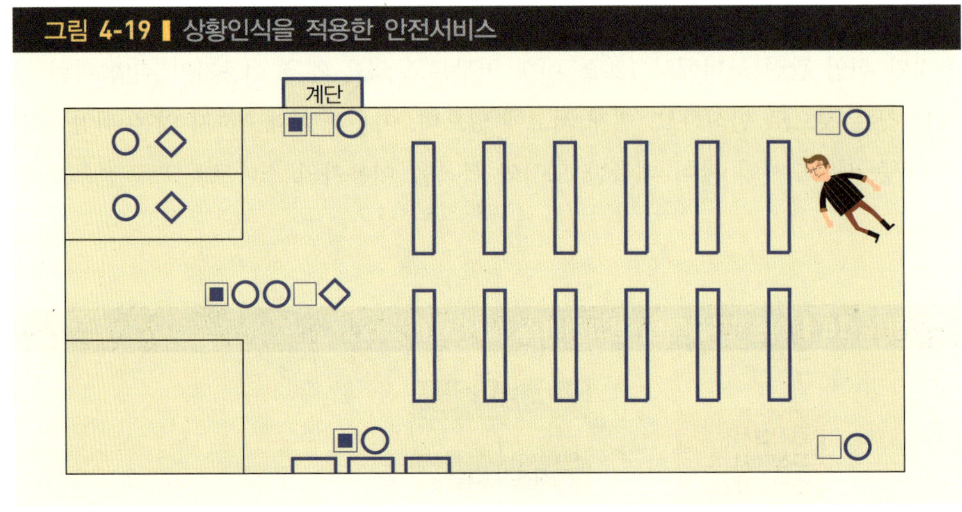

▌표 4-20▌ 쾌적서비스의 기능

분류			기능
안전	안전	방재	화재감지, 가스밸브차단, 누수차단, 자동 창문잠금
		구급	비상연락, 구급호출, 응급출동
	도난	방범	침입, 도난방지, 출입문 자동 시건, 자동 창문잠금
		출입통제	생체인식 현관출입문, 방문자 모니터링, 출입자 통제
쾌적	환경조절		자동 환기, 자동 조명, 자동 냉난방, 자동 공기청정, 조도조절, 조명 일괄 on·off, 전동커튼, 습도조절, 소음차단

4.9.3 상황인식이 적용된 차세대 디지털도서관

유비쿼터스 환경은 상황인식컴퓨팅 환경을 포괄하는 의미이며, 상황인식컴퓨팅 환경은 다양한 센서들과 기기들을 활용한다. 이는 도처에 설치된 센서들로부터 얻은 무수히 많은 상황정보를 서비스의 목적에 맞게 적절히 처리하여 사용자의 현재 상황에 가장 적합한 서비스를 찾아내고 동적으로 재구성하여 제공하는 것이다. 따라서 유비쿼터스도서관을 구현하기 위해 상황인식기술은 필수적이다. 상황인식을 위해서는 다양한 장비와 센서가 필요하며, 이용자와 도서관 내·외부로부터 다양한 상황정보를 수집하여야 하며, 이를 기반으로 상황인식이 기반이 된 유비쿼터스도서관을 구현할 수 있다.

국내외적으로 상황인식기술은 다양한 분야에 폭넓게 적용되고 있는 것으로 조사되었다. 상황기술은 현장연구(fieldwork), 박물관(museums), 루트 선정(route planning)과 관광(tourism)에 적용되고 있으며 도서관에 적용된 구체적인 사례는 Aittola, Ryhänen, and Ojala(2010)가 구현하였다. 이들이 구현한 스마트라이브러리(SmartLibrary)는 위치-인식 모바일도서관서비스를 제공하는 도서관으로서, 스마트라이브러리로 전통적인 서가분류에 의해 이용자가 보다 쉽게 책을 찾을 수 있게 한다. 이정미(2012) 또한 상황인식기반 도서관에 대해 연구하였지만 그녀가 제시한 상황인식서비스는 기존의 모바일도서관의 기능을 좀 더 편리하게 하는 데 중점을 두고 있는 한계가 있다. 상황인식기술을 적용할 경우 도서관은 출입구에 들어서는 이용자를 인식하고 신규이용자와 기존 이용자에게 그들의 상황에 맞는 서비스를 제공할 수 있다. 또한 서가 및 정보검색공간, 다양한 정보공간에서 이용자의 상황에 맞는 정보를 각각 제공할 수 있으며, 상황인식 참고서비스, 대출서비스 등을 제공할 수 있다. 뿐만 아니라 이용자의 행동, 이동경로, 온도 등을 인식하여 비상상태의 이용자를 인식할 수도 있다. 그

그림 4-20 ▌상황인식이 구현된 차세대도서관 구현

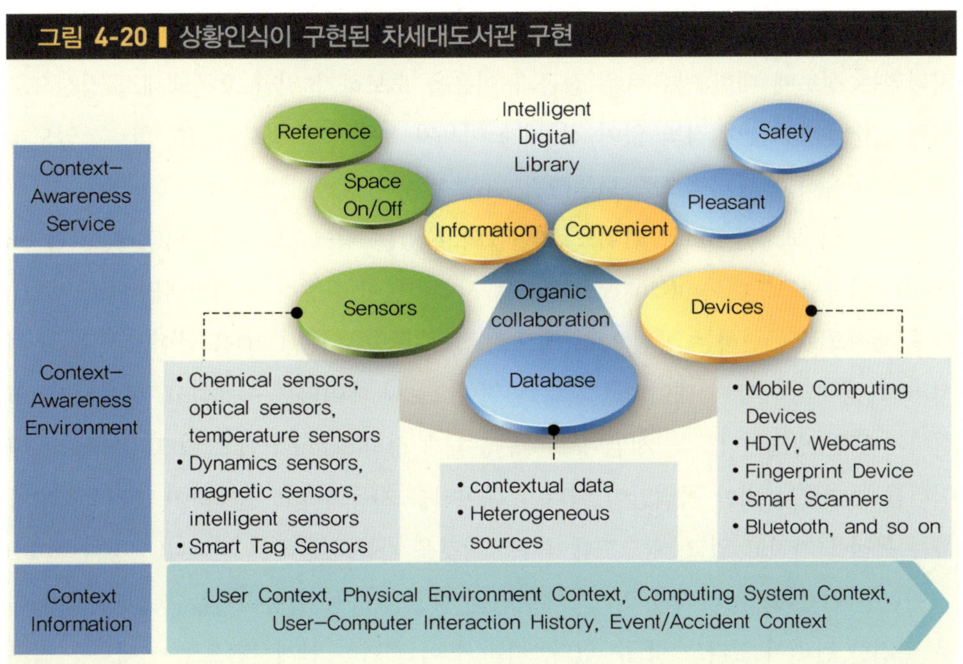

외 쾌적서비스로 이용자 및 도서, 기기의 상황에 맞는 온도, 습도, 조도 등도 조절할 수 있게 된다. 다음은 상황인식기반 도서관을 구현하기 위해 필요한 장비, 센서, 정보원, 그리고 제공가능한 서비스에 대한 것을 간단히 보여주고 있다.

4.10 링크드데이터

4.10.1 링크드데이터 개요

오픈액세스 운동은 연구기관이 연구성과물을 출판하고 있음에도 불구하고 그 연구기관들이 해당 자원을 이용하기 위해 고가의 비용을 지불하고 출판사로부터 다시 사와야 하는 유통구조, 그리고 급격하게 상승하는 저널구독비 문제를 해결하기 위한 것으로, 저자 및 연구기관들이 생산한 자원을 공동으로 구축하고 활용할 수 있도록 하자는 운동이다.

이러한 오픈액세스 운동의 결과로 나타난 것이 기관리포지터리이다. 즉, 기관리포지터리는 정보에 대한 자유로운 접근과 이용을 도모하기 위한 오픈액세스 정신으로 법적, 경제적, 기술적 장벽 없이 전 세계 이용자 누구라도 정보에 접근할 수 있도록 정보를 공유하고 장기적으로 보존하기 위한 것이다(장근연, 2004).

웹 3.0 및 도서관 3.0의 키워드로 언급되고 있는 링크드오픈데이터(Linked Open Data) 또는 링크드데이터(Linked Data)는 시맨틱웹이 표방하는 데이터웹(Data Web)을 구체적으로 구현하는 방법으로, 웹으로 접근가능한 이름(URI)을 붙이고 이를 통해서 RDF 형태의 시맨틱 데이터를 서로 연결함으로써 데이터를 공개하고, 공유하고, 연결하기 위한 방법이다. 즉, 시맨틱웹은 단순하게 정의(defined)되고 링크된(linked) 데이터를 보여주기 위한 목적만이 아니라 데이터를 자동화하고 연계하여 재사용하고자 하는 목적을 가지고 있고, 링크드데이터는 이것을 가능하게 하는 것이다(노영희, 2010)

이러한 기관리포지터리와 링크드데이터는 자원을 공동 활용하자는 정신에 있어 매우 밀접한 관련이 있다고 할 수 있다. 따라서 이 개념을 연계시킴으로써 새로운 접근

방법에 의한 정보공동생산과 활용이 가능할 수 있을 것으로 보인다.

기관리포지터리의 구축방향도 자원의 공동구축과 연계에 있다고 할 수 있다. 연구기관에서 생산되는 다양한 유형의 정보자료 유형을 최대한 포괄하고자 하며, 기존에 구축된 관련 시스템들(예, 연구정보시스템, 도서관목록, 강의자료시스템 등)과의 연계를 통해 자원이용 효율성을 최대화시키고자 하는 노력을 하고 있다(이나니 외, 2004).

세계적으로 기관리포지터리의 수는 2,300여 건을 상회하고 있고 우리나라에도 11건이 있으며, 그 중에서 대학도서관 중심으로 구축되고 있는 국내 기관리포지터리의 대표적인 예로 dCollection이 있다. 오픈액세스를 지향하는 이러한 수많은 기관리포티지터리를 개방형의 링크드데이터로 각각이 구축하고 공동 활용한다면, 세계의 지식공유 측면에서 기여하는 바가 클 것이고, 자원효율성도 최대화시킬 수 있을 것이다.

4.10.2 링크드데이터 구축도구

링크드데이터를 구축하기 위해서는 비구조적 데이터를 구조화하되 시맨틱 형태로 표현해야 한다. 자원을 구조화하는 것은 데이터를 RDF로 표현하는 것이며, 하나의 자원을 주어, 술어, 목적어로 표현하는 것이다. 각각의 자원은 URI를 통해 고유 식별자를 가지고 여러 가지 속성들을 이용하여 자원들 간의 링크를 생산한다. 링크드데이터를 저작하거나 편집할 수 있는 시스템 또는 도구는 Loomp, Tabulator, mSpace Data Picker 등이 있다.

Loomp는 링크드데이터 생성시스템으로서 사용자가 데이터에 대한 유의미한 주석을 달고, 의미적으로 관련된 데이터를 찾아 연결시킬 수 있도록 한다. Tabulator는 시맨틱 웹 브라우저로서 링크드데이터의 표현 형식인 RDF 문서를 탐색하고 편집할 수 있는 기능을 제공한다(Berners-Lee, et al., 2006). mSpace Data Picker는 개별화된 링크드데이터 탐색시스템으로서 사용자의 특정 목적에 맞는 링크드데이터만 탐색할 수 있도록 하여, 마치 개별화된 링크드데이터를 생성하여 탐색하는 효과를 제공한다(Smith, Popov, Schraefel, 2010). 또한 D2RQ는 오픈소스로서 베를린대학 연구진에 의해 개발된 것으로 Non-RDF를 RDF로 변환해 주는 시스템이며, 이미 구축된 온톨로지의 개념에 인스턴스를 부착하는 형태이다.

국내에서 개발된 시스템으로 (주)탑쿼드란트코리아가 개발한 OntoBase2.0은 온톨로지 정보를 트리플 형태로 저장 및 관리하며, 스파클(Sparql) 질의 성능을 보유한 온톨로지 리포지터리 구축 솔루션으로서 상업용 시스템이다. 2011년에는 고려대학교 컴퓨터교육학과 연구진에 의해 개발된 링크드데이터 생성시스템이 있는데, 이는 URI나 RDF에 대한 지식이나 사용능력이 없는 일반 사용자들이 서로 다른 RDF 문서에 존재하는 데이터를 연결하여 링크드데이터를 생성할 수 있는 시스템이다.

향후 지속적으로 링크드데이터를 구축함에 있어 일반인을 위한 링크드데이터 생성 시스템들이 많이 개발되어야 하고, 이를 활용한 데이터 구축이 바람직하다. 일반인을 위해 개발된 링크드데이터 생성시스템의 사용을 권장하는 이유는 RDF로 생성해야 할 문서의 양 때문이다. 웹 3.0 또는 웹 4.0 시대에는 모든 웹이 시맨틱웹으로 기계가 이해할 수 있는 웹이 구축된 시대라고 예측되고 있다. 그러나 특정 전문가집단이 지상의 모든 정보를 RDF로 구축, 변환하는 것은 불가능하다. 따라서 이용자 참여형으로 나갈 수밖에 없는 상황이며, 따라서 RDF 문서 및 링크드데이터를 매우 쉽게 생성할 수 있는 시스템의 개발방향은 매우 바람직하다. 이는 현재 웹 2.0의 이용자생성 콘텐츠 구축에서 한 단계 더 나아가 구조화된 이용자생성 콘텐츠를 구축하는 것이며, 과거 일반인이 홈페이지를 개발하기 어려웠던 문제를 해결하기 위해 블로그가 나온 것과 같은 맥락에서 이해해도 될 것이다. 그러나 시스템을 확보하는 데 어려움이 있어 본 서에서는 Protégé 4.2 Beta를 사용하고 있다.

4.10.3 링크드데이터로 구축된 사례

도서관에서 참조하거나 이용 및 연계할 수 있는 도서관 링크드데이터세트는 대표적으로 W3C와 CKAN에서 목록으로 제공하고 있는 것을 알 수 있다. CKAN은 2012년 4월 20일 현재 56개의 목록을 제공하고 있고, W3C에서도 26개의 목록을 제공하고 있다. 이는 세 그룹으로 구분하고 있으며, 아래에서 자세히 살펴보도록 한다.

본 서에서는 도서관 링크드데이터로 활용할 수 있는 사례들을 살펴봄에 있어 링크드데이터 목록을 제공하는 사이트 중심으로 간단하게 소개하고 있다. 상세한 내용은 해당 사이트에서 확인하여 원하는 데이터를 다운로드 받을 수 있다.

1) W3C의 도서관 링크드데이터

단순히 링크드데이터로 구축된 사례는 링크드데이터 클라우드에서 볼 수 있듯이 데이터세트의 수가 2011년 9월 현재 295건에 이르는 것을 알 수 있다. 그 중에서 주로 도서관에서 이용할 수 있는 링크드데이터를 종합적으로 정리한 단체가 W3C 도서관 링크드데이터 인큐베이터그룹(W3C Library Linked Data Incubator Group)이다. 시맨틱웹 전문가들 중 특히 링크드데이터 전문가들로 구성된 이 그룹은 웹상의 도서관 자원의 상호운용성을 향상시키기 위해 RDF와 같은 표준을 사용해서 구축된 도서관과 관련되고 도서관에서 활용가능한 리스트를 1년 3개월 동안 개발하여 제시하였다. 도서관 링크드데이터에 가장 관련이 깊은 데이터세트 목록은 다음 [표 4-21]과 같다.

표 4-21 Library Linked Data Set

데이터세트	설 명	트리플 양
Bibbase	인터넷상에서 과학출판물이 용이하게 배포	200,000
British National Bibliography(BNB)	BNB는 VIAF, LCSH, Lexvo, GeoNames, MARC의 국가 및 언어코드, Dewey.info, RDF Book Mashup을 포함한 외부 자원을 링크하기 위해 링크드데이터로 출판됨	84,961,180
Calames	ABES에 의해 운영되는 아카이브와 매뉴스크립의 프랑스대학 종합목록	2,000,000
Chronicling America	역사적 신문에 대한 정보에 접근하게 하고, 디지털화된 신문페이지를 선정 현재 140,000건의 신문기사, 320만 페이지 수록	20,000,000
Cambridge University Library dataset #1	COMET은 JISC가 지원한 Cambridge University Library와 CARET 간 협력프로젝트의 결과	-
data.bnf.fr – Bibliothèque nationale de France	저작과 저자에 대한 웹페이지를 RDF로 구축한 것	6,330,000
Scottish Mountaineering Council Journals Issues 1-36	Scottish Mountaineering Club Journal의 1권부터 36권(1890~1901)까지의 디지털아카이브	15,801
CrossRef DOI Resolver	Digital Object Idenfiers(DOI)는 문헌, 특히 학술출판물을 식별하기 위해 약 3,000개의 출판사가 사용하고 있는 영구적 자료식별체계	1,000,000,000

Europeana Linked Open Data	• 링크드오픈데이터로 이용가능한 메타데이터를 만들기 위한 노력 • 350만 아이템에 대한 메타데이터 구축	117,000,000
Freebase	시맨틱웹기반의 협력지식베이스	337,203,427
Hungarian National Library(NSZL) catalog	LOD로 구축된 OPAC, 디지털도서관, corresponding authority 데이터	19,300,000
Linked Periodicals Database	CrossRef, Highwire Press, and the National Library of Medicine에 의해 제공되는 저널메타데이터를 수집해 놓은 Data Incubator로 구축된 데이터세트	100,000,000
lobid. Index of libraries and related organisations	lobid-organisations는 International Standard Identifier for Libraries and Related Organizations(ISIL)를 기반으로 하여 도서관에 대한 URI를 제공	635,464
lobid. Bibliographic Resources	lobid-resources는 서지자원(책, 아티클, pdf 등)에 대한 메타데이터에 대한 접근을 제공하는 서비스(현재 7백만 레코드)	311,427,107
Medline	• Mdeline목록의 RDF 표현 • 약 1,900만 개의 아티클이 http://dx.doi.org/(논문기사식별자) 및 http://crossref.org/(저널식별자)에 링크되어 있음	1,016,652,223
NTNU special collections	디지털화된 역사 단행본(Norwegian University of Science and Technology(NTNU))	3,569
The Open Library	• 인터넷 아카이브의 공개프로젝트로서 모든 책에 대해 하나의 웹페이지 가짐 • 현재 개인 또는 대규모 목록자로부터 약 2,000만 레코드 수집, 보유	400,000,000
English Language Books listed in Printed Book Auction Catalogs from 17th Century Holland	학자 및 성직자가 소장했던 인쇄도서 경매 카탈로그에 게재된 영어 버전의 도서들	400,000,000
ePrints3 Institutional Archive Collection (RKBExplorer)	ePrints3 아카이브의 링크드데이터 버전	8,417,840
ECS Southampton EPrints	RKB 탐색기에서 제공하는 서비스와는 차별화된 EPrints 서버에서 생산된 라이브 데이터	1,000,000
Sudoc bibliographic data	Sudoc은 ABES의 의해 운영되는 프랑스대학 종합목록, 약 천만 개의 서지레코드 포함	350,000,000
Open Library data mirror in the Talis Platform	• Open Library의 데이터 미러사이트 • SPARQL endpoint와 OpenSearch(with RSS 1.0 output) 제공	541,396,055

theses.fr	ABES가 운영하는 프랑스학위논문 탐색사이트	300,000
Linked Data Service der Universitätsbibliothek Mannheim	RDF로 출판되는 서지데이터	53,415,605
University of Sussex Reading Lists	대학의 독서리스트로 이용되는 자원의 링크드데이터 버전	1,762,492
20th Century Press Archives	개인, 회사, 공장, 생산품, 그리고 경제 관련 주제의 3천만 건 이상의 문헌	12,000,000

출처: W3C Library Linked Data Incubator Group (2011. December). http://www.w3.org/2005/Incubator/lid

또한 [표 4-22]와 [표 4-23]에서 보는 것은 도서관 링크드데이터로 활용가능한 유용한 어휘시스템이나 체계 및 RDF 형태로 표현된 메타데이터 요소 집합으로, 이를 잘 활용하면 도서관 데이터의 확장가능성이 매우 높아질 수 있다.

표 4-22 Value Vocabularies

분류		Vocabularies
출판된 것	Classification systems	• Dewey Decimal Classification(DDC) • Universal Decimal Classification(UDC)
	Subject headings/subject authority files	• Library of Congress Subject Headings(LCSH) • Répertoire d'Autorité-Matière Encyclopédique et Alphabétique Unifié (RAMEAU) • Schlagwortnormdatei(SWD) • National Diet Library List of Subject Headings(NDLSH)
	Name authority data	• Virtual International Authority File(VIAF) • Getty Union List of Artist Names(ULAN) • Library of Congress Name Authority File(LC/NAF) • GeoNames
	Thesauri	• STW Thesaurus for Economics • AGROVOC • Eurovoc • Thesaurus for Graphic Materials(TGM)
	Other controlled vocabularies	• DCMI Type Vocabulary • MARC Code List of Relators(also in element sets) • PRONOM • Creative Commons(CC) License set • Preservation vocabularies from LoC

	Additional sources	• Wordnet • Freebase(also in datasets) • DBpedia
공식 또는 비공식적으로 출판 진행 중인 것		• Aquatic Sciences and Fisheries Abstracts(ASFA) thesaurus • Fisheries Reference Metadata • National Agricultural Library's Agriculture Thesaurus and Glossary • Getty Art and Architecture Thesaurus(AAT) • Medical Subject Headings(MeSH) • Iconclass • Getty Thesaurus of Geographic Names(TGN)
기타 LLD에 적합한 것		• New York Times subject headings • MARC List for Countries • MARC List for Languages • MARC List for Geographic Areas

출처 : W3C Library Linked Data Incubator Group (2011. December). http://www.w3.org/2005/Incubator/lid

▌표 4-23▌ Metadata Element Sets

Set Type	Metadata
RDF 어휘사전으로 출판된 것	• Dublin Core and DCMI Metadata Terms • Open Archives Initiative – Object Reuse and Exchange(OAI-ORE) • Simple Knowledge Organization System(SKOS) • SKOS eXtension for Labels(SKOS-XL) • MARC Code List of Relators(also in value vocabularies) • CIDOC Conceptual Reference Model(CRM) • Dublin Core Collection Description vocabularies • Functional Requirements for Bibliographic Records(FRBR) and related ontologies • International Standard Bibliographic Description(ISBD) • Metadata Authority Description Schema in RDF(MADS/RDF) • Gemeinsame NormDatei(GND) vocabulary • Friend of a Friend(FOAF) • Vocabulary of Interlinked Datasets(VoID) • Bibliographic Ontology(BIBO) • Upper Mapping and Binding Exchange Layer(UMBEL) Vocabulary • vCard • Lexvo.org ontology • Exchangeable Image File Format(EXIF) • Open Provenance Model(OPM) • Music Ontology • Creative Commons Rights Expression Language(CC REL) • A Citation Type Ontology(CiTO) • Description Of A Project(DOAP)

	• W3C Geo vocabulary • Semantically-Interlinked Online Communities(SIOC) • Schema.org vocabulary • Open Graph • W3C Ontology for Media Resources
RDF 사전으로 출판 진행 중인 것	• General International Standard Archival Description(ISAD(G)) • Europeana Data Model(EDM) • Encoded Archival Context - Corporate bodies, Persons, and Families (EAC-CPF) • MARC21 • Preservation Metadata: Implementation Strategies(PREMIS) • Encoded Archival Description(EAD) and other archive-oriented element sets
RDF 사전이 사용될 수 없는 것	• Categories for the Description of Works of Art(CDWA) • EBU P/Meta Semantic Metadata Schema(P/META) • SPECTRUM • Metadata Object Description Schema(MODS) • Text Encoding Initiative(TEI) Guidelines
RDF 어휘사전이 없지만 도서관분야에 적합한 기타의 것	• Visual Resources Association Core Categories(VRA Core) • Public Broadcasting Metadata Dictionary(PBCore)

출처: W3C Library Linked Data Incubator Group (2011. December). http://www.w3.org/2005/Incubator/lid

2) 데이터 허브

데이터 허브(Data Hub)는 2012년 4월 현재 3,414건의 데이터세트를 제공하고 있으며, 커뮤니티기반 인터넷상의 목록집합을 제공한다. 이 사이트는 원하는 데이터세트를 검색하거나 다운로드 받을 수 있도록 하고 있으며, 기본적인 시각화 도구들도 제공하고 있다.

또한 이 사이트는 오픈소스 데이터목록 소프트웨어인 CKAN(Open Knowledge Foundation에 의해 개발 및 운영)을 운영하고 있다. CKAN의 각각의 데이터세트 내 레코드는 데이터에 대한 기술과 기타의 유용한 정보, 예를 들어 사용될 수 있는 포맷, 무료로 이용할 수 있는 자료의 소장처, 데이터세트가 속하는 주제영역 등에 대한 정보를 포함하고 있다. CKAN은 인터넷의 데이터목록의 수를 늘리는 데 크게 기여하고 있다.

데이터 허브는 위키피디아 스타일의 누구나 편집할 수 있는 오픈데이터목록이다.

영국 정부는 CKAN을 이용하여 http://data.gov.uk를 운영하고 있으며 현재 8,000건의 정부데이터세트를 목록으로 제공하고 있다. 그 외 유럽나라들의 정부공개데이터인 http://publicdata.eu, 세계 여러 나라의 목록리스트인 http://datacatalogs.org 등도 CKAN에 의해 지원되고 있다.

이 사이트는 도서관과 관련된 사이트를 별도로 분류하여 제공하고 있으며, 서지데이터(Bibliographic Data)와 도서관 링크드데이터(Library Linked Data)가 있다. 서지데이터 부분은 주로 오픈서지데이터원칙을 준수하는 오픈서지데이터들로 구성되어 있으며, 현재 72개의 데이터세트가 제공되고 있다. 도서관 링크드데이터 부분은 RDF 형태로서 링크드데이터로 도서관에서 활용, 연계할 수 있는 데이터세트로 구성되며 56개의 데이터세트를 제공하고 있다.

3) SIMILE

링크드데이터 구축대상으로 하고 있는 dCollection과 유사한 시스템은 SIMILE (Semantic Interoperability of Metadata and Information in unLike Environments)이다. SIMILE 프로젝트는 MIT의 디지털저장소인 DSpace[2)]에 시맨틱 개념을 적용하고자 하는 것이며, 특히 전문 도구 영역에는 의미기반 디지털자원의 생성과 연계, 온톨로지 구현 및 구축 등 RDF 온톨로지의 구축과 온톨로지기반 정보탐색을 가능하게 하는 것이 주목적이다. 시스템 구성요소로 RDF 온톨로지 구축도구인 RDFizer, Screen Scrapers, Gadger, Referee 등이 있다. SIMILE은 digital assets, schemata/ocabularies/ontologies, metadata, and services 간의 상호운용성을 향상시키고자 하고 있으며, 특히 개인, 기관, 커뮤니티 등에 분산되어 있는 컬렉션의 연계를 통해 상호운용성을 향상시키고자 하고 있다.

2) DSpace는 HP와 MIT도서관의 협력으로 2002년에 개발된 시스템으로서 다양한 전공영역을 가진 연구공동체 조직에서 생산하는 디지털형식의 지적 생산물을 수집, 보존, 배포할 수 있는 동적 저상소이다.

4.11 시맨틱웹

시맨틱웹은 정보의 연계를 통해 웹자원을 지식화함으로써 정보의 효율적 검색, 통합, 재사용을 도모하는 기술을 뜻하며, 컴퓨터가 스스로 정보를 처리할 수 있는 기계가독형기반 및 의미기반의 시스템이다. 시맨틱웹을 구현하기 위한 핵심개념은 URI와 온톨로지이다.

4.11.1 시맨틱웹의 개념

1) URI

URI(Uniform Resource Identifier)는 인터넷상의 정보자원에 대한 식별체계로서 인터넷 주소체계인 URL과 고유이름체계인 URN을 총칭하는 개념으로서 다양한 정보자원에 대한 접근에 있어서 유일성을 부여하고 식별을 가능하게 하는 관리체계이다.

URI의 기능은 첫째, 자원의 소재가 변경되더라도 식별자는 변하지 않아 자원을 제대로 찾아주는 기능을 하고, 둘째, 메타데이터 요소와 주요 통제어에 URI를 부과하여 자원의 자유로운 재활용이 가능하게 하는 기능을 한다.

이러한 URI의 기능이 수행되기 위해서는 각 URI의 값을 실제 자원과 연결된 URL로 변환시켜 주는 시스템이 필요하며, 대표적으로 미국 CNRI(The Corporation for National Research Initiatives)에서 개발한 핸들(HANDLE)시스템과 한국정보사회진흥원(NIA)에서 운영하고 있는 핸들과 유사한 UCI 서버가 있다. 더블린코어에서도 유사한 개념으로 http 형식의 URI 값을 제공하는 형태로 영속적인 URL이라는 개념의 PURL(Persistent URL)을 사용하고 있다(오삼균, 2002).

2) 온톨로지

온톨로지는 컴퓨터가 데이터를 이해하고 데이터를 스스로 처리 · 가공할 수 있도록 실세계에 존재하는 모든 개념들과 그 개념 지식을 명세화하기 위해 개념들 간의 속성, 의미관계에 관한 정보를 정의하는 것이다.

4.11.2 시맨틱웹 사례

1) FOAF

Dan Brickley와 Libby Miller는 시맨틱웹기술에도 적용할 수 있으며 인물 정체성 관리상의 문제를 해결하기 위한 메타데이터로 FOAF를 제시하고 명세를 작성하였다. FOAF는 RDF를 사용하여 클래스와 속성들을 정의하고 있으며, 그 구조는 다음과 같다.

- 그룹(group)에 소속된 개인(person)
- 조직(organization)에 의해 생성된 문서(document)
- 한 개인이 알고 있는 다른 개인

위와 같이 FOAF에서 개인의 표현은 개인으로서의 표현, 조직에 속한 개인으로서의 표현, 다른 개인과 관련된 개인으로서의 표현을 통해 개인의 정보가 표현되며, 개인의 식별은 기본적으로 이메일 주소이며, 차선책으로 홈페이지의 URI가 이용되기도 한다.

2) SIOC

SIOC(Semantically-Interlinked Online Communities)는 DERI(Digital Enterprise Research Institute)와 NUI Galway(Galway of the National University of Ireland)에 의해 개발되었으며, 온라인 커뮤니티가 보유한 정보를 다른 커뮤니티와 의미적으로 연결하기 위한 것으로 SIOC 온톨로지와 SIOC 추출 · 검색을 위한 애플리케이션으로 구성되어 있다.

SIOC 온톨로지는 RDF/OWL을 이용해 표현되며 Forum, Post, Role, Site, User, UserGroup의 6개 클래스와 속성으로 구성되어 있다. 또한 SIOC 온톨로지는 FOAF, RSS, 더블린코어 등의 메타데이터를 이용하여 확장할 수 있다(오삼균, 원선민, 2007).

3) SIA

SIA(Social Information Architecture)는 이용자의 집단적 참여를 위한 것으로, 특정

정보에 대한 이용자들의 의견과 평가를 순위, 관심사 등의 장치를 통해 정보에 반영하고, 클러스터링, 협력적 필터링 등의 유의미한 정보를 제공할 수 있도록 개발된 알고리즘이다. SIA 설계를 위한 5가지 원칙은 다음과 같다(Smith, 2008).

- 이용자 연대의 다른 수준을 허용
- 피드백 순환의 모니터와 변경
- 교환 : 투명성 대 학습화
- 보다 큰 시스템으로의 참여
- 새로운 행동, 집합체, 디스플레이를 디자인

4) FRBR

FRBR(Functional Requirements for Bibliographic Records)은 다양한 매체, 애플리케이션, 이용자 요구에 맞는 서지정보와 관련 정보체계를 정의하기 위해 IFLA에 의해 개발된 개체-관계(entity-relation)기반의 개념틀이다. FRBR은 이용자의 서지레코드 이용목적을 탐색(find), 식별(identifier), 선정(select)과 확보(obtain)의 4가지 요소로 정의하고 이러한 목적을 달성할 수 있는 최소 수준의 개념틀을 제시하였다(한성국, 이현실, 2007).

FRBR은 저작과 행위자, 주제 간의 다양한 관계를 의미적으로 표현하는 논리적 연관관계를 갖는 세 개의 그룹으로 구성된다. 1그룹은 서지레코드에 명시되거나 기술된 지적·예술적 산물을 표현하는 개념 수준의 저작, 표현형, 구현형과 물리적 실체를 지시하는 개별 자료로 구성되고, 2그룹의 개인과 단체에 의해 어떠한 책임이 지워져 있는지 표현되며, 3그룹은 저작에 반영된 개념, 대상, 사건, 장소 등의 주제를 정의한다.

차세대
디지털도서관의
이해

Chapter

05

디지털도서관과 이용자프라이버시

5.1 개인정보 및 프라이버시의 개념

5.2 도서관과 지적자유

5.3 도서관과 프라이버시

5.4 프라이버시 관련 법 및 정책

5.5 개인정보 보호와 도서관인 윤리선언

5.6 도서관서비스와 프라이버시

전자시대 또는 디지털시대의 도래로 도서관에서 프라이버시를 보호하는 것이 점점 어려워지고 있다. Balas(2001)는 새로운 문제는 아니지만 기술의 발전으로 법적·윤리적 이슈는 더 복잡해졌다고 주장했다. 이제 사서는 인터넷에서 필터링된 접근 요구, 저작권 관련문제, 냅스터(Napster)서비스로 인한 법정문제 등에 직면해 있으며, 필터링과 저작권문제 모두가 도서관 및 사서에게 영향을 미치고 있고 그보다 심각한 문제로 디지털시대의 프라이버시문제가 대두되었다고 지적했다.

도서관은 대출정보, 온라인탐색기록, 인터넷 사용데이터, 전자참고 레코드 등을 축적하고 있으며, 사서가 알지 못하는 가운데에도 지속적으로 수집되고 있다(Johnston, 2000). 이러한 정보들은 벤더, 연방정부와 같은 기관에 노출될 수도 있다. 최근 도서관에서 적극적으로 도입되고 있는 RFID가 가지는 위험성에 대해서 검토되었는데(Butters, 2007), 실제로 존재하는 위험을 줄일 수 있는 기술적인 가능성을 제시하기 위해 현 RFID 표준들을 프라이버시 측면에서 검토했다. 여기에서는 현재의 RFID 표준은 안전한 RFID 시스템 플랫폼을 제공하지 못하고, 프라이버시를 침해하는 활동이나 디지털 타협 행위를 허용하는 몇 가지 취약점이 있다고 지적되었다.

전자시대 전에는 프라이버시문제가 심각하지 않았으며, 이른바 'MAA(Mutually Assured Anonymity)'가 가능했으나 디지털지식정보시대에는 어느 누구도 도서관을 이용할 때 '홀로'일 수 없다고 주장되기도 했다(Shuler, 2004). 최근에 도서관은 심지어 도서관 빌딩에 들어갈 때에도 특정 전자식별을 요구하고 있으며, 벤더들은 이용자 통계를 이용하여 데이터베이스의 가격을 정하고 동시이용자 수를 통제하므로 인해 이용자정보가 도서관 내에만 있는 것도 불가능해졌다고 할 수 있다.

정보기술의 발달로 도서관서비스는 점점 정교해지고 있으며, 이용자의 독서습관 및 연구경향을 추적하여 이용자맞춤형서비스를 제공하고 있기도 하다(Klinefelter, 2007). 도서관은 신착도서, 이용자 개개 관심분야의 새로운 정보자료 제공, 새롭게 구독되는 저널에 대한 정보, 그리고 책의 반납시기를 개개인 이용자에게 알리는 메일이나 메시지 등의 매우 편리한 서비스를 제공하고 있다고 했다. 그러나 이용자는 이러한 편리한 서비스를 받기 위해서 익명성, 심지어 자기 자신의 정보에 대한 통제권까지 포기해야 한다고 주장했다.

정보기술의 발전이 미국의 프라이버시 수준을 몇 단계 낮추었다고까지 주장되고 있다(Zimerman, 2009). 즉, 일상생활에서 발생하고 있는 프라이버시문제가 어디에서 어떻게 일어나고 있는지 구체적인 예를 들어가며 밝혀내고 있으며, 특히 수집된 개인정보에 접근하여 활용하고 있는 벤더와 해커문제가 복잡해졌다는 것이다. Xiaozhao와 Jianhai(2009)는 세컨드라이프 도서관(Second Life Library: SLL)으로 발생하는 다양한 유형의 이용자 프라이버시문제, 즉 SLL의 프라이버시정책, 프라이버시 향상기술, 아바타 프라이버시의 보호, 이용자의 도덕적 자기규율, 사서의 교육, 프라이버시와 신뢰 간의 적절성 등에 대해서 논했다.

5.1 개인정보 및 프라이버시의 개념

도서관 개인정보 보호정책 및 가이드라인 개발의 기본이 되는 것은 개인정보 및 프라이버시, 그리고 개인화 등의 개념이다. 개인정보의 개념에 대한 해석의 근거는 「개인정보 보호법」을 대표적으로 들 수 있다. 이 법은 공공기관의 컴퓨터에 의하여 처리되는 개인정보의 보호를 위하여 그 취급에 관한 필요사항을 정함으로써 공공업무의 적정한 수행을 도모함과 아울러 국민의 권리와 이익을 보호함을 목적으로 제정된 것이다. 그 외 프라이버시 및 필터버블(filter bubble)의 개념에 대해서도 명확히 알 필요가 있다.

1) 개인정보의 개념

개인정보란 「개인정보 보호법」(법률 제11990호, 2013.8.6., 일부개정) 제2조제1항에 의하면, “살아 있는 개인에 관한 정보로서 성명, 주민등록번호 및 영상 등을 통하여 개인을 알아볼 수 있는 정보(해당 정보만으로는 특정 개인을 알아볼 수 없더라도 다른 정보와 쉽게 결합하여 알아볼 수 있는 것을 포함한다)를 말한다.” 이와 유사하게 「정보통신망 이용촉진 및 정보보호 등에 관한 법률」 제2조제6항에서도 개인정보란 “생존하는 개인에 관한 정보로서 성명 · 주민등록번호 등에 의하여 특정한 개인을 알아볼 수 있는 부호 · 문자 · 음성 · 음향 및 영상 등의 정보(해당 정보만으로는 특정 개인을 알아볼 수 없어도 다른 정보와 쉽게 결합하여 알아볼 수 있는 경우에는 그 정보를 포함한다)를 말한다"라고 정의하고 있다. 「전자서명법」 제2조제13항에서도 동일하게 개인정보에 대해 정의하고 있음을 알 수 있다.

따라서 인터넷서비스업체가 수집하는 IP주소나 쿠키는 그 자체로는 개인정보가 아니지만 다른 정보와 쉽게 결합하여 특정한 개인을 알아볼 수 있는 정보이므로 개인정보이며, 인터넷 포털회사들도 'IP주소, 쿠키, 방문일시, 서비스 이용기록' 등을 개인정보로 규정하고 있는 것을 알 수 있다. 이러한 개인정보가 개인의 동의 없이 사용될 때 프라이버시 문제가 발생하게 된다(안지만, 김한일, 2008).

OECD 가이드라인에서는 개인정보라 함은 "식별된 또는 식별할 수 있는 개인(데이터의 주체)에 관한 정보 일체"라고 정의하고 있다(OECD, 2001). 유럽연합의 개인정보 보호지침에서는 "개인정보(personal data)라 함은 자연인(이하, '정보주체'라 한다)의 신원이 확인되었거나, 확인할 수 있는 것과 관련한 정보를 말한다. 신원을 확인할 수 있는 자는 직·간접으로, 특히 신원증명번호 또는 신체적·생리적·정신적·경제적·문화적 또는 사회적 동일성에 관한 하나 또는 그 이상의 요인을 참조하여 그 신원을 알 수 있는 사람이다"라고 정의하고 있다(박휜일, 2001). 또한 ALA 가이드라인에서는 프라이버시가 언론의 자유, 사상의 자유, 결사의 자유를 실천하기에 필수적이며, 도서관에서의 프라이버시권리는 타인에 의해 어떤 사람의 관심주제에 대하여 검열하거나 심사할 수 없는 개방된 권리라고 정의하고 있다. 이를 종합적으로 보았을 때 개인정보란 개인을 알아볼 수 있는 모든 정보라고 할 수 있다. 김기성(2006)은 OECD 가이드라인을 비롯한 외국의 개인정보 보호를 위한 법에 나와 있는 개인정보의 개념을 다음과 같이 정리하였다.

표 5-1 개인정보의 개념

구 분	개인정보의 개념
OECD 가이드라인	식별된 또는 식별가능한 개인에 관한 정보 일체
EU 지침	식별된 또는 식별가능한 자연인(정보주체)에 관한 모든 정보
영국 정보 보호법	신원을 확인할 수 있는 생존하고 있는 개인과 관련된 데이터 또는 정보 관리자가 보유하고 있거나 보유할 가능성이 높은 기타 정보 또는 데이터로부터 신원이 확인가능한 생존 개인과 관련된 데이터

일본 개인정보 보호법	생존하는 개인에 관한 정보로서 당해 정보에 포함되는 성명, 생년월일 기타 기술 등에 의해 특정한 개인을 식별하는 일이 가능한 것
독일연방 정보 보호법	신원이 확인되거나 확인가능한 정보주체의 인적, 물적 환경에 관한 일체의 정보
캐나다 프라이버시법	모든 형식으로 기록된 신원을 확인할 수 있는 개인에 대한 정보

출처: 김기성 (2006). 대학도서관의 개인정보보호 정책에 관한 연구

2) 프라이버시의 개념

프라이버시문제는 법적 또는 정치적 이슈로서 100년의 역사를 가지고 있으며, 그 개념이 등장한 이래 깊이 있게 논의되어 온 개념이다(Brunk, 2001). 프라이버시(privacy)란 개인의 사생활이나 집안의 사적인 일, 또는 그것을 남에게 간섭받지 않을 권리이며, '사삿일', '사생활', '자기 생활'로 순화되어 사용되기도 한다(국립국어원 표준국어대사전). Warren과 Brandeis(1890)는 프라이버시의 원리는 보증되거나 해칠 수 없는 안전한 위치에 있는 인격의 보호로 정리될 수 있다고 하였다. 한편 'Encyclopaedia of library and information science'에는 프라이버시란 개인의 삶과 전문가적 삶에 대한 정보가 공개되지 않고, 특히 정부기관이나 상업기관에 폭로되지 않으며, 법적 권한범위 내에서 감시로부터 자유로울 권리로 정의되어 있다. ALA는 도서관에서의 프라이버시권리를 "한 사람의 관심주제가 다른 사람에 의해 조사되거나 감시되지 않고 질문을 할 수 있는 권리"라고 정의하였다.

프라이버시문제가 침해될 수 있는 상황은 인터넷서비스 제공자가 인터넷 이용자의 각종 개인정보를 수집하여 이용하는 경우, 그리고 합법적인 방법으로 정보를 수집, 이용하지 않는 경우와 인터넷서비스 제공자가 수집, 보유하고 있는 개인정보를 국가나 법기관에서 압수, 수색하여 취득하는 경우 등이 있다고 하였다(허순철, 2009).

프라이버시 침해문제가 이전보다 현재에 더 심각해진 이유는 정보 보호 대상영역이 확대되고, 사적 정보에 대한 개인의 통제권을 지나치게 주었기 때문이라는 주장도 있다(김보선, 홍의경, 2008).

이외 수집된 개인정보를 활용한 침해사례는 수없이 많은데 그 중 이슈가 되었던 것은 구글이 미국정부의 요구에 개인정보를 제공하였다는 사실이다. 그리고 정부에 제공할 개인정보 수집을 위한 과정에서 구글 직원이 정보주체의 사생활을 침해하고 해

킹을 하였으며, 정보를 판매하기도 했다는 것이다. 이는 합법적으로 정보가 제공되고 수집되더라도 수집된 개인정보는 위험에 노출될 수 있다는 사실을 말해주고 있다.

Gavison(1980)은 프라이버시가 지켜질 수 있는 첫째 조건으로 개인이 자기 자신에 대한 정보를 통제할 수 있어야 한다고 주장했다. 즉, 개인이 자신에 대한 정보의 범위, 관리하는 방법, 시간 등을 통제할 수 있어야 한다는 것이다. 둘째 조건은 개인에 대한 배타적 접근이다. 즉, 한 사람에 대한 정보가 다른 사람에게 완벽하게 접근될 수 없는 상태이며, 기밀(confidentiality), 익명(anonymity), 격리(isolation)의 개념으로 획득될 수 있다고 했다.

요약하자면 프라이버시란 개인의 사생활이나 사적인 일로서, 모든 사람은 자신의 관심주제가 다른 사람에 의해 조사되거나 감시되지 않고 질문을 할 수 있는 프라이버시권리(ALA, 2012)를 갖는다고 할 수 있다. 즉, 프라이버시권리는 헌법의 최고 원리인 인간의 존엄과 가치를 그 내용으로 할 때에는 공·사법의 공통의 원리로서 사인간의 법률관계에서도 효력을 가지므로 타인에 의해 개인의 프라이버시권리가 침해될 경우에는 기본권의 제3자적 효력(대사인적 기본권)에 관한 간접적용설에 따라 불법행위로 간주된다.

또한 프라이버시권리보다 더 포괄적인 개념으로서 사생활권이 있으며, 사생활권은 "타인의 방해를 받지 않고 개인의 사적 영역을 유지하고자 하는 이익 또는 권리"이다(한수웅, 2002). 또한 사생활권의 일종이라 할 수 있는 개념으로 자기정보결정권이라는 개념이 있으며, 이는 "자신에 관한 정보의 흐름을 스스로 결정하거나 자율적으로 통제할 수 있는 권리"를 의미한다(권건보, 2005). 즉, 자기정보결정권이란 누가 어떤 목적으로 자신의 개인정보를 수집·이용하는지를 정보제공 이전에 명확하게 인지하고 이용자가 언제든지 자신의 개인정보를 열람·정정할 수 있으며, 더 이상의 개인정보 이용을 원치 않는 경우 이용에 대한 동의를 철회하거나 파기를 요청하는 권리를 보장하는 것을 뜻한다(행정안전부 한국정보보호진흥원, 2008). 즉, 사생활권이란 타인에게 방해를 받지 않고 개인에 관한 정보의 흐름을 결정, 통제할 수 있는 권리이다.

3) 필터버블의 개념

(1) 필터버블의 정의

필터버블(filter bubble)은 사람들이 인터넷을 탐색할 때 사람들마다 다른 탐색결과를 보여주는 것을 말한다. 탐색결과는 탐색하는 사람이 누구냐(예: 술 마시는 걸 좋아하는 사람, 친숙한 사람, 음악가, 문제아, 젊은 사람, 나이든 사람, 워커홀릭 등)에 따라, 탐색 히스토리에 따라, 지금까지 클릭한 문서에 대한 히스토리에 따라 달라진다. 그래서 동일한 검색 키워드인 'Egypt'에 대해, 한 사람은 '이집트의 시위에 대한 사이트들'의 목록을, 다른 한 사람은 '이집트의 여행정보'에 대한 목록을 검색결과로 얻게 되는 것이다(Pariser, 2011).

구글이 인터넷상의 이용자 활동을 기반으로 개인정보를 수집하는 방법을 대표적으로 들자면, 첫째, PageRank 알고리즘을 이용한 웹의 연결구조 파악을 기반으로 한 웹페이지 순위 정보를 확보하는 방법이며, 이는 이용자들의 웹 방문 및 링크정보를 활용하는 것이다. 둘째, 이용자의 탐색어, 방문한 URL, 사용자의 IP주소, 검색시간, 사용한 브라우저, 운영체제, 쿠키, 아이디 등에 대한 사용자 정보 등을 활용하는 방법이다. 이러한 다양한 정보들이 구글의 필터링서비스의 성능을 높이고 있다.

(2) 필터버블의 문제점

Pariser는 2011년 TED 강의에서 필터버블을 당한 사례를 소개하면서 필터링서비스의 문제점을 지적했다. 그는 자신이 매우 진보적인 성향을 가졌다고 생각하여 반대성향의 사람들의 의견을 듣기 위해 의도적으로 보수성향을 가진 사람들과 만남을 가지기 위해 노력했다. 그런데 어느 날 페이스북에서 보수주의적 성향의 사람들의 글이 모두 제거되었다는 것이다. 이는 Pariser가 평소에 진보주의적 성향의 사람을 더 많이 클릭했다는 것을 구글 필터링서비스가 인지했기 때문이다.

사람마다 각각 다른 취향과 관점과 성향을 가지고 있지만 누구나 중간적인 관점, 세계적인 관점(worldview)을 갖고자 하며, 가질 기회를 가져야 한다. 그러나 필터버블은 이러한 기회를 필터링을 통해 원천적으로 봉쇄해 버릴 수 있다. 이 점은 어떠한 편견도 없이 정보를 제공해야 하는 사서에게 도전과제가 된다. 도서관은 이용자 개개인의 요구에 따라 맞춤형서비스를 제공하기 위해 노력하지만, 이때 의도되지 않은 위험한 결과가 발생할 수 있다. 즉, 필터버블이라는 트랩에 걸리게 되는 것이다. 필터버블을 주의해야 하는 또 다른 이유는 탐색결과 및 탐색히스토리가 수집되고, 수집된 정보들은 공유되고 판매될 수 있기 때문이다.

(3) 필터버블 방지방법

Eli Pariser(2011)는 필터버블이라는 용어를 최초로 사용한 사람이다. 그의 저서 '*The Filter Bubble: What the Internet Is Hiding from You*'에서 이 개념에 대해서 기술하고 있다. 또한 그의 블로그를 통해서 중립적이나 개인화되지 않은 웹이면서, 필터되지 않았고, 필터버블을 해소할 수 있는 10가지 방법을 소개하고 있으며 많은 방법이 브라우저 설정을 바꾸는 것과 관련된다.

필터버블을 해소할 수 있는 10가지 방법

① 쿠키를 삭제하라(Burn your cookies).
회사가 이용자들이 방문한 모든 사이트를 추적하는 가장 쉬운 방법 중의 하나가 쿠키이다. 쿠키를 사용하는 사이트를 방문하면, 그 사이트는 이용자의 컴퓨터에 있는 데이터를 식별해서 저장하고, 다른 사이트들이 이러한 데이터를 사용해서 이용자가 앞으로 볼 것을 변화시킨다. 따라서 필터버블되지 않은 데이터를 보기를 원한다면, 정기적으로 쿠키를 삭제해야 한다.

② 웹히스토리를 삭제하라(Erase your web history).
웹 히스토리에 기록된 사이트는 이용자의 재방문 사이트가 될 수 있다. 구글의 개인화된 탐색서비스는 오랜 기간 축적된 웹 히스토리를 기반으로 한다.

③ 페이스북에게 당신의 데이터를 기밀로 유지해 줄 것을 요구한다(Tell Facebook to keep your data private).
다른 어떤 회사보다 페이스북은 엄청난 양의 개인적인 데이터를 제공하고 있다. 페이스북 회사가 개인 데이터를 공개하는 것으로 정책을 바꿀 수 있으며, Rapleaf와 같은 회사(개인정보를 구축해서 판매했던 회사)가 될 수 있다. 따라서 페이스북 회사에게 절대로 이용자 자신이 공개하지 않기로 결정한 어떤 것도 공개하지 말라고 말해야 한다. 그리고 페이스북의 설정을 바꾸어 개인정보가 유출되지 않도록 해야 한다.

④ 생년월일에 대한 정보를 숨겨라(It's your birthday, and you can hide it if you want to).
Experian이나 Acxiom, Rapleaf와 같은 개인정보 판매회사들의 가장 큰 도전은 사람들을 구분

해 내는 것이다. 이때 가장 쉬운 방법은 사람 이름에 생일을 대비시키는 것이다. 따라서 페이스북 프로파일에서 생년월일 정보를 삭제하고, 로그인 이름으로 본인의 실명을 사용하는 것을 지양해야 한다.

⑤ 타깃 광고를 해지하고, 스토킹 스니커를 떠나게 하라(Turn off targeted ads, and tell the stalking sneakers to buzz off).

주요 광고회사들은 비교적 쉽게 광고를 보여주는 것을 해지할 수 있도록 하고 있기 때문에, 브라우저에서 광고들이 제공되지 않도록 설정을 바꿀 수 있다.

⑥ 비밀스럽게 방문하라(Go incognito).

대부분의 최신 브라우저들은 사적 브라우징(private browsing) 또는 시크릿(incognito) 모드를 제공하여 히스토리 트래킹 기능을 없애거나, 쿠키를 숨기거나(윈도우즈를 닫을 때 삭제되거나), 구글이나 페이스북과 같은 사이트의 로그를 제거할 수 있도록 한다. 구글을 포함한 많은 회사들이 쿠키를 이용한 개인화된 버전을 보여주는데, 이는 이용자의 컴퓨터에 있는 데이터를 활용하여 이용자마다 다른 정보 및 사이트를 제공한다.

⑦ 더 바람직하게는 익명으로 브라우저를 이용하라(Or better yet, go anonymous).

Torproject.org이나 Anonymizer.com 같은 사이트는 그들의 서버를 통해서 브라우저를 이용한 이용자가 시크릿모드(incognito mode)상에서 수행한 몇몇 시그널을 효과적으로 제거하게 한다.

⑧ 브라우저를 개인화하지 말라(Depersonalize your browser).

쿠키를 끄고 시크릿모드에 있으면 이용자가 누구인지를 알아낼 수 있는 방법은 없다. 다운로드를 위한 모든 질문은 이용자의 컴퓨터의 구성을 알아내기 위한 것이다. Electronic Frontier Foundation(EFF)는 이용자 컴퓨터 환경이 얼마나 유일한지를 쉽게 보여준다. 그들은 컴퓨터 환경을 트랙당하지 않도록 하기 위한 좋은 지침을 제공한다.

⑨ 이용자의 필터를 보고 통제하는 구글이나 페이스북에게 말하라(Tell Google and Facebook to make it easier to see and control your filters).

이 회사들은 이용자의 개인정보에 접근하고 필터를 조작할 수 있는 툴들을 제공하지만 실제로 유용하지 못하다. 엔지니어들은 이용자들이 이것에 대해서 별로 신경쓰지 않는다고 생각한다. 그러나 그렇지 않다는 것을 알려주어야 한다.

⑩ 의회에 말하라(Tell Congress you care).

개인서비스업체나 데이터제공업체는 소비자가 이런 일을 개의치 않는다고 의회에 말하고 있다. 그러나 이용자는 필터버블에 매우 신경을 쓰고 있다는 것을 의회에 말해야 한다.

구글 또한 개인화된 소셜 탐색결과를 제공하는 기능을 제거하는 방법을 제공했다고 한다. 탐색결과 창의 상단 버튼을 간단히 누름으로써 이전의 탐색히스토리 및 탐색결과를 반영하는 것을 막을 수 있다. 몇몇 사람들은 이 기능이 필터버블을 삭제했다고 생각하지만, 얼마나 많은 이용자가 이 기능에 대해서 알고 있을지는 의문이다. 그래도 여전히 구글은 결과를 제공하는 데 있어서 사용언어나 위치정보와 같은 개인정보를 이용하고 있다.

이에 일부 검색엔진회사들은 프라이버시정보를 수집하지 않는다는 내용으로 회사를 광고하고 있다. DuckDuckGo는 탐색자의 신분을 식별할 수 있는 브라우저정보, 컴퓨터정보, 방문한 사이트정보, 광고회사에게 넘겨지는 사용자의 관심사항, 신용회사나 보험회사가 사용자의 재정상태를 알 수 있게 하는 신용 관련 검색어 등에 대한 필터버블되지 않은 정보를 제공한다고 주장하고 있다. 영국의 'Start Page'는 이용자의 IP주소나 이용자에 관한 어떤 데이터의 수집도 하지 않는, 세상에서 가장 개인적인 검색엔진이라고 주장하고 있다. 위 두 사이트의 검색창 위아래에는 프라이버시를 침해하지 않는 검색엔진이라는 문구를 보여주고 있다.

Green(2011)은 '포브스(*Forbes*)'에서 이용자가 필터버블되지 않은 다양한 관점들을 볼 필요가 있다고 주장했다. 이용자는 새롭고 다른 사고방식에 노출될 수 있도록 시스템이나 프로세스들을 설정할 필요가 있다. 특히 다른 사람들이 우리의 정보원을 검사하고 통제하지 못하도록 할 필요가 있으며, 무엇보다 다른 사람이 우리의 의사결정능력이나 목표 및 목적지를 통제하지 못하도록 할 필요가 있다고 했다.

프라이버시를 보호하기 위한 방법 중의 하나는 개인정보의 노출을 차단하고 상시 점검할 수 있는 다양한 솔루션을 적용하는 것이다. 보통 이러한 제품은 필터나 스캐너로 구분되며, 이들 제품을 통칭하여 웹 프라이버시 FS(Filtering & Scanning)라고도 한다(남기효, 2009).

최근에는 필터버블이 문제가 되자 개인이 스스로 개인정보를 보호하고 필터버블되지 않은 정보서비스를 받기 위해 사용할 수 있는 애플리케이션이 많이 개발되고 있다. 이러한 도구를 사용함으로써 훨씬 더 빠른 속도로 서비스를 받을 수 있고, 원하지 않는 광고를 보지 않아도 되며, 무엇보다 중립의 필터링되지 않은 검색결과를 얻을 수 있다는 것이다. 그 외 전자프라이버시정보센터(Electronic Privacy Information

Center)는 프라이버시보호도구를 조사해서 각 도구의 분석된 특징과 함께 그 목록을 제공하고 있으며, 방화벽, 웹 암호화, 비밀번호 보안, 이메일 및 파일 프라이버시, HTML 필터 등 16개의 그룹으로 구분하고 있다. 도서관에서 이러한 도구들을 분석하여 최적의 필터링도구를 도서관 컴퓨터에 설치하는 것을 고려해야 한다. 사서의 컴퓨터는 참고서비스의 도구가 되며, 이때 사서가 검색한 결과가 이용자 정보서비스에 크게 영향을 미치므로 신중히 검토해야 할 것으로 보인다.

5.2 도서관과 지적자유

도서관 이용자의 개인정보 보호는 도서관의 지적자유와 깊은 관련이 있다. 1930년대의 미국의 검열사건은 지금까지 수없이 개정된 '도서관권리선언(Library Bill of Rights)' 수립의 계기가 되었고, 1999년 IFLA가 '도서관과 지적자유에 관한 성명(Statement on Libraries and Intellectual Freedom)'을 천명하게 하였다. 도서관에서의 지적자유 수호는 표현의 자유와 사상의 자유, 알 권리를 보장하기 위한 것이며, 이는 도서에 대한 반검열과 이용자의 프라이버시 보호가 전제되어야 한다.

지적자유에 대한 논의가 활발하게 이루어진 시기는 미국은 1930년대부터 약 20년 동안이고, 국내의 경우에는 1980년대부터 2000년대 중반까지이다. 이후 검열이나 지적자유에 관련한 논문은 그다지 많지 않은데, 이는 학계 및 도서관계의 노력으로 도서관계에서 검열제도가 거의 사라졌기 때문인 것으로 보인다.

그러나 현재는 이러한 검열제도 대신에 시스템에 의한 이용자검열이 이루어지고 있다고 할 수 있다. 정보통신기술의 발달은 도서관 이용자의 모든 활동을 기록하고 보관한다. 이러한 정보는 언제든지 노출될 수 있으며, 정부, 기관 또는 개인에 의해 분석되고 활용될 수 있다.

도서관의 지적자유는 개인의 자유와 행동을 이끌어내는 모든 자유의 전제조건이라 할 수 있으며, 다음의 두 가지 조건이 보장되어야 한다(정현태, 2000).

첫째, 모든 개인은 어떤 사안에 대해서든지 자신만의 신념을 가질 수 있으며, 그것에 대한 생각을 적절하다고 생각하는 다양한 형태로 표현할 수 있는 권리를 가져야 한다.

둘째, 시민사회는 모든 정보와 사상에 대한 제한 없는 접근이 가능하도록 그 책무를 다해야 하며, 그것은 커뮤니케이션 수단 및 매체, 정보의 생산자 및 그것을 받아들이는 자의 관점에 따라 달라져서는 안 된다. 결국, 지적자유는 정보의 순환을 의미하는 것으로 만약 표현이나 정보접근의 자유가 억압된다면 그 순환은 깨지게 된다.

5.3 도서관과 프라이버시

도서관 프라이버시의 개념을 이해하기 위해 프라이버시의 개념 및 유형, 그리고 각 도서관 관련 기관 및 단체에서 내린 도서관 프라이버시의 정의를 살펴보도록 한다.

「Privacy International」이나 「Article 12 of Universal Declaration of Human Rights (General Assembly resolution 217 A (Ⅲ) 1948)」 등에서 프라이버시에 대한 정의를 내리고 있지만, 여전히 이러한 정의는 불충분한 상태이다(Tripathi & Tripathi, 2010). 프라이버시에 대한 정의를 내리는 것이 쉽지 않은 이유는 사회적 · 국가적 상황에 따라 정의가 달라질 수 있고(McMenemy, Poulter & Burton, 2007), 개인의 생각에 따라 차이가 있을 수 있기 때문이다. 따라서 프라이버시는 그들의 지적 · 사회적 · 문화적 삶을 다른 사람과 공유하고 싶은 정도, 즉 다른 사람이 자신의 사적인 삶에 끼어들 수 있는 정도를 결정할 수 있는 개인의 자유로 보아야 할 것이다(Tripathi & Tripathi, 2010). 이러한 개인의 자유는 헌법에 명시된 인간의 권리로서 어떠한 경우에도 지켜져야 한다.

가장 널리 인용되는 프라이버시의 정의로는 Warren과 Brandeis(1890)의 "홀로 남겨질 권리"이고, '문헌정보학 백과사전'에는 "개인의 삶과 전문가적 삶에 대한 정보가 공개되지 않고, 특히 정부기관이나 상업기관에 폭로되지 않으며, 법적 권한범위 내에서 감시로부터 자유로울 권리"라고 정의하였다. Clarke(1998)는 프라이버시의 유형을 다음과 같이 네 가지로 구분하였다.

- 개인의 프라이버시(privacy of the person) : 개인의 몸의 완전성을 다루는 것
- 개인행동의 프라이버시(privacy of personal behavior) : 사적인 장소와 공공장소에서 개인행동의 민감한 측면과 관련된 것
- 개인적인 커뮤니케이션의 프라이버시(privacy of personal communications) : 다른 사람에 의해 그들의 커뮤니케이션이 모니터링되지 않고, 다양한 매체를 사용해서 커뮤니케이션할 권리
- 개인적인 데이터의 프라이버시(privacy of personal data) : 개인에 관한 데이터가 다른 개인이나 조직에 의해 이용되게 할 것인지 아닌지, 그리고 개인이 자신의 데이터와 이용에 대한 통제 여부를 결정할 수 있는 권리

도서관 프라이버시에 대해서 Garoogian(1991)은 "자신의 생각, 감정, 신념, 두려움, 계획이나 환상, 그리고 이러한 것들의 통제를 다른 사람으로부터 지킬 수 있는 능력이며, 그것을 다른 사람들과 공유할 것인지를 결정할 수 있는 능력"이라고 하였다. Blitz(2006)는 도서관 이용에서 프라이버시의 가치는 "정보를 받을 권리"이며, 그것을 은밀하게 사용할 수 있는 권리라고 하였으며, 도서관은 아이디어의 독자적 탐사를 위한 안식처를 제공해야 한다고 주장하였다. ALA는 도서관에서의 프라이버시 권리를 "한 사람의 관심주제가 다른 사람에 의해 조사되거나 감시되지 않고 질문을 할 수 있는 권리"라고 정의하였다(ALA, 2012).

종합적으로 정리하면, 프라이버시는 헌법에 명시된 인간의 권리로서 개인의 지적, 사회적, 문화적 삶을 다른 사람과 공유하고 싶은 정도, 즉 다른 사람이 자신의 사적인 삶에 끼어들 수 있는 정도를 결정할 수 있는 개인의 자유라 할 수 있다. 또한 도서관 프라이버시는 이용자가 지적자유를 누리기 위한 권리로서 이용자가 자신의 관심주제에 대해 다른 사람이나 기관에 의해 조사 및 감시당하지 않을 권리라고 할 수 있다.

5.4 프라이버시 관련 법 및 정책

우리나라 「개인정보 보호법」에서는 사회전체에 적용할 수 있는 개인정보 보호에 대한 전반적인 지침을 제시하고 있고, 국립중앙도서관에서도 도서관 이용자의 개인정보 보호지침을 발표하였다. 이 지침에서는 도서관 이용자의 개인정보 보호에 필요한 기본사항을 정함으로써 공공업무의 적정한 수행을 도모함과 아울러 국민의 권리와 이익을 보호하기 위한 것이라 하였다.

한국도서관협회의 도서관인 윤리선언에서는 개인정보에 대해 매우 간략하게 제시하고 있는데, 제6조에서 "도서관인은 지식자원을 선택 · 조직 · 보존하여 자유롭게 이용케 하는 최종책임자로서 이를 저해하는 어떠한 간섭도 배제한다"고 하고, 그 세부항목에서 "도서관인은 이용자와 관련된 개인정보를 보호하며 그 공개를 강요받지 아니한다"고 하고 있다.

ALA의 Code of Ethics에서는 개개 도서관 이용자가 탐색하고, 검색하고, 참고지원을 받은 자료, 대출한 자료, 획득한 자료, 전송한 자료에 대한 정보 측면에서, 그들의 프라이버시와 기밀을 보호해야 한다고 하고 있다. 미국의학도서관협회(The Medical Library Association: MLA)는 'Goals and Principles for Ethical Conduct'에 보건과학 사서의 사명에 대해 기술하면서, 사회와 개인 모두가 그들의 도덕적 기준에 의해 보호되어야 한다고 주장하였다. 또한 미국법학도서관협의회(American Association of Law Libraries: AALL)의 '윤리원칙(Ethical Principles)'에는 개인이 법률정보에 접근할 수 있을 때 국민은 정부일에 완전하게 참여하게 되는 것이며, 이들이 법률정보를 수집 · 조직 · 보존 · 검색하게 함으로써 미국법학도서관협의회의 회원은 국민들로 하여금 진정한 민주주의를 실현하도록 도울 수 있다고 하고 있다.

이와 같이 개인정보 침해 및 프라이버시 침해 관련 법 및 정책은 여러 곳에서 나올 수 있으며, 관련성 있는 모든 법들에 대해서 총체적으로 조사 · 분석하고자 하였다.

5.4.1 개인정보 및 프라이버시 관련 법 및 지침

1) 도서관에 영향을 미치는 개인정보 보호 관련 법

도서관의 개인정보 보호정책은 개인정보와 관련된 각종 법률과의 관계를 고려하여 개발되어야 한다. 우리나라 개인정보 보호 관련 법은 크게 공공부문과 민간부문으로 나눌 수 있다. 따라서 도서관 이용자의 개인정보 보호에 영향을 미치는 법은 공공부문의 법과 민간부문의 법, 그리고 「도서관법」으로 크게 대별할 수 있다.

공공부문의 법은 「개인정보 보호법」, 「공공기관의 정보공개에 관한 법률」, 「전자정부구현을 위한 행정업무 등의 전산화촉진에 관한 법률」 등이 있다. 민간부문의 법은 매우 다양하나 「개인정보 보호법」에서는 개인정보와 관련이 있는 법률로 네 가지를 들고 있다. 첫째, 「통신비밀보호법」(1993. 12)은 우편물의 검열, 전기통신의 도청, 대화의 녹음 · 청취에 관한 내용을 규정하고 있다. 둘째, 「신용정보의 이용 및 보호에 관한 법률」(1995. 1)은 신용정보의 오 · 남용 방지 등 사생활의 비밀보호를 목적으로 하고 있다. 셋째, 「금융실명거래 및 비밀보장에 관한 법률」(1997. 12. 31)은 금융거래의 내용에 대한 정보 또는 자료에 관한 내용을 규율하고 있다. 그 외 개인정보 보호에 관한 법률로 「정보통신망이용촉진 및 정보보호에 관한 법률」(2001. 1. 16) 등이 있다.

또한 특별한 규정을 가진 다른 법률로서 「국가공무원법」, 「형법」, 「주민등록법」, 「의료법」, 「공직자윤리법」 등에서는 직무상 알게 된 비밀의 누설금지 및 위반 시의 형벌 또는 징계부과에 관한 내용을 다루고 있다.

도서관 이용자의 개인정보 보호에 관하여 직접 언급하고 있는 법은 「도서관법」이다. 「도서관법」 제8조와 「도서관법 시행령」 제13조의5에서는 개인정보에 관한 조항을 다음과 같이 규율하고 있다.

「도서관법」 제8조와 「도서관법 시행령」 제13조의5의 개인정보에 관한 조항

[도서관법] [시행 2012.8.18] [법률 제11310호, 2012.2.17, 일부개정]

제8조(이용자의 개인정보 보호)에서 도서관은 도서관 이용자의 개인정보 보호를 위하여 다음 각 호의 시책을 강구하여야 한다.

1. 이용자의 정보수집과 관리, 공개 등에 관한 규정의 제정에 관한 사항

2. 도서관직원에 대한 관련 교육의 실시에 관한 사항
3. 그 밖에 이용자의 개인정보 보호와 관련하여 도서관장이 필요하다고 판단한 사항

[도서관법 시행령] [본조신설 2009.9.21] [제13조의 4에서 이동 〈2014.8.12〉]

13조의5(**개인정보의 정정 또는 삭제 청구**)

① 법 제20조의2제3항에 따라 개인정보의 정정 또는 삭제를 청구하려는 자는 개인정보 정정·삭제 청구서를 국립중앙도서관장에게 제출하여야 한다.

② 국립중앙도서관장은 제1항에 따른 정정 또는 삭제 청구를 받은 때에는 10일 이내에 필요한 조치를 한 후 정정·삭제조치 결과통지서를 청구인에게 송부하여야 한다. 이 경우 10일 이내에 필요한 조치를 할 수 없는 정당한 사유가 있을 때에는 그 사유를 통지하고 한 차례만 10일의 범위에서 그 기간을 연장할 수 있다.

③ 국립중앙도서관장은 제1항에 따른 정정 또는 삭제 청구에 대하여 정정 또는 삭제를 하지 아니하기로 결정하거나 청구의 내용과 다른 결정을 한 경우에는 그 결정의 내용 및 사유와 해당 결정에 대한 불복절차에 관한 사항을 적은 정정·삭제거부 등 결정통지서를 청구인에게 송부하여야 한다.

「도서관법」에서 언급되는 개인정보에 대한 내용은 매우 간단하지만 도서관은 공공기관의 범주에 속하므로 「개인정보 보호법」의 적용을 받는 것으로 해석해야 할 것이다.

경제협력개발기구(OECD)는 다국적기업의 데이터 유통관리에 대한 회원국의 일치된 의견을 정리하여 프라이버시 보호를 위해 회원국이 준수해야 할 8가지 일반적인 원칙을 규정하는 「프라이버시 보호와 개인정보의 국제적 유통에 관한 가이드라인(OECD Guidelines on the Protection of Privacy and Transborder Flows of Personal Data)」을 발표하고 다음과 같이 8가지 원칙을 제시하였다(OECD, 2013).

프라이버시 보호와 개인정보의 국제적 유통에 관한 8가지 원칙

1. **수집제한의 원칙**(Collection Limitation Principle)
   개인정보의 수집은 정보주체의 동의를 얻어 적법한 절차를 통해 수집되어야 하며, 민감한 개인정보에 대해서는 수집이 제한되어야 한다.
2. **정보 정확성의 원칙**(Data Quality Principle)
   개인정보는 이용하는 목적에 부합된 것이어야 하며, 이용목적의 필요범위에서 완전하고 정확한 최신 정보로 유지되어야 한다.
3. **목적 명기의 원칙**(Purpose Specification Principle)
   개인정보를 수집할 때는 수집 이전에 수집 목적이 명시되어야 하고, 이용할 경우 명시된 목적과 일치해야 한다.

4. **이용 제한의 원칙**(Use Limitation Principle)
   개인정보는 정보주체의 동의가 있거나 법률적 규정에 의한 경우를 제외하고 명시된 목적 외 다른 목적으로 이용 및 공개되어서는 안 된다.
5. **안전성 확보의 원칙**(Security Safeguards Principle)
   개인정보의 침해, 분실, 도용, 훼손, 공개 등을 방지하기 위한 합리적인 안전보호장치를 마련해야 한다.
6. **공개의 원칙**(Openness Principle)
   개인정보에 관한 활용 및 보호정책은 일반에게 공개되어야 하며, 개인정보의 존재, 성질, 이용목적과 정보관리자의 신원 및 연락처에 대해 쉽게 접근할 수 있어야 한다.
7. **개인 참가의 원칙**(Individual Participation Principle)
   정보주체는 자신과 관련된 개인정보의 소재를 확인할 수 있으며, 필요한 경우 열람・정정・삭제・보완에 대한 권리를 가진다.
8. **책임의 원칙**(Accountability Principle)
   정보관리자는 모든 원칙을 준수해야 하며 필요한 조치를 취해야 할 책임이 있다.

출처: OECD (2013). 프라이버시 보호와 개인정보의 국제적 유통에 관한 가이드

도서관의 개인정보 보호에 영향을 미치는 미국의 대표적인 법은 「해외정보감시법」과 「애국법」이다. 「해외정보감시법(Foreign Intelligence Surveillance Act: FISA)」은 미국 의회가 정당한 감독 없이도 미국에 대한 외국의 위협과 관련한 정보를 수집할 수 있도록 미국행정부와 산하 정보기관에서 전자적 수사권한을 부여하여 국가보안을 강화하고자 한 것이다.

「애국법(Patriot Act)」은 2001년 9.11테러 사건 이후에 제정된 법으로, 도서관에 영향을 미치는 조항은 제215조이며, FBI(미연방수사국)가 국제 테러리즘 또는 비밀정보활동에 대응하기 위한 목적으로 도서, 기록, 보고서, 문서 등을 포함한 어떠한 유형의 매체라도 요구할 수 있도록 규정하였다. 따라서 도서관 이용기록은 조사와 감시의 대상이 되었지만 이용자들은 자신들의 기록이 조사되거나 감시받고 있다는 사실을 모르고 있다.

2) 「미국연방수정헌법」

「미국연방수정헌법」 제4조(U.S. Const. amend. IV)는 '신체(persons), 주거, 문서 및 물건(effects)'이 불합리한 수색 및 압수로부터 보호받을 권리를 규정하고 있다. 그

러나 개인이 제3자에게 개인정보를 제공하거나 제3자가 수집한 정보, 제3자인 금융기관에 제공한 금융정보, 통화내역기록 장치, 인터넷 이용자가 인터넷서비스제공업체(ISP)에게 제공한 개인정보 등은 서비스 공급을 전제로 제공한 것으로 이 조항의 적용을 받지 않는다고 하였다(허순철, 2009).

3) 「연방전자통신프라이버시법」

미국 「연방전자통신프라이버시법(Electronic Communications Privacy Act)」의 제2장 「저장통신침해금지법(Stored Communication Act)」은 권한 없이 전송 중 저장되어 있는 데이터에 접근하거나 누설하는 행위 및 수신지점에서 데이터에 접근하거나 누설하는 행위를 금지하고 있다. 그런데 동법은 정부기관이 법원의 영장을 발부받은 경우에만 전자통신서비스 제공자에게 유선 또는 전자통신의 내용으로서 전자통신시스템에 180일 이내의 기간 동안 전자적으로 저장된 것을 제공하도록 요구할 수 있다. 또한 180일이 초과된 기간 동안 저장된 자료를 요구하기 위해서는 영장을 발부받거나, 문서제출명령장(subpoena)을 발부하고 서비스 가입자에게 이를 통지하거나 또는 § 2703(d)가 규정하고 있는 법원의 명령(court order)을 받고 서비스 가입자에게 이를 통지하는 조치를 하여야 하는 것으로 규정하고 있다.

4) 「통신비밀보호법」

우리나라의 「통신비밀보호법」 제2조(정의)제3호에서 "전기통신이라 함은 전화 · 전자우편 · 회원제정보서비스 · 모사전송 · 무선호출 등과 같이 유선 · 무선 · 광선 및 기타의 전자적 방식에 의하여 모든 종류의 음향 · 문자 · 부호 또는 영상을 송신하거나 수신하는 것을 말한다"고 규정함으로써, '송신하거나 수신하는' 것만을 규율대상으로 하고 있다.

5) 개인정보자기결정권

개인정보자기결정권은 자신에 관한 정보가 언제 누구에게 어느 범위까지 알려지고 또 이용되도록 할 것인지를 그 정보주체가 스스로 결정할 수 있는 권리이다. 즉, 정보주체가 개인정보의 공개와 이용에 관하여 스스로 결정할 수 있는 권리(헌재 2005.5.26. 선고 99헌마513, 판례집 제17권 제1집, 682면)를 말하며, 자기정보관리통제권, 자기정보에 대한 통제권, 개인정보자결권, 자기정보통제권 등으로 불린다. 정종섭(2008)은 자기 자신에 대한 정보를 보호받기 위하여 그 정보를 자율적으로 결정하고 관리할 수 있는 권리가 사생활의 비밀과 자유의 중요한 내용이 되고 있으며, 특히 지금과 같이 개인정보가 상업적인 거래의 대상이 되고 있거나 본인의 의지와 관계없이 개인정보가 활용되고 있는 상황에서 중요하게 부각되고 있다고 하였다.

6) RFID 프라이버시 가이드라인

RFID는 사물에 대한 정보를 효율적으로 처리할 수 있도록 하여, 물류 · 운송 · 유통 · 내부재고관리 등에 획기적인 개선을 가져올 것으로 예상되는 반면, 개인이 RFID 태그가 부착된 사물을 착용 · 휴대할 경우 RFID 태그 내 고유 정보가 판독되어 개인에 대한 성향 파악 및 위치추적 등에 오 · 남용되거나 개인 프라이버시 침해에 대한 우려가 발생할 수 있다. 이에 따라 이 가이드라인은 RFID 태그, 리더기를 비롯한 전체 시스템을 취급함에 있어 준수해야 할 기준을 제시함으로써 취급사업자는 제시된 기준하에서 사업을 안정적으로 추진할 수 있고 이용자는 프라이버시에 대한 우려를 최소화할 수 있다.

RFID 프라이버시 가이드라인은 RFID를 활용한 신규서비스 증가로 프라이버시 침해 우려가 높아짐에 따라, 법적 규제 이전에 개인의 프라이버시를 보호하기 위한 자율적 지침이다. RFID 프라이버시 보호 가이드라인은 「정보통신망 이용촉진 및 정보보호 등에 관한 법률」 등 관계 법령의 개인정보 보호원칙을 토대로 하고 있다. 이 가이드라인은 법률적 강제력이 부여된 강제규범은 아니지만 RFID 시스템 이용기관에게 개인정보 처리 시 자율적으로 보호할 수 있는 기준을 제공한다.

5.5 개인정보 보호와 도서관인 윤리선언

도서관 이용자의 개인정보 및 프라이버시를 보호해야 한다는 정신은 도서관인 윤리선언에도 나타나 있다. 대표적으로 국내의 경우 도서관인 윤리선언이 있고, 국외의 경우 ALA의 도서관의 권리선언이 있다.

5.5.1 도서관인 윤리선언

1996년에 한국도서관협회는 제47차 정기총회에서 가칭 '사서직윤리헌장 제정사업'을 추진하기로 결의하였다. 이후 10차례의 위원회 회의와 2차례의 공청회 및 2차례의 지상공청을 거쳐 도서관인 윤리선언에 대한 3차의 제안문을 작성하고, 이사회의 심의를 받아 그 문안을 확정하여 1997년 10월 30일 제35회 전국도서관대회에서 「도서관인 윤리선언」을 선포하였다(한국도서관협회, 1997a; 한국도서관협회, 1997b). 「도서관인 윤리선언」은 민주주의 수호, 자아성장, 자율성이라는 세 가지 핵심 이념과 이를 구체화할 수 있도록 협동력, 봉사정신, 최종책임자의 권리, 공익기관 종사자로서의 품격 등 4가지 보조적 요소가 주문(主文)을 이루고 있다. 이 7개의 주문에는 각각 4개 항과 총 28개 항의 행위지표를 바탕으로 도서관 현장에서 초래될 수 있는 문제점에 대하여 대응할 수 있는 판단기준을 제시하고 있다.

5.5.2 ALA의 도서관의 권리선언

1939년 ALA는 당시 행해지던 검열행위에 대처하고 도서관 자료의 선정에 정치 이념적 의도를 개입시키지 말아야 한다는 입장을 표명하기 위해 「The Library Bill of Rights」을 채택하였다. 즉, 도서관의 이상, 시민의 정보권, 그리고 그러한 이상을 뒷받침하기 위하여 전문직으로서의 사서의 권리와 책임에 대한 것을 분명히 한 것이다. 이후 수차례 개정되었는데 1944년에는 도서관 권리선언 제1조에 "사실에 입각하여 정당하다고 볼 수 있는 도서가 일부 인사들의 항의에 의해서 도서관에서 배제되는 일이 있어서는 안 된다"는 요지의 항목을 추가하였고, 1948년에는 도서관 권리선언을 대폭 수정하게 되었다. 지금까지의 권리선언이 공공도서관에만 적용되었던 것을 모든 종류의 도서관으로 범위를 확대하고, 검열에 도전하는 도서관의 책임을 분명히 하였으며, 사상과 표현의 자유를 박탈하는 것에 투쟁하기 위하여 과학, 교육, 출판 등의 관계단체와 협력할 것을 명시하였다. 또한 1967년에는 도서관 권리선언을 개정하여 기준이 명백하지 못하고 범위를 정하기 어려우며 악용의 사례가 있음을 들어 해당 구절(예, 건전하고 사실에 기초하여 권위가 있는 것)을 삭제하였다. 그리고 이용자의 권리보장에 연령과 사회적 견해를 추가하고, 도서관 장서에 시청각자료를 포함시키기 위하여 독서자료(reading matter)로 표기되어 있던 것을 도서관자료(library materials)로 수정하여 자료의 범위를 확대하였다. 그리고 1980년의 주요 개정은 도서관의 역할을 민주적인 삶을 교육하는 기관(institution to educate for democratic living)이라고 하던 것을 '정보와 사상을 위한 광장(forums for information and ideas)'으로 개정한 것이다.

5.6 도서관서비스와 프라이버시

도서관 이용자를 인증하는 방법이 매우 스마트해지고 편리해졌다. 스마트식별카드나 RFID 카드, 그리고 아이디 및 패스워드를 사용해서 특정 도서관의 이용자로 '공식인증(official recognition)'을 받고 이용자가 '로그인 상태(signs on)'인 이상, 이용자가 이용한 정보자원, 방문한 웹사이트, 이메일, 메시지, 채팅을 교환한 사람들에 대한 정보가 모두 기술에 의해 추적되고 문서화된다(Shuler, 2004). 이러한 기록들은 이용자 맞춤형서비스를 제공하는 데 효과적으로 활용되고 있다.

그러나 프라이버시문제를 고려하여 도서관은 이러한 기록을 삭제하거나 특정 이용자의 활동을 인식하지 못하도록 할 수도 있으나, 데이터통신과정에서 발생하는 데이터 방출 및 해킹 가능성, 하드웨어에 남게 되는 기록문제는 여전히 남게 된다.

5.6.1 서비스제공과 프라이버시

1) 대출반납서비스

도서관에서 가장 많이 이용되는 서비스 중의 하나는 대출반납서비스로서 “대출자와 대출된 책에 대한 기록을 언제까지 서버에 저장해 놓을 것인가”가 논점이 될 수 있다. 도서관대출시스템은 이제 사회적 감시시스템의 하나로 간주되기도 했으며(Johnston, 2000), 이 시스템으로 인해 개인의 과거정보는 중앙에 위치하게 되고 언제든지 읽힐 수 있으며, 또한 특정 이용자에 대한 정보, 그들의 행적을 몇 초 안에 알아낼 수 있다고 했다(Garoogian, 1991).

이러한 문제점을 최소화하기 위해 California의 Ventura County에서 사용되고 있는 도서관시스템은 특정 책의 대출정보는 다음 이용자가 대출할 때까지 보관되며, 누가 그 책을 대출했는지에 대한 정보는 삭제된다(Ventura County Library, 2012). 그러나 연체요금이 있는 이용자의 기록의 경우에는 보관되며 연체요금지불이 완료되면 기록은 삭제된다. 매디슨공공도서관은 30일 또는 다음 대출자에게 대출될 때까지로 이용자기록보관기간을 정해놓고 있다(Madison Public Library, 2012).

우리나라 국립중앙도서관은 2005년 공공도서관에서 개인정보 보호강화가 필요하다는 국가인권위원회의 권고결정에 따라 ‘개인정보 보호지침’을 마련하였는데(국립중앙도서관, 2005), 이 지침에 따르면 회원 개인별 도서대출기록서비스도 임의로 삭제할 수 있도록 하였다. 이는 회원의 도서대출기록이 개인의 사상, 취향, 가치관을 알리는 중요한 개인정보라는 점을 반영한 것이다. 그러나 대출기록의 보관기관에 대한 규정은 다루고 있지 않다.

도서관이 이용자의 지적자유를 보장하고 프라이버시를 보호하기 위해 도서의 이용기록에 대해 다음과 같은 방안이 권장된다.

첫째, 도서관은 도서관 통계를 기반으로 평가받고 예산도 받기 때문에 통계가 필요하지만, 통계가 완료된 즉시 이용자 대출정보를 파기하도록 해야 한다.

둘째, 대출기록은 반납과 동시에 삭제되어야 하며, 연체가 있을 경우 연체요금이 완납되자마자 삭제되어야 한다.

셋째, Klinefelter(2007)는 이용자에게 연체를 알리는 이메일도 대출기록의 기밀을 해칠 수 있다고 하였으며, 따라서 이용자에게 SMS나 이메일방법에 의해 다양한 서비스를 제공하는 것도 프라이버시의 침해가 되지 않는지 신중히 검토해야 한다.

넷째, 서비스요금이나 연체요금을 위해 신용카드를 사용할 때는 매우 신중해야 한다(Kennedy, 2006; Klinefelter, 2007).

Tripathi와 Tripathi(2010)는 사람들이 읽을 것을 선택하면 그것을 기반으로 그들 개인의 특성이 정해져서는 안 된다고 했다. 그들이 읽고 싶은 것을 읽었다는 것 때문에 그 사람들의 평판이 달라진다는 것은 합리적이지 못하다는 것이다. 이용자가 읽는 것을 두려워한다면, 그들의 사고는 편견의 상태로 남아있게 되고, 동전의 다른 면을 보거나 판단하는 것이 어렵게 될 것이다. 한마디로 이용자의 대출기록의 보관과 이용이 이용자의 완전한 지적자유의 보장 여부에 지대한 영향을 미칠 수 있다고 할 수 있다.

2) 온라인탐색서비스

온라인상으로 또는 도서관의 컴퓨터를 이용하여 도서관 온라인 목록을 탐색하고, 신문, 잡지, 회사정보, 금융정보 데이터베이스 등을 탐색하며, 이러한 정보이용기록들은 도서관 서버에 저장될 수 있다. 이러한 정보이용기록을 저장할 것인지 말 것인지를 이용자가 결정할 수 있는 기회를 주어야 하는가 아니면 아예 저장을 하지 말아야 하는가? 즉, 보다 발전된 개인화된 서비스를 위해 서버에 이러한 기록을 남기도록 권장할 것인지, 도서관 밖에서 이루어지는 다른 서비스처럼 이용자의 동의를 얻는 과정을 거치도록 할 것인지에 대해 고려해야 한다.

온라인탐색서비스를 제공하는 데서 프라이버시가 침해될 수 있는 사례로서, 첫째, 라이선스가 있는 데이터베이스를 이용할 경우이다. 도서관 이용자는 이메일 주소나 패스워드 등을 이용해 신분을 증명해야 하며, 이메일을 등록할 경우 추가적인 서비스도 받을 수 있다. 이 경우 이용자와 정보자원은 연결되며, 결국 이용자의 모든 관심사가 원격의 데이터베이스 관리자에게 알려지게 된다. Adams 등(2005)은 연구자의 프라이버시가 편의성 요인보다 우선한다고 지적했다. 둘째, 인터넷 사이트는 로컬컴퓨터에 쿠키를 설치하여 매우 정교한 방법으로 이용자의 행동을 추적하며(DeMarco, 2006), 대부분의 이용자는 쿠키나 쿠키의 역할에 대해서 잘 모른다. 도서관 직원은 쿠키의 문제를 해결하기 위해 공용의 도서관 컴퓨터 관리문제에 대해 고민해야 할 것이다(Leiserson, 2002).

3) 상호대차서비스

상호대차서비스나 외부 기관으로부터의 정보수집을 요구하는 서비스는 개개 도서관 이용자의 익명성을 파기하는 위험에 놓이게 할 수 있으며, 도서관 상호대차절차는 원격 대여 도서관과 사용자 정보를 공유하게 할 수 있으며, 이용자의 연구주제나 관심주제가 관외까지 노출될 수도 있다(Klinefelter, 2007). 특히 로펌도서관에서의 상호대차서비스는 클라이언트의 신분을 노출시키는 매우 큰 위험이 될 수도 있다(Wallace, 1988)

상호대차서비스 기록은 이용자가 소속된 도서관의 개인정보 관리정책의 범위를 넘어서는 서비스기록이다. 상호대차서비스시스템을 관리하는 기관은 상호대차에 참여하는 도서관들로 하여금 이용자들의 상호대차기록을 어느 정도까지 유지해야 하는지에 대한 중재를 해야 하며, 서비스가 종료되는 시점을 기준으로 이용자 및 이용기록 정보가 삭제될 수 있도록 해야 한다.

4) 참고서비스

참고서비스에는 이용자의 신분을 알 필요가 없는 서비스와 이용자의 신분을 밝혀야 하는 서비스 또는 통계를 위해 반드시 기록을 남겨야 하는 경우가 있다. 그러나 온라인 참고서비스를 이용하기 위해서는 반드시 이용자의 신분을 밝혀야 하는 경우가 많으며, 이러한 경우 이용자가 받은 서비스에 대한 기록이 남게 되고, 이 또한 이후 프라이버시 침해의 요인이 될 수 있다. 특정 정치적인 문제, 법적인 문제, 사회적인 문제에 대한 참고서비스를 받은 것이 이후 문제가 될 수 있으며, 따라서 특정 기간이 지나면 이러한 정보는 삭제되어야 한다.

참고서비스는 대면, 전화, 이메일, 문자메시지, 블로그, 게시판 등 이용자가 선호하는 방법으로 이루어지며, 사서가 아는 사람일 수도 아닐 수도 있다. 참고사서는 질 높은 서비스를 제공하기 위해 연구자들의 관심분야에 대한 기록을 남기고, 장서개발, 패스파인더 개발을 하며, 핵심 이용자에 대한 맞춤형 참고서비스를 제공하고자 한다

(Klinefelter, 2007). Levine(2006)은 참고서비스를 위한 모든 통신수단과 참고서비스 내용이 기술적, 정책적으로 그 안전을 보장한다면 익명성을 보장할 수 있다고 주장했다. 그러나 Klinefelter(2007)는 도서관이 개개의 고객에게 각각 다른 서비스를 제공하는 한 익명성 보장은 불가능하다고 반박했다.

5) 웹 2.0 서비스

블로그, 위키, 온라인 커뮤니티, Facebook, MySpace와 같은 소셜 커뮤니티 기술은 도서관마케팅은 물론 도서관에 대한 서비스 및 콘텐츠를 향상시키는 데 많은 기여를 했다고 할 수 있다(Farkas, 2006). 이러한 서비스들은 도서관서비스를 제공하고 콘텐츠를 생성하는 도구역할을 하고 있다(Breeding, 2006). 그러나 온라인 커뮤니티에서 프라이버시는 데이터보안, 제3의 정보제공자 접근, 모든 이용자에 대한 접근가능성문제를 포함한다(Kinzie & Noguchi, 2006). 이러한 서비스를 이용하는 이용자들은 주로 젊은 세대로서 프라이버시보다는 커뮤니티에 더 관심이 많은 세대일지라도 프라이버시문제가 대두되면, 서비스 이용을 꺼릴 것이다. 온라인 커뮤니티의 개방성 때문에 이러한 서비스를 이용하는 이용자에 대한 보호운동이 있기도 하며(Lamb & Johnson, 2006), 도서관은 각각의 서비스 이용기록에 대한 정책개발을 놓고 고민해야 한다.

5.6.2 서비스관리와 프라이버시

1) 도서관 컴퓨터 이용기록

도서관에 오는 이용자들은 도서관 컴퓨터를 이용하여 다양한 소프트웨어를 이용하고 있는데, 도서관 이용자 아이디를 가진 이용자만이 사용할 수 있는 컴퓨터의 경우, 그 이용자가 접근한 웹사이트, 이용한 데이터베이스, 사용한 소프트웨어 등이 모두 기록된다(Klinefelter, 2007). 이러한 정보의 서버 보관기간에 대하여 California의 Ventura County 도서관은 이용자가 방문한 사이트, 어떤 이용자가 어떤 사이트를 방문했는지에 대한 기록을 보관하고 있으나, 한 달에 한 번씩 그러한 기록들을 삭제한다고 하였다(Ventura County Library, 2012). 매디슨공공도서관은 10일 동안만 그러한 정보를 보관한다(Madison Public Library, 2012). 그러나 Falk(2004)는 이용자의 프라이버시 침해에 그러한 기록들이 사용될 수 없도록 관리되어야 한다고 주장했다.

Dettlaff(2007)도 소속기관, 벤더, 심지어 국가기관들까지도 우리가 알지 못하는 방법으로 우리의 컴퓨터 사용기록을 모니터링할 수 있다고 했으며, 그는 가능하면 최대한 빨리 불필요한 기록과 사용로그를 삭제해야 한다고 주장했다. 그는 LRC에서 근무할 때 전자적 탐색기록을 기밀로 유지하는 방법으로 하루에 한 번, 가능하면 더 자주 컴퓨터 캐시를 삭제했다고 한다.

이용자는 도서관 컴퓨터를 이용하여 수많은 일을 하고 있다. 웹사이트 방문, 이메일 교환, 문자메시지 교환, 데이터베이스 검색, 책 검색, 비디오 및 오디오 청취, 문서작성, 뱅킹 등 매우 사적인 일들을 하고 있다. 이러한 모든 기록이 이용자가 해당 컴퓨터를 떠난 후에도 며칠 동안 남아있게 되었을 때 많은 문제가 발생할 수 있다. 첫째, 어떤 이용자가 어떤 일을 했는지를 알게 되는 것 자체가 프라이버시 침해의 요지가 있다. 둘째, 이용자가 특정서비스를 이용할 때마다 설치한 쿠키는 다른 사용자의 사용에 영향을 미친다. 셋째, 이용자가 금융서비스를 이용했다면, 그 과정에서 설치되는 보안 프로그램들이 해킹의 대상이 될 수 있다. 이러한 문제를 해결하기 위해서는 이용자가 해당 컴퓨터의 사용을 마치게 되었을 때 모든 사용기록이 즉시 삭제될 수 있는 프로그램을 설치하는 것이 권장된다.

2) 도서관 컴퓨터 모니터링과 통제소프트웨어

국립중앙도서관이 공공도서관에게 준수할 것을 권고한 개인정보 보호지침이 마련되기 전까지 몇몇 공공도서관은 디지털자료실 이용자의 컴퓨터 화면을 원격으로 모니터링할 수 있는 프로그램을 설치, 운영하고 있었으며, 이용자 컴퓨터에서 접속 중인 인터넷 사이트나 실행 프로그램 화면을 공공근로자들이 실시간으로 모니터링하고 있었다(국가인권위원회, 2005). 국립중앙도서관이 지침을 마련하여 공공도서관은 디지털자료실에 설치된 컴퓨터의 모니터링기능설정을 없애도록 하였으나(국립중앙도서관, 2005) 학교도서관을 비롯한 대학도서관 등은 여전히 이러한 프로그램이 설치되어 있다.

관리자가 직접 이용자의 화면을 모니터링하는 것 외에 이용자가 방문할 인터넷사이트를 미리 통제하기 위한 불법사이트 방지소프트웨어를 도서관 컴퓨터에 설치하는 경우도 문제가 될 수 있다.

뉴햄프셔(New Hampshire)의 공공도서관 이용자 중 한 사람은 자신의 12살짜리 아이가 도서관 컴퓨터에서 포르노사이트를 보고 있는 것을 발견하고 매우 화가 났으며, 도서관 직원에게 인터넷 필터링 소프트웨어를 설치하지 않은 것에 대해서 크게 항의했다. 이에 도서관 직원은 언론의 자유를 보장하기 위해 이러한 소프트웨어를 설치하지 않는다고 했다. 그 사건 이후 그 다음 해에 미대법원(US Supreme Court)은 연방정부로부터 기금을 받는 모든 도서관은 컴퓨터에 포로노그라피 필터를 설치할 것을 법으로 제정했다. 그러나 Falk(2004)는 연구 및 정보이용의 자유를 보장하기 위해 그러한 소프트웨어는 설치하지 말아야 하며, 이용자의 화면을 보호하여 이용자의 프라이버시가 침해되지 않도록 하는 것이 더 중요하다고 강조하였다.

그렇다면 이용자의 진정한 지적자유를 보장하고 연구, 학습, 탐색의 자유를 보장하며, 이용자의 프라이버시를 보호하면서 불법사이트로부터 이용자를 보호하기 위해 도서관은 도서관 컴퓨터 모니터링과 통제소프트웨어와 관련하여 어떠한 정책을 펼쳐야 되는지에 대한 방안은 다음과 같다.

첫째, 이용자의 컴퓨터를 모니터링하는 기능을 없애야 하며 관리자에 의한 모니터링은 물론 공익요원이 이용자 컴퓨터의 모든 화면을 모니터링하는 일은 없도록 해야 한다.

둘째, 불법사이트에 대해 접속방지를 하는 프로그램 설치를 해지해야 한다. 인터넷 필터링 소프트웨어를 설치한다는 것은 바람직하지 못한 자료를 제거함과 동시에 이용자 및 자료를 검열하는 것이다. 일부 건전하지 못한 사이트를 방문하는 이용자를 방지하기 위해 그러한 프로그램을 설치했을 경우, 신체의 특정 부위와 관련된 병에 관련된 정보를 원하는 이용자, 그리고 이러한 문제에 대해서 연구하는 이용자에게 문제가 되기 때문이다. 다만, 어린이와 청소년을 보호하기 위해 어린이, 청소년 좌석을 별도로 마련하여 정보를 이용할 수 있도록 하되, 불법사이트는 방문하지 못하도록 소프트웨어를 부분적으로 설치하는 것이 권장된다.

3) 디스플레이 모니터의 오픈

기술의 발전으로 디스플레이 해상도는 점점 높아지고 있고, 데이터를 편하게 볼 수 있도록 디스플레이 모니터는 점점 커지고 있다. 따라서 옆으로 지나가는 사람이 의식적으로 혹은 무의식적으로 스크린의 내용을 쉽게 볼 수 있다. 즉, 인터넷사이트의 내용, 데이터베이스로부터 검색된 자료들, 인터넷뱅킹을 하고 있다면 어쩌면 아이디 등이 노출될 수도 있다. 이용자가 사용하는 화면상의 언어로 이용자의 국적도 예측할 수 있다. 연구목적일지라도 신체의 특정 부위에 대해서 연구하고 있거나 아랍문제 등 매우 심각한 정치적, 사회적 문제를 연구하고 있는 사람이 다른 사람에 의해 자신의 화면이 모니터링되고 있다는 것을 의식하면 결코 편하지는 않을 것이다.

Falk(2004)는 이에 대해 개인화된 디스플레이 장비를 도서관에 도입할 것을 제안했다. 즉, 헤드마운트디스플레이(head mounted displays) 장비와 가벼운 힌지후드(lightweight hinged hood)이다. 이 두 장비는 이를 사용하고 있는 이용자만이 화면의 내용을 보고, 소리를 들을 수 있으며, 다른 어떤 사람도 그 내용과 소리를 알 수 없다. 이러한 장비를 도서관에 도입하는 것은 현재로서는 예산의 문제 등으로 힘들다. 그러나 이용자의 화면이 최대한 다른 사람에게 노출되지 않도록 기술적, 공간적 배치 등을 고려해야 할 것이다.

4) RFID와 프라이버시

RFID 기술의 편의성 때문에 세계의 많은 도서관들이 RFID 기술을 도서관에 도입했으며, 이로 인해 무인대출반납, RFID 서가를 활용한 장서확인의 편의성, 장서관리의 편의성, 신속한 업무처리 등 이용자의 이용편의성 및 사서의 업무편의성이 증대되었으며, 인건비 및 예산절약이 가능해졌다(Butters, 2007). RFID 칩은 하나의 아이템에 대해 매우 상세한 서지정보는 물론, 지금까지 그 책을 대출했던 사람들과 대출기간, 그 책의 위치정보, 그 책과 유사한 내용의 다른 책에 대한 정보까지 수록할 수 있으며, 매우 상세한 정보가 거의 무제한으로 수정, 보완이 가능하다.

문제는 보안이 안 된 RFID 칩에 개인정보가 내장된다는 것이다. 리더기가 있는 사람은 누구나 그 정보를 읽으며, RFID는 주파수를 이용하기 때문에 주파수를 가로채 정보를 빼내는 것도 가능하다(Falk, 2004; Zimerman, 2009).

Butters(2007)는 RFID 기술의 도입으로 데이터 보안과 관련된 프라이버시문제는 크게 대출자의 프라이버시 위협문제(추적, 인기품명단, 프로파일링)와 도서관 장서와 관련된 위협(도서관 자료의 도난, 디지털 반달리즘, 태그기반 바이러스)으로 구분된다고 했다. 즉, RFID의 기술의 도입으로 관련 기술을 가진 사람들이 과거보다 더 쉽게 개인정보를 읽을 수 있게 되었다(Boone & Studwell, 2006). 이렇게 될 경우 과거에는 FBI 등이 영장을 가져와야만 이용자레코드를 볼 수 있다거나 사서가 거부하면 이러한 정보를 획득하지 못했는데, RFID 시스템 환경에 도서관의 모든 정보가 구축된다면, 해커나 정보를 필요로 하는 사람이 특정 책에 대한 정보 및 이용자정보를 얼마든지 가져갈 수 있는 문제점이 발생한다. 이에 샌프란시스코 공공도서관위원회(The San Francisco Public Library Commission: SFPLC)는 2003년 9월에 RFID의 사용으로 인한 프라이버시의 위험성(개인정보 추적)을 경고한 바 있으며, 2006년에는 Berkeleyans Organizing for Library Defense가 도서관의 RFID 사용에 대항하는 시위를 벌이기도 했다(Bender, 2006).

그렇다고 RFID 시스템을 구축하지 않는 것은 기술발전에 역행하는 것이 되고, 또한 RFID 시스템의 편의성을 충분히 이용해야 한다. 이와 더불어 RFID 시스템에 대한 주파수 보안과 권한이 있는 자에 의한 리더기의 철저한 관리가 요구된다고 할 수 있다.

Butters(2007)는 RFID의 프라이버시와 관련하여 RFID 표준과 기술을 조사하였으며, 이를 기반으로 RFID 시스템도입으로 인한 프라이버시 침해문제를 줄일 수 있는 방법에 대해서 다음과 같이 제안하고 있으며, 사서들은 이를 신중하게 검토할 필요가 있다.

첫째, 대출자를 위해 RFID를 사용하지 않도록 한다. 만약, RFID 대출자카드가 필요하다면, 적층 RFID 태그(laminated RFID tag)가 아니라 특정의 목적기반 스마트카드기술을 사용하도록 한다.

둘째, 각 RFID 태그에 입력되는 데이터의 양을 줄인다. 특히, 프라이버시가 문제가 되는 곳에서는 태그 위에 기본항목 ID만 넣어도 이용자 지원에 도움이 된다.

셋째, 바코드를 사용해서 서지탐색을 하지 못하도록 한다. 이는 아이템식별자와 서명이 연결될 가능성을 줄여준다.

넷째, 도서관 프로젝트와 관련하여 투명성을 확보한다. 이는 자신들의 데이터가 외부에 노출되지 않을 것이라는 두려움을 없애 도서관 이용자의 기대를 저버리지 않을 것이다.

다섯째, 보안절차를 자주 검토한다. 대부분의 공격은 RFID 태그상의 데이터와 다른 정보를 매칭시킴으로써 이루어진다. 따라서 도서관은 보안절차와 정책, 특히 정보통신기술을 점검하되, 전문가 검토도 고려하도록 한다.

여섯째, 개선된 보안솔루션을 가진 벤더를 고용한다. 현재의 표준을 기반으로 RFID 시스템의 보안상태를 개선하는 개발작업이 많이 이루어져 있다. 즉, 익명 ID시스템의 개발, 리더의 개선된 인증과정, 개선된 패스워드 보안, 기타 현 RFID 프라이버시문제를 위한 다양한 솔루션이 있다.

5) CCTV 설치 및 운영

이용자의 안전 및 도난방지를 위해 CCTV를 도서관 코너 등 도서관 곳곳에 설치하여 사서가 실시간 모니터링을 할 뿐만 아니라 녹화된 자료는 보관되고 있다. CCTV 녹화자료를 통해 특정 이용자의 동선, 관심사, 주로 보는 자료 등에 대한 파악이 가능하며, 이 또한 개인정보 침해의 원인이 된다(Klinefelter, 2007). 2004년과 2005년 사이에 국내의 경우 도서관에 CCTV를 설치하는 것에 대해 많은 논란이 있었다. 국가인권위원회 공공도서관 CCTV 인권침해 논란, 한양대학교 도서관 CCTV 인권침해 논란, 충남대학교 도서관 CCTV 인권침해 논란, 전북대학교 도서관 CCTV 인권침해 논란 등이 있었다. 국가인권위원의 시정조치가 있은 후 CCTV 설치 · 운영에 관한 법률적 근거(「공공기관의 개인정보 보호에 관한 법률」)가 마련되었다. 도서관에 특정 조건하에서 CCTV가 설치되는 것이 허용되었으며, 현재는 많은 도서관이 CCTV를 설치하고 있는 상황이다. 그러나 2012년 7월 27일에 구글은 'Google Street View vehicles'로 수집한 2010년의 데이터 일부를 삭제하지 않았다고 인정했는데, 이용자들은 이러한 기사를 보면서 도서관에 설치된 CCTV의 프라이버시 침해를 여전히 염려하게 된다.

6) 도서관 데이터백업자료

도서관은 하드웨어 및 소프트웨어의 오류로 인한 디지털재앙을 피하기 위해 정기적(일주일, 10일, 한 달 등의 주기)으로 도서관의 데이터를 백업한다. 백업된 데이터에는 이용자의 대출기록, 참고서비스 내용을 포함한 이용자의 개인정보가 들어 있다. 그렇다면 이러한 백업데이터를 언제까지 보관해야 하는가에 대한 구체적인 논의가 필요하다. 다음 백업이 일어나기까지 보관하는 것을 고려해 볼 수 있다(Klinefelter, 2007).

7) 주민등록번호 요구되는 도서관자동화기기

무인좌석 발급기를 비롯한 일일이용증 발급기를 이용하기 위해서는 주민등록번호를 입력해야 하는 경우가 많다. 좌석 발급기의 관리자 프로그램에는 이용자의 주민등록번호가 모두 표시되는데, 주민등록번호는 금융정보 및 기타 모든 곳의 인증번호가 되므로 특히 주의해야 한다. 경우에 따라서는 주민등록번호 입력에 동의하지 않는 이용자가 있을 수 있으며, 이러한 이용자들을 위한 열람실 이용절차를 마련하는 것도 고려해야 한다.

5.6.3 도서관 외주업체서비스와 이용자정보

도서관 내부의 노력만으로 도서관의 서비스를 개선하는 것에 한계가 있다는 것은 아주 오래된 인식이다. 목록업무 아웃소싱은 물론이고, 현재 거의 모든 도서관이 도서관자동화솔루션을 도입하고 있으며, 전자책 및 전자저널 데이터베이스를 구독하고 있다. 이로 인해 도서관 이용자는 매우 다양한 서비스와 콘텐츠를 풍부하게 누리고 있다. 그러나 이러한 서비스를 직접 도서관 직원이 관리하지 않고 외주업체가 주관하고 있어 이용자레코드가 외주업체에 의해 관리될 수밖에 없기 때문에 이용자 프라이버시 보호가 문제점으로 지적되고 있다.

Dettlaff(2007)는 벤더(Vendor)와의 계약에 신중해야 하고, 계약서에 백업정보, 로그정보, 폐기시기, 백업데이터의 보유기간, 접속한 사람에 대한 정보를 누설하지 않겠다는 내용을 넣어야 한다고 주장했다.

이하에서는 도서관자동화업체 및 DB유통업체에 의해 발생할 수 있는 있는 이용자 프라이버시문제를 짚어보고, 도서관이 이들 업체들과 신뢰를 기반으로 한 협력관계를 유지하도록 하고자 한다.

첫째, 도서관자동화업체와 관련하여 프라이버시가 발생할 수 있는 상황에 대한 것이다. 2003년의 Library & Archival Security의 'Editorial' 섹션에 편집위원이 도서관자동화시스템 도입의 감동과 그로 인한 도서관 프라이버시 침해가능성에 대해서 매우 재미있게 기술해 놓았다(Brown-Syed, 2003). 캘리포니아 공공도서관에 최초로 도서관자동화시스템을 도입할 때 RFP(제안요청서) 내용은 회사가 이 시스템을 해커로부터 지킬 수 있는지, 한 이용자가 다른 이용자의 대출레코드를 보는 것을 어떻게 방지할 수 있는지, 시스템 내의 예산, 패스워드 등 직원의 중요정보를 어떻게 보호할 것인지, 비상 시 직원이 문제를 해결하도록 얼마나 빨리, 어떻게 지원할 것인지, 유지보수 시간은 제한되어 있는지, 즉 근무시간 이외에도 지원이 가능한지 등이다. 이를 위해 도서관은 계약에 성공한 업체에게 업체 직원이 24시간 대기하고, 문제를 해결하고, 소프트웨어를 업그레이드할 수 있도록 도서관 서버를 그 회사에 열어주었다. 업체의 헬프데스크는 슈퍼계정인 'root' 패스워드를 가지게 되었고, 루트 패스워드 없이도 시스템에 들어갈 수 있는 'back door'를 시스템에 설치했다. 1986년에 이와 같은 시스템도입이 많이 이루어졌으며, 게다가 네트워크로 연결되었다. 그 외 Brown-Syed는 도서관자동화시스템에 새로운 기능이 점점 추가되면서 나타나는 도서관레코드 관리의 문제점을 매우 상세히 소개하고 있다. 도서관자동화시스템은 직원의 업무편의성, 이용자의 이용효율성을 지속적으로 높여가고 있다. 그러나 도서관 사서는 이러한 장점을 극대화하기 위해서 컴퓨터, 서버, 통신의 보안, 그리고 업체관리에 대한 관심을 높여야 한다.

둘째, 데이터베이스 유통업체와 관련하여 프라이버시가 발생할 수 있는 상황에 대한 것이다. 현재 대학도서관, 전문도서관은 물론 거의 모든 관종의 도서관이 데이터베이스를 구독하고 있다. 전자저널은 물론 전자책, 전자신문 등을 온라인으로 구독하고 있으며, 그 데이터는 도서관 내 서버에 있지 않고 원격에 저장된다. Shuler(2004)는 벤더들은 이용자 통계를 이용하여 데이터베이스의 가격을 정하고, 동시이용자수를 통제하며, 이로 인해 이용자정보가 도서관 내에만 있는 것이 불가능해졌다는 상황에 대해 심각한 우려를 표하기도 했다. 이러한 상황은 쉽게 바꿀 수는 없는 것이며, 따라서 이용자 및 직원을 대상으로 한 교육뿐만 아니라 이용자레코드에 접근할 수 있는 모든 외주업체를 대상으로 한 프라이버시 교육을 수행해야 한다(ALA, 2012).

셋째, 도서관 홈페이지 개발업체 및 기타 시스템 구축업체와 관련하여 프라이버시 문제가 발생할 수 있는 상황에 대한 것이다. 턴키기반으로 도서관시스템을 구축하는 경우도 있지만, 서버업체, 도서관자동화업체, 홈페이지 구축업체, 모바일서비스 구축업체, 디지털자원 구축업체 등으로 필요에 의해 추가적으로 시스템을 구축하는 경우가 많으며, 구축업체가 모두 다를 수 있다. 이 경우 그 시스템에 대한 이용자정보는 많은 업체의 관리자에게 노출된다. 앞의 도시관자동화시스템에서 벌어질 수 있는 상황이 여러 업체로 분산되어 나타나며, 그만큼 이용자정보의 유출가능성은 높아진다고 할 수 있다. 이와 같이 도서관에 도입되는 시스템을 관리하는 개개의 업체가 모두 이용자정보에 접근하게 되어 있는 상황에서 이용자정보의 보안 유지에 신중을 기해야 한다. 즉, 개인정보의 보안에 대해 도서관 직원 및 업체직원의 신뢰성이 높아져야 하며, 이는 이들에 대한 교육을 통해서 가능하다고 할 수 있다.

Fifarek(2002)는 전자도서관 환경에서 축적된 정보들, ID, 주민번호, 독서리스트, SMS 번호 및 내용, 접근한 사이트, 검색한 데이터베이스 자료, 질문한 내용, 여기저기 찍힌 비디오테이프, 컴퓨터 로그정보 등을 모두 모으면, 한 사람의 모든 행적을 하나도 빠짐없이 추적할 수 있다고 했다. 사서들은 이런 내용에 대해서 알고 싶지 않고 알려고도 하지 않을 것이나, 어떤 사람은 다른 이유로 이러한 정보를 알고 싶어 한다는 것은 수많은 사례가 말해 준다.

차세대
디지털도서관의
이해

Chapter

06

도서관의 디지털화 수준

6.1 디지털화 수준의 의미
6.2 디지털도서관 수준평가 관련 이론
6.3 도서관 구성요소별 디지털화 수준평가 항목
6.4 디지털통합 수준과 통합지표

6.1 디지털화 수준의 의미

디지털도서관에 대한 논의가 시작된 지는 상당히 오래되었으며, 디지털도서관이 어떤 모습을 갖추어 가고 있는지는 각종 보고서나 논문을 통해서 볼 수 있다. 디지털 도서관이 전통적인 도서관보다 사회적인 기여도가 높다거나 효율성이 반드시 높다고는 할 수 없다. 다만, 사회의 발전 및 정보기술의 발전에 따라 사회의 변화요인을 도서관에 적용함으로써 도서관서비스 개선을 모색해 왔다고 할 수 있다. 예를 들어, 미국도서관협회에서 공공도서관의 미래에 대한 비전을 설정하면서 네 가지 차원 중의 하나로 물리적인 도서관과 가상도서관을 비교해서 제시하고 있지만, 가상의 도서관이 물리적인 도서관을 대체한다고 주장하기보다는 시대가 발전함에 따라 도서관이 가상도서관의 속성을 얼마나 더 많이 가지게 되었는지에 대해 강조하고 있는 것을 알 수 있다. 또한 도서관을 둘러싼 환경의 변화에 선제적으로 대응하기 위하여 도서관의 미래 역할 및 전략 개발과 관련하여 다양한 연구가 진행되고 있는 것을 알 수 있다.

미국도서관협회(ALA, 2011)는 21세기 공공도서관의 전략적 비전, 목표, 전략별 추진방안, 강력한 평가 및 환류(모니터링) 등에 대한 발전방안을 제시하였다. 미국대학 · 연구도서관협회(ACRL)는 대학도서관의 미래에 대한 성찰과 인구학적 변화, 전지구화 등의 사회적 · 정치적 · 경제적 환경변화와 관련된 도서관 발전전략을 제시하였다. 영국예술위원회(ACE, 20130)에서는 인구 고령화, 다문화, 경기침체 등으로 인한 도서관 예산 삭감, 지방화 · 분권화, 소비자 행태 등의 환경변화에 따른 미래의 도서관서비스를 예측하고, 공공도서관이 지역주민의 창조, 학습, 커뮤니티기능과 디지털기술과 미디어 생산의 중심 역할을 하기 위한 사서역량 강화의 필요성을 제시하였다. 그 외 미국박물관 · 도서관서비스기구(IMLS)는 미국의 미래도서관을 위한 비전과 디지털통합을 실현할 수 있는 목표, 전략 등을 제시하기도 하였다.

이와 같이 도서관의 환경변화에 따른 도서관 역할변화나 도서관을 이루는 구성요소의 변화에 대한 연구는 협회나 국가차원에서도 수행되고 있으며, 이를 기반으로 디지털통합 수준 향상전략을 제시하고 있는 것을 알 수 있다. 디지털도서관의 구성요소를 밝혀냄으로써 특정 도서관이 전통적인 도서관의 특성과 디지털도서관의 특성 중 어떤 요소를 더 많이 가지고 있는지를 측정해 볼 필요도 있다. 도서관이 본 역할을 보다 효과적으로 수행하기 위해서는 디지털적인 요소가 도움이 될 수도 있고 전통적인 요소가 도움이 될 수 있다. 또한 같은 요소라도 도서관의 상황에 따라 디지털적인 요소의 도입이 방해가 될 수도 있다. 따라서 개개의 도서관이 자신의 위치를 디지털화 정도 측면에서 측정하고 그 개선방안을 모색하는 것이 필요하다.

6.2 디지털도서관 수준평가 관련 이론

6.2.1 미래도서관의 발전방향 및 지속가능한 도서관시스템 요소

미래도서관의 발전방향 및 지속가능한 도서관시스템 요소에 대하여 Hendrix(2010)는 도서관계와 사서가 도서관의 미래에 대해 고심하는 상황에서 도서관이 미래에 선택할 수 있는 여러 가지의 비전으로 미국의 공공도서관이 효과적인 전략을 개발하는 데 도움을 제공할 목적으로 작성된 것이라 하였다. 또한 그는 도서관이 사용하는 구체적인 기술이나 재정적 여건 혹은 이용자 집단의 인구학적 특징에 관한 것뿐만 아니라 포괄적인 공공도서관의 미래에 관한 현실적인 전략을 제시함으로써 각 도서관이 처한 고유의 상황을 고려하고 전략적 결정을 내리는 과정에서 이러한 비전들이 어떻게 활용될 수 있는가에 대해 설명하고 있다.

Jochumsen, Skot-Hansen, 그리고 Rasmussen(2012)은 가상도서관과 물리적 도서관 모두를 강조하면서 4차원의 공공도서관 모델을 제안하고 있으며, 경험(experience), 참여(involvement), 권한부여(empowerment), 혁신(innovation)의 4차원이 도서관에 적용되는 방식에 대해서 제시하고 있다. 그리고 이러한 개념은 독자적으로 적용되는 것이 아니라 중복되어 사용될 수 있다고 하였다. 또한 도서관의 새로운 공간개념으로 네 가지 측면을 제시하고 있는데, 영감공간(inspiration space), 학습공간(learning space), 회의공간(meeting space), 수행공간(performative space) 등이다.

미국의 ALA 및 영국의 Jochumsen(2012)은 미래도서관의 도서관시스템 구성요소를 지속가능성 측면에서 검토하였다. 예를 들어, ALA 정보기술정책부(Office for

Information Technology Policy: OITP)가 제시한 전략적 선택의 4가지 차원을 보면, 물리적 도서관과 가상도서관, 개인 이용자 중심과 지역사회 중심, 장서도서관과 창조도서관, 포털도서관과 아카이브도서관 등이다. 도서관들은 양극단 사이에 놓인 선택의 연속선으로 각각의 차원에서 취한 선택들은 도서관이 이용자와 지역사회에 최상의 서비스를 제공하도록 하게 한다는 것이다.

그림 6-1 ▌미래 공공도서관 비전

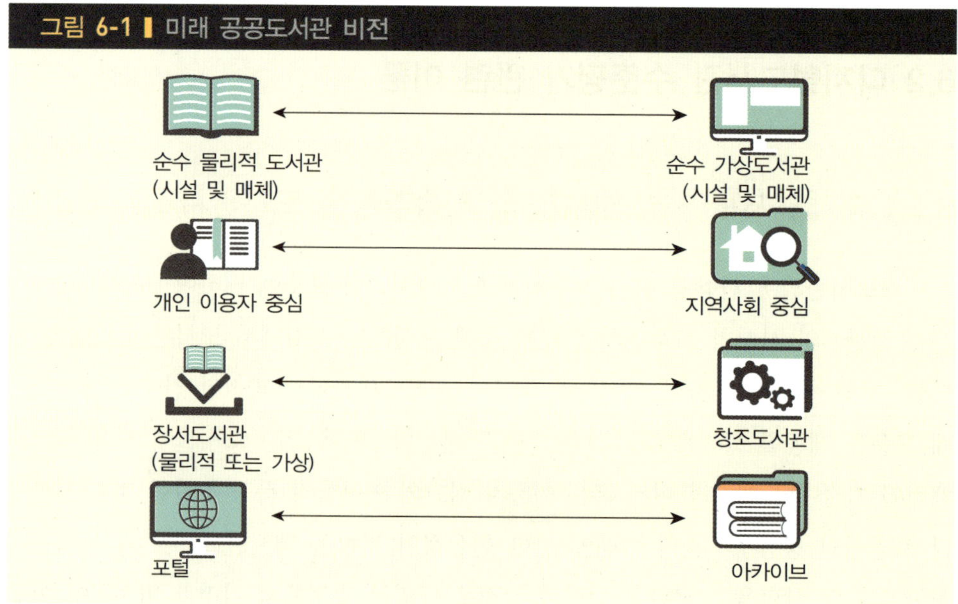

출처: ALA 정보기술정책부(OITP) (2005).

또한 Jochumsen, Skot-Hansen, 그리고 Rasmussen(2012)도 공공도서관을 위한 네 가지 핵심요소를 제시했는데, 미래의 도서관과 도서관서비스를 설계함에 있어 네 가지의 핵심요소, 즉 사람, 프로그램, 파트너, 장소들 간의 적절한 균형을 찾는 것이 매우 중요하다고 하고 있다.

그러나 도서관 및 주변환경의 변화만을 기반으로 도서관시스템 구성요소를 제시하기보다는 정보환경변화, 한국의 정치, 경제, 사회적 환경변화, 도서관정책의 변화 등을 총체적으로 분석한 결과를 기반으로 미래 지속가능한 도서관시스템을 구성하는 전환요소를 도출할 필요가 있다.

6.2.2 전통적 도서관과 디지털도서관 간의 차이

Singh와 Sharma(2015)는 디지털도서관을 5가지 차원으로 구분하여 그 속성을 밝히고 있다. 디지털도서관의 이용과 이용자문제, 디지털도서관의 조직구조, 디지털도서관의 기술이용, 디지털도서관의 이용가능성, 그리고 디지털도서관에 대한 직원 및 이용자의 인식 등이다.

Liew(2009)는 도서관이 정보시스템 중심에서 학습 및 지식중심으로 바뀌어 가고 있으며 도서관은 점점 서로 상호작용하고 협력하는 환경으로 발전되고 바뀌어 가고 있다고 했다. 이와 비슷한 주장을 하고 있는 연구자 등은 다수 있다(Bawden & Rowlands, 1999).

이병목은 2003년 자신의 고별강연 '우리들의 도서관-오늘과 내일'에서 우리들의 도서관이 과거 어떤 길을 걸어왔는지 반추하고, 현재 어디에 서 있는지를 성찰하며, 미래 어떤 길로 갈 것인가를 예측해 보는, 즉 우리들의 도서관을 점검해 보는 연구를 하였다. 그는 종이매체(인쇄매체)와 전자매체, 실체도서관(전통도서관)과 가상도서관, 정보기술, 지식과 정보, 사서라는 카테고리에서 도서관의 미래 모습을 그려내고 있다. 40년 이상의 도서관 및 학계의 현장경험을 토대로 하는 주장이기에 설득력과 진정성이 매우 높다고 하겠다. 그의 주장을 정리해보면 다음과 같다.

- 종이매체(인쇄매체)와 전자매체는 김정근과 크로포드와 고먼의 주장에 동의하며, '대체'나 '전환'의 문제가 아니라 '추가'와 '보완'의 문제이다. 그렇게 되어 종이매체가 주종을 이루는 장서에 전자매체가 추가되어 강력한 장서를 구성하게 되고, 이는 곧 이용을 보다 진작시키게 된다.
- 비록 상당한 양의 데이터와 정보가 현재 숫자화(디지털화)되고 있고, 일부 네트워크화된 가상도서관도 출현하고 있지만 장소로서의 도서관, 실체로서의 도서관은 아직도 여전히 번성하고 있으며, 우리가 어느 정도 앞을 내다볼 수 있는 미래에도 계속 건재할 것이다.
- 도서관업무를 개선시키고 향상시키기 위한 수단으로 컴퓨터와 정보기술을 도입한다고 하더라도 그러한 기술의 도입으로 인해 야기되는 운영과 정보봉사상의 영향, 특히 이용자들에게 미치는 다양한 영향을 신중히 평가하여야 할 것이다.
- 이제 도서관은 문헌이나, 혹은 단순한 데이터와 정보만이 아닌, 보다 고차원적인

지식을 제공하고 이를 위해 때로는 지식을 창출하는 확대된 역할을 하게 되었다. 다가오는 지식사회에서는 개인이나 조직의 활동이 지식 및 정보와 밀접한 관련을 가지게 됨에 따라 개인이나 조직의 수요에 적합한 지식과 정보를 제공하는 사서와 정보전문가로서의 역할도 한층 부각될 것이다.

남태우(2011)는 한국 도서관계에서 디지털의 의미 및 디지털도서관의 현상에 대한 인식연구를 통해 도서관의 인식단위, 도서관의 발전적 패러다임, 디지털도서관의 출현과 명칭문제 등에 대해서 폭넓게 접근하고 있다. 또한 전통적인 도서관과 디지털도서관의 차이점을 다음과 제시하고 있다.

- '시설 중심' 대 '서비스 중심'
- '인쇄매체 중심' 대 '전자매체 중심'
- 정보의 메타데이터 소재파악 대 지식의 직접 전달
- '자료의 소유' 대 '접근 개념'
- '정보생산과 소비의 분산화' 대 '정보생산과 소비의 일원화'
- 도서관의 공유화 대신 도서관의 개인화 등

6.2.3 디지털도서관의 전제조건

윤희윤(1997)은 디지털도서관의 전제조건으로 네 가지를 제시하고 있다.

첫째, 21세기의 정보사회는 정보의 생산과 소비의 다양화, 매체의 다양화, 정보의 디지털화를 통한 멀티미디어시대가 도래한다는 것, 즉 전자매체 중심의 정보사회가 된다는 것이다.

둘째, 미래사회에는 정보유통수단이 인쇄매체에서 전자매체로 전환됨에 따라 도서관의 중심매체도 인쇄자료에서 전자자료로 대체된다는 것, 즉 도서관의 자료수집 및 장서개발 패러다임이 전자매체를 중점적으로 수집하고 기존의 인쇄자료를 디지털화하는 방향으로 전환된다는 것이다.

셋째, 새로운 세기에는 자료의 보유기능보다 접근 및 검색기능이 강조된다는 것, 즉 자료의 전자화 내지 디지털화, 데이터베이스화, 정보네트워크 구축, 인터넷 접속 등은 종래의 물리적 소장개념을 원격 접근개념으로 변화시킨다는 것이다.

넷째, 지역의 단위도서관들은 실질적으로 그 중요성이 감소되거나 사라질 수도 있다는 것이다. 정보자료의 소장위치에 상관없이 이용자들은 텔레커뮤니케이션을 통해 직접적으로 정보원에 접근하는 환경이 조성되기 때문이다.

김정근(1997)은 저서인 『디지털도서관 : 꿈인가, 광기인가, 현실인가』에서 크게 정보기술과 관련된 문제와 도서관 장서의 문제로 나누어 디지털도서관에 관한 자신의 입장을 피력하고 있다. 이수상(2006)은 김정근과 그의 동조자들이 주장하는 디지털도서관의 여러 가지 사상과 주장을 검토하고, 이를 단초로 삼아 우리나라에서 디지털도서관과 관련된 여러 가지 전개양상을 분석하고 있다.

6.2.4 디지털도서관서비스와 도서관적용

노영희(2014)는 최첨단기술을 적용한 디지털도서관서비스들을 발굴하고 이러한 기술과 서비스의 국내 도서관 적용가능성을 밝혀내고자 하였으며, 차세대 디지털도서관의 핵심적인 기술, 개념, 도구는 클라우드서비스, 무한창조공간, 빅데이터, 증강현실, 상황인식기술, 구글글래스, 혁명적 디스플레이기술, 개방형의 연결된 콘텐츠제공방식이 될 것이라고 주장하였다. 한 단계 더 발전시킨 연구에서도 Noh(2015)는 도서관 4.0 시대는 2015년부터 도래할 것이며, 도서관 4.0의 핵심적인 키워드 및 개념은 지능(Intelligent), 무한창조공간(Makerspace), 상황인식기술(Context-Aware Technology), 개방형 콘텐츠(Open Contents), 빅데이터(BigData), 클라우드 서비스(Cloud Service), 증강현실(Augmented Reality), 최첨단 디스플레이(State-of-art Display) 등이 될 것이라고 하였다.

그 외 디지털도서관의 구성요소를 제시하고 있는 연구자들의 연구내용을 간략히 제시하면 다음 [표 6-1]과 같다.

표 6-1 디지털도서관 구성요소 제시 연구

연구자	디지털도서관 구성요소
Mukaiyama(1997)	메시징 시스템, 에이전트, 멀티미디어 데이터베이스, 응용시스템으로 구성된 시스템구성(system architecture), 문헌의 디지털화, 지능형 정보검색엔진, SDI 에이전트, 개념기반검색, 3D시각화를 사용하는 하이퍼미디어검색, 개념기반비디오검색
Kroski(2009)	모바일(새로운 서비스와 기본기술, 모바일콘텐츠, 새로운 전송포맷, 모바일 앱), 소셜(소셜과 도서관 웹사이트, 매력적 경험, 협력과 사회사업), 오픈(오프소스 애플리케이션, 오픈콘텐츠)이라고 하였으며 다음 세대의 디지털도서관의 핵심영역은 시맨틱웹, 집단화, 클라우드 컴퓨팅, 라이프 스트리밍(블로그 글 또는 온라인 사진을 모으거나 직접 동영상을 찍어서 개인의 일상생활을 온라인으로 기록하는 것), 필터링
Breeding(2011)	장서 포맷과 구성의 변화(디지털화, 각종 멀티미디어 도입), 풍부한 융합(장비 간의 무경계화, 콘텐츠 포맷 간의 무경계화)
Piper(2013)	공유시스템, 메타데이터, 디지털화된 콘텐츠
McGettigan(2013)	가상참고서비스, 개인화된 OPAC, 24시간 서비스 제공, 집에서 다운로드가능한 미디어 제공
ALA(2013)	모바일인터넷, 크라우드소싱, 오픈소스개발, 비용효과적인 온라인교육
Chow 외(2010)	가상세계에서의 협력작업, 정보공유, 학습활동 등 가상도서관(virtual library)
Kroski(2007)	
Bell & Trueman(2008)	
Chow 외(2012)	
Crane 외(2006)	디지털컬렉션의 특징으로 정교한 화면디자인, 자율적 학습, 분산의 실시간 커뮤니티 참여 및 기여

6.3 도서관 구성요소별 디지털화 수준평가 항목

전통적인 도서관과 디지털도서관을 구분함에 있어서 ALA의 Office for Information Technology Policy(OITP)는 물리적 도서관과 가상도서관, 개인 이용자 중심과 지역사회 중심, 장서도서관과 창조도서관, 포털도서관과 아카이브도서관의 네 가지 차원으로 구분하고 있다. Jochumsen, Skot-Hansen, 그리고 Rasmussen(2012)은 경험(experience), 참여(involvement), 권한부여(empowerment), 혁신(innovation)의 4차원을 제시하고 있으며, Singh와 Sharma(2015)는 디지털도서관의 이용과 이용자문제, 디지털도서관의 조직구조, 디지털도서관의 기술이용, 디지털도서관의 이용가능성, 그리고 디지털도서관에 대한 직원 및 이용자의 인식 등의 다섯 가지 차원으로 구분하여 제시하고 있다.

반면에 도서관에서 제공하는 서비스만을 제시함으로써 디지털도서관의 특성 및 구성요소를 제시하는 연구들이 다수 있다. 대표적으로 Kroski(2009)는 모바일(새로운 서비스와 기본기술, 모바일콘텐츠, 새로운 전송포맷, 모바일 앱), 소셜(소셜과 도서관 웹사이트, 매력적 경험, 협력과 사회사업), 오픈(오픈소스 애플리케이션, 오픈콘텐츠)이라고 하였다. 다음 세대의 디지털도서관의 핵심영역은 시맨틱웹, 집단화, 클라우드 컴퓨팅, 라이프 스트리밍(블로그 글 또는 온라인 사진을 모으거나 직접 동영상을 찍어서 개인의 일상생활을 온라인으로 기록하는 것), 필터링을 차세대 디지털도서관서비스의 특성으로 제시하고 있는 것을 알 수 있다.

노영희(2015)는 도서관의 핵심적인 업무를 도서관 구성요소를 구분하는 축으로 삼고 전통적인 도서관 구성요소와 디지털도서관 구성요소를 양분하여 제시하고 있다. 연구과정을 거쳐 13가지 차원의 비교 축을 1차적으로 도출하였으며, 자료수집 및 수서, 장서(물리적 · 온라인컬렉션), 분류목록, 대출반납, 참고서비스, 이용자서비스, 공간서비스, SNS서비스, 도서관의 조직 및 직원, 장비제공서비스, 차세대서비스 등이다. 도서관 구성요소별로 도출한 디지털화 수준평가 지표는 다음과 같다.

표 6-2 도서관 구성요소별로 도출한 디지털화 수준평가 지표

전통적(Conventional)	도서관 구성요소	디지털(Digital)	근거자료
오프라인을 통해 구입대상 자료 확보(대행사, 책자 활용)	자료수집 및 수서	온라인상에서 구입대상 자료 확보(온라인 카탈로그 등 활용)	Singh, Sharma (2015)
오프라인으로 수서업무 처리		온라인상에서 수서업무 처리	
오프라인으로 선정업무		온라인으로 선정업무	
오프라인으로 구입업무		온라인으로 구입업무	
종이책	장서(물리적 · 온라인 컬렉션)	전자책	• Singh, Sharma (2015)
종이저널		전자저널	
비디오테이프		디지털형태의 비디오	

오디오 CD	장서 (물리적·온라인 컬렉션)	디지털형태의 오디오	• Kroski (2009)
아날로그 자료들		멀티미디어 자료들	
구입 콘텐츠 및 정형화된 콘텐츠 주로 제공		오픈콘텐츠, 오픈소스, 오픈애플리케이션서비스를 제공(콘텐츠 공개, 소스 공개, 애플리케이션 공개 등 무료공개, 무료공동활용)	
수작업 및 반자동 장서관리		RFID 기반 장서관리	
오프라인자료 보존과 저작권문제가 업무의 논의대상		디지털보존과 저작권문제가 업무의 논의대상	
오프라인형태 보존장서		디지털형태 보존장서	
오프라인 목록 제공	분류목록	온라인 목록 제공	Singh, Sharma (2015)
오리지널 목록		종합목록시스템으로부터 다운로드에 의한 목록	
서지정보수준 목록정보 제공		색인, 초록, 목차 수준 목록정보 제공	
수작업 색인		자동색인시스템에 의한 색인	
수작업 초록		자동초록시스템에 의한 초록	
오프라인 대출	대출반납	온라인 대출	Singh, Sharma (2015)
오프라인 상호대차서비스		온라인 상호대차서비스	
오프라인 대출연장		온라인 대출연장	
대출반납데스크		자동대출반납기	
2차원 바코드 활용 대출반납		RFID 기반 대출반납	
오프라인 참고서비스 비율	참고서비스	가상 및 온라인 참고서비스 비율	• Singh, Sharma (2015) • McGettigan (2013)
오프라인 자원에 대한 참고서비스 비율		온라인 자원에 대한 참고서비스 비율	
오프라인 추천도서서비스 비율		온라인 추천도서서비스 비율	
오프라인 아웃리치서비스		디지털(온라인) 아웃리치서비스	
오프라인 자원의 사용편의성	이용자서비스	온라인 자원의 사용편의성	Singh, Sharma (2015)
오프라인 이용자 수		온라인 이용자 수	
오프라인자료 이용비율		온라인자료 이용비율	
오프라인서비스 이용비율		온라인서비스 이용비율	
오프라인 교육서비스 비율		온라인 교육서비스 비율	
우리 도서관의 이용자는 소비지향적임		우리 도서관의 이용자는 생산지향적임	

도서관프로그램을 오프라인으로 신청	도서관 프로그램 서비스	도서관프로그램을 온라인으로 신청	
오프라인 이용자 교육		온라인 이용자 교육	
오프라인으로 문화프로그램 운영		온라인으로 문화프로그램 운영	
오프라인 독서프로그램		온라인 독서프로그램	
폐쇄형 도서관프로그램		개방형 도서관프로그램(지역연계 및 협력)	
데스크탑이나 노트북이 설치된 멀티미디어실	공간 서비스	노트북은 물론 아이패드, 3D 프린터 등 최첨단장비가 구비된 랩실(멀티미디어실 포함) 제공	• NCSU Hunt Library • Willingboro Public Library • Resnick (2014) • Chow et al. 2010) • Bell & Trueman (2008) • McGettigan (2013)
오프라인 회의실 제공		원격화상회의기능이 갖추어진 회의실 제공	
강의실 형태의 세미나실 제공		대형스크린 설치된 세미나실 제공	
최첨단기기 체험실 없음		최첨단기기 체험실 제공	
일반 커뮤니티 공간 제공		정보공유공간(information commons space) 제공	
벽보나 게시판 공간을 활용한 도서관 홍보		벽면에 대형스크린을 설치하여 디지털형태로 도서관 홍보	
오프라인 워크숍이 가능한 커뮤니티센터기능		온라인 워크숍이 가능한 커뮤니티센터기능	
오프라인 전시가 가능한 공간		온라인 전시가 가능한 공간	
오프라인 독서공간 및 토론공간		온라인 독서공간 및 토론공간	
물리적인 세계수준의 도서관서비스 제공		가상세계에 도서관서비스를 구축하여 제공	
팸플릿 등을 통한 신규도서추천서비스	SNS 서비스	페이스북 등을 활용한 신규도서추천서비스	• Kroski (2009) • McGettigan (2013) • Facebook Worldcat • Connotea, CiteULike • LibraryThing • 곽동철 · 노영희 (2013) • 이지연 · 주수형 ·
책자를 통한 참고주제서비스		소셜 태그 · 북마크기반 참고주제서비스	
종합목록시스템을 통한 서지정보공유서비스		소셜 태그 · 북마크기반 서지정보공유서비스	
오프라인 도구를 통한 도서관위치안내서비스		매쉬업 등을 활용한 도서관위치안내서비스	
오프라인으로 학술정보자원의 신착도서서비스		학술정보 소셜북마크서비스	
메일을 통한 신착자료 알림서비스		RSS를 활용한 신착자료안내서비스	
목록을 통한 책검색서비스		북마크릿을 활용한 책검색서비스	

브로슈어를 통한 도서관안내서비스	SNS 서비스	위키 등을 이용한 도서관안내서비스	민지연 (2007)
오프라인기반 도서관서비스		블로그기반 도서관서비스	
계층조직	도서관 조직 직원	스타조직	• Singh, Sharma (2015) • Faranak and Alireza (2011)
사서 중심		이용자 중심	
개인성과 중심		협력성과 중심	
주로 오프라인시스템을 이용한 업무		주로 온라인시스템을 이용한 업무	
오프라인 자료 처리		자료의 디지털화 작업	
급속한 정보화에 도서관 직원의 부적응		데이터량의 급속한 증가에 대한 도서관 직원의 부적응	
재교육 거부로 사회적 소외		사회적 통합을 위해 스스로 학습	
권한집중		권한분산	
오프라인 업무량		온라인 업무량	
데스크탑 컴퓨터 및 노트북	장비 제공 서비스	데스크탑 컴퓨터 및 노트북뿐만 아니라 아이패드, 탭북	Singh, Sharma (2015)
스캐너		3D 스캐너	
2D 프린터		3D 프린터	
없음		PDA(전자수첩 혹은 Organizer)	
필름카메라		디지털카메라	
없음		전자책 전용단말기(킨들 등)	
클라우드기반서비스를 제공하지 않음	차세대 서비스	**클라우드기반서비스**(도서관 IT자원의 클라우드서비스 • 도서관 데이터의 공동보존 및 공유서비스(클라우드 공동리포지터리) • 클라우드 컴퓨팅기반의 소셜네트워크서비스 • 클라우드 컬렉션서비스 • 클라우드기반 전자콘텐츠통합서비스 • 클라우드기반 도서관학술자원통합서비스 • 클라우드기반 도서관주제봉사서비스)	• Goh(2011) • Singh, Sharma (2015) • Unquiet Librarian (2012) • Koerber (2012) • Britton and Considine (2012) • Hopwood (2012)

무한창조공간서비스를 제공하지 않음	차세대 서비스	**무한창조공간서비스**(지역사회 및 세계의 장벽, 학계와 현실적용의 장벽, 작가와 독자의 경계, 생산자와 사용자의 경계, 교수와 학생의 경계, 고용주와 피고용자, 창작자와 소비자의 경계 등 모든 구분을 물리적으로 무너뜨리는 사회소통공간)	• 이정미(2013) • 권영옥(2013) • 박대민(2012) • 김관호 외(2013) • Noh(2013)
빅데이터기반서비스를 제공하지 않음		**빅데이터기반서비스**(빅데이터기반 이용자맞춤형서비스 • 빅데이터기반 도서추천서비스 • 빅데이터기반 맞춤형 이용자교육서비스 • 빅데이터기반 정보원연결망분석서비스 • 빅데이터기반 이용패턴분석서비스 • 빅데이터기반 장서개발서비스)	
증강현실기반서비스를 제공하지 않음		**증강현실기반서비스**(증강현실을 적용한 책위치안내서비스 • 실물책에 증강현실의 책정보제공서비스 • 실물책에 증강현실의 책평가정보서비스 • 도서관건물에 대한 증강현실정보제공서비스 • 도서관내부시설에 대한 증강현실정보제공서비스 • 증강현실기반 독서지원서비스 • 증강현실기반 교육지원서비스)	• 하상희 · 김대영 · 김종덕(2011) • 현은자 최경 · 연혜민(2011) • Chow et al.(2010) • Bell & Trueman(2008) • McGettigan(2013) • Breeding(2011) • 이붕 · 신현식(2011) • 구중억(2010) • Whitchurch(2010)
구글글래스 활용서비스를 제공하지 않음		**구글글래스 활용서비스**(장애인에 대한 음성 길안내서비스, 책읽어주기서비스, 언어번역서비스)	
상황인식기술기반서비스를 제공하지 않음		**상황인식기술기반서비스**(이용자의 상황에 맞는 정보제공서비스, 상황인식 참고서비스, 상황인식 대출서비스 • 이용자의 행동, 이동경로, 온도인식서비스, 비상상태의 이용자인식서비스, 이용자 및 도서, 기기의 상황에 맞는 온도, 습도, 조도 등 조절서비스)	

QRCode를 활용한 도서관서비스를 제공하지 않음	차세대 서비스	QR코드를 활용한 도서관서비스 • QR코드를 활용한 도서정보안내서비스 • QR코드를 활용한 도서관투어서비스 • QR코드를 활용한 그룹스터디룸 예약서비스 • QR코드를 활용한 웹페이지자동연결서비스 • QR코드를 활용한 소장자료 위치정보서비스 • QR코드를 활용한 도서서평연결서비스 • QR코드를 활용한 소장자료 검색서비스	• Luree H. Ohigashi Oasay (2011) • Walsh (2010) • Ashford (2010) • 김현희 · 박종욱 (2011) • 박진희 (2012)
시맨틱웹기반서비스를 제공하지 않음		• 시맨틱웹기반서비스(시맨틱검색서비스, 데이터연결서비스(LOD): 세계도서관자원의 연결서비스) • 가상세계에 도서관서비스를 구축 제공	
전통적인 특성을 더 많이 가지고 있는 도서관이다.	우리 도서관은?	디지털특성을 더 많이 가지고 있는 도서관이다.	• 남태우 (2011) • Levin (2011)
물리적인 속성이 강한 도서관이다.		디지털 및 가상적인 속성이 강한 도서관이다.	
소장 중심의 도서관이다.		접근 중심의 도서관이다.	
장서 중심의 도서관이다.		창조 중심의 도서관이다.	
개인 이용자 중심의 도서관이다.		지역사회 이용자집단 중심의 도서관이다.	
사서 중심의 도서관이다.		이용자 중심의 도서관이다.	
시설 중심 도서관이다.		서비스 중심 도서관이다.	
아카이브 중심의 도서관이다.		포털 중심의 도서관이다.	
전통적인 도서관이다.		디지털도서관이다.	

6.4 디지털통합 수준과 통합지표

디지털환경하에서는 디지털기술격차, 디지털장비격차, 이로 인한 디지털정보격차 등이 심각한 문제로 제기되고 있다. 디지털사회에서 디지털격차는 산업사회에서 경제적 격차가 야기하는 문제만큼이나 심각하며 사회적 갈등이 증폭될 수 있는 가능성은 매우 크다고 할 수 있다.

또한 디지털시대에서는 익명성, 공유, 개방, 참여를 기본원리로 갖는 인터넷의 보편화와 스마트폰 등 모바일 기기 보급 확산에 따른 무선 인터넷 이용 증가로 정치, 경제, 사회에 대한 개인의 의견을 공개하는 것이 가능하다. 이와 같이 개인의 의견 개진이 쉽고 활발해짐에 따라 그렇지 못한 그룹 간의 보이지 않는 사회적 갈등이 심화될 가능성이 크며, 따라서 성숙한 민주시민으로서의 자질이 더욱 요구되는 사회라 할 수 있다. 이러한 가운데 주목받고 있는 것이 디지털통합이다.

디지털통합은 경제적 효과 및 고용문제 해결 등 사회적 파급효과가 크므로 수준 높은 민주주의의 실현과 시민의식을 강화하는 데 있어 필수적인 요소이다. 따라서 디지털사회에서 디지털통합을 유도하는 것은 절대적으로 중요하다고 할 수 있다(이윤희, 전미영, 강재혁, 2010).

디지털통합의 중요성은 주요국에서 디지털통합이 ICT 정책의 주요 의제가 되고 있고 이와 관련한 정책들을 활발하게 추진하고 있다는 것만 보아도 알 수 있다. 예를 들어, 핀란드 등 유럽 국가들은 초고속 인터넷에 대한 보편적 서비스 지정 등 정보기본권에 대해 천명하고, ICT 활성화 및 디지털통합 정책의 궁극적 목표를 경제부흥 및 경제위기 극복, 사회통합이라 하고 있다.

이러한 측면에서 볼 때 우리나라도 정보접근을 기본적인 권리로 위상을 제고하고, 전체적인 국가정보화 정책과 병행하여 디지털통합 정책을 수립할 필요가 있다. 이때 디지털통합 정책은 ICT에 국한하여 추진하기보다 의료 · 교육 · 복지 등 타 분야 정책과 융합 · 연계하여, ICT를 수단으로 사회적 통합을 이끌어내도록 추진할 필요가 있을 것이다. 또한 사회의 각 기관은 디지털통합을 사회적 책임으로 생각하고 디지털통합 정책을 펼칠 필요가 있다. 즉, 디지털통합을 정부의 정책으로만 추진하는 것이 아니라 유관기관들이 각처에서 국민 개개인의 디지털통합을 유도해야 한다는 것이다.

디지털통합을 이끌어 낼 수 있는 가장 일반적이고 대표적인 기관은 도서관이라 할 수 있다. 도서관이 사회의 디지털통합 부분에서 주도적인 역할을 할 수 있는 것은 각계 각층의 국민과 가장 가까이 있고, 국가 전체에 가장 넓게 포진되어 있으며, 국민의 접근성이 가장 용이하기 때문이다. 무엇보다 도서관은 모든 국민이 무료로 접근하고 이용할 수 있는 공공서비스 영역의 대표적인 기관이기 때문이다. 도서관은 취약계층, 다문화가정, 장애인, 농어촌 지역 주민 등을 포함하여 모든 주민계층의 수준을 파악할 수 있고, 각 수준에 맞추어 디지털기술, 정보, 서비스를 제공할 수 있으며, 이러한 측면에서 도서관은 사회적 통합으로 가는 디지털통합을 가장 가까이에서 실현할 수 있는 기관으로 평가할 수 있다. 여러 도서관 유형 중에서 특히 공공도서관은 일반 국민의 접근장벽이 가장 낮은 도서관이자 일반 국민의 디지털수준을 파악하기에 가장 적합한 도서관인 것으로 보인다.

6.4.1 디지털통합의 개요

1) 디지털통합의 개념

디지털통합(Digital Inclusion)이란 ICT의 포괄적 활용을 통해 고용 창출, 삶의 질 향상, 사회적 참여와 사회 통합에 이르는 것을 의미한다. 디지털통합은 단순히 인프라·기술 차원의 정보통신 접근성 향상을 의미하지 않고 사회구성원의 ICT 활용능력을 향상시켜 디지털시민으로서 건강하고 바람직한 삶을 추구할 수 있도록 도모하는 것을 의미한다. 디지털통합은 협의의 의미로 정보격차 해소 정책을 의미할 수 있지만, 그 범위가 훨씬 넓으며 디지털사회 통합, 디지털사회 융합, 디지털시민권 등 디지털사회 안에서의 통합이라는 개념으로 확장되고 있다(이윤희, 전미영, 강재혁, 2010).

Stevenson(2014)은 다음의 [그림 6-2]와 같이 기존의 도서관서비스 영역이 융합되어 디지털통합을 완성해 가는 것으로 기술하고 있으며, 디지털공공서비스, 온라인서비스, 디지털 리터러시, 경제적 성장지원 등을 디지털융합을 통해서 도서관서비스가 완성되어 가는 것으로 표현하고 있다.

그림 6-2 ▌도서관서비스 영역의 디지털통합

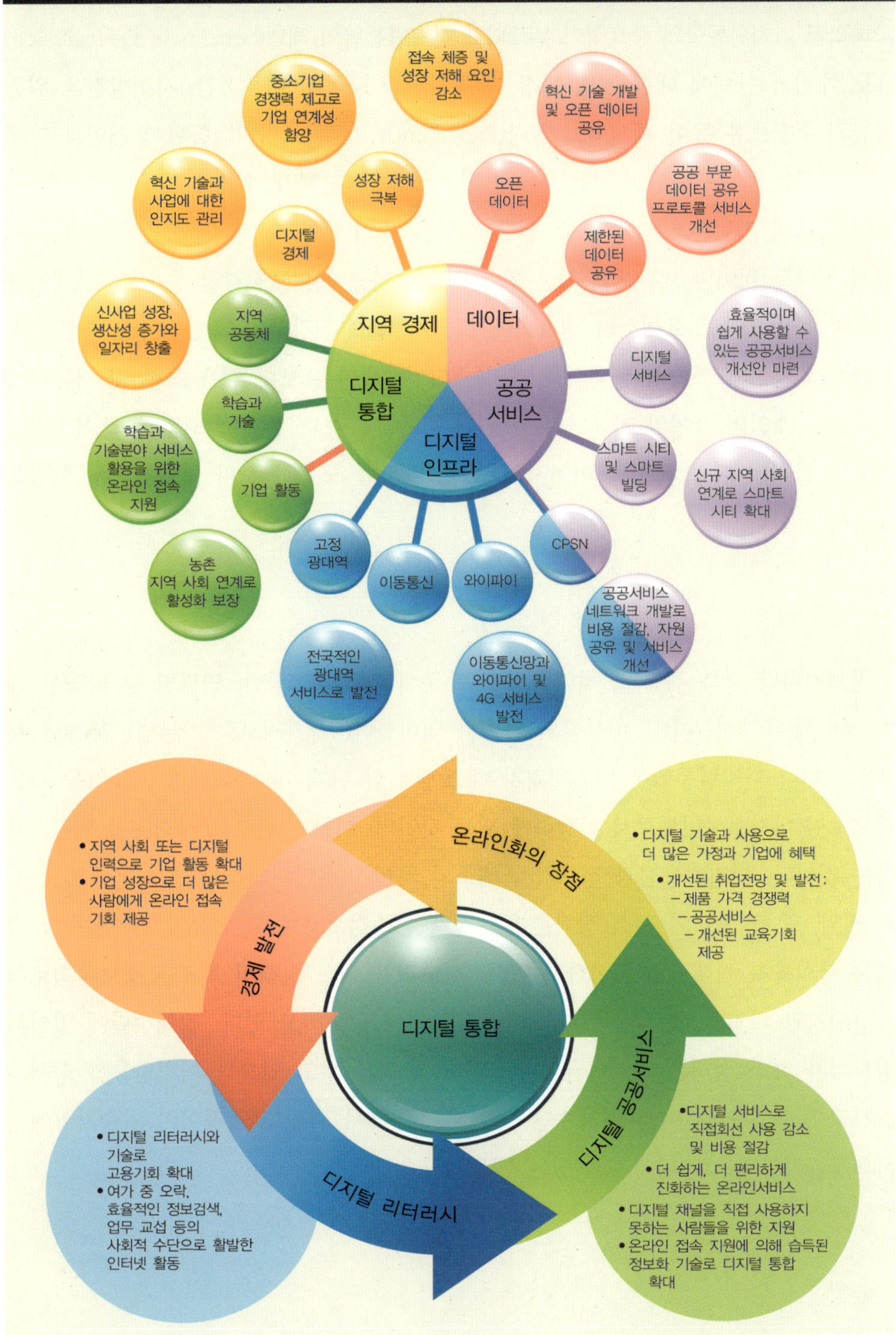

디지털 통합
지역 경제
데이터
공공 서비스
디지털 인프라
디지털 통합

디지털 경제
성장 저해 극복
중소기업 경쟁력 제고로 기업 연계성 함양
접속 체증 및 성장 저해 요인 감소
혁신 기술과 사업에 대한 인지도 관리
신사업 성장, 생산성 증가와 일자리 창출

오픈 데이터
혁신 기술 개발 및 오픈 데이터 공유
제한된 데이터 공유
공공 부문 데이터 공유 프로토콜 서비스 개선

디지털 서비스
효율적이며 쉽게 사용할 수 있는 공공서비스 개선안 마련
스마트 시티 및 스마트 빌딩
신규 지역 사회 연계로 스마트 시티 확대
CPSN
공공서비스 네트워크 개발로 비용 절감, 자원 공유 및 서비스 개선

고정 광대역
전국적인 광대역 서비스로 발전
이동통신
와이파이
이동통신망과 와이파이 및 4G 서비스 발전

지역 공동체
학습과 기술
학습과 기술분야 서비스 활용을 위한 온라인 접속 지원
기업 활동
농촌 지역 사회 연계로 활성화 보장

온라인화의 장점
경제 발전
디지털 리터러시
디지털 공공서비스
디지털 통합

- 지역 사회 또는 디지털 인력으로 기업 활동 확대
- 기업 성장으로 더 많은 사람에게 온라인 접속 기회 제공

- 디지털 기술과 사용으로 더 많은 가정과 기업에 혜택
- 개선된 취업전망 및 발전:
  - 제품 가격 경쟁력
  - 공공서비스
  - 개선된 교육기회 제공

- 디지털 리터러시와 기술로 고용기회 확대
- 여가 중 오락, 효율적인 정보검색, 업무 교섭 등의 사회적 수단으로 활발한 인터넷 활동

- 디지털 서비스로 직접회선 사용 감소 및 비용 절감
- 더 쉽게, 더 편리하게 진화하는 온라인서비스
- 디지털 채널을 직접 사용하지 못하는 사람들을 위한 지원
- 온라인 접속 지원에 의해 습득된 정보화 기술로 디지털 통합 확대

출처: Stevenson (2014). Case Study: Digital Inclusion at Cambridgeshire

2) 디지털통합의 혜택

따라서 디지털통합의 중요성이 부각되고 디지털통합의 혜택(benefits of D-Inclusion)으로 개인과 단체에 대한 기회 향상, 공공서비스 제공의 비용절감, 사회발전을 위한 복합적 수단보유 등이 제시되고 있다(FreshMinds, 2008). 디지털통합이 개인과 단체에게 기회를 향상시킨다는 것은, ICT를 활용한 학습 자체가 개인의 학업 성취도와 관련이 있으며 기업은 고객에게 더 많은 혜택을 주기 위해 더 높은 효율성을 기할 수 있게 된다는 것이다. 디지털통합은 공공서비스 제공비용을 절감할 수 있는 잠재력을 보유하고 있으며 프로세스의 전자화에 그치지 않고 건강서비스 영역까지 확장된다. 또한 사회발전의 복합적 잠재력을 가지는 디지털통합은 보다 쉬운 표현 및 커뮤니케이션으로 개인의 참여와 커뮤니티 통합을 유도하며, 보다 유연한 노동력, 종이소비와 업무의 물리적 이동 감소로 이어지고, 이는 행복한 노동과 보다 자연스러운 환경을 육성하게 한다.

3) 디지털통합과 정보격차 해소의 차이

정보격차란 소득 집단별, 지역별, 교육수준별, 국가별, 성별, 연령별 등 다양한 계층 사이에 존재하는 ICT 이용률의 차이를 의미한다(「국가정보화 기본법」 2009년 시행). 그러나 디지털통합은 디지털격차 해소에서 한 단계 더 나아가 ICT 능력을 활용함으로써 디지털시민으로서 건강하게 되는 것이며, 이를 기반으로 사회통합에 이르게 하는 것이다. 디지털통합과 정보격차 해소의 차이를 간단히 살펴보면 다음 [표 6-3]과 같다. 즉, 정보격차 해소 정책은 ICT 정책을 중점으로 두고 있으나 디지털통합 정책은 사회복지 정책까지 포함하고 있다. 정보격차 해소 정책의 목표는 정보사회로의 통합이지만 디지털통합 정책은 사회적 통합을 목표로 하고 있다. 정책수단에 있어서 정보격차 해소 정책은 기기보급이나 교육에 초점을 두고 있으나 디지털통합 정책은 일자리 창출, 사회참여를 정책수단으로 삼고 있어서 훨씬 포괄적이며 기술지향에서 사회통합지향적으로 나아가고 있는 것을 알 수 있다.

▌표 6-3▌ 정보격차와 디지털통합의 차이

구분	정보격차 해소	디지털통합
기술적 환경	PC 기반 1차 정보혁명기	모바일, 디지털융합 등 2차 정보혁명기
주요 기기	PC, 인터넷	모바일, IPTV, DTV 등 다양화
정책 영역	ICT 정책	ICT 정책 + 사회복지정책
위상	수단	목표
철학	시혜, 복지	기본권
목표	정보사회로의 통합(inclusive information society)	사회적 통합(inclusive society)
대상	취약계층	전 국민
정책수단	기기보급 및 교육	일자리 창출, 사회 참여 (의료복지, 교육복지, 일자리복지)
성과	산출(output)	성과(outcome)

출처: 이윤희, 전미영, 강재혁 (2008). 디지털 시대의 사회 통합을 위한 전략 및 시사점

4) 디지털통합의 발전과 순환

디지털통합은 정보격차 해소에서 시작되며 정보통신기술의 서비스가 다양화되면서 지속적으로 발생할 수밖에 없는 것으로 본다. 따라서 디지털통합은 단계적으로 순환할 수밖에 없다고 판단이 되며, Jan A.G.M. van Dijk(2004)는 순환적 디지털통합 현상 및 모델을 다음 [그림 6-3]과 같이 제시하고 있다.

그림 6-3 ▌ 디지털통합의 발전과 순환모델

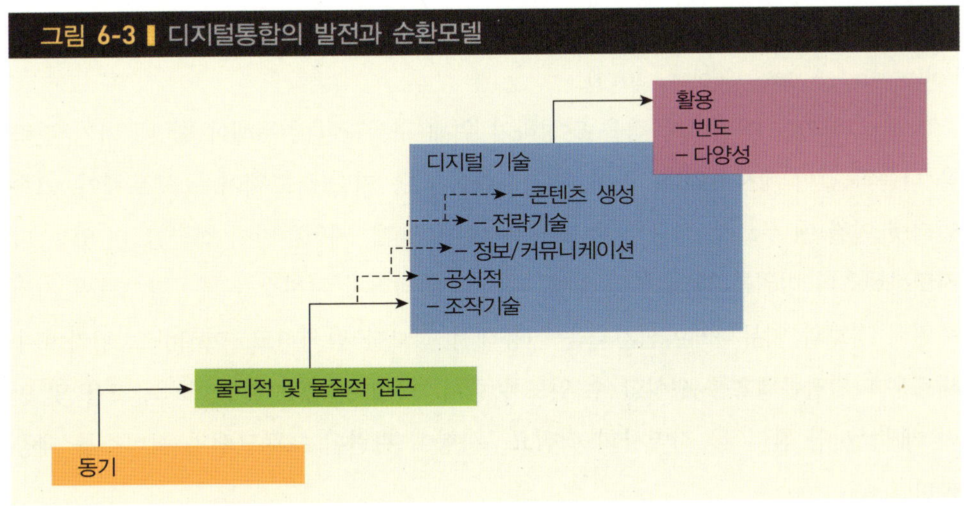

출처: Jan A.G.M van Dijk (2004)

1단계는 동기적 통합(Motivational Inclusion)으로 디지털기술 사용의 동기를 말한다. 특정 목적을 위해 정보통신기술 및 서비스(하드웨어, 소프트웨어, 콘텐츠 등)를 사용해야겠다는 동기가 유발되는 단계이다.

2단계는 물리적 통합(Physical Inclusion)으로 정보통신기술 및 서비스와 콘텐츠에 접근할 수 있는 능력이 요구되는 단계이다.

3단계는 기술적 통합(Skill Inclusion)으로 정보통신기술 및 서비스를 사용하는 단계로서, 정보통신기술 및 서비스를 조작할 수 있는 능력의 조작기술(Operational Skills), 정보를 탐색 · 선택 · 활용할 수 있는 능력의 정보기술(Information Skills), 자신에게 유용한 정보를 전략적으로 사용할 수 있는 능력의 전략기술(Stratigic Skills) 등이 요구된다.

마지막으로 활용적 능력(Usage) 단계는 정보통신기술 및 서비스를 다양한 분야에 적용하고 활용함으로써 통합에 이르는 단계이다.

이와 같은 맥락에서 IMLS, ICMA, 워싱턴대학교는 디지털통합의 세 가지 측면으로 접근과 선택과 응용을 들고 있으며, 이 세 가지 측면이 궁극적으로 디지털통합 커뮤니티를 만들게 될 것이라고 하였다. 여기에서 접근은 가용성, 경제성, 공공 액세스이고, 선택은 관련성, 디지털활용능력, 소비자 안전이며, 응용은 경제 및 인력 개발, 교육, 의료, 공공 안전 및 응급서비스, 시민 참여, 사회적 연결이다. 또한 IMLS, ICMA, Washington대학교는 도서관이 디지털통합을 위해 어느 정도 역할을 하고 있는지에 대해 2013년부터 조사했으며, 그 결과를 홈페이지상에 공표하고 있다(Information Policy and Access Center, 2014).

Bertot(2011)은 이러한 목적을 달성하기 위해 도서관이 추구해야 할 네 가지 전략을 다음과 같이 제시하였다. 첫째, 지역주민이 각종 기술(하드웨어, 소프트웨어, 고속 인터넷 연결)에 무료로 접근할 수 있도록 한다. 둘째, 지역주민이 접근할 수 있는 디지털콘텐츠의 범위를 확대한다. 셋째, 디지털 리터러시 서비스를 제공함으로써 지역주민이 정보와 커뮤니케이션기술을 이용해서 정보를 탐색하고, 이해하고 평가하며, 새로운 디지털콘텐츠를 생성할 수 있도록 한다. 넷째, 건강과 웰빙, 교육, 고용 및 인력 개발, 시민 참여 등 지역사회 핵심요구사항에 관련된 프로그램과 서비스를 제공한다.

6.4.2 디지털통합 정책의 국가차원의 정책

그림 6-4 ▌Information Policy and Access Center 제안 디지털통합의 개념, 정책

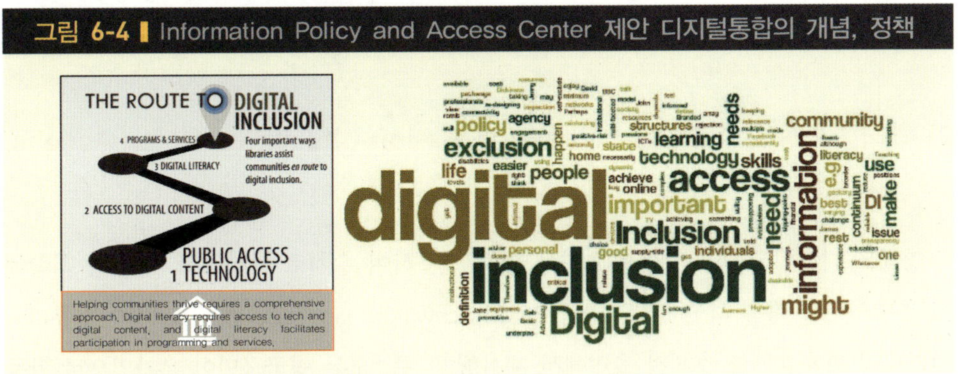

출처: Information Policy and Access Center (2016, February2). http://ipac.umol.edu

많은 나라에서 디지털통합을 통해 사회통합을 이루려는 정책을 펼치고 있음을 알 수 있다. 국가별로 정책방향, 진행정도, 특징은 차이가 있기는 하나 디지털통합 정책의 궁극적인 목표는 경제부흥, 경제위기 극복, 그리고 사회통합임을 알 수 있다. 주요국의 디지털통합 정책을 간단히 살펴보면 다음과 같다.

1) 유럽연합의 「EU 2020」

EU는 디지털통합을 통해서 사회통합을 추구하는 정책을 추구하고 있으며, 이를 위해 EU 2020 전략을 발표하였다. 이러한 전략의 배경은 세계적 경기불황에 따른 실업률 증가 및 산업 침체, 고령화사회와 사회적 불평등문제를 해결하고, 유럽 국가들의 경제발전을 도모하고자 하기 위함이다. 이를 위한 비전을 스마트한 성장, 지속가능한 성장, 그리고 통합적인 성장으로 세우고, 추진 목표를 고용 증대, 연구개발 투자 및 혁신, 에너지 효율성 증대, 교육 증대, 빈곤 퇴치로 삼고 있다.

EU 2020의 성공적인 달성을 위한 EU의 디지털통합 실행계획에는 초고속 인터넷 접근성 향상, 디지털 리터러시 능력 향상, 기술 및 통합 개선, 사회적 도전과제를 위한 ICT 활용이다. 특히, 이 중에서 장기적인 과제로 삼고 있는 것은 유럽인들이 의료정보를 안전하게 온라인으로 접근할 수 있도록 원격의료서비스를 구축하는 것이다. 이 정책과 관련하여 도서관의 역할은 지역주민에게 초고속 인터넷에 대한 접근성을

향상시켜 주고, 주민의 디지털 리터러시 능력 및 디지털기술 사용능력을 향상시키며, 디지털도서관 구축을 통한 디지털 콘텐츠 서비스에의 접근성 향상을 통해 사회통합의 가능성을 높이는 것이라 할 수 있다.

2) 영국의 「Digital Britain, Digital Inclusion Champion, Home Access, Get Digital」

영국은 디지털통합의 경제적 효과에 대해 연구하여 수치로 나타내고, 경제적 맥락에서 조망하는 노력을 하고 있다. 영국 PwC(PricewaterhoaouseCoopers LLP)가 컴퓨터와 인터넷의 활용효과를 경제적 측면에서 제시했다. 즉, 모든 영국국민이 온라인으로 활동을 할 경우, 평생기준으로 온라인 쇼핑을 통해 88.5억 파운드, 아동들의 가정 내 인터넷 접근으로 108억 파운드, 근로자의 ICT 역량 개선으로 5.6억 파운드, 실업자의 고용기회 접근개선으로 5.6억 파운드, 정부효율 개선으로 17.7억 파운드를 절감시킬 수 있다고 하였다. 영국의 디지털통합 정책에 포함되어 있는 내용을 간단히 보면 다음과 같다.

첫째, 기본 인프라 재정비 · 디지털콘텐츠 육성 등을 통해 미래 디지털지식경제 국가로 전환하는 것이다. 둘째, 디지털경제 및 디지털사회에 보편적으로 참여할 수 있도록 하기 위한 디지털기술 및 디지털활용능력을 향상시키는 것이다. 셋째, 일반시민과 공동체의 디지털활용능력을 제고할 뿐만 아니라 장애인 등 정보 취약계층을 위한 맞춤형 서비스를 제공하며, 디지털기술 등장에 따른 기회와 위험요소를 제거함으로써 정보화에서 소외된 사람들의 이익을 옹호하고 대표하며 디지털통합을 촉진하는 것이다.

3) 미국의 「Connecting America: The National Broadband Plan」

미국은 초고속 브로드밴드 설치 · 보급을 통한 인프라 접근격차 해소와 함께 장애인 · 노인을 위한 정보통신 접근성 향상, 소통을 위한 열린 정부 구현을 통한 정책을 수립하고 있다. 미국은 2000년대부터 대규모 정보격차 해소 정책을 추진해 왔으며 이미 「장애인법」, 「재활법」 제508조, 「통신법」, 「보조기술법」 제정을 통해 장애인의 정보접근성을 입법화하였다.

미국에서는 디지털통합이라는 용어보다는 '디지털시민권(Digital Citizenship)'의 용어를 사용하고 있으며, 이는 디지털사회로의 완전한 참여와 통합을 의미한다. 디지털시민권은 온라인사회에 참여할 수 있는 능력을 의미한다. 즉, 첫째, 디지털기술을 활용하여 규칙적이고 효율적으로 커뮤니케이션에 참여할 수 있는 능력, 둘째, 민주시민으로서 사회적·정치적 이슈에 참여할 수 있는 능력, 셋째, 평등하게 시장에 참여할 수 있는 기회를 갖게 되는 능력이다. 따라서 모든 시민들이 디지털환경에 아무런 장애 없이 접근할 수 있고, 이를 바탕으로 시장에서 기회의 평등을 누리며 사회·정치의 영역에 평등하게 참여할 수 있게 하는 것이 '디지털시민권' 정책의 핵심이다(정보통신정책연구원, 2009).

4) 일본의 「I-Japan 2015」

일본은 정보격차 해소, 특히 정보통신 접근성 향상을 통한 디지털통합을 추구하고 있으며, 지역 간 정보격차 해소를 주요 요소로 포함하고 있다. 일본의 'i-2015 전략 2015'는 이용자 관점에 입각한 인간 중심의 디지털사회 구현을 위해 공공부문서비스를 육성하고 디지털기반을 정비하여 정보통신 접근성 향상을 통한 디지털통합을 추구하는 것을 목표로 하고 있다.

위와 같이 주요국의 디지털통합 정책을 보면, 첫째, 정보접근을 기본적인 권리로 위상을 제고하고, 전체적인 국가정보화 정책과 병행하여 디지털통합 정책을 수립하고 있다는 것을 알 수 있다. 둘째, 디지털통합 정책을 ICT 정책에 국한하여 추진하기보다는 의료·교육·복지 등의 분야 정책과 융합·연계하여, ICT를 수단으로 사회적 통합을 이끌어내는 것이다. 셋째, 민간부문의 자발적 노력 역시 요구하고 있으며, 이와 함께 정부-기업-단체 등의 협력을 통하여 보다 효과적인 실천방안을 모색하고 있다는 것이다. 도서관과 관련된 시사점을 보면, 도서관은 민간부문의 디지털통합 정책 추진의 핵심적인 기관이 될 수 있다는 것이다. 따라서 공공도서관이 현재 디지털통합화 부분에서 어느 정도의 역할을 하고 있는지를 조사하고, 이를 기반으로 역할 방향을 제시하는 연구가 요구된다.

6.4.3 디지털통합 수준평가를 위한 지표

디지털통합 수준평가를 위한 지표는 이용자가 이용가능한 정보기술 및 정보기반시설에 관한 사항, 기술과 관련 디지털 리터러시 및 훈련에 대한 사항, 도서관에서 제공하는 도서관 프로그램, 정보설명회, 이벤트 등에 대한 사항, 미래지향적인 것에 대한 사항, 그리고 도서관에 관한 일반적인 사항으로 구분되어 있다. 특히 미래지향적인 질문은 개방형 질문으로 지역사회에 디지털통합을 지원하는 데 있어서 도서관이 직면한 가장 큰 도전이나 기회는 무엇이라 생각하는지를 포함하여 디지털통합적 지역사회를 구축하는 데 있어서 도서관의 역할을 보다 잘 이해하는 데 도움이 될 내용들을 상세히 기술하는 것이다. 구체적인 내용은 [표 6-4]와 같다.

▌표 6-4▌ 디지털통합 수준평가 지표

영역	세부 내용
이용자가 이용가능한 정보기술 및 정보기반 시설에 관한 사항	개관연도
	이용자에게 제공하고 있는 컴퓨터 및 노트북 현황
	이용자가 컴퓨터 및 노트북을 사용하기 위해 기다리는가
	이용자가 개인 노트북이나 태블릿 PC, 기타 무선장비를 이용할 수 있도록 와이파이를 지원하는가
	이용자를 위한 도서관의 인터넷 다운로드 속도
	이용자를 위한 도서관의 인터넷 업로드 속도
	도서관 이용자가 이용하는 인터넷 연결은 광섬유(fiber optic)인가
	광대역 연결(broadband connectivity)을 향상시키기를 원하는가
	도서관의 광대역 연결성을 향상시키는 데 영향을 주는 요인
	도서관 이용자가 이용할 수 있는 기술 및 장비들
	도서관 이용자가 이용할 수 있는 서비스 및 자원들
	장애인 이용자가 이용할 수 있는 기술 및 자원들
	정보기술을 지원하는 직원(정직원, 계약직 직원, 겸임직원 등)이 배치되어 있는가
	이용자가 이용가능한 기술 관련 서비스를 제공하는 데 있어서 도서관 건물의 인프라
	이용자가 접근가능한 기술 관련 인프라가 개선된 바 있는가
	어떤 방법으로 도서관 이용자가 접근가능한 기술 관련 인프라를 개선하였는가
	도서관 이용자가 이용가능한 기술 관련 인프라를 개선함으로써 얻은 효과
기술과 관련 디지털 리터러시 및 훈련에 대한 사항	공식 또는 비공식 기술 관련 훈련을 이용자에게 제공한 바 있는가
	한국어 이외의 다른 언어로 기술 관련 훈련 또는 교육을 이용자에게 제공했는가
	한국어 이외의 어떤 언어로 기술 관련 훈련 또는 교육을 이용자에게 제공했는가
	어떤 주제로 이용자 교육을 실시하였는가
	어떤 방법으로 교육했는가
	공식 또는 비공식 기술 관련 훈련의 교육제공자는 누구인가

	공식 또는 비공식 기술 관련 훈련의 교육 및 훈련에 협력한 기관은 어디인가
도서관에서 제공한 도서관 프로그램, 정보설명회, 이벤트 등에 대한 사항	교육 및 학습과 관련된 프로그램, 정보설명회, 이벤트 등을 도서관 이용자에게 제공했는가
	어떤 주제로 교육 및 학습프로그램, 정보설명회, 이벤트 등을 도서관 이용자에게 제공하였는가
	교육 및 학습과 관련된 프로그램, 정보설명회, 이벤트 등의 교육제공자는 누구인가
	교육 및 학습과 관련된 프로그램, 정보설명회, 이벤트 등의 교육 및 훈련에 협력한 기관은 어디인가
	경제 및 인력개발과 관련된 프로그램, 정보설명회, 이벤트 등을 도서관 이용자에게 제공했는가
	어떤 주제로 경제개발 및 인력개발과 관련된 프로그램, 정보설명회, 이벤트 등을 도서관 이용자에게 제공하였는가
	경제 및 인력개발과 관련된 프로그램, 정보설명회, 이벤트 등의 교육제공자는 누구인가
	경제 및 인력개발과 관련된 프로그램, 정보설명회, 이벤트 등의 교육 및 훈련에 협력한 기관은 어디인가
	지역사회, 시민참여, 전자정부 관련 프로그램, 정보설명회, 이벤트 등을 도서관 이용자에게 제공한 바 있는가
	어떤 주제로 지역사회, 시민참여, 전자정부 관련 프로그램, 정보설명회, 이벤트 등을 도서관 이용자에게 제공하였는가
	지역사회, 시민참여, 전자정부 관련 프로그램, 정보설명회, 이벤트 등의 교육제공자는 누구인가
	지역사회, 시민참여, 전자정부 관련 프로그램, 정보설명회, 이벤트 등의 교육 및 훈련에 협력한 기관은 어디인가
	건강 및 웰빙 관련 프로그램, 정보설명회, 이벤트 등을 도서관 이용자에게 제공한 바 있는가
	어떤 주제로 건강 및 웰빙 관련 프로그램, 정보설명회, 이벤트 등을 도서관 이용자에게 제공하였는가
	건강 및 웰빙 관련 프로그램, 정보설명회, 이벤트 등의 교육제공자는 누구인가
	건강 및 웰빙관련 프로그램, 정보설명회, 이벤트 등의 교육 및 훈련에 협력한 기관은 어디인가
	그 외 도서관에서 제공하는 특별한 프로그램이 있는가
미래 지향적인 사항	• 지역사회에 디지털통합을 지원하는 데 있어서 도서관이 직면한 가장 큰 도전이나 기회는 무엇이라 생각하는가 • 디지털통합적 지역사회를 구축하는 데 있어서 도서관의 역할을 보다 잘 이해하는 데 도움이 될 내용
도서관에 관한 일반적인 사항	도서관의 장서규모
	도서관이 소재한 위치
	도서관의 설립유형

차세대
디지털도서관의
이해

Chapter

07

도서관 4.0

7.1 웹 4.0까지의 발전
7.2 웹 4.0 모형
7.3 도서관 4.0 모형
7.4 도서관 4.0을 설명하는 키워드

도서관 3.0(Library 3.0)에 대한 논의가 시작된 지 벌써 10년이 지나고 있다. 도서관의 발전단계는 항상 웹(Web) 버전의 발전과 맥락을 같이 하여 학자들이나 현장사서들에 의해 논의되어 온 것을 알 수 있다. 이는 도서관이 유기체적인 특성을 가지고 외부 정보기술환경 변화의 영향을 받기 때문이며, 도서관이 웹을 기반으로 한 서비스를 개발하여 제공하고 있기 때문이다.

독일 IT 전망 분석기업인 TrendOne사(社)의 CEO 닐스 뮬러(Nils Muller)는 '기술과 인간이 하나가 되는(technology and human become one)' 시대가 빠르게 다가오고 있다고 주장했다. 그는 기존 TV와 같은 수동적 오락은 1.0 시대를 의미하며, 웹 2.0은 블로그(blog)와 팟캐스트(podcasts) 등과 같이 수용자가 생산하는 콘텐츠 시대를 의미한다고 할 수 있다고 말했다. 지금 진행되고 있는 3.0 시대는 가상세계(virtual worlds)와 같은 미디어에 이용자들이 그야말로 뛰어드는(jump into) 것으로, 그 수준이 더욱 활발해지는 것을 의미한다고 했다. 그러나 4.0 시대는 인간이 기술의 연장으로 업그레이드되면서 언제나 온라인과 연결(always-on)되는 것으로서, 이미 젊은 세대를 중심으로 시작되고 있다고 뮬러는 주장했다. 그는 이미 젊은 세대들은 친구에게 이야기하는 것처럼 웹과 대화하고 있다고 했다.

웹 3.0은 데이터에 관한 데이터로, 웹상에 있는 모든 데이터를 인공지능을 통해 분석해 내는데, 웹 4.0은 웹이 생활 속 깊이 스며들어 생활과 하나가 되는 것이다(Kurzweil, 2005). Seth Gordin은 웹 4.0이 구축되기 위한 세 가지 조건으로 '편재성', '사용자식별성', '연결성'을 말하고 있다. '편재성'은 '유비쿼티(ubiquity)'로 오프라인과 온라인의 경계를 허물어 언제 어디서든 웹 4.0에 접속할 수 있는 것을 의미한다. '사용자식별성(identity)'은 사용자가 누구이며 무엇을 하고 있으며 무엇을 필요로 하는지에 대한 프로토콜이다. 연결성은 사용자와 지속적인 연결망, 즉 '커넥션(connection)'이다. 세스 고딘은 웹 4.0이 구축되면 스팸 메일 등 사용자가 원하지 않은 정보는 사라질 것이며, 사용자에게 필요한 정보만 제공될 것이라고 예측한다. 이는 사용자가 원하는 정보를 구하기 위해 정보의 바다를 헤매고 다니던 기존의 웹과는 달리 웹 4.0은 사용자의 아이덴티티를 파악해 사용자에게 맞는 정보만을 제공해주기 때문이다. 예를 들어, 고객이 어떤 상점을 지날 때 고객의 취향에 맞게 개인화된 광고 메시지나 필요한 정보를 알아서 제공해 주는 웹이다.

도서관 3.0이나 4.0은 위의 웹의 속성을 반영하면서도 도서관만의 특징을 기반으로 한 속성을 가지게 될 것이다. 노영희(2012)는 도서관 3.0은 소셜시맨틱디지털도서관, 링크드도서관, 그리고 모바일도서관이 될 것이라고 하였다. Kruk 등(2007)이나 Alotaibi (2010)는 소셜시맨틱도서관을 3.0 도서관으로 강조하고 있다. 현재 우리는 이미 도서관 3.0 시대를 살고 있으며, 도서관 4.0에 대한 논의도 몇몇 학자들에 의해 시작되고 있다.

몇몇 개념은 이미 도서관에 적용되어 도서관 4.0을 이루기 시작했고, 몇몇 개념은 적용에 앞서 논의가 활발하게 진행되기도 한다. 그렇기 때문에 바로 이 시점에서 Library 4.0에 대한 논의를 시작해야 하며 미래 도서관의 발전방향을 예상하고 발전전략을 세우며, 미래 사서들이 주도적으로 대처할 수 있도록 해야 할 것이다.

본 서에서는 이미 논의되기 시작했고 일부 개념은 이미 적용되고 있는 도서관 4.0의 개념을 기반으로 도서관 4.0 모형을 제시하고자 한다. 현재 30년 후에나 구현이 가능할 것으로 생각되었던 영화 속의 기술들이 구현, 적용, 상용화되고 있는 것은 우리가 도서관의 발전가능성을 신속하게 제시하고 도서관이 그 발전 속도를 숨 가쁘게 따라잡아야 함을 시사한다.

7.1 웹 4.0까지의 발전

Berners-Lee(2006)에 따르면 웹 1.0은 웹의 1세대로서 읽기전용 웹이자 인지시스템이다. 웹 1.0은 사업을 위해 자신의 정보를 사람들에게 알리는 정보공간으로 시작했으며, 이용자 간 상호작용이나 콘텐츠생산은 제한적이고 정보탐색과 읽기만을 허용했다. Dale Dougherty(2004)에 의해 정의된 웹 2.0은 읽기쓰기가 가능한 웹이라 할 수 있으며, 웹 2.0은 공동의 관심을 가진 사람들이 전 세계적으로 함께 모여서 사회적 상호작용을 하는 것을 허용한다. Hamed와 MohammadReza(2011)는 웹 3.0을 시맨틱 웹이라고도 하며 인간의 일과 의사결정을 줄여주며, 웹에 기계가독형 콘텐츠를 제공함으로써 기계가 그 일을 하게 한다는 것이다. 웹 3.0은 시맨틱기술환경과 소셜컴퓨팅환경이라는 두 개의 플랫폼을 포함하며, 시맨틱웹은 오픈표준을 대표하고, 소셜컴퓨팅은 인간과 기계 간 협력을 허용하고 대규모의 소셜웹커뮤니티를 조직할 수 있게 한다(Norasak, 2008). 웹 4.0은 지능형 상호작용이 가능한 읽기-쓰기-실행-동시실행웹이 될 것이다. 웹 4.0은 인간과 기계가 공감을 가지고 상호작용하는 공생의 웹으로 알려져 있다(Aghaei, Nematbakhsh & Farsanim, 2012).

Fowler와 Rodd(2013)는 웹 4.0의 특징은 'ultra-intelligent electronic agent'라고 말하고 있다. 이들은 웹 1.0에서 웹 2.0까지의 특징을 간략히 말하고 있으며, 세대 간의 발전은 점점 빨라지고 각 세대는 점점 짧아지고 있다고 주장했다. 즉, 웹 1.0의 가장 두드러진 특징은 1990년대 초의 '야후!'와 같은 탐색이고, 웹 2.0은 소셜미디어로서 위키피디아와 같은 협력프로젝트 및 페이스북, 블로그, 트위터와 같은 SNS(Social Networking Sites)가 특징이라고 하였으며, 웹 3.0은 컴퓨터의 처리속도, 네트워크, 저장공간의 급격한 발전으로 급커브 곡선을 그리며 '3D웹'을 특징으로 하고 있다고 하였다(Burrus, 2013).

Burrus(2013)는 작은 카메라가 장착된 초지능적 전자에이전트는 카메라로 나를 인지할 수 있으며, 아침에 일어나는 순간부터 비서처럼 또는 친구처럼 우리의 모든 일상을 관리해 줄 수 있을 것이라고 얘기했다. Burrus에 따르면, 다음 세대의 스마트폰이 정확히 어떤 모양일지 모르는 것은 웹 4.0의 미래 모습을 우리가 정확히 알 수 없는 것과 같다는 것이다. 착용가능한 스마트폰이 나올 수 있다는 것을 예측하는 것과 같이 웹 4.0은 수행능력을 갖게 될 것이라는 것이다. Burrus 역시 웹 1.0은 탐색, 웹 2.0은 소셜미디어, 웹 3.0은 3D 웹, 그리고 웹 4.0은 지능형 에이전트의 시대가 될 것이라고 했다.

강주영과 용환승(2007)은 정보가 연결되는 개념이 웹 1.0이고, 정보가 연결될 뿐 아니라 사용자의 적극적 참여로 정보의 생산과 저장 및 평가와 공유가 이루어지는 개념이 웹 2.0으로 이는 소셜 웹으로 대표될 수 있다고 말했다. 또한 웹 3.0은 시맨틱웹으로 정보가 연결되는 것에서 벗어나 데이터와 지식들의 의미를 기반으로 연결되는 웹이며, 웹 4.0은 웹이 한 단계 높은 지능의 수준으로 확대된 것이며 'Internet of Things'와 같이 모든 것이 연결된 웹 운영체제를 기반으로 하는 유비쿼터스 웹이라고 하였다.

Chauhan(2009)은 웹 4.0은 웹 3.0의 모든 서비스 및 기능을 포함하면서도 인공지능이 지원하는 구조가 될 것이라고 하였다. 즉, 웹 자체가 정보를 분석하고 같은 주제 분야의 사람들과 토론하며 새로운 아이디어나 이론을 생성할 수 있게 된다는 것이다. 웹 4.0은 위치가 다른 곳에 있어도 인터넷이나 모바일을 통해 연구자에게 그가 진행중인 연구나 토론에 적합한 정보를 알려줄 수 있을 것이라고 했다.

Skryabina(2010)는 웹 1.0에서 웹 4.0까지의 특징을 비교하고 있으며, 웹 1.0은 온라인상에서 정보전달이 가능한 시대, 웹 2.0은 이용자가 상호작용이 가능한 시대, 웹 3.0은 새로운 시작을 창출하기 위해 직접적인 협력이 가능한 시대, 그리고 웹 4.0 시대는 물리적인 사회를 변혁해서 보다 좋은 장소로 바꾸어 놓은 세대라고 했다.

Aghaei, Nematbakhsh과 Farsanim(2012)은 웹 1.0에서 4.0까지의 발전 배경에 대해서 논하고 있으며, 웹 1.0은 정보연결의 웹으로, 웹 2.0은 사람연결의 웹으로, 웹 3.0은 지식연결의 웹으로, 그리고 웹 4.0은 지능연결의 웹으로 정의하고 있다.

Patel(2013)은 웹 1.0에서 웹 5.0까지의 각 세대의 특징에 대해서 소개 및 비교하고 웹의 발전방향을 분석적으로 제시하고자 하였다. 그는 웹 1.0은 읽기 전용웹의 인지웹, 웹 2.0은 읽기-쓰기웹으로서 사람중심의 참여웹, 웹 3.0은 읽기-쓰기-실행웹으로서 지식연결웹, 웹 4.0은 동시성이 있는 읽기-쓰기-실행웹으로서 초지능전자에이전트웹, 그리고 웹 5.0은 준감정에 호소하는 웹으로 세대구분을 제시하고 있다.

Sharma(2012)는 웹 2.0에서 4.0까지의 논의에서 웹 1.0은 1차원의 웹, 웹 2.0은 소셜웹, 웹 3.0은 시맨틱웹, 웹 4.0은 지능형 웹이라고 했으며, 데이터량 및 탐색능력의 관점에서 다음 [그림 7-1]과 같이 도식화하여 보여주고 있다.

[그림 7-1]에서 보는 바와 같이 웹 2.0까지 급격하게 증가하던 데이터량은 감소추세로 돌아서는 반면, 탐색지원기능은 키워드 탐색에서 태깅, 자연언어검색, 시맨틱검색, 추론으로 발전하는 것을 알 수 있으며, 추론검색은 지능형 웹의 시대인 웹 4.0시대에 들어서 가능하게 됨을 알 수 있다.

웹 1.0부터 3.0까지의 특징을 하나의 표로 정리하면 다음 [표 7-1]과 같다.

그림 7-1 ▌웹의 발전단계별 데이터량 및 탐색능력의 변화

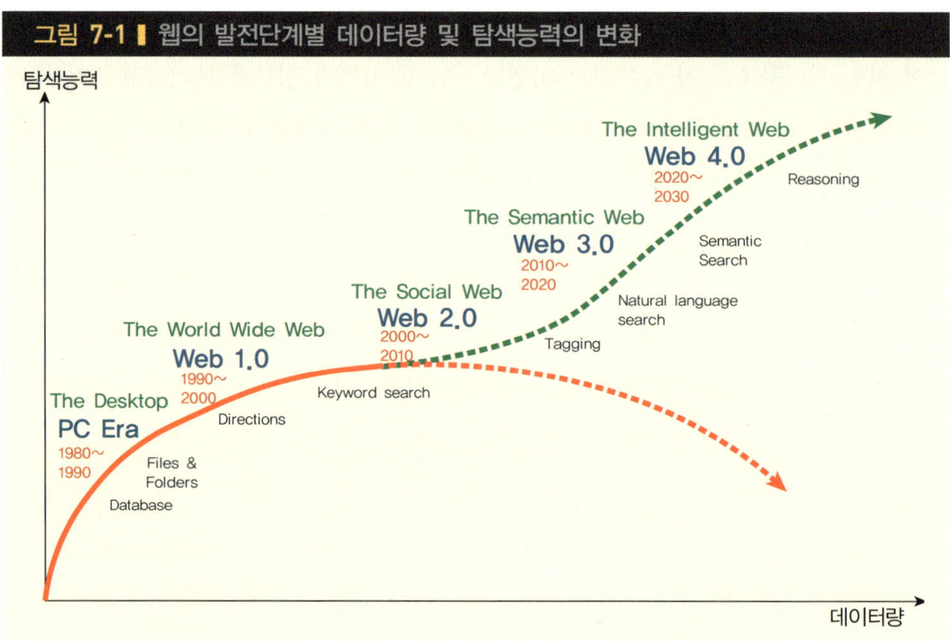

출처: web2.0. http://www.scribd.com/doc/99678417/Web2-0-Web3-0-Web4-0

▌표 7-1▌ 웹 1.0, 웹 2.0, 웹 3.0의 특징

구분	Web 1.0	Web 2.0	Web 3.0
시기	1990~2000	2000~2010	2010~2020
상호작용	단반향, 일방적	양방향, 대중적	개인화, 맞춤형
관련 기술	HTML, Active-x	XML, AJAX, Tagging, RSS, Open API, Mash-up 등	시맨틱기술, 인공지능, 상황인식, 클라우드 컴퓨팅
키워드	발행	참여, 공유, 개방	시맨틱웹, 메타데이터, 온톨로지
콘텐츠구조	문서, 페이지, 디렉토리	꼬리표달기개체(tagged objects)	시맨틱웹 구조의 개체
정보제공	기업중심생산, 읽기, 축적 중심	개인참여, 재생산	웹 사용자가 원하는 정보 제공
정보소비	읽기	읽기, 쓰기	읽기, 쓰기, 실행하기
정보이용자	인간	인간	인간, 기계
정보권력	폐쇄적, 집중화	대중화, 집중화	분산화(필요한 정보만 선별)
대응단말	PC	PC, 모바일	PC, 모바일, iPad, 시계와 같은 액세서리 등 다양

그리고 웹 4.0에 대해서는 읽기-쓰기-실행-동시실행웹(Aghaei, Nematbakhsh & Farsanim, 2012; Patel, 2013), 초지능형 전자에이전트(ultra-intelligent electronic agent(Fowler & Rodd, 2013)), Internet of Things(강주영, 용환승, 2007), 지능형 웹(Chauhan, 2009; Sharma, 2012), 지능연결의 웹(Aghaei, Nematbakhsh & Farsanim, 2012) 등으로 정리하고 있다.

7.2 웹 4.0 모형

웹 4.0에 대한 정확한 정의는 아직 내려지지 못하고 있다. 다만 보는 각도와 학자의 견해에 따라 다양한 이름이나 특성이 거론되고 있다. 예를 들어, Godin(2007)은 웹 4.0의 조건으로 다음 세 가지를 제시하였다. 첫째는 '편재성(Ubiquity)'으로 언제 어디서든 웹 4.0에 접속하는 유비쿼터스 컴퓨팅을 의미하고, 둘째는 '사용자식별성(Identity)'으로 사용자의 컨텍스트를 파악하여 제공하는 개인화된 서비스를 의미하며, 셋째는 다른 사용자와의 지속적인 '연결성(Connection)'을 들었다. 그리고 Apple사의 iPhone이 웹 4.0에 가까운 서비스 모델이라고 하였다.

그림 7-2 ▌ 웹 4.0 키워드

출처: Brainiac Techs (2016.2.5.). http://www.brainiac.in

또한 용어클라우드상에서 웹 4.0을 중심으로 나타나는 주요 키워드는 Convergence, Remixability, Standardization, Participation, Usability, Economy, Design 등으로 나타나고 있다. 그러면서도 웹 1.0에서 웹 3.0의 개념들인 Semantic, OpenAPIs, AJAX, CSS, RSS, Social Software 등의 개념도 공존함을 알 수 있다.

이와 같이 웹 4.0은 공생웹, 읽기-쓰기-실행-동시성웹, 웹 OS, 미들웨어, 인간의 뇌와 같이 지능의 상호작용이 가능한 거대웹 등으로 불리고 있다. 웹 4.0에 대한 명확한 정의는 내려지지 않고 있지만 인공지능을 사용하는 지능형 웹이 될 것이라는 것을 예상할 수 있다.

다음은 웹 4.0의 개념을 종합적으로 분석한 웹 4.0의 핵심개념이다.

1) 공생웹

정확한 정의는 아닐지라도 많은 사람들이 공생웹(symbiotic web)이라고 하고 있다. 공생웹은 인간과 기계가 공생관계로 상호작용하는 개념이며, 마인드제어인터페이스보다 더 강력한 인터페이스를 가질 것이며, 기계가 웹의 내용을 읽고 이를 기반으로 적절한 실행을 결정하여 할 수 있게 된다는 것이다(Hemnath, 2010). Patel(2013)도 웹 4.0이 통제된 인터페이스를 사용하는 기계는 인간과 공생하며 상호작용하게 된다고 하였다. Aghaei, Nematbakhsh, & Farsanim(2012)도 웹 4.0은 인간과 기계가 공감을 가지고 상호작용하는 공생의 웹이라고 하였다.

2) 시맨틱웹

한편 웹 4.0의 개념은 2007년 5월 산호세에서 개최된 'Semantic Technology' 국제학술대회에서 등장하였다. 이 대회에서는 웹 4.0이란 웹이 한 단계 높은 지능의 수준으로 확대된 것이며 'Internet of Things'와 같이 모든 것이 연결된 웹 운영체제를 기반으로 하는 유비쿼터스웹이라고 정의하였다(강주영, 용환승, 2007).

3) 읽기-쓰기-실행-동시성웹

Marcus(2008)는 웹 4.0은 읽기-쓰기-실행-동시성웹으로, 온라인 네트워크에서

산업, 정치, 사회 및 기타 지역사회 등 주요 사회에 글로벌 투명성, 지배구조, 유통, 참여, 협력을 제공하는 참여의 극대화에 이른다고 하였다. 즉, 웹 4.0은 읽고 쓰는 동시성 웹이며, 온라인상에서 대중이 동시에 참여하는 활동을 통해 글로벌 투명성이 확보되었다는 것이다.

4) 거대웹

웹 4.0은 운영시스템과 같은 기능을 시작하는 미들웨어 같은 것이며(Ron, 2009), 거의 인간의 뇌와 같이 높은 지능의 상호작용이 가능한 거대웹(massive web of highly intelligent interactions)이라고 주장되기도 한다(Dan, 2007).

5) 지능형 웹

많은 학자들이 웹 4.0을 지능형 웹에 비중을 두고 설명하고 있다. Sharma(2012)는 웹 4.0은 지능형 웹이며, 지능형 웹 시대에 추론탐색이 가능하다고 하고 있다. 즉, 웹 4.0은 의사결정을 하기 위해 인공지능을 사용하게 되는데, 이를 위해 추론이 사용되어 탐색된 내용을 기반으로 생각하고 의사결정을 하게 된다는 것이다. 이러한 결정은 우리가 어떻게 살고 있고 무엇을 원하는지에 대한 학습을 기반으로 이루어진다고 한다. Patel(2013)도 웹 4.0을 초지능형 전자에이전트, 공생웹, 그리고 유비쿼터스웹으로 정의하고 있다. 특히, 인간의 뇌만큼 강력하고, 통신의 개발만큼 발전되어 있으며, 나노기술만큼 진보된, 통제된 인터페이스를 사용하는 기계는 인간과 공생하며 상호작용하게 된다. 따라서 웹 4.0 시대에 기계는 웹의 내용을 읽을 만큼 영리하고 웹사이트에서 실행할 것을 결정하는 반응을 하며, 다소 명령지향적 인터페이스를 가지게 된다(Jenkins, 2011).

Fowler와 Rodd(2013)는 웹 4.0의 특징을 '초지능형 전자에이전트(ultra-intelligent electronic agent)'라고 하였고, Burrus(2013)도 웹 4.0은 지능형 에이전트의 시대가 될 것이라고 했다. 즉, 웹 자체가 정보를 분석하고 같은 주제분야의 사람들과 토론하며 새로운 아이디어나 이론을 생성할 수 있게 된다는 것이다(Chauhan, 2009). 웹 4.0은 위치가 다른 곳에 있어도 인터넷이나 모바일을 통해 연구자에게 그가 진행 중인 연구나 토론에 적합한 정보를 알려줄 수 있을 것이다.

7.3 도서관 4.0 모형

7.3.1 도서관 4.0의 개념 및 키워드

Chauhan(2009)은 웹 자체가 도서관이라고 했고, 웹은 단지 '학습 웹(learning web)'과 '스패밍 또는 트래싱 웹(Spamming or Trashing web)'으로만 구분할 수 있고 학습 웹은 '거대한 오픈가상도서관'이라고 하였으며, '스패밍 또는 트래싱 웹'은 오락적인 부분을 담당하게 될 것이고, 도서관은 다양한 전문 학술망과 협력을 해야만 웹 4.0 시대에 살아날 수 있을 것이라 했다. 이러한 협력의 형태가 도서관 4.0이 될 것이며, 가상에서 모든 서비스가 이루어지는 가상도서관환경에 구축되는 도서관이 Library 4.0이라 하고 있다.

이와 같이 웹 4.0을 설명하는 키워드가 다양하듯이 도서관 4.0에 대해서도 학자마다 조금씩 다른 정의 및 특성을 내세우고 있는 것을 알 수 있다. 도서관 4.0은 유기체적인 기관으로서 외부환경의 변화를 밀접하게 영향을 받는 특징이 있고, 또한 웹 4.0의 특징을 거의 모두 가지고 있으면서, 물리적인 도서관은 공간의 변화를 도서관 4.0의 특징으로 수용하게 될 것이다. 물론 도서관 3.0의 소셜시맨틱디지털도서관, 링키드도서관, 유비쿼터스적 모바일도서관에 대한 개념은 기본적으로 포함하게 될 것이다. 차세대 디지털도서관의 발전방향, 사회적 · 문화적 환경분석을 기반으로 도서관 4.0의 개념 및 키워드를 제시하면 다음과 같다.

1) 지능형 도서관

미래의 도서관인 도서관 4.0은 추론탐색이 가능하고 정보를 스스로 분석하여 해당 주제분야의 이용자들과 토론까지 가능한 지능형 도서관이 될 것이라는 것에 많은 학자들이 동의하고 있는 것을 웹 4.0 연구자들의 논의를 통해서 예측할 수 있다.

즉, 웹 4.0을 설명하는 키워드들과 같은 맥락에서 도서관 4.0을 그려본다면, 도서관 4.0은 플랫폼과 서비스와 콘텐츠가 융합되어 거대하게 구축된 환경에서(거대웹) 사서, 이용자, 그리고 기계가 공존하면서(공생웹) 시맨틱기반으로 구축된 콘텐츠와 서비스(시맨틱웹)를 사람과 기계가 동시에 읽고, 쓰고 적절하게 실행하며(RWAC), 추론이 사용되어 탐색된 내용을 기반으로 생각하고 의사결정을 하여 도서관서비스를 하는 (지능형) 지능형 도서관이 될 것이다.

2) 거대 데이터도서관

미래의 도서관이 관리해야 하는 데이터나 서비스는 거대한 규모가 될 것이며, 미래의 도서관은 거대 데이터도서관(Massive Data Library)이 될 것이다. 축적된 데이터의 거대화, 서비스의 거대화, 콘텐츠의 개방화로 인한 거대화 등은 빅데이터, 클라우드서비스, 개방형 콘텐츠 등의 개념 및 서비스를 등장시켰다.

빅데이터는 보통의 데이터베이스 소프트웨어 도구로 수집, 저장, 관리 분석하기에는 그 능력의 한계를 넘어서는 방대한 사이즈의 데이터 세트로서(Manyika, 2011), 비용효과적이며 혁신적인 형태의 정보처리를 요구하는 방대한 양, 속도와 다양한 정보로서 통찰력을 증진시켜 주고 자동처리됨으로써 의사결정을 증진시켜 주는 것(LeHong & Laney, 2013)이다. 이러한 빅데이터는 도서관의 정보서비스 개선에 활용될 수 있다. 즉, 지역사회의 요구를 파악하고 그에 부합하는 정보서비스를 기획하기 위해 빅데이터 분석결과를 활용할 수 있고, 이러한 분석결과를 기반으로 주제별, 이용자별, 사안별 정보자원을 개발할 수 있으며, 서비스 대상 이용자에 따른 맞춤형서비스를 기획하여 제공할 수 있다(이정미, 2013).

빅데이터는 시맨틱웹이나 링크드데이터와 같이 인간의 상호작용이나 커뮤니케이션의 흐름, 그리고 데이터 간의 연관성을 보여주는 주제들이라 할 수 있다. 빅데이터는 클라우드 컴퓨팅의 개념과 같이 논의되는 경우가 많은데, 빅데이터는 인터넷기반 컴퓨터 네트워크를 통해 사용자가 필요하면 언제든지 인터넷 접속을 통해 데이터를 공유할 수 있는 데이터의 커다란 덩어리라고 이해해야 한다. 클라우드 컴퓨팅은 이런 빅데이터 활용을 가능하게 하는 전제기술로 다양한 클라이언트 기기에서 필요한 시점에 인터넷을 이용해 공유풀에 있는 서버, 저장공간, 애플리케이션, 서비스 등과 같은 정보기술 자원에 쉽게 접근할 수 있도록 사이버 저장공간의 렌트를 가능하게 하는 기술로 빅데이터라는 개념과는 구분되어야 한다고 주장된다(최성, 우성구, 2012).

클라우드 컴퓨팅이 도서관서비스에 적용될 수 있는 방안으로 웹기반의 분산환경에서 도서관 자원의 통합관리, 자원 및 서비스에 대한 접근, 도서관 간의 자원공유, 통합 서비스시스템 구축, 도서관 간의 협업 등이 있다(김용, 2012). 또한 클라우드 컴퓨팅 개념은 디지털 보존과 인쇄본 공동 보존이 상보적 역할을 수행할 수 있는 클라우드 컬렉션에도 적용가능하며, 이는 네트워크상의 또는 물리적 형태의 플랫폼을 통해 도서관 간 중복된 장서를 공동 보존·활용함으로써 새로운 가치를 창출시키는 프레임워크이다(조재인, 2012).

한편, Crane 등(2006)은 차세대 디지털도서관을 모델링하는 연구에서 장서 내 콘텐츠 부분의 획기적인 변화를 그리며 분산의 실시간 커뮤니티 참여 및 기여를 통한 오픈콘텐츠 환경을 예로 들고 있다. 거대한 웹상에서 이용자들은 집단 지성으로 지식을 생산하여 공유하며 개방형 콘텐츠를 확산시켜 나갈 것이다. 디지털장서를 이용하는 이용자는 이제 단순히 PDF 형태의 검색된 자료를 받게 되는 것이 아니라 검색된 자료와 연관된 모든 자료들을 동적으로 연결하여 이용할 수 있게 될 것이다.

차세대 디지털도서관의 장서가 가지게 될 특징을 간단히 정리하면 다음과 같다.

- 특정 자료와 연관된 자료가 함께 화면에 보여지는데, 이 자료는 이용자나 전문가들에 의해 생성된 자료들이며 실시간 및 동적으로 연결되는 특징을 갖는다.
- 이용자의 특정 요구를 자동으로 분석하여 디지털장서는 끊임없이 재구성될 것이다.
- 분류와 데이터마이닝, 기계학습, 개념 간 및 문헌 간의 의미적 연결, 멀티언어서비스(자동번역 등) 등이 자동화될 것이다.
- 대규모 장서 구축, 분류, 주석, 관련 논문연결 등은 이용자 참여로 더 높은 품질을 유지하게 될 것이다.
- 차세대 디지털도서관은 지금보다 더 이용자 중심의 개인화서비스를 제공하게 될 것이다.

디지털장서는 정적이지 않고 동적이며 앞으로 디지털장서는 장서 내 문헌 간, 개념 간 연결이 자동으로 또는 집단지성으로 보다 완벽해질 것이며, 이용자의 개인적인 요구를 훨씬 더 정교하게 만족시키는 방향으로 이루어질 것이다. Perseus Project 모델에 대한 연구와 그보다 훨씬 발전된 형태의 디지털도서관 장서개발 방향에 대한 연구가 필요하다고 본다.

3) 증강현실도서관

증강현실은 사용자가 눈으로 보는 현실세계에 가상 물체를 겹쳐 보여주는 기술이다. 현실세계에 실시간으로 부가정보를 갖는 가상세계를 합쳐 하나의 영상으로 보여주므로 혼합현실(Mixed Reality: MR)이라고도 한다. 증강현실시스템은 현실(Real-world elements)의 이미지와 가상의 이미지를 결합한 것이고, 실시간으로 상호작용이 가능한 것이며, 3차원의 공간 안에 놓인 것으로서 무한한 정보들을 현실 속으로 가져와 원하는 시간과 장소에서 활용할 수 있도록 한다. 증강현실기술은 크게 위치기반 증강현실, 영상인식기반 증강현실, 영상추적기반 증강현실 등이 있는데, 위치기반 증강현실은 사용자의 지리 정보를 바탕으로 현재 위치와 방향을 사용하여 바라보는 방향에 있는 정보들을 표시해 주는 기법이고, 영상인식기반 증강현실은 현재 찍은 사진에 대한 카메라의 자세까지 계산을 하여 거기에 맞는 콘텐츠를 정합한다. 더 나아가 영상추적기반 증강현실은 매 프레임마다 카메라의 자세를 추적하여 그 프레임에 맞는 콘텐츠를 정합시켜 보여준다.

4) 상황인식도서관

상황인식서비스는 사용자의 위치나 환경 등의 특정 상황을 인식하여 사용자의 요구에 부응하도록 제공하는 서비스이다. 사용자가 입력한 정보와 상황 정보들이 수집·분석되어 이용자가 처한 상황에 맞게 제공되는 지능형 서비스이다. 지금까지 연구된 내용들을 분류한 결과 상황인식서비스는 안전서비스, 편리서비스, 쾌적서비스, 오락서비스, 건강서비스, 정보서비스, 사회서비스 등으로 분류되고 있다(송인조, 2008). 국내의 경우 도서관에 적용가능한 상황인식서비스로 도서 상태 정보(증강현실기술을 적용한 도서위치 확인 및 안내 서비스, 수서 처리 중이거나 이동 중인 도서 확인 및 안내서비스), 도서 내용 정보, My Library 관리서비스, 도서관 자관 내 정보, 전자책 제공·대출 여부, 유관기관과의 연계 등을 들고 있으나, 이는 현재 제공되고 있는 서비스를 좀 더 강화시킨 것이다(이정미, 2012).

Noh(2013)는 도서관에 상황인식기술을 적용할 경우 도서관은 출입구에 들어서는 이용자를 인식하고 신규 이용자와 기존 이용자에게 그들의 상황에 맞는 서비스를 제공할 수 있다고 했다. 또한 서가 및 정보검색공간, 다양한 정보공간에서 이용자의 상황에 맞는 정보 제공, 상황인식 참고서비스 및 대출서비스, 이용자의 행동, 이동경로, 온도 등을 인식하여 비상상태의 이용자를 인식할 수도 있고, 그 외 쾌적서비스로 이용자 및 도서, 기기의 상황에 맞는 온도, 습도, 조도 등도 조절할 수 있게 될 수 있다고 주장했다. 그러나 국내외적으로 도서관에서 제공가능한 상황인식기반서비스에 대한 연구는 그다지 많지 않은 것으로 보인다. 따라서 도서관에 상황인식기술을 적용한 연구나 실제로 시스템을 구현하는 연구가 좀 더 폭넓게 수행되어야 할 것이다.

5) 인지적 최첨단 디스플레이(cognitive state-of-the-art display)

도서관 4.0은 인지능력을 갖춘 최첨단 디스플레이 환경을 구현하게 할 것이다. 이를 가능하게 하는 기술들이나 제품들은 이미 나와 있으며, 이를 도서관에 어떻게 적용하여 차세대 디지털도서관 이용자서비스를 개발한 것인가가 관건으로 남아 있다. 대표적으로 구글글래스와 HUD(Head-up Display), 플렉서블 디스플레이(Flexible Display), 투명 디스플레이(Transparent Display) 등의 최첨단 디스플레이 장비이다.

한편, 정보를 제공하는 디스플레이 환경이 급격히 변화되고 있으며, 도서관에서 제공하는 정보의 유형도 다양해지고 있다. 이용자의 요구에 적합한 정보를 이용자가 원하는 형태의 단말기에 이용자가 원하는 형식으로 정보를 제공해야 할 것이다. 현재 상용화되었거나 상용화단계에 있는 디스플레이로서 도서관에 머지않아 적용될 기술로 HUD, 플렉서블 디스플레이, 투명 디스플레이 등이 있다.

HUD(Head-Up Display, 전방 상향 시현기)는 항공기 파일럿이 전방을 주시하면서 그 시야 내에 계기나 CRT(Cathode Ray Tube) 등으로부터의 정보를 정확하게 표시하도록 한 장치로서 운행정보가 자동차나 비행기의 전면 유리에 나타나도록 설계된 전방표시장치이기도 하며, 최근에는 자동차에도 사고 감소를 위해 도입되고 있다.

플렉서블 디스플레이는 종이 같은 디스플레이로 접거나 구부려도 동일한 화질을 구현하는 유연한 화면이다. 노트북, 모니터, TV 등 기존 화면을 대체할 것이며, 화면 크기나 부피 감소로 전자책 시장에도 적용될 수 있을 것으로 예상되고 있다.

투명 디스플레이는 영상이 꺼져 있는 상태에서 디스플레이 소자(Display Element)가 인지가능한 수준의 투과도를 가지며 영상이 켜진 상태에서도 투과도가 일부 유지되는 디스플레이를 통칭한다. 거실 창문 디스플레이, 터치스크린과 증강현실의 혼합,

실내외, 군사, 교육, 의료, 광고 등에 활용될 것으로 예상되고 있다.

그림 7-3 ▮ 디스플레이 환경변화

미래의 도서관에는 지금의 컴퓨터나 단말기가 있는 것이 아니라 HUD, 플렉서블 디스플레이, 투명 디스플레이와 같은 디스플레이 환경이 구축될 것으로 보인다. NCSU의 도서관은 디스플레이의 혁신을 보여주기 위해 수많은 단말기로 구성된 대형 스크린들이 도서관 벽을 장식하도록 하고 있으며 도서관에 대한 안내, 도서관의 역사, 도서관과 관련된 사진, 이용자들이 올려놓은 사진과 글들을 제공해 주고 있다. 이보다 더 발전된 형태의 차세대 디지털도서관은 도서관 벽, 테이블, 자판기, 키오스크, 참고서가, 도서관 내 자판기 등이 모두 정보를 제공해 줄 것이고 도서관이 이를 수용하여 도서관에서 제공할 정보내용과 형태에 대한 연구를 수행할 필요가 있다고 본다.

7.4 도서관 4.0을 설명하는 키워드

결론적으로 웹 4.0을 포함한 웹의 발전단계별 특징을 중점적으로 논의한 문헌, 차세대 디지털도서관 및 도서관 3.0이나 4.0에 관한 다양한 문헌, 그리고 도서관 적용가능기술 검토결과를 기반으로 도서관 4.0까지의 세대발전 과정을 그림으로 표현한 결과는 다음 [그림 7-4]와 같다.

그림 7-4 ▌ 도서관 4.0까지의 종합 세대발전 과정

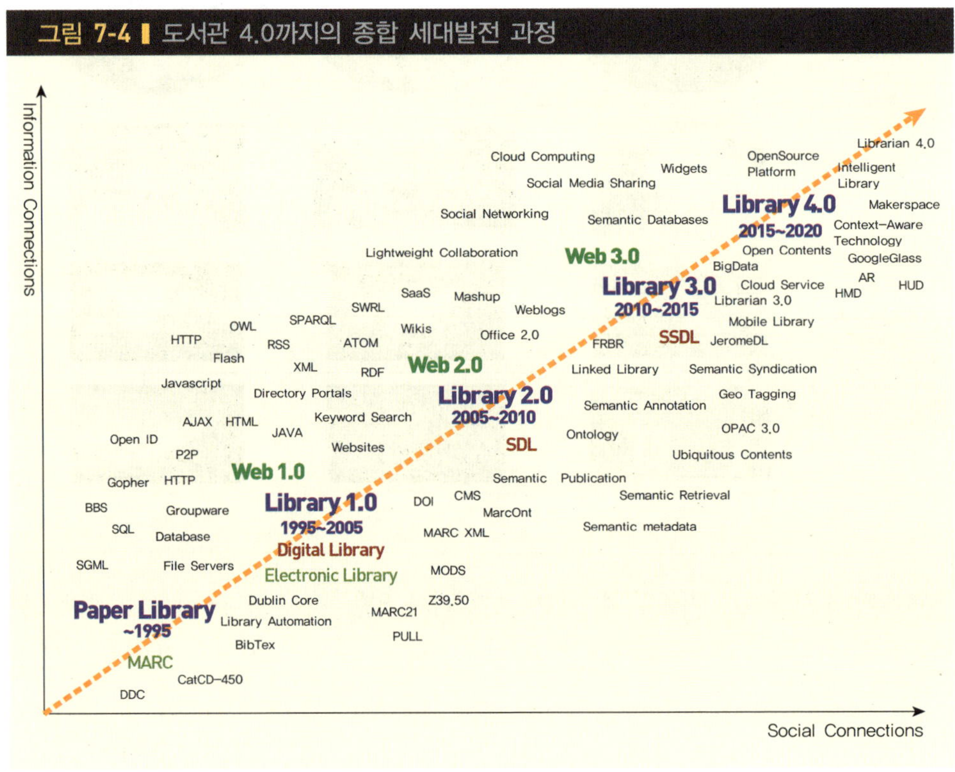

출처: 노영희 (2010). 도서관 3.0의 개념과 서비스 모형에 관한 연구

[그림 7-4]에서 보는 바와 같이 도서관 4.0 시대는 2015년부터 도래했으며, 도서관 4.0의 핵심적인 키워드 및 개념은 지능(Intelligent), 무한상상공간(Makerspace), 상황인식기술(Context-Aware Technology), 개방형 콘텐츠(Open Contents), 빅데이터(BigData), 클라우드 서비스(Cloud Service), 증강현실(Augmented Reality), 최

첨단 디스플레이(State-of-art Display) 등이 될 것이다. 또한 이러한 모든 개념이 도서관에 적용되어 활용될 수 있도록 하는 데 있어서 사서의 역할은 매우 중요하다고 생각되며, 따라서 사서 4.0(Librarian 4.0)은 가장 상위단계에 있어야 할 것으로 보인다.

도서관 4.0에 대한 논의를 통해 많은 연구자들이 도서관의 발전단계에 대해서 논의하고 있는 것을 알 수 있다. 초창기에 주로 도서관의 내용을 좀 더 차세대 지향적으로 구성하는 데 중점을 두고 있다면, 이후에는 트위터나 페이스북과 같은 외부의 트랜드와 연관을 지어서 미래형 디지털도서관 설계에 보다 더 중점을 두고 있는 것을 알 수 있다. 특히, 도서관 3.0에 대한 논의는 주로 시맨틱 개념이 중심을 이루고 있는 것을 알 수 있다.

즉, 오삼균과 원선민(2007)은 온톨로지 시스템으로 구성되어 이용자 참여, 협업을 적극 지원하는 디지털도서관을 소셜시맨틱디지털도서관(Social Semantic Digital Library: SSDL)으로 정의하고, 이러한 디지털도서관에 요구되는 핵심사항과 아키텍처 모델을 제시하였다. 그들은 SSDL의 핵심요구사항을 기능적 요구사항과 구조적 요구사항으로 구분하였다. 기능적 요구사항은 의미기반서비스 제공, 다양한 접근점 제공, 집단 지적 활동 지원, 정보자원의 효율적 관리로 제시하였다. 구조적 요구사항으로는 모듈화, 의미기반 네트워킹, 자원 및 저작권 보호를 들고 있다.

Alotaibi(2010)는 도서관의 발전단계를 분석하면서 소셜시맨틱디지털도서관의 개념에 대해서 논하고 있으며, 이 도서관의 사회적 측면과 협력적 측면의 통합에 대해 연구하고 있다.

Kruk 등(2007)은 SSDL에 대한 연구를 수행하였으며, SSDL의 실체에 대해서 파악하고자 하였다. 그는 연구에서 시맨틱웹과 소셜네트워킹기술이 디지털도서관서비스의 개선에 어떤 도움을 줄 수 있는지를 분석하였다. 또한 SSDL의 구조 제시를 통해 위 기술들을 기반으로 한 다양한 서비스를 그려내고자 하였다.

노영희(2012)는 웹 3.0의 개념과 실체에 대한 논의와 함께 도서관 3.0의 개념과 실체에 대한 논의가 최근 몇 년 동안 여러 학자들과 현장 전문가들에 의해 진행되어 왔다고 주장하였으며, 도서관 3.0을 바라보는 다양한 논의들을 분석하고 도서관 3.0의 개념을 정리한 바 있다. 이를 기반으로 도서관 3.0 서비스 모형을 제안했는데, 제안된 도서관 3.0 서비스의 키워드는 기계에 의한 데이터 처리가 가능한 시맨틱웹기술과 소셜네트워킹서비스가 전자도서관에 적용되어 '진정한 지식 공유 및 협업'이 가능한 소셜시맨틱디지털도서관, 도서관의 자원이 링크드데이터(Linked Data)가 되어 전 세계의 도서관이 연결된 구조의 링크드도서관, 그리고 RFID 및 모바일기술이 적용된 유비쿼터스적 모바일도서관이다.

그러나 도서관 4.0(Library 4.0)은 소프트웨어적 접근을 포함하여 위에서 조사되었던 무한상상공간(Makerspace), 구글글래스, 상황인식기술, 콘텐츠의 디지털화, 빅데이터, 클라우드, 증강현실 등 기술환경적 발전을 반영한 개념을 포함해야 할 것으로 생각된다.

한편, 세컨드라이프(Second Life)와 연관하여 도서관 이용자에게 가까이 다가가고 이들을 도서관 세계로 유도하기 위한 노력도 하고 있는 것으로 조사되었다. 그러나 게임 세계나 다른 세계로 도서관을 가져가는 것도 중요하지만 최첨단기술을 도서관에 적용하여 미래형 도서관을 구축하는 방안을 모색하는 것이 훨씬 바람직하다고 본다.

이러한 세컨드라이프 개념이나 게임에 적용되는 그래픽기술들, 항공시스템에 적용되는 3D 디스플레이기술 등을 도서관에 적용함으로써 차세대 디지털도서관을 구상할 필요가 있다고 본다.

Patel은 2013년에 이미 웹 5.0에 대한 아이디어를 내기 시작했다. 웹 4.0 시대에 도입이 되었고 웹 4.0의 모습이 다양하게 드러나고 있는 가운데 웹 5.0의 정확한 정의는 아직 힘들지만 그는 웹 5.0을 분산된 'Symbionet' 웹으로 칭하고 있으며, 공생(Symbionet)의 3D가상세계에서 스스로 서핑할 수 있을 것이라고 하고 있다. 웹 5.0은 사람들이 스마트커뮤니케이터(Smart Communicator: SC)를 통해 연결되고 SC에서는 자신의 아바타로 표현되며, 신경기술이 적용되어 이용자가 자신의 감정을 충족시키는 콘텐츠와 상호작용하며 아바타를 통해 실시간으로 얼굴표현을 변화시킬 수 있게 된다는 것이다.

이처럼 웹 5.0에 대하여 정확한 정의는 아니더라도 어떤 방향으로 발전하게 될지에 대한 논의가 이미 시작된 상황에서, 웹과 인터넷, 그리고 정보통신기술과 점점 밀접한 관련을 갖게 되는 도서관 4.0에 대한 논의는 늦었지만 빨리 시작되어야 한다. 도서관 4.0을 설명하는 키워드는 지능(Intelligent), 무한상상공간(Makerspace), 상황인식기술(Context-Aware Technology), 개방형 콘텐츠(Open Contents), 빅데이터(BigData), 클라우드서비스(Cloud Service), 증강현실(Augmented Reality), 최첨단 디스플레이(State-of-art Display), 사서 4.0(Librarian 4.0) 등이 될 것이다.

| 참고문헌 |

강주영, 용환승 (2007). 웹 2.0의 개념과 전망. 정보과학회지, 25(10), 5-11.

고영만, 서태설 (2005). 온톨로지 기반 메타데이터 명명 규칙에 관한 연구. 정보관리학회지, 22(4), 97-109.

고영만, 심원식, 정혜경, 표순희, 황욱 (2014). 이용자의 이용행태 및 혜택에 대한 인식이 대학 도서관서비스의 가치 평가에 미치는 영향. 한국문헌정보학회지, 48(1), 329-343.

공공도서관 기술정보센터 (2016. 2. 13). Retrieved from http://kolas.nl.go.kr

과학기술부 (2005). 과학기술 정보의 공동 활용 체제를 위한 유통 정보 표준 프레임워크 개발 중간 보고서. 세종: 과학기술부.

곽동철, 노영희 (2013). 학술정보의 탐색 및 활용. 서울 : 조은글터.

광진구립도서관 (2016. 2. 9). Retrieved from http://www.gwangjinlib.seoul.kr/

구중억 (2010). 국내 도서관에서 바코드와 RFID를 이용한 모바일 서비스 증진에 관한 연구. 한국문헌정보학회지, 44(2), 309-331.

국립중앙도서관 (2013. 6. 16). 일본, 차세대 디지털교과서 표준화를 위한 컨소시엄 발족. World Library. Retrieved from http://wl.nl.go.kr/?p=13741

국립중앙도서관 (2015. 12. 18). Retrieved from http://www.nl.go.kr/

권건보 (2005). 개인정보보호와 자기정보통제권. 서울: 경인문화사.

권성미 (2009). 세대별 인터넷 활용 특징 및 시사점. 충북: 정보통신정책연구원.

권성호 (2011). 교육공학의 탐구. 서울: 양서원.

권성호, 김성미 (2011). 소셜 미디어 시대의 디지털 리터러시 재개념화: Jenkins의 '컨버전스'와 '참여문화'를 중심으로. 미디어와 교육, 1(1), 65-82.

권성호, 현승혜 (2014). 중·장년층 직장인의 디지털 리터러시에 대한 연구. 학습과학연구, 8(1), 120-140.

권영옥 (2013). 빅데이터를 활용한 맞춤형 교육 서비스 활성화 방안연구. 지능정보연구, 19(2), 87-100.

김경자 (2013). 세대별 소비문화－어떻게 왜 다른가?. 2013년 한국가정관리학회 주관 공동춘계 학술대회, 5, 111-115.

김관호, 오규협, 이영규, 정재윤 (2013). 스마트카드 빅데이터를 이용한 서울시 지하철 이동패턴 분석. 한국전자거래학회지, 18(3), 211-222.

김귀원 (2011). 세대간 정보소비 격차에 관한 연구. 한국공공관리학보, 25(4), 81-112.

김규훈 (2004). 산업디자인분야 연구자들의 정보이용형태에 관한 연구. 석사학위논문, 성균관대학교 대학원 문헌정보학과.

김기성 (2006). 대학도서관의 개인정보보호 정책에 관한 연구. 석사학위논문, 충남대학교 대학원, 문헌정보학과.

김민하, 안미리 (2003). 디지털 리터러시 능력 확인을 위한 문항개발 및 능력 평가. 교육정보미디어연구, 9(1), 159-192.

김병주 (1999). 대학교수들의 학술정보이용 특성에 관한 연구. 한국비블리아학회지, 10, 29-54.

김보선, 홍의경 (2008). 교무업무시스템에서의 개인정보보호를 위한 역할기반 접근 제어 확장. 정보과학회논문지: 컴퓨팅의 실제 및 레터, 14(2), 171-179.

김서 (2013). 빅데이터 도서관 활용사례: KAIST도서관 웹로그분석시스템을 중심으로. KSLA bulletin. 5, 45-52.

김성은, 김태수 (1997). KORMARC의 DTD 및 변환프로그램 개발 연구. 한국정보관리학회 학술대회 논문집, 121-124.

김성희, 이정수 (2007). 디지털 도서관 상호운영성 기술요소에 기반한 기술참조모델설계에 관한 연구. 정보관리학회지, 24(4), 239-254.

김세영, 김성훈, 오삼균 (2012). 사서의 클라우드 컴퓨팅서비스에 대한 인식 연구. 한국도서관·정보학회지, 43(1), 241-259.

김순희 (2003). 디자인학분야 문헌의 인용분석 연구: 시각, 제품, 환경디자인을 중심으로. 한국정보관리학회 제10회 학술대회 논문집, 233-244.

김양은 (2011). 소셜 미디어 시대의 미디어 리터러시. 한국학술정보원 수요 학술포럼 발표자료 (2011. 2. 23), 한국학술정보원.

김연희, 김윤호, 이주신 (2011). 시각적인 정보표현이 가능한 QR코드 생성. Proceedings of KIIT Summer Conference, 297-299.

김용 (2012). 클라우드 컴퓨팅 기반의 도서관 서비스 도입방안에 관한 연구. 한국비블리아학회지, 23(3), 57-84.

김정근 (1997). 디지털 도서관 꿈인가 광기인가 현실인가. 서울: 민음사.

김정우 (2014. 6). 전문연구정보 관리를 위한 전자도서관 솔루션. 한국전문도서관협의회, 9-12. Retrieved from http://www.irisnet.co.kr/_modules/_core.board_data/boardDown.php?moduleName=_core.board_data&boardModule=data&id=23&filenum=1

김정언, 노용환, 최두진, 정부연, 김재경 (2007). 고령화와 정보격차: 정보격차의 결정요인 분석. 정보통신정책연구원 연구보고서.

김정환, 김재훈, 황재영 (2011). 디지털 환경에서 학술연구자들의 정보요구 및 이용행태에 관한 연구. 한국도서관·정보학회지, 42(3), 189-208.

김칠수, 이명섭, 박창현 (2012). 효과적인 광고 컨텐츠 디스플레이를 위한 앱 스케줄러 구현. 한국콘텐츠학회논문지, 12(11), 20-29.

김태수 (1998). 메타데이터변환과 자원기술구조의 연구. 정보관리학회지, 15(3), 95-112.

김태승 (1996). 과학기술자들의 정보환경에 관한 연구. 정보관리학회지, 13(1), 5-18.

김태승, 최은주, 이재윤, 이정연 (2009). 디지털시대의 문헌정보학 연구: 핵심지식정보원 안내. 서울: 한국도서관협회.

김판수, 김희섭, 이미숙 (2014). 고령층의 정보 활용수준이 삶의 질에 미치는 영향. 한국지역정보화학회지, 17(1), 25-47.

김현희, 박종욱 (2011). 대학 환경에서의 모바일 도서관 모형 개발 연구. 한국도서관·정보학회지, 42(2), 299-322.

김형준, 권태경 (2012). NFC 기술 동향과 보안 이슈. 한국통신학회지(정보와통신), 29(8), 57-64.

김혜선 (2014). 도서관 빅데이터 분석활용 체계 구축 사업 소개. 도서관 분야 빅데이터 활용 세미나. 2015. 7. 3.

김휘출 (1998). 인터넷을 이용한 참고봉사. 군포: 한국디지틀도서관포럼.

김희섭, 이미숙, 서지웅 (2014). 고령층의 인구통계학적 특성에 따른 정보이용행태 분석. 정보와사회, 15(1), 45-73.

남기효 (2009). 웹 프라이버시 필터링 및 스캐닝 제품 분석. 주간기술동향, 1284, 13-20.

남태우 (2011). 한국 도서관계에서 디지털의 의미_디지털도서관의 현상과 인식. 한국도서관·정보학회 2011년도 동계 학술발표대회, 9-36.

노동조 (2004). 유비쿼터스 컴퓨팅에 기반한 유비쿼터스 도서관의 과제와 전망에 관한 연구. 한국비블리아, 15(2), 219-240.

노영희 (2010). 도서관 3.0의 개념과 서비스 모형에 관한 연구. 정보관리학회지, 27(4), 283-307 (25pages). http://dx.doi.org/10.3743/KOSIM.2010.27.4.283

노영희 (2012). dCollection의 링크드 데이터 구축에 관한 연구. 한국도서관·정보학회지, 43(2), 247-271.

노영희 (2014a). 도서관 무한창조공간 구축 및 운영모형 제안에 관한 연구. 정보관리학회지, 31(1), 53-76. http://dx.doi.org/10.3743/KOSIM.2014.31.1.053

노영희 (2014b). 차세대 디지털도서관의 발전방향논의에 관한 연구. 정보관리학회지, 31(2), 7-40.

노영희 (2015). 공공도서관의 디지털통합 수준 평가에 관한 연구. 정보관리학회지, 32(4), 167-203.

대통령 소속 도서관정보정책위원회 (2014). 제2차도서관종합발전계획(2014-2018). 세종: 대통령 소속 도서관정보정책위원회.

독서교육종합지원시스템 (2016. 2. 14). Retrieved from http://dls.edunavi.kr/r/reading/intro/systemIntro.jsp

돈 탭스콧 (2009). 디지털네이티브: 역사상 가장 똑똑한 세대가 움직이는 새로운 세상. 서울: 비즈니스북스.

동아일보 (2004). 현대시사용어사전. 서울: 동아일보.

링크소프트 (2016. 2. 13). Retrieved from http://www.linksoft.co.kr/business/business_01/business_01_01

명승환, 이복자 (2010). 고령자의 정보활용 행태에 관한 연구: 정보화인식을 중심으로. 한국지역정보화학회지, 13(2), 23-47.

목포공공도서관 (2009). Retrieved from http://www.mokpolib.kr

미국의회도서관 장서개발정책 홈페이지 (2016. 2. 13). Retrieved from http://www.loc.gov/

acq/devpol
미디어인사이트 (2007). 2007년 미디어 이슈와 전망. Retrieved from http://data.adic.co.kr/lit publication/3/200701/SK006983/01.html
민경식 (2012). 사물 인터넷(Internet of Things). NET Term, 한국인터넷진흥원, 6.
민병원 (2011). 집단지성과 클라우드 컴퓨팅을 활용한 도서관 정보시스템 설계 및 구현. 한국콘텐츠학회논문지, 11(11), 49-61.
박기호, 김연정 (2010). 디지털융합 시대의 소비자 행동과 매체 활용에 관한 탐색적 연구-미래 소비자 대상 표적집단면접법에 의한 정성적 접근. 한국경영정보학회 학술대회, 828-835.
박대민 (2012). 뉴스 기사의 빅데이터 분석 방법으로서 뉴스정보원연결망분석. 한국언론학보, 57(6), 234-262.
박선하 (2011). 바코드 혁명-국내외 디자인 QR코드에 대한 방향과 연구. 디지털디자인학연구, 11(1), 505-514.
박세환 (2014. 1. 29). 사물인터넷 핵심기술 및 시장성 분석, ICT 기획시리즈. 주간기술동향, NIPA.
박수빈 (2006). 중・노년층의 디지털 리터러시 분석에 의한 사용자 중심의 지능형 주거 디자인에 관한 연구. 대한건축학회 논문집-계획계, 22(12), 151-162.
박일종, 백수연 (2001). 전자공학전공 대학원생들의 학술정보 이용행태 분석(The Analysis of the Academic Information Seeking Behavior of Electronic Engineering Graduate Students). 한국도서관・정보학회지, 32(3), 31-58.
박재영, 김용강, 이정현, 최광훈 (2011). NFC 모바일 폰을 활용한 도서관 시스템. 한국정보과학회 학술발표논문집, 38(2D), 43-45.
박주희, 김정화 (2009). 가상현실에서의 컨템포러리아트 전시 구축 방법론 연구. HCI 2009, 1246-1251.
박준식, 박일종, 신상헌 (2000). 대학교수들의 학술정보원 이용행태분석: K대학의 사회과학교수 집단을 중심으로. 정보관리학회지, 17(3), 21-43.
박진희 (2012). QR코드를 활용한 도서관 서비스 확장 방안에 관한 연구. 한국도서관・정보학회지, 43(1), 321-347.
배경재, 박희진 (2013). 디지털 정보활용교육 운영실태 및 개선방안 연구. 한국도서관・정보학회지, 44(2), 241-265.
배수현 (2014). 사물인터넷(IoT) 시대 도래와 부산의 대응. BDI 정책포커스, (257), 1-12.
변성희, 윤구호, 서미령 (2002). 한의학분야 연구자들의 학술정보이용 행태에 관한 연구. 대한한의학회지, 23(2), 1-18.
서윤경 (2003). 프락시스 중심의 디지털 리터러시 학습 프레임워크의 개발과 적용. 박사학위논문, 한양대학교 대학원, 교육공학과. Retrieved from http://www.riss.kr/link?id=T9321564
손진곤, 조용상, 정광식 (2005). 고등교육정보 및 저작권 관리를 위한 메타데이터(KEM v3.0) 연구. 서울: 한국교육학술정보원.

송영근, 정재훈, 한석희, 김영곤 (2013). NFC를 이용한 APP 기반의 도서관 안내 시스템. 한국통신학회 종합 학술 발표회 논문집, 571-572.

송영희, 노진영, 권은경, 윤혜영 (2005). 디지털시대의 장서관리. 서울: 한국도서관협회.

송요셉 (2011). NFC 기술의 활용 분야. 한국정보기술학회지, 9(3), 93-97.

송인조, 조완기, 조택연 (2008). 유비쿼터스 환경에서 나타나는 공간특성에 관한 연구. 대한건축학회 논문집-계획계, 24(6), 3-10.

송종호, 오동근 (2008). 국방연구개발 연구원들의 정보이용행태에 관한 연구. 정보관리연구, 39(2). 1-25.

신동희, 정재열, 강성현 (2013). 사물인터넷 동향과 전망. 인터넷정보학회지, 14(2), 32-46.

심우섭, 이나리 (1999). 디지털정보탐색 방법과 이해. 포천: 한국디지틀도서관포럼.

아이네크 (2016. 2. 13). Retrieved from http://www.inek.co.kr

아이리쉬닷넷 (2016. 2. 13). Retrieved from http://www.irisnet.co.kr/CORE/?moduleName=iris.solution.exlis&

안인자 외 (1999). 인터넷자원 활용론. 서울: 창조문화.

안지민, 김한일 (2008). 개인화 서비스를 제공하는 웹사이트에서 유사 사용자 정보에 대한 접근제어 모듈 설계. 2008년도 추계학술발표논문집, 535-538.

오경묵 (2004). 디지털도서관 시스템 개발 시 고려해야 할 사회·문화적 측면에 관한 연구. 정보관리학회지, 21(4), 49-65.

오삼균 (2002). 시맨틱웹 기술과 활용방안. 정보관리학회지, 19(4), 297-320.

오삼균 (2005). 시맨틱웹 기반 메타데이터 레지스트리 설계에 관한 연구. 한국도서관·정보학회지, 36(3), 109-136.

오삼균, 원선민 (2007). 이용자 참여형 시맨틱 디지털도서관 아키텍처 설계. 한국비블리아학회지, 18(2), 229-251.

위키피디아 (2013). 베이비붐세대. Retrieved from http://ko.wikipedia.org/wiki/%EB%B2%A0%EC%9D%B4%EB%B9%84%EB%B6%90_%EC%84%B8%EB%8C%80

위키피디아 (2013). Digital Library. Retrievedf from http://en.wikipedia.org/wiki/Digital_library

유사라 (1997). 하이퍼미디어 도서관 정보시스템. 서울: 한국도서관협회.

유영만 (2001). eLearning과 디지털 리터러시: 디지털 시대의 새로운 학습능력. 한국산업교육학회 학술대회 발표논문, 6.

유재옥 (2000). 대학도서관의 웹기반 전자참고정보 서비스에 관한 연구. 정보관리학회지, 17(4), 171-186.

유재옥 (2001). 사용자 중심적 인터페이스 설계에 관한 연구. 한국비블리아학회지, 12(1), 137-155.

유재옥 (2004). 대학도서관 이용자교육이 이용자의 학술정보이용능력 향상에 미치는 영향. 한국비블리아학회지, 15(1), 243-260.

윤정옥 (2009). 인문학자의 전자정보원 이용행태에 관한 연구. 한국문헌정보학회지, 43(2), 5-28.

윤홍근 (2013). 문화산업에서 빅데이터의 활용 방안에 관한 연구. 글로벌문화콘텐츠, 157-179.

윤희윤 (1997). 도서관의 미래상에 대한 담론 및 쟁점의 분석과 형상화. 도서관학논집, 27, 61-95.

윤희윤 (2007). 디지털 장서개발의 방법과 전략. 한국도서관 · 정보학회지, 38(2), 79-99.

이나니, 김선미, 이미화 (2004). 오픈 액세스 환경에서의 학술. 연구저작물 서비스를 위한 라이선스 관리 방안. KERIS 이슈리포트. 서울: 교육학술정보원.

이란주 (2005). 인터넷과 웹 정보검색. 서울: 한국도서관협회.

이명진 (2005). 한국 2030 신세대의 의식과 사회정체성. 서울: 삼성경제연구소.

이명희, 정혜련 (2012). 디자인분야 교수들의 정보이용행태 연구. 한국비블리아학회지, 23(1), 299-316.

이병목 (2003). 우리들의 도서관－오늘과 내일. 도서관문화, 44(4): 25-41.

이붕, 신현식 (2011). RFID 기술의 도서관에서 응용에 관한 고찰. 한국전자통신학회 춘계학술지, 5(1), 216-219.

이수상 (2005). 우리나라 디지털도서관의 전개양상에 관한 연구. 한국도서관 · 정보학회지, 36(1), 131-150.

이수상 (2006). 디지털도서관의 통합포털 모형 개발에 관한 연구. 정보관리학회지, 23(4): 257-275.

이수상 (2007). 디지털도서관 운영론. 서울: 한국도서관협회.

이승채 (1987). 물리학자들의 학술정보 이용과 전달에 관한 조사연구. 정보관리학회지, 4(1), 124-153.

이연희 (2015. 9. 4). 부경대생들, QR코드 대체할 '인코드' 개발. Daily UNN, Retrieved from http://news.unn.net/news/articleView.html?idxno=150847

이윤희, 전미영, 강재혁 (2010). 디지털 시대의 사회 통합을 위한 전략 및 시사점. IT&SOCIETY, 20, 1-29.

이인화 (2007). 세컨드 라이프와 차세대 가상세계. SW insight 정책리포트, (23), 68.

이정구, 이명선, 양희진, 김창목, 김태중 (2006). KISTI 과학기술 정보 이용자의 정보요구와 이용행태. 한국콘텐츠학회 종합학술대회 논문집, 4(2), 95-99.

이정미 (2012). 상황인식 컴퓨팅의 개념과 도서관 정보서비스에의 적용. 한국비블리아학회지, 23(1), 179-194.

이정미 (2013). 빅데이터 이해와 도서관 정보서비스에의 활용. 한국비블리아학회지, 24(4), 53-73.

이정연, 정은경, 권나현 (2012). 과학기술분야 연구활동 단계별 문제상황 극복을 위한 정보행동 연구. 정보관리학회지, 29(3), 99-122.

이종문 (1992). CD-ROM 전자도서관운영론. 서울: 성광문화사.

이종문 (2004). 디지털도서관 구축 및 운영론. 군포: 한국디지틀도서관포럼.

이종원, 김영인 (2009). 세대간 의식구조 비교를 통한 미래사회 변동 전망 Ⅱ－사회 · 정치 의식 및 참여를 중심으로. 서울: 한국청소년개발원.

이준영, 배국진, 박진서, 문영호 (2003). 국가 과학기술 연구자들의 정보이용행태 분석. 한국기술혁신학회 2003년 추계학술대회, 401-425.

이지연, 주수형, 민지연 (2007). KERIS 라이브러리 2.0과 도서관 서비스 발전 방향. 대구: 한국교육학술정보원.

이진영, 정상경 (1999). 의학전문사서의 정보이용행태에 관한 연구(A Study on the Information Searching Behavior of MEDLINE Retrieval in Medical Librarian). 한국도서관 · 정보학회지, 30(2), 123-153.

이창호, 김종길, 이항우, 배애진 (2008). 초 · 중 · 고 대학생의 의식구조 비교에 의한 미래사회 변동 전망 Ⅰ−세대관 및 교육 · 정보에 대한 인식을 중심으로. 한국청소년정책연구원 보고서, 2-233.

이혜정, 유규창 (2013). Y세대의 일의 삶의 균형: 세대별 일의 가치를 통해 본 의미 및 역할. 노동정책연구, 13(4), 1-31.

임형준, 송찬호, 백문기, 이규철 (2014). 사물인터넷에서 서비스 연동을 위한 양방향 REST 어댑터 설계. 정보과학회논문지: 컴퓨팅의 실제 및 레터, 20(1), 41-45.

장근영, 김형주 (2014). 디지털교과서 · 스마트교육 연구학교 대상 시계열 효과분석 연구. 대구: 한국교육학술정보원.

장덕현, 서태설 (2009). 디지털 장서개발정책 기본요소 연구. 한국도서관 · 정보학회지, 40(3), 97-117.

장혜란 (2003). 대학도서관의 디지털참고봉사 제공 및 이용 분석. 정보관리학회지, 20(4), 49-66.

정경희 (2006). 국가기록원 인터넷 게시판 이용자의 정보이용행태 분석. 한국도서관 · 정보학회지, 37(1), 283-303.

정민경, 권선영 (2011). 도서관의 시맨틱 기반 사물인터넷(IoT) 적용에 관한 연구. Computer and Information Science, 144, 391-395.

정영미, 안현수 (1998). 전자도서관 구축론. 서울: 구미무역출판부.

정진식, 유재옥, 이란주, 유사라 (2002). 디지털도서관 정보서비스. 서울: 한국도서관협회.

정현태 (2000). 우리나라 공공도서관의 지적자유에 대한 사례연구. 한국문헌정보학회지, 34(1), 243-264.

조재인 (2012). 클라우드 컬렉션에 관한 연구. 한국도서관 · 정보학회지, 43(1), 201-219.

최민재 (2009). 소셜 미디어의 확산과 미디어 콘텐츠에 대한 수용자 인식연구. 한국언론정보학회 학술대회, 5-31.

최서윤 (2009). 세컨드라이프를 활용한 디지털 스토리텔링과 협력학습. HCI 2009, 1252-1256.

최성, 우성구 (2012). 특집명: 빅데이터; 빅데이터 정의, 활용 및 동향. 정보처리학회지, 19(2), 10-19.

최성곤, 오진태, 장종수 (2012). 미래 지식 서비스를 위한 빅데이터 처리의 기술적 요구사항. 한국정보기술학회지, 10(3), 5-10.

최은주 (1996). 사회과학 연구자의 정보이용행태에 관한 연구. 한국문헌정보학회지, 30(4), 13-38.

최은주 (1999). 대학도서관 홈페이지상의 전자 참고서비스시스템을 위한 액세스 포인트 분석. 정보관리학회지, 16(3), 31-48.

최은주 (2000). 디지털도서관과 사회과학정보원. 서울: 한국도서관협회.

표순희, 김윤형, 김혜선, 김완종 (2015). 도서관 빅데이터 서비스 모형 개발에 관한 연구: 공공도서관을 중심으로. 정보관리학회지, 32(2).

퓨처누리 (2016. 2. 13). 차세대 Web기반 통합형 전자도서관시스템 TULIP 소개. Retrieved from http://www.google.co.kr/url?sa=t&rct=j&q=&esrc=s&source=web&cd=3&ved=0ahUKEwjS0OmJoJbLAhWlL6YKHTJFAgwQFggpMAI&url=http%3A%2F%2Flibrary.kumoh.ac.kr%2FDownload.file%3Fid%3D343a8aa9-31c8-4600-acbb-991b100735ad&usg=AFQjCNEN4-VvtgDWzPiazrkfpFC9m5G5WQ

하상희, 김대영, 김종덕 (2011). 도서관 사용자 경험을 위한 모바일 증강현실 인터페이스 디자인. 한국디자인학회 학술발표대회 논문집, 49-49.

한국교육학술정보원 (2004). DLS 활용매뉴얼. Retrieved from http://reading.gglec.go.kr/r/reading/intro/dlsPdsForm.jsp#

한국교육학술정보원 (2006). 지식 정보 역량 개발 지원을 위한 디지털 리터러시 지수 개발 연구. 서울: 한국교육학술정보원.

한국교육학술정보원 (2007). 2007년도 DLS 운영편람(최신판). Retrieved from http://reading.gglec.go.kr/r/reading/intro/dlsPdsForm.jsp

한국교육학술정보원 (2010). DLS v2.0 활용매뉴얼. Retrieved from http://reading.gglec.go.kr/r/reading/intro/dlsPdsForm.jsp#

한국교육학술정보원 (2011). 디지털교과서 법 · 제도 개선 및 업무 추진 방안 KERIS 이슈리포트 연구자료 RM 2011-34.

한국교육학술정보원 (2012). 정보자원 효율적 활용을 위한 클라우드 기반 연구. 서울: 국립중앙도서관.

한국도서관협회 (1997a). (제35회) 전국도서관대회 주제발표 논문: 도서관 정보사회의 기수. 서울: 한국도서관협회.

한국인터넷진흥원 (2009). 인터넷이슈 심층분석: 한국과 미국의 인터넷이용실태비교. 서울: 한국인터넷진흥원.

한국전자통신 (2014). 상황인식 컴퓨팅 응용 기술 동향. ETRI, 전자통신동향분석.

한국콘텐츠진흥원 (2012). 2012년 3월 문화기술(CT) 심층리포트. 서울: 한국콘텐츠진흥원.

한성국, 이현실 (2007). 시맨틱 라이브러리를 위한 아키텍처 참조 모델. 정보관리학회지, 24(1), 75-101.

한수웅 (2002). 헌법상의 인격권: 특히 헌법 제10조의 행복추구권, 일반적 인격권 및 헌법 제17조의 사생활의 보호에 관하여. 헌법논총, 13, 623-678.

한정선, 오정숙 (2006). 교수자의 웹 기반 교육 활용에 영향을 미치는 요인 및 요인간의 관계. 교육과학연구, 37(2), 127-157.

한종엽, 서만덕 (2014). 해양과학기술분야 연구자의 정보이용행태에 관한 연구. 정보관리학회지, 31(1), 163-187.

허순철 (2009). 인터넷 검색과 개인정보자기결정권. 공법학연구, 10(2), 157-186.

현은자, 최경, 연혜민 (2011). 유아를 위한 증강현실 그림책에 대한 사용성 연구. 한국콘텐츠학회논문지, 11(12), 182-189.

홍승필, 장현미, 이연우, 김지영, 김동희, 박은총, 손주영 (2012). 빅데이터 기반 개인정보보호 기술수요분석. 서울: 한국인터넷진흥원.

황금숙 (2003). 디지털도서관론. 서울: 학문사.

QR코드의 개념. (2016. 2. 13). Retrieved from http://www.qrcode.com/ko

Adams, H. R., Bocher, R. F., Gordon, C. A., & Barry-Kessler, E. (2005). *Privacy in the 21st century: Issues for public, school, and academic libraries. Libraries Unlimited, Inc.*.

Aghaei, S., Nematbakhsh, M. A., & Farsani, H. K. (2012). Evolution of the world wide web: From WEB 1.0 TO WEB 4.0. *International Journal of Web & Semantic Technology, 3*(1), 1.

ALA Core Elements of Electronic Resource Collection Policies (2005). Retrieved from http://www.ala.org/ala/rusa/rusa ourassoc/rusasections/codes/codessection/codescomm/colldevpolicies/coreelements/core.htm

Alkali, Y. E., & Amichai-Hamburger, Y. (2004). Experiments in digital literacy. *CyberPsychology & Behavior, 7*(4), 421-429.

Alotaibi, S. J. (2010). Semantic web technologies for digital libraries: From libraries to social semantic digital libraries (SSDL). *Over Semantic Digital Libraries (SDL).*

American Library Association (2011. June). Confronting the future: Strategic visions for the 21st century public library. Retrieved from http://www.ala.org/ala/aboutala/offices/oitp/publications/policybriefs/confronting_the_futu.pdf

American Library Association (2012). Privacy and confidentiality. ALA: American Library Association.

American Library Association (2013. January 22). 2013 Cutting-Edge Technology in library services case studies. Retrieved from http://www.ala.org/offices/sites/ala.org.offices/files/content/oitp/cuttingedge/2013_cutting_edge.pdf

American Library Association (2014. February 4). ALA news. Retrieved from http://www.ala.org/news/press-releases/2014/02/four-local-libraries-honored-offering-cutting-edge-services

American Library Association (2014. February 4). 2014 ALA Midwinter meeting. Retrieved from http://alamw14.ala.org/

Ariadne (1996). 調査のためのイソタ-ネツト. 박문열 외 공역 (1998). 인터넷정보원 조사방법. 군포: 한국디지틀도서관포럼.

Arts Council England (2013). Envisioning the library of the future. Retrieved from http://www.artscouncil.org.uk/media/uploads/pdf/The_library_of_the_future_May_2013.pdf

Ashford, R. (2010). QR codes and academic libraries: Reaching mobile users. *College & Research Libraries News, 71*(10), 526-530.

Balas, J. L. (2001). How Should Privacy Be Protected in the Electronic Library?. *Computers in libraries, 21*(6), 53-55.

Bawden, D. (2001). Information and digital literacies: a review of concepts. *Journal of documentation, 57*(2), 218-259.

Bawden, D., & Rowlands, I. (1999a). Digital libraries: Assumptions and concepts. *Libri, 49*(4), 181-191.

Bawden, D., & Rowlands, I. (1999b). *Understanding digital libraries: towards a conceptual framework.* London: British Library Research & Innovation Centre.

Beckett, D. J. (1996). Using dublin core metadata, draft 0.1. Retrieved from http://www.hensa.ac.uk/pub/metadata/dc-encoding.html

Behrens, K., Batykefer, E., & Damon-Moore, L. (2013). The Library as incubator project wants you to look at programming as collection development. *In the Library with the Lead Pipe.*

Bell, L. & Trueman, R. B. (2008). Virtual worlds, real libraries: Librarians and educators in second life and other multi-user virtual environments. *New Library World, 110*(11/12), 571-572.

Benal (1948). Report on the Royal Society Scientific Information Conference. *London, England: Royal Society.*

Berners-Lee, T. (2006), Linked data—Design issues. Retrieved from https://www.w3.org/DesignIssues/LinkedData.html

Berners-Lee, T., Chen, Y., Chilton, L., Connolly, D., Dhanaraj, R., Hollenbach, J., ... & Sheets, D. (2006, November). Tabulator: Exploring and analyzing linked data on the semantic web. In *Proceedings of the 3rd international semantic web user interaction workshop* (Vol. 2006).

Böhm, K., & Rakow, T. C. (1994). Metadata for multimedia documents. *ACM Sigmod Record, 23*(4), 21-26.

Boone, T., & Studwell, B. (2006). Smart barcodes-planning for RFID and related privacy issues. *AALL Spectrum, 11,* 18.

Boston College High School's Corcoran Library (2014. January 16). Retrieved from https://www.bchigh.edu/podium/default.aspx?t=12349&rc=1

Breeding, M. (2011). Preparing for the long-term digital future of libraries. *Computers in libraries, 31*(1), 24-26.

Britton, L. (2012. Odober 01). The Makings of maker spaces, Part 1: Space for creation. not just consumption. *Library Journal.* Retrieved from http://www.thedigitalshift.com/2012/10/public-services/the-makings-of-maker-spaces-part-1-space-forcreation-not-just-consumption

Britton, L., & Considine, S. (2012. October 01). The Makings of maker spaces. Part Ⅲ: A fabulous Home for cocreation. *Library Journal.* Retrieved from http://www.thedigitalshift.com/2012/10/public-services/the-makings-of-maker-spaces-part-3-a-fabulous-home-for-cocreation

Brown, C. M. (1999). Information seeking behavior of scientists in the electronic information age : astronomers, chemists, mathematicians, and physicists. *JASIS, 50*(10) : 929-943.

Brown-Syed, C. (2003). The Changing faces of library privacy. *Library & Archival Security, 18*(1), 3-80. doi:10.1300/J114v18n01_02

Brunk, B. (2001). Exoinformation & interface design. *Bulletin of the American Society for Information Science and Technology, 27*(6), 11-13.

Burnard, L., Miller, E., Quin, L., & Sperberg-McQueen, C. M. (1996). A syntax for Dublin core metadata: Recommendations from the second metadata workshop. Warwick University.

Burrus, D. (2013). Bigthink: From Web 3.0 to Web 4.0. Retrieved from http://bigthink.com/videos/from-web-30-to-web-40

Butters, A. (2007). RFID systems, standards and privacy within libraries. *The Electronic Library, 25*(4), 430-439.

Camoprodon, Guillem, Sara Bigazzi, Pedro Pineda, Cecilia Tham, and Mattia Sullini (2013. November 12-13). Samples of ongoing experiences in Europe. Retrieved from http://www.slideshare.net/comboproject/coworking-europe2013-coworkingcomaking

Celot, P., & Pérez-Tornero, J. M. (2009). Study on Assessment Criteria for Media Literacy Levels. Brussels: European Association for Viewers' Interests (EAVI).

Chauhan, S. K. (2009). LIBRARY 4.0. Retrieved from http://key2information.blogspot.kr/2009/11/library-40.html.

Chen, C. C. (1974). How do scientists meet their information needs. *Special Libraries, 65*(7), 272-280.

Chen, G., & Kotz, D. (2000). *A survey of context-aware mobile computing research* (Vol. 1, No. 2.1, pp. 2-1). Technical Report TR2000-381, Dept. of Computer Science, Dartmouth College.

Chow, A. S., & Croxton, R. A. (2012). Information-seeking behavior and reference medium preferences. *Reference & User Services Quarterly, 51*(3), 246-262.

Chow, A., Baity, C., Chappell, P., Rachlin, D., Vinson, C., & Zamarripa, M. (2010. March). When real and virtual worlds collide: A public library's management of a Second Life Library. *In ALA Virtual Communities and Libraries Membership Interest Group online conference.*

Clarke, R. (1999). Internet privacy concerns confirm the case for intervention. *Communications of the ACM, 42*(2), 60-67.

CpNi, R. (2010). and CpNi (diselenolene) complexes: Synthetic routes and molecular properties Nomura, Mitsushiro; Cauchy, Thomas; Fourmigue, Marc. *Coordination Chemistry Reviews, 254*(13-14), 1406-1418.

Crane, G., Bamman, D., Cerrato, L., Jones, A., Mimno, D., Packel, A., & Weaver, G. (2006). Beyond digital incunabula: Modeling the next generation of digital libraries. *In Research and Advanced Technology for Digital Libraries, 4172,* 353-366.

Curvey-Brown, L,, Teeri, S., & Stureges, J. (2012. December 3). HYPE Makerspace: Detrioit Public Library. Retrieved from http://www.slideshare.net/ALATechSource/makerspaces-a-new-wave-of-library-service-detroit-public-library

Davis, S. P. (1995). Digital image collections: Cataloging data model and network access. In *RLG Digital Image Access Project: Proceedings From an RLG Symposium Held March 31 and April 1, 1995, Palo Alto, California* (pp. 45-59). RLG.

Davis, Stephen P. (1996). Digital image collections : cataloging data model & netwook access. 45-59.

DeLaMare Science & Engineering Library (2nd). Retrieved from http://www.delamare.unr.edu/

DeMarco, D. A. (2006). Understanding consumer information privacy in th realm of internet commerce : person hood and pragmatism, pop-starts and six-packs. *Texas Law Review, 67*(11), 1013-1017.

Dempsey, L., & Heery, R. (1998). Metadata: a current view of practice and issues. *Journal of documentation, 54*(2), 145-172.

Dempsey, L., & Weibel, S. L. (1996). The Warwick Metadata Workshop: A framework for the deployment of resource description. Annual review of OCLC research, 77-83.

Dettlaff, C. (2007). Protecting user privacy in the library. *Community & Junior College Libraries, 13*(4), 7-8.

DuraCloud (n.d). Retrieved from http://www.duracloud.org/

Edmonton Public Library (2014. January 8). Retrieved from http://melibraries.ca/

Edward's Blog (2015. December 18). Wizwiki-W7500 + RFID-RC522 + Web Server 구현하기[Web log post]. Retrieved from https://jinheeahn.wordpress.com/2015/08/26/home-automation-wizwiki-w7500-rfid-rc522-%EC%82%AC%EC%9A%A9%ED%95%98%EC%97%AC-web-%EC%9C%BC%EB%A1%9C-%ED%99%95%EC%9D%B8%ED%95%98%EA%B8%B0

Experian Hitwise Website (2014, June 14). Top Ten Websites. Retrieved from http://www.hitwise.com/us/datacenter/main/dashboard-10133.html

Falk, H. (2004). Privacy in libraries. *The Electronic Library, 22*(3), 281-284.

Farkas, M. (2006). Libraries in social networking software. *Information wants to be free.*

Fastrez, P. (2009). Evaluating Media Literacy as Competences: What can we agree on?. In Euromeduc: Second European congress on media literacy.

Fifarek, A. (2002). Technology and privacy in the academic library. *Online information review, 26*(6), 366-374.

Fowler, J., & Rodd, E. (2013). Web 4.0: The ultra-intelligent electronic agent is coming. Retrieved from http://bigthink.com/big-think-tv/web-40-the-ultra-intelligent-electronic-agent-is-coming

FreshMinds (2008). *Understanding Digital Exclusion Research Report.* Retrieved from http://www.umic.pt/images/stories/publicacoes2/Understand_Dig_Inclusion.pdf

Garoogian, R. (1991). Librarian/patron confidentiality: an ethical challenge. *Library Trends, 40*(2), 216-233.

Gartner (2012. June 21). The importance of big data: A definition. Retrieved from http://www.gartner.com/doc/2057415/importance-big-data-definition

Gavison, R. (1980). Privacy and the limits of law. *The Yale Law Journal, 89*(3), 421-471.

Genesee Valley Educational Partnership School Library System (2014. January 17). Retrieved from http://www.gvlibraries.org/

GeoStoryteller (2014. January 17). Retrieved from http://sourceforge.net/projects/geostoryteller/

German Traces NYC, Goethe-Institut New York Library with Pratt Institute School of Information and Library Science (2014. January 12). Retrieved from http://www.germantracesnyc.org

Glister, P. (1997). *Digital literacy.* Wiley Computer Pub..

Godin, S. (2007). Web4. Retrieved from http://sethgodin.typepad.com/seths_blog/2007/01/web4.html

Gorman, G. E, & Ruth H. Miller (1997). Collection management for the 21st century: a handbook for librarians. 남태우 역 (2000) (디지털 환경에서의) 장서관리: 이론과 실제. 서울: 한국도서관협회.

Green, H. (2011). Breaking Out of Your Internet Filter Bubble. Retrieved from http://www.forbes.com/sites/work-in-progress/2011/08/29/breaking-out-of-your-internet-filter-bubble

Greenstein, D. (2002). Next generation digital libraries? Keynote address. In G. Marchionini, & W. Hersh (Eds.), *Proceedings of the Second ACM/IEEE Joint Conference on Digital Libraries.*

Grosky, W. I. (1997). Managing multimedia information in database systems. *Communications of the ACM, 40*(12), 72-80.

Gusmeroli, S., Haller, S., Harrison, M., Kalaboukas, K., Tomasella, M., Vermesan, O., ... & Wouters, K. (2010). *Vision and challenges for realising the internet of things.* Cluster of European Research Projects on the Internet of Things, European Commision

Hamilton, B. (2012. July 16). Crafting New Narratives of Community, Connecting, Creating, and Participatory Learning at The Unquiet Library: A Makerspace Culture of

Learning. Retrieved from http://www.slideshare.net/buffyjhamilton/crafting-new-narratives-of-community-connecting-creating-and-participatory-learning-at-the-unquiet-librarya-makerspace-culture-of-learning

Harvard Library (2013. November 26). Project Update: The Next-Generation digital repository service. Retrieved from http://library.harvard.edu/11252013-0940/project-update-next-generation-digital-repository-service

Heery, R. (1996). Review of metadata formats. *Program, 30*(4), 345-373.

Hendrix, J. C. (2010). *Checking out the future: Perspectives from the library community on information technology and 21st-century libraries.* ALA Office for Information Technology Policy.

Hobbs, R. (2010). *Digital and media literacy: A plan of action. A white paper on the digital and media literacy recommendations of the knight commission on the information needs of communities in a democracy.* Aspen Institute. 1 Dupont Circle NW Suite 700, Washington, DC 20036.

Hopwood, J. (2012). Initiating STEM learning in libraries. *Children & Libraries: The Journal of the Association for Library Service to Children, 10*(2), 53-55.

Hunt Library Makerspace (2013. December 20). *The Hunt Library Makerspace.* [Vedio file]. Available from https://www.youtube.com/watch?v=VBsZirtJdR8

Hy, Elise (2014. February 06). Sensory fiction: Books that let you feel what the characters do. Retrieved from http://www.npr.org/blogs/alltechconsidered/2014/02/06/272044748/sensory-fiction-books-that-let-you-feel-what-the-characters-do

IDC (2011. 6). Extracting value from chaos. Retrieved from http://www.emc. com/collateral/analyst-reports/idc-extracting-value-from-chaos-ar.pdf

IMLS (2012). Building digital communities : A framework for action. Retrieved form https://www.imls.gov/assets/1/AssetManager/BuildingDigitalCommunities_Framework.pdf

Information Policy and Access Center (2014). iPAC. Retrieved from http://ipac.umd.edu

Jaeger, P. T., Bertot, J. C., Thompson, K. M., Katz, S. M., & DeCoster, E. J (2012). The intersection of public policy and public access: Digital divides, digital literacy, digital inclusion, and public libraries. *Public library quarterly, 31*(1), 1-20.

Jenkins, T. (2011). Managing content in the cloud: Enterprise content management 2.0.

Jochumsen, H., Hvenegaard Rasmussen, C., & Skot-Hansen, D. (2012). The four spaces-a new model for the public library. *New library world, 113*(11/12), 586-597.

Johnson County Library (2014). Retrieved from http://www.jocolibrary.org

Johnston, S. D. (2000). Rethinking privacy in the public library. *The International Information & Library Review, 32*(3-4), 509-517.

Jones, S., & Fox, S. (2009). Generations online in 2009. Pew internet & american life project, January 28, 2009. Retrieved from http://www.pewinternet.org/files/old-media/Files/Reports/2009/PIP_Generations_2009.pdf

Kashyap, V., Shah, K., & Sheth, A. (1996). Metadata for building the multimedia patch quilt. In *Multimedia Database Systems* (pp. 297-319). Springer Berlin Heidelberg.

Kenneth E. Dowlin (1984). *Electronic library.* 최석두 역 (1989). 전자도서관. 서울: 구미무역 출판부.

Kerins, G., Madden, R., & Fulton, C. (2004). Information Seeking and Students Studying for Professional Careers: The Cases of Engineering and Law Students in Ireland. *Information Research: An International Electronic Journal, 10*(1), 1.

Kinzie, S., & Noguchi, Y. (2006). In online social club, sharing is the point until it goes too far. *Washington Post,* A01.

Klinefelter, A. (2007). Privacy and library public services: or, I know what you read last summer. *Legal Reference Services Quarterly, 26*(1-2), 253-279.

Koerber, J. (2012. October 01). The makings of maker spaces, Part Ⅱ:Espress yourself. *Library Journal.* Retrieved from http://www.thedigitalshift.com/2012/10/public-services/the-markings-of-maker-spaces-part-2-espress-yourself

Kroski, E. (2007. December 20). Learning in a Virtual World. Retrieved from http://womensvoicesforchange.org/learning-in-a-virtual-world.htm

Kroski, E. (2009. November 26). Net-Gen Libraries. Retrieved from http://www.slideshare.net/ellyssa/nextgen-libraries

Kroski, E. (2009). On the Move with the Mobile Web: Libraries and Mobile Technologies. Retrieved from http://eprints.rclis.org/15024/1/mobile_web_ltr.pdf. accessed 21. July 2009.

Kruk, S. R., Decker, S., Haslhofer, B., Knež.evic, P., Payette, P. S., & Krafft, D. (2007). *Tutorial - Semantic Digital Libraries.* BANFF, Canada: Springer.

Lagoze, C. (1996). The Warwick framework: A container architecture for diverse sets of metadata. *D-Lib Magazine*, July/August, 1996.

Lagoze, C., & Fielding, D. (1998). Defining collections in distributed digital libraries. *D-Lib magazine, 4*(11).

Lamb, A., & Johnson, L. (2006). Want to be my "friend"? What you need to know about social technologies. *Techer Librarian, 34*(1), 55.

Lange, H. R., & Winkler, B. J. (1997). Taming the Internet. *Advances in Librarianship (Advances in Librarianship, Volume 21) Emerald Group Publishing Limited, 21*, 47-72.

Larsson, L. (2002). Digital literacy checklist. *Health Services. University of Washington, Washington.*

Lee, Jeong-Mee (2012). "The Concept of the Context-Aware Computing and Its Application to the Library Information Services." *Journal of the Korean Biblia Society for Library and Information Science, 23*(1): 179-194.

LeHong, H., & Laney, D. (2013). Toolkit: Board-Ready Slides on Big Data Trends and

Opportunities. *Stamford, CT*: Gartner.

Leiserson, A. B. (2002). User's Perspective on Privacy and the Web, A. *Law Libr. J., 94*, 539.

Library and Archives Canada (2016.February.13). Retrieved from http://www.bac- lac.gc.ca/eng/Pages/home.aspx

Library as incubator project (2012. May 13). A WAPL recap: Library as incubator project. Retrieved from http://www.libraryasincubatorproject.org/?p=4594

Library of Congress (2016. February. 13.). Retrieved from https://www.loc.gov

LibraryThing (n.d). Retrieved from http://www.librarything.com/

Liew C. L. (2009). Digital library research 1997-2007: Organizational and people issues. *Journal of Documentation, 65*(2), 245-266.

Los Angeles Makerspace (n.d.). Retriened from http://www.lamakerspace.com/

Luree H. Ohigashi Oasay (2011). QR Codes in the Library. *Journal of Electronic Resources in Medical Libraries, 8*(3), 294-301.

Lynch, C., & Garcia-Molina, H. (1995). Interoperability, scaling, and the digital libraries research agenda: A report on the May 18-19, 1995 IITA Digital Libraries Workshop.

Majid, S., & Tee Tan, A. (2002). Usage of information resources by computer engineering students: a case study of Nanyang Technological University, Singapore. *Online Information Review, 26*(5), 318-325.

MakerHaus (2014). Retrieved from http://www.makerhaus.com

Manyika, J., Chui, M., Brown, B., Bughin, J., Dobbs, R., Roxburgh, C., & Byers, A. H. (2011). Big data: The next frontier for innovation, competition, and productivity. McKinsey Global Institute. Retrieved from http://www.mckinsey.com/business-functions/business-technology/our-insights/big-data-the-next-frontier-for-innovation

Marsh, J., & Pattie, C. B. M. R. B. (2005). Children and young people's home use of ICT for educational purposes: The impact on attainment at key stages 1-4.

McGettigan, L. (2013). "Unafraid of the future–Edinburgh's next generation library and information services." *IFLA WLIC 2013*. Retrieved from http://library.ifla.org/103

Mckinsey Global Institute (2011). Big data: The next frontier for innovation, competition, and productivity. Retrieved from http://www.mckinsey.com/insights/ business_technology/big_data_the_next_frontier_for_innovation

Micahel Lesk (1997). *Practical digital ligraries: books, bytes, and bucks*. 김태수 외 공역 (2000). 디지털도서관. 서울: 사이텍미디어.

Mukaiyama, H. (1997. November). Technical aspect of next generation digital library project. *In Proceedings of the International Symposium on Research, Development and Practice in Digital Libraries: ISDL (Vol. 97)*. Retrieved from http://www.dl.slis.tsukuba.ac.jp/ISDL97/proceedings/hiro/hiro.html

National Library of Australia (2016. February 13). Retrieved from https://www.nla.gov.au

National Library of Medicine (2016. February 13). Retrieved from https://www.nlm.nih. gov

NCSU Hunt Library (2014. January 3). Retrieved from http://www.lib.ncsu.edu/huntlibrary

NISO Framework Advisory Group (2004). A Framework of Guidance for Building Good Digital Collections. National Information Standards Organization.

Niu, X., Hemminger, B. M., Lown, C., Adams, S., Brown, C., Level, A., ... & Cataldo, T. (2010). National study of information seeking behavior of academic researchers in the United States. *Journal of the American Society for Information Science and Technology, 61*(5), 869-890.

Noh, Y. (2013). A study on next-generation digital library using context-awareness technology. *Library Hi Tech, 31*(2), 236-253. Retrieved from http://www.emeraldinsight.com/journals.htm?articleid=17092365

Noh, Y. (2014). A study on creating and managing Makerspaces in libraries. *Journal of the Korean Society for Information Management, 31*(1), 53-76.

Noh, Y. (2015). Imagining library 4.0: Creating a model for future libraries. *The Journal of Academic Librarianship, 41*(6), 786-797.

Norasak, S. (2008). Web 3.0. Retrieved from http://webuser.hs-furtwangen.de/~heindl/ebte-08ss-web-20-Suphakorntanakit.pdf

O'Duinn, F. (2012). Tinkers: Maker culture for librarians. *In Computers in Libraries Conference in Washington DC, United States.*

Olathe Public Library (2014. January 21). Library mission and vision statement. Retrieved from http://olathe.lib.ks.us/vision

Orange County Library System (2014. January 21). Retrieved from http://www.rightservicefl.org

Over 1 Million Digital Books Now Available Free to the Print-Disabled (2014. January 23). Retrieved from http://www.opencontentalliance.org

Palowitch, C., & Horowitz, L. (1996). Meta-information structures for networked information resources. *Cataloging & Classification Quarterly, 21*(3-4), 109-130.

Pariser, E. (2011). *The filter bubble: What the Internet is hiding from you.* Penguin UK.

Pat, Oddy (1996). *Puture Libraries, Future Catalogues.* 남태우 외 공역 (2001). 미래 도서관의 목록법 이론. 서울: 한국디지틀도서관포럼.

Patel, K. (2013). Incremental Journey for World Wide Web: Introduced with Web 1.0 to Recent Web 5.0–A Survey Paper. *International Journal of Advanced Research in Computer Science and Software Engineering, 3*(10), 410-417.

Penn State University Libraries (2014. January 24). Retrieved from http://onebutton.psu. edu

Pew Internet & American Life Project (2008). Retrieved from http://www.pewinternet.org

Piper, P (2014). The Library's Future Is Digital. *Online Searcher. 37*(2), 22-26. Academic Search Premier, Ipswich, MA.

Prensky, M (2001). Digital natives, digital immigrants. *On the Horizon, 9*(5), 1-6.

Project New Media Literacies (2014. January 25). Retrieved from http://playnml.wikispaces.com/PLAY!+Framework

QR code.com (2016. February, 13.). Retrieved from http://www.qrcode.com/ko

Rainie, Lee (2014. January 24). 10 facts about Americans and public libraries. FactTank News in Numbers. Retrieved from http://www.pewresearch.org/fact-tank/2014/01/24/10-facts-about-americans-and-public-libraries/

Resnick, B. (2014. January 21). What the Library of the Future Will Look Like. *National Journal*. Retrieved from http://www.nationaljournal.com/next-economy/solutions-bank/what-the-library-of-the-future-will-look-like-20140121

Sandars, J., & Morrison, C. (2007). What is the Net Generation? The challenge for future medical education. *Medical Teacher, 29*, 85-88. DOI: 10.1080/01421590601176380

Schwartz, M. (2012. October 3). CA Creates Free Digital Textbook Library. Retrieved from http://lj.libraryjournal.com/2012/10/legislation/ca-creates-free-digital-textbook-library/

7hills makerspace (2014). Retrieved from http://7hillsmake.org

Sharma, R. (2012). Web 2.0, Web 3.0, Web 4.0. Retrieved from http://www.scribd.com/doc/99678417/Web2-0-Web3-0-Web4-0

Shuler, J. A. (2004). Privacy and academic libraries: Widening the frame of discussion. *The Journal of Academic Librarianship, 30*(2), 157-159.

Singh, T., & Sharma, A. (2015. January). Research work and changing dimensions of digital library: A review. *In Emerging Trends and Technologies in Libraries and Information Services (ETTLIS), 2015 4th International Symposium on* (pp. 39-42). IEEE.

Skryabina, A. (2010). Moving forward → Web 3.0 → Web 4.0. Retrieved from http://iamannaskryabina.blogspot.kr/2010/12/moving-forward-web-30-web-40.htm

Smith, G. (2008). Information architecture: Tagging: Emerging trends. *Bulletin of the American Society for Information Science and Technology, 34*(6), 14-17.

Smith, D. A., & Popov, I. (2010). Data Picking Linked Data: Enabling Users to create Faceted Browsers.

Somerset County Library System (2014. January 28). Retrieved from http://somerset.lib.nj.us/rpisign.htm

Stevenson (2014. July 11). Case study: Digital Inclusion at Cambridgeshire. Retrieved from http://localdigital.helpfulclients.com/resource/case-study-digital-inclusion-at-cambridgeshire-liz-stevenson-july-2014

Strauss, W., & Howe, N. (2000). Millennials rising: The next great generation. *New York: Vintage.*

Sun Microsystem Inc. (2002). Digital Library Technology Trends. Retrieved from www.sun.com/products-n-solutions/edu/whitepapers/pdf/digital_library_trends.pdf

Sydney Morning Herald (2011. July 20). Talkin' 'bout my label. Retrieved from http://www.smh.com.au/lifestyle/diet-and-fitness/talkin-bout-my-label-20110720-1ho7s.html.

Tan, L., & Wang, N. (2010. August). Future internet: The internet of things. In Advanced Computer Theory and Engineering (ICACTE), 2010 3rd International Conference on (Vol. 5, pp. V5-376). IEEE.

Tapscott (2009). *Digital Native: The New World the Smartest Generation are Creating.* Seoul: Businessbooks.

Tenopir, C., King, D. W., Edwards, S., & Wu, L. (2009. January). *Electronic journals and changes in scholarly article seeking and reading patterns. In Aslib proceedings. 61*(1), 5-22. Emerald Group Publishing Limited.

The British Library (2016. February. 13.). Retrieved from http://www.bl.uk

The British Library's Strategy 2008-2011 (2016. February. 13.). Retrieved from http://www.bl.uk/aboutus/stratpolprog/strategy0811

Tripathi, S., & Tripathi, A. (2010). Privacy in libraries: the perspective from India. *Library Review, 59*(8), 615-623.

Tyner, K. (1998). *Literacy in a digital world: Teaching and learning in the age of information.* Mahwah, NJ: Lawrence Erlbaum..

University of Arizona(UA) Libraries (2014. January 29). Retrieved from http://www.library.arizona.edu/applications/quickHelp/tutorial/searching-the-ua-library-catalog

Unquiet Librarian (2012). Category archives: Makerspaces. The Unquiet Librarian. Retrieved from https://theunquietlibrarian.wordpress.com/2012/06/28/makerspaces-participatory-learning-and-libraries

Unquiet Librarian (2012. September 06). Save the Data: Atlanta Mini-Maker Faire!. The Unquiet Libarian. Retrieved from https://theunquietlibrarian.wordpress.com/2012/09/04/save-the-date-atlanta-mini-maker-faire

Urquhart, D.J. (1948). The disruption and ues of scientific and technical information report and papers submitted at the royal society scientific information conference, London : The society.

Van Dijk, J. A. (2005). *The deepening divide: Inequality in the information society.* Sage Publications.

Ventura County Library (2012). Retrieved from http://vencolibrary.lib.overdrive.com

Virtual Library Hot Spot (2014. February 4). Retrieved from http://www.courierpostonline.com/article/20140206/ENT/302060030/Library-hot-spot-opens-Philadelphia-airport?gcheck=1&nclick_check=1

Wallace, M. (1988). Ethics : Is it time for a code? In managing the law firm library 1988, 258 PTL/PAT. 329 (sept. 1, 1988)

Walsh, A. (2010). QR Codes－using mobile phones to deliver library instruction and help at the point of need. *Journal of Information Literacy, 4*(1), 55-65.

Warren, S. D., & Brandeis, L. D. (1890). The right to privacy. *Harvard law review*, 193-220.

Weibel, S. (1997). The Dublin Core: a simple content description model for electronic resources. *Bulletin of the American Society for Information Science and Technology, 24*(1), 9-11.

Weibel, S., Iannella, R., & Cathro, W. (1997). The 4th Dublin core metadata workshop report. *D-Lib Magazine*.

Welsh, S. (1996). OMNI−Alternative Approaches to Internet Metadata.

Wikipedia (2013). Baby Boom Generation. Retrieved from http://ko.wikipedia.org/wiki/%EB%B2%A0%EC%9D%B4%EB%B9%84%EB%B6%90_%EC%84%B8%EB%8C%80

Willingboro Public Library (2005). Retrieved from http://www.willingboro.org

William Y, Arms (2000). Digital Libraries. 남태우, 이병기 공역 (2002). 디지털도서관의 이해. 군포: 한국디지틀도서관포럼.

Xiaozhao, D., & Jianhai, R. (2009). Users' privacy in the Second Life Library. In *2009 IEEE International Symposium on IT in Medicine&Education. 1.* 337-340.

Zimerman, M. (2010). Technology and privacy erosion in United States libraries: a personal viewpoint. *New Library World, 111*(1/2), 7-15.

長尾眞 외 (1999). マルチメディア情報學の基礎. 미국 멀티미디어 랩 역 (2000). 멀티미디어 정보학의 기초. 고양: 한국학술정보.

| 찾아보기 |

ㄱ

가상도서관 ········· 2, 137, 255, 256
가상사서 ········· 16
가상세계도서관 ········· 105
가상참고서비스 ········· 104
개방형 콘텐츠 ········· 289
개인의 프라이버시 ········· 231
개인 이용자 중심 ········· 256
개인적인 데이터의 프라이버시 ········· 231
개인적인 커뮤니케이션의 프라이버시 ········· 231
개인정보 ········· 221, 222
개인정보 보호 ········· 238
개인정보 보호 관련 법 ········· 233
개인정보 보호법 ········· 221, 232, 233
개인정보의 노출 ········· 228
개인정보자기결정권 ········· 236
개인행동의 프라이버시 ········· 231
개인화 ········· 221
개인화된 서비스 ········· 285
객체 ········· 35
거대 데이터도서관 ········· 289
거대웹 ········· 287
거대한 오픈가상도서관 ········· 288
검색정보 ········· 45
검열제도 ········· 229
경계 없는 도서관 ········· 2
경제부흥 ········· 273
경제위기 극복 ········· 273
고주파 ········· 138
공공기관의 정보공개에 관한 법률 ········· 233
관리용 메타데이터 ········· 52
관리정보 ········· 45
관심주제 탐색공간 ········· 181
구글글래스 ········· 103, 157, 296
구독 대상 선정기준 ········· 41
구독자원 ········· 32
구독형 장서 ········· 39, 41
구입형 장서 ········· 39, 40
구입형 장서의 구입기준 ········· 41
구조용 메타데이터 ········· 52
국가정보화 정책 ········· 267
국가차원의 정책 ········· 273
국립중앙도서관 ········· 21
국산신기술인정제도 ········· 15
권한관리용 메타데이터 ········· 52
그림 유형의 전자자원 ········· 37
극초단파 ········· 139
기관리포지터리 ········· 207
기술 리터러시 ········· 111
기술적 통합 ········· 272
기술 · 환경 리터러시 ········· 111

ㄴ

납본형 장서 ········· 39, 42
내용서술정보 ········· 45
냅스터(Napster)서비스 ········· 220
네트워크도서관 ········· 2
네트워크 리터러시 ········· 105, 111
넷세대 ········· 98

ㄷ

대출반납서비스 240
대출정보 220
더블린코어 51, 52
더블린코어 구성요소 55
더블린코어 메타데이터 52
데이터도서관 289
데이터마이닝 166
데이터에 관한 데이터 43
데이터웹 206
데이터의 주체 222
데이터 허브 213
도서관 3.0 280, 294, 295
도서관 3.0 서비스 모형 295
도서관 3.0의 개념과 서비스 모형 294
도서관 4.0 259, 288, 294, 295, 296
도서관 4.0 모형 281, 288
도서관 4.0 시대 294
도서관 4.0을 설명하는 키워드 296
도서관 개인정보 보호정책 221
도서관 공간구성 105
도서관과 지적자유 229
도서관과 지적자유에 관한 성명 229
도서관과 프라이버시 230
도서관 구성요소 261
도서관권리선언 229
도서관 데이터백업자료 248
도서관 링크드데이터 209
도서관 무한창조공간 역할모형 176
도서관법 233
도서관 빅데이터 163
도서관 사서의 명칭 17
도서관서비스와 프라이버시 239
도서관 서지메타데이터 52
도서관시스템 구성요소 255
도서관에서의 프라이버시권리 223
도서관에 적용가능한 기술 124
도서관역사사진 만들기 131
도서관 역할변화 254
도서관 외주업체서비스 249
도서관의 목록 51
도서관의 자원 296
도서관의 증강현실 157
도서관의 환경변화 254
도서관 이용자의 개인정보 238
도서관 이용자의 개인정보 보호 229
도서관인 윤리선언 232, 238
도서관자동화기기 249
도서관 적용 130
도서관 컴퓨터 모니터링 244
도서관 컴퓨터 이용기록 243
도서관 프라이버시 230, 231
도서에 대한 반검열 229
독서습관 127
동기적 통합 272
동등 계층 통신(Peer-to-Peer) 모드 147
동영상 유형 전자자원 38
디스플레이기술적용 104
디스플레이 모니터의 오픈 246
디스플레이 환경변화 293
디지털객체의 유형 33
디지털교과서 104, 125, 126
디지털기기 101
디지털기기 및 서비스 이용정도 101
디지털기기와 디지털서비스의 컨버전스 평가지표 101
디지털기술격차 266
디지털도서관 2, 5, 20, 121, 122, 257, 260
디지털도서관 구성요소 260, 261
디지털도서관서비스 259, 295
디지털도서관 수준평가 255
디지털도서관시스템 65
디지털도서관 운영체제 9

디지털도서관의 개념 …… 2
디지털도서관의 구성요소 …… 254, 259
디지털도서관의 기술요소 …… 12
디지털도서관의 발전 …… 4
디지털도서관의 발전과정 …… 6
디지털도서관의 발전단계 …… 5
디지털도서관의 세대 구분 …… 7
디지털도서관의 요건 …… 8
디지털도서관의 이용자 특성 …… 94
디지털도서관의 전제조건 …… 258
디지털도서관의 정보기술 …… 12
디지털도서관의 정의 …… 4
디지털도서관의 특성 …… 7, 254
디지털도서관의 특징 …… 122
디지털도서관 환경의 사서 …… 16
디지털 리터러시 …… 105, 106, 115
디지털 리터러시의 구성요소 …… 109
디지털 리터러시의 영역 …… 108
디지털 리터러시의 하위 영역 …… 107
디지털 리터러시 지수 …… 115
디지털 리터러시 지표 …… 115
디지털 리터러시 진단지 …… 111
디지털 리터러시 평가지표 …… 110
디지털보존수준 …… 38
디지털사인보드 …… 131
디지털사회 …… 268
디지털사회 융합 …… 268
디지털사회 통합 …… 268
디지털서고시스템 …… 13
디지털서비스 …… 101
디지털서비스 이용 …… 98
디지털시대 …… 220, 267
디지털시민 …… 268
디지털시민권 …… 268
디지털오픈소스 도서관 …… 126
디지털원주민 …… 98
디지털융합 …… 268
디지털자원 …… 20, 23
디지털장비격차 …… 266
디지털장서 …… 20, 124, 125, 290
디지털장서 개발정책 …… 29, 38
디지털장서 구축방법 …… 39
디지털장서 구축원칙 …… 35
디지털장서 수집정책 …… 35
디지털장서의 개발 …… 20
디지털장서의 개발 방식 …… 38
디지털장서의 범위 …… 31
디지털장서의 유형 …… 30
디지털장서의 정의 …… 30
디지털장서조직 …… 43
디지털적인 요소 …… 255
디지털전문 DB …… 20
디지털전송시스템 …… 13
디지털전자자원 …… 32
디지털정보격차 …… 266
디지털통합 …… 267, 268, 270, 271, 272
디지털통합 수준 …… 266
디지털통합 수준평가 …… 275
디지털통합 수준평가 지표 …… 276
디지털통합의 개념 …… 268
디지털통합의 발전 …… 271
디지털통합의 중요성 …… 267
디지털통합의 혜택 …… 270
디지털통합 정책 …… 267, 270, 273
디지털화 수준 …… 254
디지털화 수준평가 …… 260
디지털화 수준평가 지표 …… 261
디지털화시스템 …… 13
디지털화 정도 …… 255
디지털환경 …… 266

ㄹ

라이선스 …… 20
리더 …… 140

리터러시 ………… 105
링크드데이터 ………… 206, 289, 296
링크드데이터 구축도구 ………… 207
링크드도서관 ………… 296

ㅁ

마이크로파 ………… 139
멀티미디어도서관 ………… 2
멀티미디어 리터러시 ………… 106
메타데이터 ………… 35, 43
메타데이터 개발원칙 ………… 48
메타데이터에 대한 분류방법 ………… 48
메타데이터의 개념 ………… 43
메타데이터의 기능 ………… 46
메타데이터의 기능 및 역할 ………… 45
메타데이터의 유형 ………… 51
메타데이터의 특징 ………… 46
메타데이터의 필요성 ………… 47
메타데이터 자원기술 스키마 ………… 60
모바일 디지털도서관 ………… 137
모바일 디지털학습도구 ………… 133
모바일서비스 ………… 104
목록형 장서 ………… 31
무정전 전압기 ………… 13
무한상상공간 ………… 296
무한창조공간 ………… 103, 171
무한창조공간의 개념 ………… 173
무한창조공간의 역할 ………… 175
무한창조공간의 이해 ………… 174
문서범주 ………… 49
문자 유형의 전자자원 ………… 37
물리적 도서관 ………… 255, 256
물리적 매체의 전자자원 ………… 32
물리적 통합 ………… 272
물리적 환경 상황 ………… 197
미국국립의학도서관 ………… 31
미국법학도서관협의회 ………… 232
미국연방수정헌법 ………… 235
미국의학도서관협회 ………… 232
미국의회도서관 ………… 22
미디어 리터러시 ………… 105
미래도서관 ………… 122, 255
미래도서관의 발전방향 ………… 255
미래지향적 도서관 ………… 121
미래형 도서관 ………… 2
밀레니엄 세대 ………… 98

ㅂ

바코드 ………… 142, 148
방화벽 ………… 229
베이비붐세대 ………… 95, 97, 116
벽 없는 도서관 ………… 2
보존용 메타데이터 ………… 52
복합공간 ………… 128
복합문화공간 ………… 128
비디오 촬영시스템 ………… 132
비밀번호 보안 ………… 229
빅데이터 ………… 103, 163, 289, 296
빅데이터 분석기법 ………… 167
빅데이터 요소기술 ………… 164
빅데이터의 도서관 적용 ………… 167
빅데이터의 도서관 적용사례 ………… 169
빅데이터의 도서관 활용사례 ………… 168
빅데이터의 요소 ………… 164
빅데이터의 특징 ………… 165

ㅅ

사고 상황 ………… 197
사물인터넷 ………… 153
사물인터넷 도서관 적용 ………… 155
사물인터넷의 주요 기술 ………… 155
사물인터넷의 진화 ………… 154
사상의 자유 ………… 229
사생활권 ………… 224

사서의 역할변화 ········· 16
사용자식별성(Identity) ········· 285
사용자의 상황과 환경 ········· 197
사용자-컴퓨터 상호작용이력 ········· 197
사이퍼 리터러시 ········· 106
4차원적인 서비스 ········· 129
사회과학분야 연구자 ········· 114
사회구성원 ········· 268
사회 · 문화 리터러시 ········· 111
사회소통공간 ········· 177
사회적 통합 ········· 270
사회통합 ········· 273
상용 디지털자료 ········· 37
상호대차서비스 ········· 242
상황인식과정 ········· 197
상황인식기술 ········· 103, 195, 205, 296
상황인식도서관 ········· 291
상황인식서비스 ········· 195, 199, 291
상황인식 센서 ········· 198
상황인식을 적용한 로비공간 ········· 202
상황인식을 적용한 안전서비스 ········· 203
상황인식을 적용한 참고서비스 ········· 202
상황인식을 적용한 출입서비스 ········· 201
상황인식이 적용된 차세대 디지털도서관 204
상황인식컴퓨팅 ········· 194
상황인식컴퓨팅 환경 ········· 204
색인범주 ········· 49
서비스관리와 프라이버시 ········· 243
서비스요구 ········· 116
서비스제공과 프라이버시 ········· 240
서술용 메타데이터 ········· 51
세대발전 과정 ········· 294
세대별 특징 ········· 95
세컨드라이프 ········· 170, 296
세컨드라이프 도서관 ········· 171, 221
세컨드라이프 적용사례 ········· 170
소셜네트워킹기술 ········· 295
소셜네트워킹서비스 ········· 296
소셜미디어 ········· 110
소셜분석 ········· 166
소셜시맨틱디지털도서관 ········· 295, 296
소유형 장서 ········· 30
소장자료의 디지털화 ········· 37
소프트웨어기술 ········· 13
소프트웨어 품질인증제도 ········· 15
순환적 디지털통합 ········· 271
스패밍 및 트래싱 웹 ········· 288
3D 디스플레이기술 ········· 296
시맨틱서비스 ········· 103
시맨틱웹 ········· 206, 215, 281, 289, 295
시스템 소프트웨어 ········· 13
식별정보 ········· 45
식별할 수 있는 개인 ········· 222

ㅇ

아날로그자원 ········· 20
아카이브도서관 ········· 256
아카이브자원 ········· 32
안테나 ········· 141
알 권리 ········· 229
알파세대 ········· 95
애국법 ········· 235
엑스리스 ········· 81
연결성 ········· 285
연방전자통신프라이버시법 ········· 236
영국국립도서관 ········· 24
영국 PwC ········· 274
오디오 및 비디오처리시스템 ········· 13
오픈액세스 ········· 206
오픈콘텐츠 ········· 104
온라인게임 리터러시 ········· 111
온라인 리터러시 ········· 106
온라인탐색기록 ········· 220
온라인탐색서비스 ········· 241

온톨로지 215
용어클라우드 286
우수한 디지털객체 32
우수한 디지털장서 35
우수한 디지털장서 구축 35
우수한 장서구축 프로젝트 39
운영시스템 13
원문형 장서 31
원카드시스템 105, 131
웹 1.0 281
웹 2.0 243, 281
웹 3.0 280, 281, 295
웹 4.0 280, 282, 285, 286, 288, 294
웹 4.0까지의 발전 281
웹 4.0 모형 285
웹 4.0 시대 296
웹 4.0의 조건 285
웹 4.0의 특징 282, 287
웹 5.0 296
웹 DB 20
웹도서관 2
웹사서 16
웹 암호화 229
웹의 1세대 281
웹 자체가 도서관 288
웹 프라이버시 228
위북 136
유비쿼터스도서관 195, 204
유비쿼터스 환경 204
윤리원칙 232
음성 유형 전자자원 38
응용서버 141
응용 소프트웨어 14
이러닝시스템 104
이 리터러시 105
이메일 및 파일 프라이버시 229
이북 127
이야기가 있는 스토리텔링공간 190
이용자검열 229
이용자들과 토론 288
이용자의 프라이버시 보호 229
2차원 바코드 143, 144
인쇄책 127
인쇄형 장서개발정책 29
인큐베이터로서의 공간 185
인터넷도서관 2
인터넷 리터러시 106
인터넷 사용데이터 220
인터넷자원 32
인터넷 정보자원 37
인포메이션 커먼스 공간 128
1차원 바코드 142, 144
읽기쓰기가 가능한 웹 281
읽기-쓰기-실행-동시성웹 286
읽기-쓰기-실행-동시실행웹 282, 285
읽기전용 웹 281
입는 책 105, 129

ㅈ

자가출판공간 185
자기정보결정권 224
자연과학분야 연구자 113
작가발굴 및 양성공간 184
장서 35
장서개관 23
장서개발정책 20, 21, 22, 38
장서개발정책 핵심요소 39
장서구성 20
장서구축의 7원칙 35
장서 내 콘텐츠 디자인 124
장서도서관 256
장서수집 23
장서평가 23
저작권 관련문제 220

저작권문제 ········ 220
저주파 ········ 138
적시적절서비스 ········ 135
전문가멘토링 및 컨설팅이 있는 공간 ········ 186
전방 상향 시현기 ········ 292
전자도구 이용실태 ········ 100
전자도서관 ········ 2, 5
전자서명법 ········ 222
전자시대 ········ 220
전자자원 ········ 128
전자자원개발정책 ········ 29
전자자원(장서)개발정책 ········ 29
전자자원의 유형별 구축방향 ········ 37
전자잡지 ········ 20
전자정보원 ········ 23
전자정부구현을 위한 행정업무 등의 전산화촉진에 관한 법률 ········ 233
전자참고 레코드 ········ 220
전자책 ········ 127, 128
전자프라이버시정보센터 ········ 228
전통적인 도서관 ········ 20, 31, 257, 260
전통적인 도서관 구성요소 ········ 261
전통적인 도서관의 특성 ········ 254
전환요소 ········ 256
접근형 장서 ········ 30
정보격차 ········ 270
정보격차와 디지털통합의 차이 ········ 271
정보격차 해소 ········ 270, 271
정보격차 해소 정책 ········ 268, 270
정보관리자 ········ 16
정보교육자 ········ 16
정보기술 평가제도 ········ 15
정보 리터러시 ········ 105, 106, 111
정보의 조직 ········ 43
정보이용행태 ········ 105, 113, 115
정보이용행태 분석요인 ········ 115
정보조사제공자 ········ 16
정보중개자 ········ 16
정보중재자 ········ 16
정보·지식 리터러시 ········ 111
정보통신기술의 발달 ········ 229
정보통신망 이용촉진 및 정보보호 등에 관한 법률 ········ 221
정보해석자 ········ 16
정책관리 및 정보기술전문가 ········ 16
제1세대 디지털도서관 ········ 121
제3세대 디지털도서관 ········ 121
제작형 장서 ········ 39, 40
제작형 장서의 구축원칙 ········ 39
종이 없는 도서관 ········ 2
증강현실 ········ 103, 134, 156, 291, 296
증강현실도서관 ········ 291
증강현실앱 ········ 133
지능연결의 웹 ········ 285
지능형 도서관 ········ 288
지능형 상호작용 ········ 282
지능형 에이전트 ········ 287
지능형 웹 ········ 285, 287
지속가능한 도서관시스템 ········ 255, 256
지역사회 중심 ········ 256
지적자유 ········ 229
지적자유 수호 ········ 229
직업탐색공간 및 창업지원공간 ········ 182
진정한 지식 공유 및 협업 ········ 296

ㅊ

차세대 디지털도서관 ········ 102, 116, 123, 195, 290, 294
차세대 디지털도서관의 장서 ········ 124
차세대 디지털서비스 ········ 102
참고서비스 ········ 242
창조공간의 시작과 운영 ········ 193
창조도서관 ········ 256
창조를 위한 장비체험 및 활용공간 ········ 186

창조의 중심에 선 협력공간 ········· 189
창조자원 공유공간 ········· 180
총체적 사서 ········· 16
최근기술 적용 ········· 121
최첨단기술 ········· 130, 259
추론탐색 ········· 288
침입차단시스템 평가제도 ········· 15
침입탐지시스템 평가제도 ········· 15

ㅋ

카드 모사 ········· 146
캐나다국립도서관 ········· 28
커뮤니티 클라우드 ········· 160, 161
컨버전스 세대 ········· 101
컨버전스 평가지표 ········· 101
컬러 2차원 바코드 ········· 144
컴퓨터 리터러시 ········· 105, 111
컴퓨팅시스템 환경 ········· 197
콘텐츠 관리자 입장 ········· 47
콘텐츠 생산자 입장 ········· 47
콘텐츠의 디지털화 ········· 296
콘텐츠 이용자 입장 ········· 47
콘텐츠 제공방식 ········· 124
클라우드 ········· 296
클라우드 디지털도서관 ········· 159
클라우드서비스 ········· 102, 289
클라우드 컴퓨팅 ········· 159
클라우드 컴퓨팅 서비스 ········· 160
클라우딩 컴퓨팅의 도서관 적용 ········· 161
클러스터분석 ········· 166

ㅌ

탐색범주 ········· 49
태그 ········· 140
테크니컬 메타데이터 ········· 52
텍스트마이닝 ········· 166
통신비밀보호법 ········· 236
통제소프트웨어 ········· 244
튤립 ········· 65
특성정보 ········· 45

ㅍ

퍼블릭 클라우드 ········· 160
편재성 ········· 285
평판분석 ········· 166
포털도서관 ········· 256
표현의 자유 ········· 229
프라이버시 ········· 220, 221, 223, 231
프라이버시 관련 법 ········· 232, 233
프라이버시권리 ········· 222, 224
프라이버시문제 ········· 220, 223
프라이버시보호도구 ········· 229
프라이버시의 개념 ········· 223
프라이버시의 유형 ········· 230
프라이버시 침해문제 ········· 223
프라이빗 클라우드 ········· 160
프로젝트 ········· 35
프로젝트 글래스 ········· 157
필터링 ········· 220
필터링서비스 ········· 225
필터버블 ········· 221, 225
필터버블 방지방법 ········· 226
필터버블의 문제점 ········· 225

ㅎ

하드웨어기술 ········· 12
하이브리드도서관 ········· 5
하이브리드 클라우드 ········· 160
학생중심교육방법 ········· 134
학습공간 ········· 178
학습 웹 ········· 288
학자별 메타데이터 분류 ········· 50
학자별 세대 구분 ········· 97
한국인터넷진흥원 ········· 97

항온항습기 ······ 13
해외정보감시법 ······ 235
핵심적인 키워드 ······ 294
헌법에 명시된 인간의 권리 ······ 231
현실 ······ 291
현실마이닝 ······ 166
협력형 장서 ······ 39, 42
협력형 장서구축 ······ 42
호주국립도서관 ······ 26
혼합현실 ······ 156, 291
홀로 남겨질 권리 ······ 230
활용적 능력 ······272

Ⓐ

AACR2/MARC Cataloging ······ 51
administrative metadata ······ 52
AIP ······ 57
American Association of Law Libraries ······ 232
antenna ······ 141
application sever ······141

Ⓑ

Back Message Service ······ 152
benefits of D-Inclusion ······ 270
BMS ······ 152
British Library ······ 24

Ⓒ

cloud computing ······ 159
CODE 128 ······ 142
CODE 39 ······ 142
Collection ······ 35
ColorZip Korea ······ 144
Community Cloud ······ 161
computer literacy ······ 105
Connection ······ 285
Context-Awareness Technology ······ 195
CRT(Cathode Ray Tube) ······ 292
cyper literacy ······ 106

Ⓓ

Data Hub ······ 213
Data Matrix ······ 143
Data Web ······ 206
descriptive metadata ······ 51
digital collections ······ 20
Digital Inclusion ······ 268
Digital Library System ······ 84
digital literacy ······ 105, 106
digital literacy quotient ······ 115
digital natives ······ 98
digital object ······ 32
Digital Signbord ······ 131
DIP ······ 57
discovery category ······ 49
DLS ······ 84
DLSchool ······ 90
document category ······ 49
Dublin Core ······ 52
Dublin Core metadata ······ 52
Dublin Core Metadata Element Set ······ 51

Ⓔ

EAN ······ 142
E-book ······ 20, 127
Electronic Privacy Information Center ······ 228
Eli Pariser ······ 226
e-literacy ······ 105
Ethical Principles ······ 232
EU 2020 ······ 273
eXLis® ······ 81

F

filter bubble ········ 221, 225
FOAF ········ 216
FRBR ········ 217
FS(Filtering & Scanning) ········ 228
Functional Requirements for Bibliographic Records ········ 217

G

German Traces NYC ········ 133
Goals and Principles for Ethical Conduct 232
Google Glass ········ 157
Guide on the Side ········ 134

H

Head-Up Display ········ 292
HUD ········ 292
Hybrid Cloud ········ 160

I

IaaS(Infrastructure-as-a-Service) ········ 161
ICT literacy ········ 105
IFLA ········ 229
iLips ········ 77
index category ········ 49
information literacy ········ 105, 106
internet literacy ········ 106
Internet of Everything ········ 153
IN_CODE ········ 152

K

KOLAS Ⅲ ········ 74

L

leader ········ 140
learning web ········ 288
Library 3.0 ········ 280
Library 4.0 ········ 288, 296
Library and Archives Canada ········ 28
Library Bill of Rights ········ 229
Library Linked Data Set ········ 209
Library of Congress ········ 22
Linked Data ········ 206, 296
literacy ········ 105

M

MAA(Mutually Assured Anonymity) ········ 220
Makerspace ········ 296
Massive Data Library ········ 289
massive web of highly intelligent interactions ········ 287
MaxiCode ········ 143
Me Card ········ 131
media literacy ········ 105
Metadata ········ 35
Metadata Object Description Schema ········ 60
METS(Metadata Encoding and Transmission Standard) ········ 56
Mixed Reality ········ 156, 291
Mobile Digital Learning Tools ········ 133
MODS ········ 59
Motivational Inclusion ········ 272
MR ········ 156
multimedia literacy ········ 106
My #HuntLibrary ········ 131

N

National Library of Australia ········ 26
National Library of Medicine ········ 31

Near Field Communication ······ 146
Net Generation ······ 98
network literacy ······ 105
NFC ······ 146
NISO ······ 35, 39

O

Objects ······ 35
One Button Studio ······ 132
online literacy ······ 106

P

PaaS(Platform–as–a–Service) ······ 161
Pariser ······ 225
Patriot Act ······ 235
PDF 417 ······ 143
Physical Inclusion ······ 272
preservation metadata ······ 52
privacy ······ 223
privacy of personal behavior ······ 231
privacy of personal communications ······ 231
privacy of personal data ······ 231
privacy of the person ······ 231
Private Cloud ······ 160
Project ······ 35
Project Glass ······ 157
Public Cloud ······ 160

Q

QRCode ······ 143
Quick Response Code ······ 149

R

Radio Frequency Identification ······ 138
Real–world elements ······ 156
RFID ······ 137, 138, 142, 148, 220
right management metadata ······ 52
Right Service at the Right Time App ······ 135

S

SaaS(Software–as–a–Service) ······ 161
Second Life ······ 296
Second Life Library ······ 171, 221
Semantically–Interlinked Online Communities ······ 216
SIA ······ 216
SIMILE ······ 214
SIOC ······ 216
SIP ······ 57
Skill Inclusion ······ 272
SNS ······ 104
Social Information Architecture ······ 216
Social Semantic Digital Library ······ 295
SOLARS 7 ······ 72
Spamming or Trashing web ······ 288
Statement on Libraries and Intellectual Freedom ······ 229
structural metadata ······ 52

T

tag ······ 140
technical metadata ······ 52
The Medical Library Association ······ 232

U

Ubiquity ······ 285
Uniform Resource Identifier ······ 215
UPC ······ 142
URI ······ 215
Usage ······ 272
user behavior ······ 113

V

Virtual Library Hot Spot ····· 137
Visual Resources Association Core Categories ····· 51
VRA Core ····· 51

W

Wearable Book ····· 129
WEBOOKS ····· 136

기타

13.56MHz ····· 139
900MHz ····· 139
AACR2/MARC의 편목법 ····· 51
ALA 가이드라인 ····· 222
ALA의 도서관의 권리선언 ····· 238
ALA의 Code of Ethics ····· 232
ALA 장서개발정책 ····· 21
CCTV 설치 및 운영 ····· 248
DELOS 선언 ····· 10
Dempsey와 Heery ····· 48
HTML 필터 ····· 229
ICT 리터러시 ····· 105
ICT의 포괄적 활용 ····· 268
ICT 정책 ····· 267
ICT 활용능력 ····· 268
MARC21과의 호환성 ····· 61
METS 스키마 ····· 57, 58
METS의 기본구성 ····· 58
METS의 활용 및 기능 ····· 57
MODS 개요 ····· 59
MODS 네임스페이스 ····· 60
MODS 문서 ····· 60
MODS 요소 ····· 63
MODS의 기본요건 ····· 61
MODS의 데이터 속성 ····· 64
MODS의 장점 ····· 62
NFC기술 ····· 148
NFC 모바일폰 ····· 148
NFC 응용 ····· 147
NFC 표준 ····· 146
OAIS 참조모형 ····· 57
OECD 가이드라인 ····· 222
Palowitch와 Horowitz ····· 48
QR코드 ····· 149
QR코드 부여 대상 ····· 151
QRCode서비스 ····· 104
QR코드의 도서관 활용 ····· 150
QR코드의 특징 ····· 150
QR코드 정보 유형 ····· 151
RFID 리더기·기록기 모드 ····· 146
RFID 및 모바일 ····· 296
RFID서비스 ····· 104
RFID와 프라이버시 ····· 246
RFID의 구성요소 ····· 140
RFID 주파수 ····· 138, 139
RFID 프라이버시 가이드라인 ····· 237
X세대 ····· 94, 95
XML 환경 ····· 61
Y세대 ····· 94, 95, 97, 98, 116
Y세대의 특징 ····· 100
Y세대 이용자 ····· 94
Z세대 ····· 94, 95

| 저자약력 |

노영희

연세대학교 문헌정보학과 정보학 박사
한국과학기술연구원(KIST) 자료실 연구원
한국정보공학(KIES) 정보검색엔진개발팀 팀장
이화여대 국제정보센터 자료실장
학술상(2009) 및 건국학술대상(2013) 수상
2013 Marquis Who's who in the World에 등재
현) 건국대학교 문헌정보학과 교수
지식콘텐츠연구소 소장

[주요 저서 및 논문]

도서관 공간구성의 이해
인문과학과 예술의 핵심 지식정보원
한국문헌정보학 교과과정
개념기반 정보검색 기법
메타데이터의 이해
건강정보 지식정보원 시리즈
국제기구 지식정보원 시리즈
A Study on Automatic Text Categorization of Internet Documents
A Study on the Estimation of Performance of Concept-Based Information Retrieval Model Using the Web
기계학습 기반 피드백 과정을 통한 SDI 시스템의 성능향상에 관한 연구
The Impact of University Library Resources on University Research Achievement Outputs
A Study on the Next-Generation Digital Library Using Context-Awareness Technology
The Development and Performance Measurements of Educational Programs to Improve Consumer Health Information(CHI) Literacy 외 150여 편 저술

차세대 디지털도서관의 이해

2016년 8월 30일 1판 1쇄 발행
2018년 8월 30일 1판 2쇄 발행

저 자 | 노영희
발행인 | 이수영
발행처 | 도서출판 청람
서울시 마포구 독막로 288(대흥동, 세양상가 109호)
전 화 | 02)3272-2601(대)~2
팩 스 | 02)3272-2603
홈페이지 | www.crbooks.co.kr
이메일 | crbooks@daum.net
등 록 | 2000년 8월 26일 제6-0509호

ISBN 978-89-5972-532-8 93020 [정가 29,000원]